［宋］朱熹 撰
朱傑人 嚴佐之 劉永翔 主編

新訂朱子全書

附外編

23

上海古籍出版社

本册書目

晦庵先生朱文公文集（三）

劉永翔　徐德明　校點

晦庵先生朱文公文集卷第三十九

書 知舊門人問答〔一〕

答戴邁

熹來此，得足下於衆人之中，望其容色，接其議論，而知足下之所存若有所蓄積，而未得其所以發之者，心獨期足下可共進於此道。及以論語之説授諸生，諸生方愕眙不知所向，而足下獨以爲可信也，手抄口誦而心惟之。熹謂足下將得其所以發之者矣，甚慰所望。今辱書及以所抄四大編示之，而責其淺陋之辭託名經端，則非熹之任，而足下之過也。夫執經南面，而以其説與門人弟子相授受，此其非熹之任明矣。熹無所復道，獨敢竊議足下之所以過，願寬其僭易而幸聽之。

夫學，期以自得之而已，人知之、不知之，無所與於我也。今足下自謂其已自得之耶，則宜無汲汲於此，而熹之言亦何爲足下重？不然，雖熹妄言之，於足下何有？足下之爲甚過。足下勉自求之，期有以自得之而後已，熹雖荒落矣，尚能與足下上下其說而講評之。四編且以歸書室，而具其所以然者報足下，幸察。

答林巒

辱示書及所爲文三篇，若以是質於熹者。熹少不喜辭，長復懶廢，亡以副足下意。然嘗聞之，學之道非汲汲乎辭也，必其心有以自得之，則其見乎辭者非得已也。是以古之立言者其辭粹然，不期以異於世俗，而後之讀之者知其卓然非世俗之士也。今足下之詞富矣，其主意立說高矣，然類多採摭先儒數家之說以就之耳。足下之所以自得者何如哉？夫子所謂德之棄者，蓋傷此也。足下改之，甚善。示喻推所聞以講學閭里間，亦甚善。記曰：「教然後知困。」知困則知所以自彊矣。熹所望於足下者在此，足下勉旃！

答林巒

率性之謂道，脩道之謂教。

伊川先生說「率性之謂道」，通人物而言，更以其說思之。「脩道之謂教」，二先生及侯氏說却如此，然恐不如呂、游、楊說。尤溪集解想已見之。

喜怒哀樂未發謂之中。

伊川先生云：「涵養於未發之時則可，求中於未發之前則不可。」宜更思之，檢此段熟看。

「民鮮能久矣」與「甚矣，吾衰也久矣」之「久」同。

「久矣」之意得之。

夫婦之愚。

伊川先生論之已詳。大抵自夫婦之所能知能行直至聖人天地所不能盡，皆是說「費」處，而所謂「隱」者不離於此也。

道不遠人。

此段文義未通，又多用佛語，尤覺走作。且更熟玩其文義爲佳。

正己而不求人則無怨。

凡讀書，且虛心看此一處文義，令語意分明，趣味浹洽乃佳。切不可妄引他處言語來相雜，非惟不相似，且是亂了此中正意血脈也。

答吕侁

惠書甚慰。所守審如是，足下之所存誠遠且大，非熹所能及也。顧不能不以貧自累而求有以得於人，則足下之忍其大而不忍其細，又非熹之所能知也。抑熹之官於此，禄不足以仁其家而無以副足下之意，敢以所聞爲謝，冀足下之堅其守也。貧者士之常，惟無易其操，則甚善。

答楊宋卿

前辱柬手啓一通及所爲詩一編，吟諷累日，不忍去手。足下之賜甚厚，吏事匆匆，報謝不時，足下勿過。熹聞詩者志之所之，在心爲志，發言爲詩。然則詩者豈復有工拙哉，亦視其志之所向者高下如何耳。是以古之君子德足以求其志，必出於高明純一之地，其於詩固不學而能之。至於格律之精粗，用韻屬對、比事遣辭之善否，今以魏晉以前諸賢之作考之，蓋未有用意於其間者，而況於古詩之流乎？近世作者乃始留情於此，故詩有工拙之論，而葩藻之詞勝，言志之功隱矣。熹不能詩，而聞其説如此，無以報足下意，姑道一二。盛編再拜封納，并以爲謝。

答柯國材翰

辱書，示以顔子、子貢俱以仁爲問，而夫子告之有若不同者。此固嘗思之，而非如足下之説也。「爲仁由己」，此論爲仁之至要，蓋始終不離乎此。夫其所以求師友而事之之心豈自外至哉？既得師友而事之矣，然不求諸己，則師友者自師友耳，我何有焉？以此意推之，則二説者初不異也。如足下之言，恐非長善救失之意。足下思之而反覆其説，則熹之願。他所以見屬者，豈熹所敢當哉？戴、陳二生趣向文辭皆可觀，固知其所自矣。有友如此，足以輔仁，敢以爲足下賀，而僕亦將有賴焉。齋居無事，宜有暇日，以時過我，幸得講以所聞，而非所敢望也。

答柯國材

熹頓首再拜國材丈執事〔二〕：蔡彊來，領三月、六月、九月三書，急拆疾讀，如奉誨語，良慰久別不聞問之懷，幸甚幸甚！信後歲已晚矣，不審爲況何如〔三〕？伏惟味道有相，尊候萬福。

熹奉親粗遣，武學闕尚有三年，勢不能待。目今貧病之迫已甚，旦夕當宛轉請祠也。親年日老，生事益聊落〔四〕，雖吾道固如此，然人子之心不能不慨然耳。

時事竟爲和戎所誤，今歲虜人大入，據有淮南，留屯不去。監前事之失，不汲汲於渡江，欲圖萬全之舉，此可爲寒心。而我之所以待敵者，内外本末一切刓弊，又甚於往年妄論之時矣。奈何奈何？遠書不能詳言也。

熹自延平逝去，學問無分寸之進，汩汩度日，無朋友之助，未知終何所歸宿。邇來雖病軀粗健〔五〕，然心力凋弱，目前之事十亡八九。至於觀書，全不復記，以此兀兀，於致知格物之地，全無所發明。思見吾國材精篤之論而不可得，臨書悅然也。

所示易卦次叙，此未深究，不敢輕爲之説。但本圖自初爻而陰陽判，左三十二卦共一陽，右三十二卦共一陰。次爻即一變而陰陽交，左下十六卦之陽，右下十六卦之陰，上交於右上之陰，下交於左上之陽〔六〕。又次爻又一變而又交〔七〕，兑與艮交，震與巽交。而八卦小成矣。其上因而重之，而成六十四卦。此次叙甚明。其所以爲易者，蓋因陰陽往來相易而得名〔八〕，非專謂震、巽四五相易而然也。此理在天地間無時不然，仰觀俯察，暑往寒來，莫非運用，恐不待考諸圖象而後明也。然古人製作之妙，顯發乾坤造化之機有如此者〔九〕，是亦可樂而玩之耳。

不合無愧之説，在我固然；第所不能無恨者，精神言語不足以感悟萬一爲恨耳。若人人持不合無愧之説，則君臣之大倫廢矣。如何如何？李君好學禮賢，其志可嘉。國材想亦推誠與之講論，有可采處。若得同爲此來，真寡陋之幸也。

春秋工夫未及下手，而先生棄去。蓋亦以心志凋殘，不堪記憶。此書雖云本根天理，然實與人事貫通，若不稽考事迹，參以諸儒之説，亦未易明也。故未及請其説。然嘗略聞其一二，以爲春秋一事各是發明一例，如看風水移步换形，但以今人之心求聖人之意，未到聖人灑然處，不能無失耳。此亦可見先生發明之大旨也。論語比年略加工夫，亦只是文義訓詁之學，終未有脱然處。更有詩及孟子，各有少文字。地遠，不欲將本子去，又無人别寫得，不得相與商確爲恨爾。若遂此來之約，則庶幾得講之耳。

三序示及，想見用心之精。但每每推與過當，恐未得爲不易之論。又論語序云學爲仁一節，不知見得「仁」字如何分明？後面節次如何成褫？此義須句句有下落始得，不可只如此含糊也。近衢州江元適登仕泳，以書來云：「頃歲獨學，常窺求仁之端，又謂須明識所謂元者，體諸中而無疑，則道之進也化也基諸此矣。」此論似非苟然默識，試一思之如何？江君未相識，書多好議論，亦是一老成前輩也。易序中云：「此以無思相似以至有思」〔一〇〕，此恐亦不能無病。試更思之。近方再讀此經，建陽一學者亦欲講之，因招之來年教兒輩。得與共學，用年歲工夫，看如何。

昨齊仲寄疑義來，乃不知是石丞者，妄意批鑿，非所施於素昧平生之人。然渠既以此道相期，必不相怪，但在熹有僭率之咎耳。

所欲言者無窮，以久不得書，無所發端。今得來示，又以來人立俟，天寒手冷，作字不成，不能究悉胸中所欲言。千里相望，豈勝慨歎！但願果能乘便一來，庶得傾倒，不然，終非紙札所能具也。閤正孺人、令郎各安佳，老人以下幸安。每勤問念，至感。未由會晤之前，千萬以時進道自愛。不宣。閏月晦日，熹頓首再拜國材丈執事。

欲識「仁」字大概，且看不仁之人可見。蓋其心頑如鐵石，不問義理，事任己知〔一一〕，是以謂之不仁。識此氣象，則仁之爲道可推而知矣。因書試言所得，以答合否如何耳。

答柯國材

傳序鄙意不欲如此，昨因論語小傳之作，已罄鄙懷。不蒙領略，遂更不敢復言。今所惠書反謂有所愛於言，何耶？行行之號，尤非所以矯氣習之偏而反之於中和之域，區區之意亦不願老丈之爲此稱也。如何？

答柯國材

示諭忠恕之説甚詳，舊説似是如此，近因詳看明道、上蔡諸公之説，却覺舊有病。蓋須認得忠恕便是道之全體，忠體而恕用，然後「一貫」之語方有落處。若言恕乃一貫發出，又却差了此意也。如未深曉，且以明道、上蔡之語思之，反復玩味，當自見之，不可以迫急之心求之。如所引「忠恕篤欽」以下，尤不干事。彼蓋各言入道之門、求仁之方耳，與聖人之忠恕道體本然處初不相干也。一陰一陽不記舊説，若如所示，即亦是謬妄之説。不知當時如何敢胡説。今更不須理會，但看一陰一陽往來不息，即是道之全體，非道之外别有道也。逆順之説，康節以爲先天之數。今既曉圖子不得，彊説亦不通，不若且置之。易序兩句大病在「彼此」二字上，今改得下面，不濟事也。凡此數説，姑塞來問，未知中否？有便却望垂教，幸甚幸甚。

石丈相聚所談何事？其篤誠好學已不易得，而議論明快，想講論之際少所凝滯也。書來有少反復，草草作答，不能盡所言。大抵講學只要理會義理非人所能爲，乃天理也。天理自然，各有定體，以爲深遠而抑之使近者，非也；以爲淺近而鑿之使深者，亦非也。學者患在不明此理而取決於心。夫心何常之有？好高者已過高矣，而猶患其卑；滯於近者已太近矣，而猶病其遠。此道之所以不明不行而學者所以各自爲方而不能相通也。前此以陳、許二友好爲高奇、喜立新説，往往過於義理之中正，故常因書箴之。蓋因其病而藥之，非以爲凡講學者皆當畫於淺近而遂止也。然觀聖賢之學與近世諸先生長者之論，則所謂高遠者，亦不在乎創意立説之間。伊川云：「吾年二十時，解釋經義與今無異。然思今日意味，覺得與少時自別。」又尹和靖門人稱尹公於經書不爲講解，而耳順心得，如誦己言，此豈必以創意立説爲高哉？今吾輩望此地位甚遠。大概讀書且因先儒之説，通其文義而玩味之，使之浹洽於心，自見意味可也。如舊説不通，而偶自見得別有意思，則亦不妨。但必欲於傳注之外別求所謂自得者而務立新説，則於先儒之説或未能究而遽捨之矣。如此則用心愈勞而去道愈遠，恐駸駸然失天理之正而陷於人欲之私，非學問之本意也。且謂之自得，則是自然而得，豈可彊求也哉？今人多是認作「獨自」之「自」，故不安於他人之説，而必己出耳。

凡此皆石丈書中未及盡布者，或因講論之次，閑爲及之，幸甚幸甚。并以呈齊仲、順之，不知如此卑説還可高意否？二公更不及別書也。徐丈惠書云有疑難數板，却未見之，豈封書時遺之耶？偶數時村中乏紙，亦不別拜狀，只煩爲致此意，幸甚幸甚。順之書中似以横渠「平易其心」之説爲不然，談何容易！更且思之爲佳。蓋所謂平易者，非苟簡輕易之謂也。羣居終日，別作何工夫？便中千萬示及一二。苟有未安，不憚獻所疑以求益也。

答許順之

示諭記中語病的當，改云「知用其力而不知所以用力之方，則未有不反爲之累」，如何？大抵見道未明，揣摩求合，自然有漏綻處。得公如此琢磨，爲益大矣。後便見報，幸甚。兩書皆有來意，甚慰所望。當在何時耶？近讀何書？工夫次第如何？熹論語說方了第十三篇，小小疑悟時有之，但終未見道體親切處。如說仁者渾然與物同體之類，皆未有實見處，反思茫然，爲將奈何？熹比因堂劄促行，再入文字乞候終秩。萬一諸公不欲如此，得一教官之屬南去，即相見之期近矣。但分別之事豈可預料耶？山間無他事，歲豐米賤，農家極費力。然細民飽食，遂無他志，亦一幸也。

答許順之

熹衰老幸向安，然氣體虛弱，非復昔時，心力亦未復，都不敢思慮，舊業荒廢，無所發明。反而求之，似於存養用力處未有地位，甚以自懼耳。如吾友於此却已有餘，第未能達於詞命之間，恐其間亦有未徹底處，却宜於事物名數上着少工夫。蓋既無精粗本末之異，即此亦不可忽也。喪禮留意甚佳，但其度數亦不易曉。若哀敬之實，則吾友素知之矣，當益有餘味也。近得横渠語録，有云：「曲禮乃天地五藏，魂魄心府寓於其事。」試思此語，亦足以發耳。記文如所改甚善，但所辨説未能盡曉。熹意欲云「心之爲體亦微矣，彼不知用力於此者，固徇於物欲而不自知」，餘即悉如來示。蓋「不能用其力」之語，亦似有病了。真如衆盲摸象，達者見之，可付一笑。

答許順之

檀弓篇云：「殷既練而祔，周卒哭而祔。孔子善殷。」據孔子以殷禮爲善，則當從殷禮練而祔無疑矣。然今難遽從者，蓋今喪禮皆周禮也。葬而虞，虞而卒哭，卒哭而祔，是一項事首尾相貫；若改從殷禮，俟練而祔，即周人之虞亦不可行，欲求殷禮而證之，又不可得，是以雖有孔子之言，而未敢改也。温公只依周禮，唐開元禮及近世亦有改者，然終不安。禮文極是密察，不可儱侗，故聖人致詳於此，豪髮不差。蓋未詳未盡，則於己之心且不能安，民之不從尚未論也。疑夫子於二代之禮必有類此者，闕其一二，則無所證矣。

前書因見讀禮，故勸以致詳微細，因有「損所有餘，勉所不足」之言。來書乃謂：「本末精粗本無二致，何用如此分別？」此又誤矣。若每每如此，則更無用功處、更無開口處矣。子夏對子游之語，以爲「譬之草木，區以別矣」，何嘗如此儱侗來？惟密察於區別之中，見其本無二致者，然後上達之事可在其中矣。如吾子之説，是先向上達處坐却，聖人之意正不如是。雖至於堯、舜、孔子之聖，其自處常只在下學處也。上達處不可著工夫，更無依泊處。日用動静語默，無非下學，聖人豈曾離此來？今動不動便先説個本末精粗無二致，正是鶻崙吞棗。向來李丈說鐵籠罩却之病，恐未免也〔一二〕。

答許順之

承在縣庠爲諸生講說，甚善甚善。但所寄諸說，求之皆似太過。若一向如此，恐駸駸然遂失正途，入於異端之說，爲害亦不細。差之豪釐，謬以千里，況此非特豪釐之差乎！三復來示，爲之悵然，已輒用愚見附注於下。然其曲折非筆端可盡，恐當且以二先生及范、尹二公之説爲標準，反復玩味，只於平易慤實之處認取至當之理。凡前日所從事一副當高奇新妙之説並且倚閣，久之見實理，自然都使不著矣。蓋爲從前相聚時，熹亦自有此病，所以相漸染成此習尚。今日乃成相誤，惟以自咎耳。如子韶之説，直截不是正理，説得儘高儘妙處，病痛愈深。此可以爲戒而不可學也。何由面話，究此精微？臨風鬱結，無有窮已。

國材、元聘爲況如何？昨寄得疑難來，又是一般説話。大抵齊仲、順之失之太幽深，順之尤甚。而三公失之太執著，執著者有時而通，幽深者蕩而不反矣。中間一條平坦官路却没人行著，只管上山下水，是甚意思？因書可録此意及二序送之，爲致不及書之意。范伯崇學大進，劉德明者亦稍識理趣，皆可喜耳。伯崇雜説一紙附去，可見其持守不差，見理漸明之大概矣。然其説有少未盡，更求之，却以見喻。

伯崇去年春間得書，問論語數段，其説甚高妙，因以呈李先生。李先生以爲不然，令其慤實做工夫，後來便別。此亦是一格也。然其當時高妙之説，亦只是依諸先生説而推言之過當處耳，非如順之所示，硬將文義拗横説却也。切宜速改，至祝至祝。大抵文義先儒盡之，蓋古今人情不相遠，文字言語只是如此。但有所自得之人，看得這意味不同耳，其説非能頓異於衆也。不可只管立説求奇，恐失正理，却與流俗詭異之學無以異也。只據他文理反復玩味，久之自明。且是胸中開泰，無許多勞攘，此一事已快活了。試依此加功，如何？

答許順之

讀書大抵只就事上理會，看他語意如何，不必過爲深昧之説，却失聖賢本意，自家用心亦不得其正，陷於支離怪僻之域，所害不細矣。切宜戒之，只就平易慤實處理會也。「必有事焉」之書不曾接得，不知如何？上蔡云：「出入起居，無非事者。正以待之，則先事而迎。忘則涉乎去念，助長則近於留情。聖人之心如鏡〔一三〕，所以異於衆人也。」觀此所謂「事」者，只是「事事」之「事」，遇此一事，則事此一事，本體昭然，此便見所謂「操則存、舍則亡」也。見此理極平易，只在目前，人自貪慕高遠，所以求之過當而自失之也。近再看論語尹先生説，句句有意味。可更玩之，不可以爲常談而忽之也。伊川先生云：「立言當含畜意思，不可使知德者厭、無德者惑。」此言深有味，更思之如何？

答許順之

「空空如也」，或者多引真空義爲問〔一四〕，如何？

二程先生説此段甚分明，横渠説似過當了。愚謂且以二程先生之説爲主〔一五〕，理會正當文義，道理自在裏許。只管談玄説妙，却恐流入詖淫邪遁裏去。

「貧而樂」云云，善莫病於有爲，學莫病於自足。有爲則無爲而或輟，自足則不足而或止。此學者之大病，而賢達之必期於進德也。蓋善自己之當然，而學須至於不厭。知所當然，則貧而樂、富而好禮，驕與諂無所事也；知所不厭，則切瑳以道學，琢磨以自脩，學問明辯之不可已也。是宜引詩以自況，亦明道學之無窮也。

此段雖無病，然語脈中窒礙處亦多。大凡不必如此立説，此先儒之説已略具矣。李光祖説甚善。

「不逆詐，不億不信」，此有以見聖人皆欲天下後世歸於寬厚長者之域處。蓋天下不能皆君子，不能皆小人，私淑艾之可也。今設有詐與不信之人，彼未必不心知其非，第此以誠實之道處之，亦未必不觀感而化，不亦善乎？何用逆億爲？然君子可欺以其方，難罔以非其道。彼以小人之道來，使此而不先覺，豈不爲所罔乎？故亦在所先覺方爲賢耳。

逆詐億不信，恐惹起自家機械之心，非欲彼觀感而化也。胡明仲云：「逆億在心，是自詐自不信也。」只是此意。若如此説，便支離了，不親切。「抑亦先覺者是賢乎」，李光祖曰：「理地明白，則私智無所用之矣。」此説極善。齊仲云，「抑亦」二字當玩味，有深意。固是如此。「莫須也著先覺方是賢乎」，「乎」者，疑問之辭，以上意未盡故疑問也。

社，夫子曾語宰我：「明命鬼神，以爲黔首，則百姓以畏，萬民以服。」則知古人立社，豈虛設哉，亦以土地所宜之木而使民知戒懼，其爲教莫大焉。然哀公問社宰我，宰我受學聖人之門，豈無格言以正其心術？直以是而長之逢之，宜得罪於聖人，故反復重言而深罪之。如「我戰則克」，夫子非不知陣，而對靈公必以俎豆；晉乘、楚檮杌、魯春秋，孟子非不知聞，而對威、文以無傳。凡此皆引君於當道。曾謂宰我久學於聖人而不之知，豈有補於名教者耶？

此段只依古註爲是。又謂古人立木於社，使民知所存著，知社之神必有所司，則國君所以守社稷其嚴乎！三桓擅改而魯之權失所司，則哀公之問社，宰我因其問而言「使民戰栗」。惜乎其説之不詳，故夫子歎之曰「成事不説」，謂不爲之詳説也，「遂事不諫」，謂不因事而諫也。使宰我之知不足以知之，則無責可矣；知而言之不盡，此聖人之所以惜之也。「既往不咎」，蓋因其問而可以言而不言，既往之失，今則無及矣，無可咎也，猶曰「今無可言矣」。

答許順之

與四時俱者無近功，所以可大受而不可小知也，謂他只如此。

一事之能否不足以盡君子之藴，故不可小知；任天下重而不懼，故可大受。小人一才之長亦可器而使，但不可以任大事耳。

「和順道德而理於義，窮理盡性以至於命」，「莫非命也，順受其正」，則君子於此將如何哉？亦曰脩其在我者以聽其在天者而已矣。

和順於道德，是默契本原處；理於義，是應變合宜處。物物皆有理，須一一推窮；性則是理之極處，故云盡；命則性之所自來處。以此推之，自不重複，不必如前所説。

答許順之

山間有一二學者相從，但其間絶難得好資質者。近得一人，似可喜，亦甚醇厚，將來亦可望也。齋舍迫狹，已遷在圭甫屋後佛頂庵中相聚矣。向聞與齊仲在淨隱，不知得多少時？看何文字？如何作工夫？今歲復相聚否？所有發明，條示數端，得反覆焉，亦勝空書往來耳。所示孟子説備見用意之精，然愚意竊謂如此反似求索太過、援引太雜，使聖賢立言之本意汩没不明。已逐段妄以己意略論其一二梗概矣，可以類推，其餘不能一一備論也。語録中有一節正論此，今亦録去，可詳味之，便見病痛處亦非小疾，不可執吝以爲無傷而不之改也。齊仲、元聘書中各有少辨論，大抵亦止是理會近時學者過高之失，可并取觀也。

答許順之

亦將以利吾國乎。

以利心爲仁義，即非仁義之正，不待有不利然後仁義阻也。

孟子見梁襄王，出語人曰云云。

「定于一」只是「混一」之「一」，與「德惟一」之「一」不同，不必過爲此説。出而語人亦是偶然説及，不必言「公天下之善」以下云云之説。

齊宣王問曰：「齊桓、晉文之事可得聞乎？」云云。君子之道，譬如行遠必自邇，譬如升高必自卑，推之有本，用之有序，初非有甚高難行之事，但病不求之耳。歸而求之有餘師，安在乎行險以僥倖，區區於霸者之爲而昧於遵王之道哉？故孟子特指惻怛愛牛之一端，以啓其行不著而習不察之病，欲齊王之知吾有是心，亦曾於愛牛處見之，吾安得而自失之耶？反之吾身，急於百姓，何止乎及禽獸而已。正納約自牖之論，因其明以投之也。惜乎齊王終身由之而不知其道，且曰：「夫我乃行之，反而求之，不得吾心。」是亦豈真知反而求之哉？第不過見孟子之論而一時消盡鄙吝之心，故有是云爾。使真知求之，則明益明而聖益聖，能自已乎？不得吾心，無有是也。

此段甚好，然語亦有過當處。

齊宣王問曰：「交鄰國有道乎？」

湯事葛之事見於孟子，詳味其曲折，則知聖人之心矣。

君子不以天下儉其親云云。此極言仁人孝子之心親切處。當其親親之重，雖大而天下，苟得用心，亦不以爲大而儉於其親而不用也，況其餘乎？非必天下也。推其心是如此。

此說甚好。熹舊說此句：「以」，猶「爲」也。不爲天下惜一棺椁之費而儉於其親也。更參酌看如何爲穩，却示報也。

有餘不敢盡云云。在我雖有餘，然猶不敢以爲盡，謂只如此了。蓋道體無窮，雖文王亦只得云「望道而未之見」耳。「有餘不敢盡」，似止是過者俯而就之之意。故下文云「言顧行，行顧言，君子胡不慥慥爾」，其文意可見也。

答許順之

石丈惠書，以「夫子」見謂。詳此二字，古人用之本非尊稱，如伐顓臾之季氏、毀仲尼之叔孫，皆得以稱，蓋猶曰「夫夫」、「之人」之比耳。然以孔門弟子稱仲尼以此，故後之人往往避其號。蓋不惟不敢使人以是加諸己，亦不敢以是加諸人也。熹初通書，不欲紛紜及此，幸爲一言，繼此惠音削去二字，乃所願望，不然不敢拜而受也。告爲深陳之，至懇至懇。且既以道相知，凡百禮文之過其宜者，恐亦有可刊落者。得并及之，幸甚幸甚。

答許順之

此間窮陋，夏秋間伯崇來，相聚得數十日，講論稍有所契。自其去，此間幾絶講矣。幸秋來老人粗健，心間無事，得一意體驗，比之舊日漸覺明快，方有下工夫處。日前真是一盲引衆盲耳〔一六〕。其説在石丈書中，更不縷縷。試取觀之爲如何，却一語也。更有一絶云：「半畝方塘一鑑開，天光雲影共徘徊。問渠那得清如許？爲有源頭活水來。」試舉似石丈，如何？湖南之行，勸止者多，然其説不一。獨吾友之言爲當，然亦有未盡處。後來劉帥遣到人時已熱，遂輟行。要之亦是不索性也。

答許順之

書中所諭，皆的當之論，所恨無餘味耳。更向平易著實處子細玩索，須於無味中得味，乃知有餘味之味耳。「之所譬焉」，如石丈所説反求諸身，亦是要切；但經文指意恐不必如此。脩身等事前章已説了，此章正是理會脩身齊家中間事。若不如此，即愛憎予奪皆不得其所矣。「譬」字只是度量擬議之意，義以方外之事，然義初不在外也。如何如何？

敬齋記所論極切當，近方表裏看得無疑。此理要人識得，識得即雖百千萬億不爲多，無聲無臭不爲少。若如所疑，即三綱五常都無頓處，九經三史皆爲剩語矣。此正是順之從來一個窠臼，何故至今出脱不得？豈自以爲是之過耶？聞有「敬字不活」之論，莫是順之敬得來不活否？却不干「敬」字事，惟敬故活，不敬便不活矣。此事所差豪釐，便有千里之繆，非書札所能盡。切在細思，會當有契耳。先覺之論，只著得「誠」字，「感」字亦是贅語。

只如文字不敢與柯丈見，便是逆詐億不信了。吾人心中豈有許多事耶？夜氣之説，近得來答，始覺前説之有病也。

答許順之

今歲却得擇之在此，大有所益，始知前後多是悠悠度日，自兹策勵，不敢不虔。但道力衰薄，未知能終不退轉否耳。大學之説，近日多所更定。舊説極陋處不少，大抵本領不是，只管妄作，自誤誤人，深爲可懼耳。向所論「敬字不活」者如何？近日又見此字緊切處，從前亦只是且如此説。擇之必相報矣。

答許順之

熹一出幾半年，學問思辯之益，警發爲多。大抵聖門求仁格物之學無一事與釋氏同，所以尋常議論間偶因記憶自然及之，非是特然立意，與之争勝負、較曲直也。想見孟子之闢楊墨亦是如此，故其言曰：「予豈好辯哉！予不得已也。」今觀所與祝弟書，乃有「謗釋氏」之語，殊使人驚歎。不知吾友別後所見如何而爲是語也？及細讀二書，則所可怪者不特此耳。且論其大者：如所謂「棲心淡泊，與世少求，玩聖賢之言可以資吾神、養吾真者，一一勘過」，只此二十餘字，無一字不有病痛。夫人心是活物，當動而動，當静而静，動静不失其時，則其道光明矣。是乃本心全體大用，如何須要棲之淡泊然後爲得？且此心是箇什麽，又如何其可棲也耶？聖賢之言無精粗巨細，無非本心天理之妙。若真看得破，便成己成物更無二致、内外本末一以貫之，豈獨爲資吾神、養吾真者而設哉？若將聖賢之言作如此看，直是全無交涉。聖門之學所以與異端不同者，灼然在此，若看不破，便直唤作「謗釋氏」亦何足怪？吾友若信得及，且做年歲工夫，屏除舊習，案上只看六經、語、孟及程氏文字，著開擴心胸，向一切事物上理會，第一不得唤作塵事昏心也。方知「體用一源、顯微無間」是真實語，不但做兩句好言語説，爲資神養真、胡荼自己之説而已也。

又承見警，此則甚荷相愛之深。然儒者之學，於此亦只是順理而已，當顯則顯，當默則默。若涵養深淳，則發必中節，更無差互。既未到此地位，自是隨其氣習所發不同。然若一向矯枉過直，則柔弱者必致狂暴、剛彊者必爲退縮，都不見天理之當然。惟聖門之學以求仁格物爲先，所以發處自然見得是非可否不差毫髮，其工夫到與不到，却在人。今吾友見教，要使天下之人不知有自家方做得事，且道此一念從何處來？唤做本心得否？唤做天理得否？直是私意上又起私意，縱使磨挫掩藏得全不發露，似個没氣底死人，亦只是計校利害之私，與聖門求仁格物、順理涵養氣象大故懸隔。信知儒釋只此豪釐間，便是繆以千里處。却望吾友更深思之，仍將此書遍呈諸同志，相與反復商確，不可又似向來説「先覺」之義，更不與徐、柯二丈見也。朋友商論，正要得失分明，彼此有益，何必於此揜覆？只此是私意根株，若不拔去，使之廓然大公，何緣見得義理真實處耶？所論好善優於天下，只是一個「公」字，此等處何不公之甚也？

答許順之

尤溪書來，議論極佳。不知平日講論於此等處有異同否？若無異同，則亦可疑耳。擇之所見日精、工夫日密，甚覺可畏。如熹輩，今只是見得一大綱如此，不至墮落邪魔外道耳。若子細工夫，則豈敢望渠也？徐、柯二丈及汝器、近思諸友相聚説何等話？向者程舶來求語録本子去刊，因屬令送下邑中，委諸公分校。近得信却不送往，只令葉學古就城中獨校，如此成何文字？已再作書答之，再送下覆校。千萬與二丈、三友子細校過。但説釋氏處不可上下其手，此是四海九州千年萬歲文字，非一己之私也。近聞越州洪适欲刊張子韶經解，爲之憂歎不能去懷。若見得孟子正人心、承三聖意思，方知此心不是苟然也。二先生集一部納去，可與二丈及林、王、陳諸友同看。已有一本并通書送縣學。通書偶盡，且寄此去，亦適值只有此一本，不能徧寄耳。聞已喫肉，甚善。推此類而擴充，則異説不能惑矣。

答許順之

承上巳日書，知嘗到城中校書曲折，甚慰甚慰。但且據舊本爲定，若顯然謬誤，商量改正不妨。其有闕誤可疑，無可依據者，寧且存之，以俟後學，切不可以私意輒有更改。蓋前賢指意深遠，容易更改，或失本真以誤後來，其罪將有所歸，不可容易。千萬千萬！舊來亦好妄意有所增損，近來或得別本證之，或自思索看破，極有可笑者。或得朋友指出。所幸當時只是附注其傍，不曾全然塗改耳。亦嘗爲人校書，誤以意改一兩處，追之不及，至今以爲恨也。

答許順之

文字鏤板有次第否？無異論否？徐、柯二丈通問否？學之不講，似是而非之論肆行而莫之禁，所欲言者，非書可既。

答許順之

石兄書來，云順之旦夕到彼。深欲去相聚，以此間事緒牽繫動不得。屈指月日，直到來年春夏間始得少間耳。幼兒未有讀書處，甚以爲撓，地遠，不能遣去尤溪，甚可恨也。經閣所要二書，偶未有本，俟有寄去。

答許順之

乾之爲卦，上下純乾，天之動也，人欲不與焉。潛只得潛，見合當見。三則過矣，君子尤當致謹。四則德盛仁熟，磨不磷，涅不緇，不可以常情測。進退去就，時不可失，皆所以進吾德、脩吾業也。先儒多以舜自深山之中及其爲天下之事明之，其弊恐必至於王氏謂九三之知、九五之位可至而至之，得非以利而言乎？

乾卦皆聖人之德，六爻乃其所處之位也。如以舜明之，深得其象，舜亦非知堯之位可至而往至之也。熟讀程傳可見，不須别立説。若專以進德爲言，則九五、上九兩爻又如何解？

「人而不仁，如禮何？人而不仁，如樂何？」仁也者，人也。合而言之，道也。既已不仁，痒痾疾痛已尚不知，頑冥之甚，安知其禮樂之爲禮樂也？是其無如之何也宜矣。

大略如此，更宜玩味，看教著實。

「何有於我哉」，自聖人觀衆人，則偏爲爾德，無不可者。自衆人觀聖人，則猶天之不可階而升也。故聖人因事發見，示之以無有也。猶曰「女奚不曰」云云，皆其本分事爾。

此意固好，然聖人之詞不如是之夸也，恐只是謙退不居之詞。論語有兩處「何有於我哉」，須并觀之。

「夜氣不足以存」，始論「豈無仁義之心哉」，無之，是生不得。惟其物交物，則惟知有物，遂與隔絶。孟子於夜氣言之，當其萬慮澄寂之中體之，虚明自别，引而喪之者無有矣。故欲以復之初爻及之，庶幾有以用力，如何？

人皆本有仁義之心，但爲物欲所害，恰似都無了。然及其夜中休息之時，不與物接，其氣稍清，自然仁義之良心却存得些子。所以平旦起來〔一七〕，未與物接之際，好惡皆合於理。然才方如此，旦晝之所爲便來梏亡之，此仁義之心便依前都不見了。至其甚也，夜間雖得休息，氣亦不清，存此仁義之心不得，便與禽獸不遠。學者正當於旦晝之所爲處理會克己復禮、懲忿窒慾，令此氣常清，則仁義之心常存，非是必待夜間萬慮澄寂，然後用功也。若必如此，則日間幹當甚事也〔一八〕？「不遠復」，更檢易傳看，與所論亦不相似。

「操則存，仁能守之。捨則亡，仁不能守之。出入無時，莫知其鄉，惟心之謂與？」仁之不可已也如是。似以「操則存〔一九〕，捨則亡」爲「人心惟危」，「出入無時，莫知其鄉」爲「道心惟微」。妄意推測，慚怍之甚，乞賜提誨一二，庶知所向，幸甚幸甚。

孟子此四句只是説人心是個活物，須是操守，不要放捨〔二〇〕，亦不須如此安排也。心一也，操而存則義理明而謂之道心，捨而亡則物欲肆而謂之人心。亡不是無，只是走出逐物去了。自人心而收回，便是道心；自道心而放出，便是人心。頃刻之間，恍惚萬狀，所謂「出入無時，莫知其鄉」也〔二一〕。所引「仁」字尤不是，正是倒説了。且更平心玩味，不要説得太高妙、無形影，非唯教他人理會不得，自家亦理會不得也。大率講學本爲聖賢之言難明，故就下面説出教分明。若是向上面説將去，即轉見理會不得矣。如建州人未識泉州，須且教他從南劍州問路去，豈可教他過漳州尋耶？此是大病，不可不知。

答許順之

所論操舍存亡之説，大概得之。然有未分明處，須他日面論也。在山頭理會數條，始知舊説太高之弊。如「君子不謂命」，止是以所值於外者而言。如舜之於瞽瞍、文王之於紂，晏嬰之於孔子，孔子之不得時位之類，不須説氣質不同，蓋爲下兩句説不行故也。凡若此類甚多，皆好高之弊。大抵讀書以此爲戒，且於平易切近分明處理會爲佳耳〔二二〕。

答許順之

熹頓首：祝弟歸，承書，知來尤川日有講習之樂，甚慰。信後暄暖，伏惟德履佳勝。熹此如昨，但春來弔喪問疾〔二三〕，略無少暇。前月末間，元履又不起疾，交遊凋落，可爲傷歎。而歲月如流，悔吝日積，亦將無聞而死，爲可懼耳。所喻孟子疑處甚善，鄙意尋常正亦疑此〔二四〕。若如諸家之説，即每事只説得一邊。要須説「口之於味」云云，此固性之所欲，然在人則有所賦之分，在理則有不易之則，皆命也。是以君子不謂之性而付命於天。「仁之於父子」云云，在我則有厚薄之稟，在彼則有遇不遇之殊，是皆命也。然有性焉，是以君子不謂之命而責成於己。須如此看，意思方圓，無欠闕處。請試思之，更與石丈諸公參較喻及爲幸。同安想時得書，賤累一一承問，感感。兒輩附拜問意。餘惟以時自愛，不宣。熹再拜上狀〔二五〕。

答許順之

尤川學政甚肅，一方向風，極可喜。擇之書來，云古田宰聞之亦欲效顰，果爾則石宰之化不止行於尤川矣。天下事無不可爲，但在人自彊如何耳。觀此可見也。順之既有室家，不免略營生理。書中所説，不知當如何措畫？此固不得不爾也。粗有衣食之資，便免俯仰於人、敗人意思，此亦養氣之一助也。但不可汲汲皇皇、役心規利耳。想順之於此必有處，決不至如此也。

答許順之

齋記子細看未甚活絡，未須刊刻，如何？學不到此地位，彊勉鬭湊，不通檢點如此，如此便是靈驗處也。

答許順之

熹頓首：便中承書，粗慰向往。比日已復秋風，不審所履如何？伏想佳勝〔二六〕。閤中安好，想亦能甘淡泊，相助經家務也。脩身齊家，只此是學，更欲別於何處留心耶？熹因循苟且，今將老矣，而進脩之功略不加進，於此每有愧焉。冬間或欲一到尤溪省舅母，不知彼時能來彼相聚否〔二七〕？相見似無可説，別後又覺得有無限説話合商量，以此臨風每深懷想耳〔二八〕。

答許順之

熹爲朝廷不許辭免〔二九〕，州府差官逼迫，甚無好況。然亦只得力伸己志，他無可言者〔三〇〕。示喻「是吾憂也」，楊、謝之説固未爲得〔三一〕，順之所論亦過當。唯尹公乃是發明程子之意。試更思之，似亦只是稱己勉人之意。聖人本意似只如此也。

答許順之

熹頓首：久不聞問，承書甚慰。信後冬温，遠惟德履佳勝，閤中令郎均安。熹此粗安，無足言者也〔三二〕。所示數條，鄙意有未安者，已具紙尾。大抵舊來多以佛老之似亂孔孟之真，故每有過高之弊。近年方覺其非，而亦未能盡革，但時有所覺，漸趨平穩耳。順之此病尤深，當痛省察矯揉也。國材在甚處？久不得書，甚念之。因書煩致意也〔三三〕。鄧尉持己愛人如此，甚不易得。但今時學者輕率大言，先將恭敬退讓之心壞了，不是小病。若實有爲己之意，先去此病然後可耳。天台近得書，易説不知如何理會，亦未聞其詳也。向來游山之興屢謀屢失，今且杜門静坐矣。未由會見，千萬珍重。不宣。十月十日熹再拜〔三四〕。

答許順之

潮州有一許敬之者，聞嘗相過甚好，不知謝簿識之否？煩爲問云今在何處，因書報及。陳君詩亦佳，大凡學者勉其務實、少近名爲佳耳。

答陳齊仲

向所寄示詩解，用意甚深，多以太深之故，而反失之。凡所疑處，重已標出，及録舊説求教，幸試思之，因便垂誨，幸幸。三事之喻甚善，但既知其驕矜走失而猶以爲未可去，不知更欲如何方可去也？差之毫釐，繆以千里，豈容公然走失耶？相馬之説，恐與忠恕之意不同。蓋忠恕之理則一，而人之所見有淺深耳，豈有所揀擇取舍於其間哉？學者欲知忠恕一貫之指，恐亦當自「違道不遠」處著力，方始隱約得一個氣象，豈可判然以爲二物而不相管耶？格物之論，伊川意雖謂眼前無非是物，然其格之也，亦須有緩急先後之序，豈遽以爲存心於一草木器用之間而忽然懸悟也哉？且如今爲此學而不窮天理、明人倫、講聖言、通世故，乃兀然存心於一草木、一器用之間，此是何學問？如此而望有所得，是炊沙而欲其成飯也。來諭似未看破此處病敗，恐不免出入依違之弊耳。近嘗辯論雜學家數家之説，謾録此數條去，不審高明以爲如何？順之「不二法門則不可休」、「不可休」似未是不二法門，請更於此下語如何？渠所寄來孟子説，大抵其説亦苦於太高，却失本意。可更商量，須於平易明白中薦取，不必如此打繞也。

答徐元聘

文王無伐紂之心，而天與之、人歸之，其勢必誅紂而後已，故有「肅將天威，大勳未集」之語。但紂惡未盈，天命未絶，故文王猶得以三分之二而服事紂。若使文王未崩，十二三年，紂惡不悛，天命已絶，則孟津之事文王亦豈得而辭哉〔三五〕？以此見文、武之心未嘗不同，皆無私意，視天與人而已。

伊川謂無觀政之事，非深見文、武之心不能及此，非爲存名教而發也。若有心要存名教，而於事實有所改易，則夫子之録泰誓、武成，其不存名教甚矣。近世有存名教之説，大害事，將聖人心迹都做兩截看了。殊不知聖人所行便是名教，若所行如此而所教如彼，則非所以爲聖人矣。

周公東征，不必言用權，自是王室至親與諸侯連衡背叛，當國大臣豈有坐視不救之理？帥師征之，乃是正義，不待可與權者而後能也。若馬、鄭以爲東行避謗，乃鄙生腐儒不達時務之説，可不辨而自明。陳少南於經旨多疏略，不通點檢處極多，不足據以爲説。來教所謂「周公之志非爲身謀也，爲先王謀也；非爲先王謀也，以身任天下之重也」，此語極佳。

召公不説，蓋以爲周公歸政之後不當復留，而己亦老而當去。故周公言二人不可不留之意曰：「嗚呼，君已！曰時我，我亦不敢寧于上帝命，弗永遠念天威，越我民罔尤違。」又歷道古今聖賢倚賴老成以固其國家之事，又曰：「予不惠若兹多誥，予惟用閔于天越民。」只此便見周公之心。每讀至此，未嘗不喟然太息也。試於此等處虚心求之，如何？

答徐元聘

承喻人物之性同異之説〔三六〕，此正所當疑當講者，而考訂精詳，又見志意之不衰也。慰幸慰幸。熹聞之，人物之性本無不同〔三七〕，而氣禀則不能無異耳〔三八〕。程子所謂「率性之謂道，兼人、物而言」，又云「不獨人爾，萬物皆然」者，以性之同然者而言也〔三九〕。所謂人受天地之正氣，與萬物不同〔四〇〕，又云「只是物不能推，人則能推之」者，以氣禀之異而言也。故又曰：「論性不論氣不備，論氣不論性不明，二之便不是〔四一〕。」熟味此言，可見先生之意，豈若釋氏之云哉。來喻云云，胡子知言正如此説。內一章首云「子思子曰」者是也。然性只是理，恐難如此分裂。只是隨氣質所賦之不同，故或有所蔽而不能明耳。理則初無二也。至孟子説中所引，乃因孟子之言，只説人分上道理。若子思之意，則本兼人、物而言之也。「性同氣異」，只此四字包含無限道理，幸試思之。若於此見得，即於聖賢之言都無窒礙矣〔四二〕。

答王近思

向所寄論筆勢甚可觀，但少主宰，著眼目多被題目轉却，已是大病。又多用莊子語，虚浮無骨肋。試取孟、韓子、班、馬書大議論處熟讀之，及後世歐、曾、老蘇文字亦當細考，乃見爲文用力處。今人多見出莊子題目，便用莊子語，殊不知此正是千人一律文章。若出莊子題目，自家却從別處做將來，方是出衆文字也。老鈍久不爲文，如此主張未知是否，更思之，更思之。抑人之爲學，亦不專爲科舉而已，不審吾友比來於爲己之學亦嘗致意否？汝器諸友相聚，日所講者何事？因來更詳及此爲佳。

答王近思

窮居且爾，憂苦之餘，無復仕進意，杜門脩身，以畢此生而已。累書所問，緣多出入，無人收拾，往往散落，以此不及奉報。然其大略只是要做文字、應科舉、誇世俗而已。年來懶廢，於此尤悉棄置，不能有所可否於其間也。

答王近思

示喻學之難易及別紙所疑，足見好問之意。本欲一一答去，然熟觀之，似未嘗致思而泛然發問者。若此又率然奉答，竊恐祇爲口耳之資而無益問學之實。今且請吾友只將所問數條自加研究，自設疑難，以吾心之安否驗衆理之是非，縱未全通，亦須可見大略，然後復以見諭。計其間當有不待問而決者矣。所云或者競生新意，不知此是何人？并幸喻及。

答王近思

別紙所示，適此冗冗，不及細觀。大抵似有要説高妙、作文章之意。此近世學者之大患也。但日用之間以敬爲主，而於古昔聖賢及近世二先生之言逐一反覆子細玩味，勿遽立説以求近功，則久之當有貫通處，而胸次了然無疑矣。

答王近思

所論縷縷，已悉。大抵吾友明勉有餘而少持重韜晦氣象，此是大病。今秋若與薦送，能迂道一見過，幸幸。所懷當面布之，乃可盡耳。聞祝弟持大學説及「觀過知仁」辨論去，皆是向來草藁往返未定之説。渠乃不知本末，持去誤人，甚不便，可爲焚之。

答王近思

前此欲銘先夫人之墓，以未嘗習爲之，無以應命。亦自念君子之事親以誠，正不在此；但能篤志力行，使人謂之君子之子，則其爲親榮也大矣。祭文尤所未解。凡喪，父在父爲主，今自主之，一失也。古者將葬祖奠，遣奠祝以事告而無文辭，二失也。古人居喪則言不文，蓋哀戚勝之，不能文也。今文甚矣，又將振而矜之，此三失也。孔子曰：「喪與其易也，寧戚。」吾友其未之思歟？大抵吾友誠慤之心似有未至，而華藻之飾常過其哀，故所爲文亦皆辭勝理、文勝質，有輕揚詭異之態而無沉潛温厚之風。不可不深自警省，訥言敏行，以改故習之謬也。

答王近思

校書聞用力甚勤，近作一序，略見編纂之意。若但欲旦夕自警，則亦何必求其辭之美耶？精思力行於送往事居之際而識其所由來，是則學者之急務也。

答王近思

所示疑問，深見好學之篤，已輒具注所見於下。且更於先達所言之中擇取其精要者一說，反復玩味，久而不忘，當自有心解處；不可妄以私意穿鑿，恐失之浸遠，難收拾也。如「必聞其政」之説，亦駸駸然走作了也。戒之戒之！

答王近思

到此忽忽三月，政不得施，教不得行，日有愧怍而已。所論已悉，洪範説未暇細看。此間相去不遠，不知能略見訪，相聚數日否？此事須款曲講論，方見意味，非文字言語可寄也。人還草草，餘俟面道。

答王近思

平時無事，是非之辯似不能惑。事至而應，則陷於非者十七八。雖隨即追悔，後來之失又只如故。今欲臨事時，所謂可喜、可怪、可畏、可沮者不能移其平時之心，其道何由？

此是本心陷溺之久、義理浸灌未透之病。且宜讀書窮理，常不間斷，則物欲之心自不能勝，而本心之義理安且固矣。

顏子在陋巷，而顏路甘旨有闕，則人子不能無憂。顏子方不改其樂，必有處此矣。此說亦只是上條意思，此重則彼自輕，別無方法，別無意思也。

孔子謂夷齊不念舊惡，則是其父子兄弟之間猶有可議也。蘇氏「違言」之說，果可據乎？孔子之言必有見矣。

伯夷既長且賢，其父無故舍之而立叔齊，此必有故，故蘇氏疑之。觀子貢問「怨乎」之意，似或有此意。然不必疑，但看後來「求仁得仁」便無怨處，則可以見聖賢之心，便有甚死讎，亦只如此消融了也。

孫思邈「膽欲大」之說有所未喻。

彼丈夫也，我丈夫也，吾何畏彼哉！

霍光小心謹厚，而許后之事不可以爲不知；馬援戒諸子以口過，而裹屍之禍乃口過之所致。二人之編在小學，無亦取其一節耶？

「采葑采菲，無以下體」，取人之善，爲己師法，正不當如此論也。

答王近思

昨在郡，怱怱不能款曲，至今爲恨耳。别紙疑義已悉奉答，亦恨向來不得面論也。熹歸來數日，卜葬未定，湖南誤恩，不容祗赴。又聞經界報罷，不見信於朝廷如此，如何更可任一道之寄耶？初辭未允，近已上章自劾，次第必得請矣。

答王近思

吾道一以貫之。

此説未是。更檢精義中二程先生及謝、侯二説熟看。楊、尹説正是錯會明道意，然曾子是力行得熟後見得，今人只是説得，自是意味不同。正使説得十分〔四三〕，亦不濟事。

仁。

此説未是。更檢伊川先生説「孝悌爲仁之本」、「博愛之謂仁」、「心譬如穀種」三處看，更檢易傳復卦彖辭及孟子論四端處子細看。

答魏元履

欲爲春秋學，甚善。但前輩以爲此乃學者最後一段事，蓋自非理明義精，則止是較得失、考同異，心緒轉雜，與讀史傳摭故實無以異。況如老兄心中本鬧，恐非所以矯失而趨中也。愚意以爲不若只看論語，用年歲工夫，却看證候淺深，別作道理。然但論語中看得有味，餘經亦迎刃而解矣。聖人之言平易中有精深處，不可穿鑿求速成，又不可苟且閑看過。直須是置心平淡慤實之地，玩味探索而虛恬省事以養之，遲久不懈，當自覺其益；切不可以輕易急迫之心求旦暮之功，又不可因循偷惰、虛度光陰也。語録中一兩段說此事處別紙上呈，可見此非臆説，亦見春秋之未易學也。若於此見得一義理血脈，方覺從前一團私意妄想，自家身心尚且奈何不下，如何説得行道救時底話？真是可笑。語録散漫，亦難看，卒無入頭處。若只欲遮眼，又不濟事。不若且只就論語中做工夫。有胡丈會義初本否？二先生説論語處皆在其中矣。大抵只看二先生及其門人數家之説足矣。會義中如王元澤、二蘇、宋咸雜説甚多，皆未須看，徒亂人耳。所欲言者甚多，然其序説未到，幸且勉力，終不敢自外也。

答魏元履

裘父所云欲於論語作數説，此語可疑。尋常讀書，只爲胸中偶有所見，不能默契，故不得已而形之於口；恐其遺忘，故不得已而筆之於書，初不覺其成説也。若讀書而先有立説之心，則此一念已外馳矣，若何而有味耶？老兄所論昭烈知有權而不知有正，愚意則以謂先主見幾不明，經權俱失。當劉琮迎降之際，不能取荆州，烏在其知權耶？至於狼狽失據，乃不得已而出於盜竊之計，善用權者正不如此。若聲罪致討，以義取之，乃是用權之善。蓋權不離正，正自有權，二者初非二物也。子房用智之過，有微近譎處。其小者如躡足之類，其大則挾漢以爲韓而終身不以語人也〔四四〕。若武侯即名義俱正，無所隱匿。其爲漢復讎之志如青天白日，人人得而知之，有補於天下後世，非子房比也。蓋爲武侯之所爲則難，而子房投間乘隙，得爲即爲，故其就之爲易耳。頃見李先生亦言孔明不若子房之從容，而子房不若武侯之正大也。不審尊意以爲如何？

答魏元履

比來觀何書？大抵人當有以自樂，則用行捨藏之間，隨所遇以安之。和靜先生云：

「如霽則行，如潦則休。」此言有味也。三哥失解，能自遣否？後生所慮學不足、身不立爾，得失區區，何足深介意也？

與魏應仲元履子

三哥年長，宜自知力學，以副親庭責望之意，不可自比兒曹，虚度時日。逐日早起，依本點禮記、左傳各二百字，參以釋文，正其音讀，儼然端坐，各誦百遍訖，誦孟子三二十遍，熟復玩味訖，看史數板，不過五六。反復數遍。文詞通暢、議論精密處誦數過爲佳。大抵所讀經史，切要反復精詳，方能漸見旨趣。誦之宜舒緩不迫，令字字分明。更須端莊正坐，如對聖賢，則心定而義理易究。不可貪多務廣，涉獵鹵莽，纔看過了，便謂已通。小有疑處，即更思索，思索不通，即置小册子逐日抄記，以時省閲，俟歸日逐一理會。切不可含糊護短，耻於資問而終身受此黯暗以自欺也。又置簿記逐日所誦説起止，以俟歸日稽考。起居坐立，務要端莊，不可傾倚，恐至昏怠。出入步趨務要凝重，不可票輕，以害德性。以謙遜自牧，以和敬待人。凡事切須謹飭，無故不須出入。少説閑話，恐廢光陰。勿觀雜書，恐分精力。早晚頻自點檢所習之業，每旬休日，將一旬内書温習數過，勿令心少有放佚，則自然漸近道理，講習易明矣。

答范伯崇癸未

前書所詢「民可使由之」一段，熹竊謂兩説似不相妨。蓋民但可使由之耳，至於知之，必待其自覺，非可使也。由之而不知，不害其爲循理。及其自覺此理而知之，則沛然矣。必使之知，則人求知之心勝，而由之不安，甚者遂不復由，而惟知之爲務，其害豈可勝言？釋氏之學是已。大抵由之而自知，則隨其淺深，自有安處；使之知，則知之必不至，至者亦過之，而與不及者無以異。此機心惑志所以生也。

答范伯崇

蘇氏「陳靈以後，未嘗無詩」之説，似可取而有病。蓋先儒所謂無詩者，固非謂詩不復作也，但謂夫子不取耳。康節先生云「自從删後更無詩」者，亦是此意。蘇氏非之，亦不察之甚矣。故熹於集傳中引蘇氏之説而繫之曰：「愚謂伯樂之所不顧，則謂之無馬可矣；夫子之所不取，則謂之無詩可矣。」正發明先儒之意也。大抵二蘇議論皆失之太快，無先儒惇實氣象，不奈咀嚼。所長固不可廢，然亦不可不知其失也。十五國風次序恐未必有意，而先儒及近世諸先生皆言之，故集傳中不敢提起。蓋詭隨非所安，而辨論非所敢也。歐陽公本末論甚佳，熹亦收在後語中矣。似此等且當闕之，而先其所急乃爲得耳。

「不可使知之」，謂凡民耳，學者固欲知之，但亦須積累涵泳，由之而熟，一日脱然自有知處乃可，亦非可使之彊求知也。機心惑志，就呂博士之説求之，則只如前日所説爲是。學者未知所止，則不必言機心惑志，只是冥行妄作耳。機心惑志正謂見得一斑半點而鑿知自私之流也。聖人教人不過博文約禮，而學者所造自有淺深，此「喟然」、「弗畔」所以不同也。顏子見聖人接人處都從根本上發見，横渠所指是也。餘人但能因聖人所示之方，博文以窮理，約禮以脩身，如此立得定，則亦庶乎可以不爲外物誘怵、異端遷惑矣。自今觀之，顏子地位見處固未敢輕議，只「弗畔」一節，亦恐工夫未到此，不可容易看也。

「性中只有仁、義、禮、智，曷嘗有孝悌來？」此語亦要體會得是，若差了，即不成道理。蓋天下無性外之物，豈性外别有一物名孝悌乎？但方在性中，即但見仁、義、禮、智四者而已。仁便包攝了孝悌在其中，但未發出來，未有孝悌之名耳。非孝悌與仁各是一物，性中只有仁而無孝悌也。仁所包攝不止孝悌，凡慈愛惻隱之心皆所包也。猶天地一元之氣，只有水、火、木、金、土，言水而不曰江、河、淮、濟，言木而不曰梧、檟、樲、棘，非有彼而無此也。伊川又云「爲仁以孝悌爲本」，「事之本」、「守之本」之類是也。論性則以仁爲孝悌之本」，「天下之大本」之類是也。此皆要言，細思之則自見矣。

答范伯崇

衛君待子而爲政。

熹嘗問先生瞽瞍殺人事，先生曰：「蒯聵父子只爲無此心，所以爲法律所縛，都轉動不得。若舜之心，則法律縛他不住，終身訢然，樂而忘天下，求仁得仁，何怨之有？然此亦只是論其心爾，豈容他如此去得？」問先儒八議之説如何，曰：「此乃蔽罪時事，其初須著執之，不執則士師失其職矣。」熹嘗以先生之意參諸明道及文定之説，明道説見師訓，文定説見哀二年。竊謂蒯聵父子之事，其進退可否只看輒之心如何爾。若輒有拒父之心，則固無可論；若有避父之心，則衛之臣子以君臣之義當拒蒯聵而輔之。若其必辭，則請命而更立君可矣。設或輒賢而國人不聽其去，則爲輒者又當權輕重而處之，使君臣父子之間道並行而不相悖，亦必有道。苟不能然，則逃之而已矣。義至於此，已極精微，但不可有毫髮私意於其間耳。

來喻以謂蒯聵之來，諸大夫當身任其責，請命於天子而以逆命討之，是矣。已嘗有天子之命而蒯聵違之，則不請命亦可。但又云「輒不與謀其事，避位而聽於天子」，則恐不免有假手於大夫以拒父，而陰幸天子之與己之心焉。掩耳盜鍾，爲罪愈大。許多私意都在，只是免得自家犯手，情理尤不好也。又云：「遽然興師以脅其父，於人子之心安乎？」自衛國言之，則興師以拒，得罪於先君，而不當立之世子，義也。自輒言之，則雖已不與謀，而聽大夫之所爲，請命於天子而討之，亦何心哉？來喻本欲臣子之義兩得，立意甚善。但推而言之，便有此病。似是於輒之處心緊要處看得未甚灑落，所以如此。孟子所謂「不得於言，勿求於心不可」者，此也。故愚竊謂輒之心但當只見父子之親爲大，而不可一日立乎其位，自始至終，自表至裏，只是一個逃而去之，便無一事，都不見其他，方是直截。不審伯崇以爲如何？

子貢問士。

伊川先生所云以子貢平時氣象知之，又味夫子所答之意，有耻不辱，纔是依本分、不疏脱，不是過當底事，儘似退後一步説。然考其實則甚難，所謂篤實自得之事也，便可見往來答問意旨。子貢所以請問其次者，蓋爲自省見得有未穩當處，可見孔門學者爲己之實。若曰固已優爲，便是失照管也。

答范伯崇

來書謂聖人未嘗以得天下爲心，是矣。但謂可取則取，未可以取則不取，莫非順乎天理，如此則是有待而爲也，語似有病。嘗謂文王之事紂，惟知以臣事君而已，都不見其他，兹其所以爲至德也。若謂三分天下，紂尚有其一，未忍輕去臣位，以商之先王德澤未忘、曆數未終，紂惡未甚，聖人若之何而取之？則是文王之事紂非其本心，蓋有不得已焉耳。若是則安得謂之至德哉？至於武王之伐紂，觀政于商，亦豈有取之之心？而紂罔有悛心，武王灼見天命人心之歸己也，不得不順而應之，故曰：「予弗順天，厥罪惟均。」以此觀之，足見武王之伐紂順乎天而應乎人，無可疑矣。此說與來書云云〔四五〕，固不多争。但此處不容有毫髮之差，天理人欲、王道霸術之所以分，其端特在於此耳。來書以謂文、武之心初無異旨，固是如此。但恐此處不分明，即所謂無異旨者，乃是一時差却耳。孟子論取之而燕民不悦，則勿取，文王是也。取之而燕民悦，則取之，武王是也。此亦止爲齊王欲取燕，故引之於文武之道，非謂文王欲取商，以商人不悦而止，而武王見商人之悦而歸己，而遂往取之也。如言仲尼不有天下，益、伊尹、周公不有天下，豈益、周公、伊尹、仲尼皆有有天下之願，而以無天子薦之與天意未有所廢而不得乎？直是論其理如此耳。凡此類皆須研究體味，見得聖人之心脱落自在，無私毫惹絆處，方見義理之精微，於日用中自然得力。所謂知至而意誠也。蓋幾微之間，衆理昭晰，雖欲自欺而不可得矣。至此方可説言外見意、得意忘言。不然，止是鑽故紙耳。愚意如此，不知伯崇以爲如何？恐有疏繆處，切望反復，幸甚。

「三分天下」一節，似因十亂之事而遂言之。兼此前後數章，皆是歷舉古聖王事，如孟子「舜明庶物」以下數章之比，更詳考見教爲幸。達巷黨人本不知孔子，但歎美其博學而惜其無所成名，謂不以一善得名也。此言至爲淺近，然自察邇言者觀之，則於此便見聖人道德純備，不可以一善名，愚夫愚婦可以與知，而其所以然者，聖人有所不知也。故孔子不欲以黨人之所稱者自居，而曰：「必欲使我有所執而成名，則吾嘗執御矣，何不以是見名乎？」此章呂與叔說蓋如此，但其辭約耳。餘說似皆未滿人意。如何如何？

答范伯崇同呂子約、蔣子先

「易，變易也，隨時變易以從道也」。易也，時也，道也，皆一也。自其流行不息而言之，則謂之易；自其推遷無常而言之，則謂之時；而其所以然之理，則謂之道。時之古今，乃道之古今；時之盛衰，乃道之盛衰。人徒見其變動之無窮也，而不知其時之運也；徒見其時之運也，而不知其道之爲也。道之爲道，實造化之樞機、生物之根本，其隨其從，非有所隨、有所從也，一氣運行，自有所不得已焉耳。所謂易有太極，其此之謂歟？一說：當處便是時，其變動不居、往來無窮者，易也。其所以然者，道也。一說：易，道之生也，故曰「易，變易也」。然易有太極，故又曰「隨時變易以從道也」。故伊川曰：「君子順時，如影之隨形，可離非道也。」夏葛冬裘，飢食渴飲，豈有一毫人爲加乎其間哉！隨時而已。時至自從，而自不可須臾離也。以是知「隨時變易以從道」，三者雖若異名，而易之於道，初無兩物也。然自學者分上言之，苟未識夫所謂易，則時食而飲，時葛而裘，毫釐之差，其應皆忒，則將以何爲道哉？又嘗以是思之，盡天下之變而已不自道者，其易之體歟？未嘗截然離析者，其斯之謂道歟？「易，變易也，隨時變易以從道也」，此指易而言，謂人事也。以理言之，一流行而無窮，則時之遷移固自未嘗不隨其所當然而然也。當然而然，即從道也。就人言之，衆人不識易而不能體，則時既遷而不知，遂以倒行逆施而違其時之所當然。惟聖賢之流行無窮而識之體之，其身即易，故能變易以從道。所謂「隨時變易以從道」，猶曰「時中」云耳。道不可直謂之中，姑借「時中」而言耳。未知是否？

「易」指卦爻而言，以乾卦之潛、見、躍、飛之類觀之，則「隨時變易以從道」者可見矣。

「有以見天下之動而觀其會通，以行其典禮者，聖人事也」。先觀「動」之一字，則知會通者，變動之總也。天下之事變動無窮，而其所以至於如此變動無窮者，必有一事爲之端由也。此一事者，萬變之所總也。聖人則有以見天下之動而舉目即觀夫變動之所總，故無窮之事變滔滔然各入其綱目，而事事物物各處之以其所當然，所謂行其典禮也。

典禮，事物中之所有而當然者也。一説：「觀會通以行典禮」，會通，綱要也，事物之樞也。觀會通猶云「知至」，行典禮猶云「至之」也。如父父、子子之會通，惟慈孝而已。至於父止於慈、子止於孝，各止其則，是乃行其典禮也。苟不知父父之慈、子子之孝，則將何自而行其禮乎？一説：「會通」，會而且通也。未知孰是？

「會」，以物之所聚而言；「通」，以事之所宜而言。

聖人，生而知之者也。然未生於天地之間，則始終之理雖具，而大明之者誰乎？「雲行雨施，品物流形」，聖人出焉，大明天道之終始，便是卦之六位應時俱成，更無漸次，由是時乘六龍以御天而變化無窮焉。天地設位，理固皆具；聖人成能，理乃大明。具者天也，明者人也。先生批云：「抹處説得甚巧，然極有病。」自「大哉乾元」至「品物流形」，是言元亨之義；「大明終始」至「以御天」，是説聖人體元亨之用耳。

四德之元，專言之則全體生生之理也，故足以包四者。偏言之則指萬物發生之端而已，故止於一事。

孔子之言仁，專言之也。孟子之言仁義，偏言之也。

「保合大和」，即是保合此生理也。「天地絪緼」，乃天地保合此生物之理，造化不息。

及其萬物化生之後，則萬物各自保合其生理，不保合則無物矣。「各正性命」，言其稟賦之初；「保合大和」，言於既得之後。天地萬物蓋莫不然，不可作兩節説也。

「見龍在田，德施普也」，如日方升，雖未中天，而其光已無所不被矣。

九二君德已著，至九五然後得其位耳。

「元者，善之長也」，亦仁而已。體仁則痒疴疾痛舉切吾身，故足以長人。「亨者，嘉之會。」會，通也，會而通也。通有交之意，「嘉會」猶言慶會。會通而不嘉者有矣，如小人同謀，其情非不通也，然非嘉美之會，又安有亨乎？「利者，義之和」，和合於義即利也。利物足以和義，蓋義者得宜之謂也。處得其宜，不逆於物，即所謂利。利則義之行，豈不足以和義乎？「貞者，事之幹」，徹頭徹尾不可欠闕。人之遇事，所以頹惰不立而失其素志者，不貞故也。此所謂貞，固足以幹事。文言四德大概就人事言之，自「君子體仁」以下，體乾之德，見諸行事者也。是以係之曰：「君子行此四德者，故曰：乾，元、亨、利、貞。」

「嘉之會」，衆美之會也，如萬物之長，暢茂蕃鮮，不約而會也。君子能嘉其會，則可以合於禮矣。如「動容周旋，無不中禮」是也。利是義之和處。義有分别斷割，疑於不和，然行而各得其宜，是乃和也，君子之所謂利也。利物，謂使物各得其所，非自利之私也。「榦」猶身之有骨，故板築之栽謂之楨榦。推此可以識貞之理矣。

「乾，元、亨、利、貞」，猶言「性，仁、義、禮、智」。

此語甚穩當。

初九龍德而潛隱，止言其自信自樂而已。至九二出見地上，始見其純，亦不已之功也。

潛者，隱而未見、行而未成，德雖已完，特未著耳。

既處無過之地，則唯在閑邪純敬而已。雖曰無過，然而不閑則有過矣。「確乎其不可拔」，非專謂退遯不改其操也。憂樂行違，時焉而已，其守無自而可奪。如富貴不淫、貧賤不移之意。「忠信脩辭」，且大綱說所以進德脩業之道。「知至知終」，則又詳言其始終工夫之序如此，親切縝密，無纖悉之間隙。忠信便是著實根基，根基不實，何以進步？脩辭立誠，只於平日語默之際，以氣上驗之，思與不思而發，意味自別。明道所謂「體當自家敬以直內、義以方外之實事」者，只觀發言之平易躁妄，便見其德之厚薄、所養之淺深矣。「知至」則知其道之所止，「至之」乃行矣而驗其所知也。「知終」則見其道之極致，「終之」乃力行而期至於所歸宿之地也。「知而行，行而知」者，交相警發而其道日益光明，終日乾乾，又安得一息之間哉？九三雖曰聖人之學，其實通上下而言，學者亦可用力。聖學淵源，幾無餘藴矣。

忠信，心也；脩辭，事也。然藴於心者，所以見於事也；脩於事者，所以養其心也。此聖人之學所以内外兩進，而非判然兩事也。「知至」、「至之」主至，「知終」、「終之」主終，程子此説極分明矣。

上下無常，進退無恒，非爲邪枉，非離羣類，則其心之所處果安在哉？隨時而變動，静不失其宜，乃進德脩業之實也。

遺書云：「仁道難言，唯公近之。」非以「公」訓仁，當公之時，仁之氣象自可默識。公固非仁，然公乃所以仁也。仁之氣象於此固可默識，然學者之於仁，非徒欲識之而已。

答范伯崇

「『有朋自遠方來』，以平生之所聞驗之，若合符節，而無絲髮之差，豈不樂哉？」此出於上蔡，而其本説太廣，撮其要如此。

此但以志合道同，故可樂。謝先生謂無絲髮之差，不免過言。

事君則能格其非心。不至於以訐爲直。格君心之非者，大人之事。孝悌固是順德，然所造有淺深，未必皆能大人之所爲也。犯顏而諫，主於愛君。夫子之告子路，亦曰「勿欺也而犯之」。然則所謂犯上者，恐不如此，直謂出事公卿，凡在己上者，能移孝心以事之，不至犯分而已。

犯上不必專爲事君，凡在己上者皆是。舉事君如此，則其他可知。孟子曰：「惟大人爲能格君心之非。」而穆王命伯冏以繩愆糾繆，格其非心，則不必大人也。前賢如董仲舒之流非一人，皆能使其君愧畏而不敢爲非，是亦格其非心也。

「記曰『辭欲巧』，詩美仲山甫而以『令儀令色』稱之，則巧言令色非盡不仁也。若巧言令色而無德以將之，以是説人之觀聽，此之謂失其本心，焉得仁？有諸中而形諸外，則其色必莊而非有意於令，其辭必順而非有意於巧。君子所以貴乎道者如此，詩人所以美仲山甫之德而非巧言令色之謂也」。「辭欲巧」自承上文「情欲信」爲説，蓋曰既有誠心，須善辭令以將之耳，與此異旨。「鮮」者，立言婉微之體，所謂辭不迫切而意已獨至者。若謂「非盡不仁」，則巧言令色有時而仁矣，義恐未安。又曰「無德以將之，故鮮仁」。竊謂巧言令色其本已不正，何能復有德以將之耶？

「辭欲巧」乃斷章取義，有德者言雖巧、色雖令無害，若徒巧言令色，小人而已。

「信近於義」，橫渠說與謝說自不同。如橫渠說「遠恥辱」一句，恐不通。竊謂此章意在謹始，如言須當近義，慮其後之不可復也；恭須當近禮，恐其自貽恥辱也；不敢失親於可賤之人，懼其非所可宗也。有言必慮其所終，行必稽其所敝之意。

此論頗善。

「退而省其私，亦足以發」。以「私」爲私室，如古注說，恐未安。竊謂「私」是顔子自受用處，夫子退而默省之，以爲亦足以啓予矣。此一句游大信說。蓋非顔子不能深喻夫子之言，非夫子不足以知顔子之所以潛心也。

以「私」爲顔子自受用處，恐未安。退非夫子退，乃顔子退也。發，啓發也。始也如愚人，似無所啓發，今省其私，乃有啓發。與「啓予」之「啓」不同。

「視其所以」，此章蓋述上文爲說」。「退而省其私」，私，所安也。

論語立言雖間以類相從，每稱「子曰」即自爲一段，不必專以上下文求之。

「温故知新」，學至此而無窮矣。至於夫子而猶曰「學不厭」，非以其無窮哉？「可以爲師」者，以其足以待無方之問也。温故而不知新，雖能讀三墳、五典、八索、九丘，足以爲史而不足以爲師也。

此論甚佳。

「人而無信」，車之與馬牛本兩物，以輗軏交乎其間，而引重致遠，無所不至焉。物與我未合，亦二物，以信行乎其間，則物我一致矣，夫然後行。

本文只言車無輗軏不可行，譬如人無信亦不可行，今乃添入馬牛於其間，此蘇氏之鑿。

「子入太廟」。舊説謂禮主於敬，「每事問」所以爲敬，恐勝今説。楊先生之説甚長。

答范伯崇

王制：「喪三年不祭。惟祭天地社稷，爲越紼而行事。」鄭氏不解「不祭」之義。按吕博士云：「人事之重，莫甚於哀死，故有喪者之毁，如不欲生；大功之喪，業猶可廢。喪不貳事如此，則祭雖至重，亦有所不行。蓋祭而誠至則忘哀，祭而誠不至則不如不祭之爲愈。後世哀死不如古人之隆，故多疑於此。」鄭氏解「惟祭天地社稷」，云「不以卑廢尊也」。愚謂此説非是。按天子諸侯之喪，所不祭者惟宗廟爾，郊社五祀皆不廢也。天地可言尊於宗廟，五祀社稷不尊於宗廟也。但内事用情，故宗廟雖尊而有所不行；外事由文，故社稷五祀不可廢其祭。曾子問疏所謂「外神不可以己私喪久廢其祭」，其説優於鄭氏矣。

内事用情者，以子孫哀戚之情推祖考之心，知其必有所不安於此，曾子問篇曰：「天子崩，國君薨，祝取羣廟之主而藏諸祖廟。」鄭氏注曰：「象有凶者聚也。」愚謂此蓋示與子孫同憂之意。而子孫之於祖考至敬不文，又不可使人攝事，必也親之，則衰粗不可以臨祭，又不可以釋衰而吉服，徇情而廢禮亦明矣。外事由文者。「有國家者，百神爾主」，天子之於天地，諸侯之於社稷，大夫之於五祀，皆禮文之不可已者，非若子孫之於祖考也。以文爲尚，故不得以私喪久廢其祭，而其祭之也，必以吉禮吉服。故不得已隨其輕重而使人攝焉，期於無廢其文而已。雖哀戚方深，交神之意有所不至，不得已也。以文而行，其亦禮之稱乎？

又曾子問：「天子崩，殯，天子七日而殯。五祀之祭不行。哀戚方甚，故不祭。既殯而祭。疏曰：「五祀外神，不可以己私喪久廢其祭，故既殯，哀情稍殺，而後祭也。」其祭也，尸入，三飯不侑，酳不酢而已矣。不備禮也。自啓將葬啓殯。至于反哭，既葬而反。五祀之祭不行。啓殯見柩，哀情益深，故亦不祭。已葬而祭，義同既殯〔四六〕。祀畢獻而已也。」未純吉也。鄭氏曰：「郊亦然，社亦然，唯嘗禘宗廟俟吉也。」「諸侯自薨至殯，諸侯五日而殯。自啓至于反哭，奉帥天子。」如天子之禮也。左傳僖公三十三年：「凡君薨，卒哭而祔，祔而作主，特祀於主，烝嘗禘於廟。」杜氏注謂此天子諸侯之禮，不通於卿大夫。蓋卒哭後特用喪禮祀新死者於寢，而宗廟四時嘗祭自如舊也。此與禮記不同。釋例又引晉三月而葬悼公，改服脩官，烝于曲沃，會于溴梁之事爲驗。戰國禮變如此。蓋三年之喪，諸侯莫之行久矣。左傳特記一時之事，而杜氏乃誤爲正禮也。

右三條皆非士大夫之制，然其禮有可得而推者。古大夫宗廟有五祀，推「外事由文」之意，則五祀惟自卒至殯、自啓至于反哭暫廢。既殯葬，則使家臣攝之。推「内事用情」之理，則宗廟之祭宜亦廢也。今人家無五祀，惟享先一事遭喪而廢，蓋無疑矣。

在喪廢祭，古禮可考者如此。但古人居喪，衰麻之衣不釋於身，哭泣之聲不絶於口，其出入居處、言語飲食皆與平日絶異，故宗廟之祭雖廢而幽明之間兩無憾焉。今人居喪與古人異，卒哭之後，遂墨其衰，凡出入居處、言語飲食與平日之所爲皆不廢也，而獨廢此一事，恐亦有所未安。竊謂欲處此義者，但當自省所以居喪之禮果能始卒一一合於古禮，即廢祭無可疑；若他時不免墨衰出入，或其他有所未合者尚多，即卒哭之前不得已準禮且廢，卒哭之後可以略放左傳杜注之説，遇四時祭日，以衰服特祀於几筵，用墨衰常祀於家廟可也。左傳之意，卒哭前亦廢祭也。但卒哭之期，須既葬、立主、三虞之後，卜日而祭以成事方可耳。温公、高氏二書載此節文甚詳，可以熟考。若神柩在而欲以百日爲斷，墨衰出入，則決然不可。愚見如此，不知伯崇以爲如何？然主奉喪祭乃令兄職，此事非伯崇所得專。但以此儀從容咨講，更與知禮者評之，庶其聽則可矣。萬一有所不合，則熹聞之，喪與其哀不足而禮有餘，不若禮不足而哀有餘。夫子亦言「喪與其易也寧戚」，熹常解此義，以爲具文備禮而非致懃焉之爲易。今人多此病，試思之。此則伯崇所當勉也。更思之。熹拜聞〔四七〕。

答范伯崇

須送行語，哀苦中不復能爲文。然觀伯諫之言，已是藥石，但更須求所以立其本耳。日用之間以莊敬爲主，凡事自立章程，鞭約近裏，勿令心志流漫，其剛大之本乎？由此益加窮理之功，以聖賢之言爲必可信，以古人之事爲必可行，則世俗小小利害不能爲吾累矣。當官廉謹，是吾輩本分事，不待多説。然微細處亦須照管，不可忽略，因循怠墮。呂氏童蒙訓下卷數條，防閑之道甚至，皆可佩服。自治既不苟，更能事上以禮，接物以誠，臨民以寬，御吏以法，而簿書期會之間亦無所不用其敬焉，則庶乎其少過矣。暇日勿廢温習，少飲酒，擇交遊。子澄相去不遠，真直諒多聞之益。果能受其實攻而不憚改焉，則彼亦將不憚啓告之煩矣。區區所以相告者不過如此，恐臨别匆匆，不能盡舉，預以拜聞，惟所材擇。

答范伯崇

熹比攜二子過寒泉，招季通來相聚，更有一二朋友來相聚，初不廢講議。但昏惰不敏，自救不給，何能有以及人？而學者氣禀强弱不齊，各有病痛，未見卓然可恃者，此亦殊可懼也。

知老兄官守不苟，又得賢守相聽從，得以少伸己志，深副所望。向來猶恐應變之才有所不周，今乃如此，信乎氣質之用小、道學之力大，而程子所謂「一命之士苟存心愛物，於人必有所濟」者，非虚語也。凡百勉旃，以大遠業之基，增吾黨之氣，幸甚。但久留郡中，於簿領之責竊恐曠弛，亦似非便。受納既畢，所謂他事，若他人所可辦者，即不若且歸邑中之爲愈也。如何？或未能歸，凡百亦須戒懼，遠避嫌疑，無爲恩怨之府乃佳。

欽夫得行所學，吾道之幸。但此事大難，不可喜而可懼。近復如何？得正月書，亦未有異聞也。論學依舊有好高傷快之弊。熹近覺此事全放在底下，著實涵養玩味，方見工夫。有一二段雜問答，漫寫呈，當否俟喻及。他所欲言，非書所能盡也。

答范伯崇

伯諫前日過此，季通亦來會，相與劇論儒佛之異。因問伯諫：「『天命之謂性』，此句爲實邪，爲空邪？」渠以爲實。熹云：「如此則作空見者誤矣。且今欲窮實理，亦何賴於前日之空見哉？」又爲季通指近事譬喻，渠遂釋然，似肯放下舊學。若自此不爲異議所移，則吾道又得此人，其資禀志尚過人數等，真有望矣。

答范伯崇

欽夫日前議論傷快，無涵養本原功夫，終是覺得應事匆匆。熹亦近方覺此病不是小事也。伯恭講論甚好，但每事要鶻圇説作一塊，又生怕人説異端俗學之非，護蘇氏尤力，以爲争校是非，不如斂藏持養。頃見子澄有此論，已作書力辨之〔四八〕，不知竟以爲如何也。子澄通書否？渠向疑處當時答得却有病，近看此書病尤多。文定云：「好解經而不喜讀書。」大抵皆是捉住一個道理，便横説竪説，都不曾涵泳文理，極有説不行處。如程子文字，往往尤看不熟也。因作子澄書爲致意。

答范伯崇

伯崇近日何以用功？官事擾擾，想不得一向静坐看書。然暇時速須收斂身心，或正容端坐，或思泳義理，事物之來，隨事省察，務令動静有節，作止有常，毋使放逸，則内外本末交相浸灌而大本可立、衆理易明矣。此外别無著力處。官事有可以及人處，想不憚出力。然檢身馭下，尤不可不加意也。

答范伯崇

前書所論數事，大概得之，但語意多未著實。曾子有疾之說，近嘗通考諸說，私論其故。今以上呈，幸更爲訂之。「心無死生」，所論意亦是。但所謂「自我而立，自觀我者而言」，此語却大有病。知言中議論多病，近疏所疑，與敬夫、伯恭議論，有小往復。文多未能録寄，亦懼頗有摭掎前輩之嫌。大抵如「心以成性，相爲體用」、「性無善惡，心無死生」、「天理人欲，同體異用」、「先識仁體，然後敬有所施」、「先志於大，然後從事於小」，如本天道變化，爲世俗酬酢，及論游、夏問孝之類。此類極多。又其辭意多迫急，少寬裕，良由務以智力探取，全無涵養之功，所以至此，可以爲戒。然其思索精到處，亦何可及也。「巨室」，恐如呂與叔大學解中云，乃「吾之一家」耳。「室」者，私室；「家」則室之巨者也。蓋承上文之意讀之，只合如此說，意思方正當，語勢亦穩帖。若以「巨室」爲彊家，便有著心牢籠之意，雖說不可違道干譽，終是專立此意爲標準，便有縫罅，不似聖賢平日規模也。如何？舊說「天下歸仁」，用呂與叔贊；說夫子言性與天道，用上蔡說。近覺皆未是。試更推之，復以見告。觀書比何所得？因來亦告及之，極所欲聞也。

欽夫近爲學者類集論語「仁」字，各爲之說，許寄來看。然熹却不欲做此工夫，伯崇以爲然否？欽夫又説「當仁不讓於師」，要當此時識所以不讓者何物，則知此仁矣。此説是否？

答范伯崇

異端害正，固君子所當闢。然須是吾學既明，洞見大本達道之全體，然後據天理以開有我之私，因彼非以察吾道之正，議論之間，彼此交盡，而内外之道一以貫之。如孟子論「養氣」而及告子「義外」之非，因夷子而發天理「一本」之大，此豈徒攻彼之失而已哉，所以推明吾學之極致本原，亦可謂無餘藴矣。如此然後能距楊墨而列於聖賢之徒，不然譊譊相訾，以客氣争勝負，是未免於前輩自敝之譏也。

校勘記

〔一〕知舊門人問答　「知舊門人」四字原缺，據浙本補。

〔二〕熹頓首再拜國材丈執事　此十字原缺，據淳熙本補。

〔三〕不審爲況何如　「況」下，淳熙本有「復」字。

〔四〕生事益聊落　「聊落」，淳熙本作「薄」。
〔五〕邇來雖病軀粗健　「邇」，淳熙本作「年」。
〔六〕次爻即一變至左上之陽　以上三十七字原缺，據淳熙本補。
〔七〕又次爻又一變而又交　「又次」，原缺「又」字，據淳熙本補。
〔八〕蓋因陰陽往來相易而得名　「蓋」，淳熙本、浙本作「似」。
〔九〕顯發乾坤造化之機　「化」，淳熙本作「物」。
〔一〇〕此以無思相似以至有思　「相」、「有思」三字原缺，據正訛引徐樹銘新本補。
〔一一〕事任己知　淳熙本作「專任己私」。
〔一二〕恐未免也　「也」下，淳熙本有「云云」二字，知此書爲節録也。
〔一三〕聖人之心如鏡　「鏡」，浙本作「鑒」。
〔一四〕或者多引真空義爲問　「爲問」二字原缺，據淳熙本補。
〔一五〕愚謂且以二程先生之説爲主　「且」，淳熙本作「直」。
〔一六〕一盲引衆盲耳　「一盲」，原作「一目」，據閩本、浙本改。
〔一七〕所以平旦起來　「所以」，淳熙本作「故」。
〔一八〕則日間幹當甚事也　「也」，淳熙本作「邪」。
〔一九〕似以操則存　「似」，浙本作「升」，升，許順之名也。

〔二〇〕不要放捨 「捨」下，淳熙本有「耳」字。
〔二一〕所謂出入無時 「所」上，淳熙本有「此」字。
〔二二〕理會爲佳耳 「耳」下，淳熙本有「云云」二字。
〔二三〕熹頓首至但 以上三十五字原缺，據淳熙本補。
〔二四〕鄙意尋常正亦疑此 「亦」，原作「以」，據淳熙本、浙本改。「熹此如昨」之「此」，疑當作「比」字。
〔二五〕同安至上狀 以上三十三字原缺，據淳熙本補。
〔二六〕熹頓首至伏想佳勝 以上二十七字原缺，據淳熙本補。
〔二七〕冬間至相聚否 以上二十一字原缺，據淳熙本補。
〔二八〕以此臨風每深懷想耳 「耳」下，淳熙本有「云云」二字。
〔二九〕熹爲朝廷不許辭免 「許」，淳熙本作「得」。
〔三〇〕他無可言者 「言」，淳熙本作「云云」。
〔三一〕楊謝之説固未爲得 「楊」上，淳熙本有「如」字。
〔三二〕熹頓首至無足言者也 以上三十六字原缺，據淳熙本補。
〔三三〕國材至煩致意也 以上十八字原缺，據淳熙本補。
〔三四〕天台至熹再拜 以上五十三字原缺，據淳熙本補。
〔三五〕則孟津之事 「孟」，浙本作「盟」。

〔三六〕承喻人物之性　「承」下，淳熙本有「示」字。
〔三七〕人物之性本無不同　「人物之性」，淳熙本、浙本作「人性之初」。
〔三八〕不能無異耳　「無」，淳熙本作「不」。
〔三九〕而言也　「言」下，淳熙本有「之」字。
〔四〇〕與萬物不同　「同」下，淳熙本有「者」字。
〔四一〕二之便不是　「是」下，淳熙本有「也」字。
〔四二〕都無窒礙矣　「矣」下，淳熙本有「云云」二字。
〔四三〕正便説得十分　「正便」，浙本作「政使」。
〔四四〕其大則挾漢以爲韓　「挾」，原作「扶」，據浙本改。
〔四五〕此説與來書云云　「説」，原作「悦」，據浙本改。
〔四六〕義同既殯　「殯」，原作「葬」，據淳熙本改。
〔四七〕熹拜聞　以上三字原缺，據淳熙本補。
〔四八〕已作書力辨之　「辨」，原作「辦」，據浙本改。

晦庵先生朱文公文集卷第四十

書 知舊門人問答

答劉平甫玶〔一〕

新年人事幾日而定？定後進業，恐不可廢。昨日歲前有欲奉聞者，以無間處，不暇及。亦嘗令四弟相告，曾及之否？大抵家務冗幹既多，此不可已者。若於其餘時又以不急雜務虚費光陰，則是終無時讀書也。愚意講學幹蠱之外，挽弓鳴琴、抄書讎校之類皆可且罷。此等不惟廢讀書，亦妨幹也。平甫試思此等於吾身計果孰親且急哉？

又比來遊從稍雜，與此曹交處，最易親狎，而驕慢之心日滋。既非所以養成德器，其於觀聽亦自不美，所損多矣。有國家者猶以近習傷德害政，況吾徒乎？然亦非必絶之，但吾清心省事，接之以時，遇之以禮，彼將自疏。如僕輩固不足道，然平甫亦嘗見衡門之下有雜賓乎？以禮來者以禮接之，亦嘗有留連酒炙、把臂並遊、對牀夜語者乎？此不足爲外人道，但欲平甫自知而節之；若徒暴露於外，而無見聽之實，但使衆怨見歸，爲僕作禍耳。千萬幸察。裴丈正歲出山來，幸爲道區區。此公勁直，凡所告戒千萬信受，不可如聽熹言之悠悠，恐不能堪耳。

答劉平甫〔二〕

前日奉聞，可且自觀書。恐衆説紛紜，未能自決，即且理舊書如何？二南説未編次，可及今爲之，它日相聚裁定也。論語向者看四篇似未浹熟，可兼新舊看爲佳。去歲所治，大抵未熟者，今悉温尋之爲善。向數奉語，可録出所作工夫次第作一紙，時復省察了與未了分數。此最善，可便爲之。蓋雖相聚一年，所進業殊少，所當爲而未爲者殊多。今又疾病如此羸頓，勢未能出與兄相聚，相聚亦思索講究未得，恐負太碩人與共甫兄相責望之意。特復奉白，幸惟思之。無事勿出入，蓋共甫兄不在，宅中别無子弟，户門深闊，事有不可勝虞者。不惟惰遊廢業爲不可，賓客至者，談説戲笑，度無益於身事、家事者，少酬酢之，則彼自不來矣。切祝且温習勿廢，使有常業而此心不放，則異日復相聚亦易收拾。試思自去冬以來已過之日多少，其間用心處放蕩幾何、存在幾何，則亦足以自警矣。

答劉平甫

墓表須看令式合高多少，若所有石不及格，便可買石，不必問字之多少也。臨時分上一截寫額，下一截刻文，却看廣狹如何，爲字大小令難預定也。舊文兩日多所更定，漸覺詳備。銘文亦已得數語，但不甚佳。並歸日面議也。

答劉平甫

尊嫂聞向安，殊可喜。點視湯藥之暇，可以理舊學矣。日月易得，毋因循失之，乃所深望。前以戲謔奉規，能留意否？先聖言「君子不重則不威，學則不固」，向曾講此至熟。日用之間，只此一句勿令違失，則工夫已過半。千萬千萬！熹以同召者例有任滿指揮，不免援例陳請。范丈亦以爲兄至此，渠冗甚，不得款語。然却儘有合處，不至如早賦之矛盾也。歸日當面言之。惟益力進所學、力行所知。元履向至泰寧，譽兄於諸人間不容口，無使爲過情之聞，則甚善。

答劉平甫

昨因聽兒輩誦詩，偶得此義，可以補横渠説之遺。謾録去，可於疑義簿上録之。

一章言后妃志於求賢審官，又知臣下之勤勞，故采卷耳、備酒漿雖后妃之職，然及其有懷也，則「不盈頃筐」而棄置之於「周行」之道矣，言其憂之切至也。二章、三章皆臣下勤勞之甚，思欲酌酒以自解之辭。凡言「我」者，皆臣下自我也。此則述其所憂，又見不得不汲汲於采卷耳也。四章甚言臣下之勤勞也。又定之方中「匪直也人」云云，言非特人化其德而有塞淵之美，至於物被其功，亦至衆多之盛也。

答劉平甫

關雎章句亦方疑之，當作四章，三章章四句，一章章八句乃安。但於舊説俱不合，莫可兼存之否？「好逑」如字乃安，毛公自不作「好」字説。更檢兔罝「好仇」處看音如何，恐不須點破也。蘇黄門併載馳詩中兩章四句作一章八句，文意亦似關雎。末後兩章「琴瑟友之」、「鐘鼓樂之」作一章八句，依故訓説亦得。

答劉平甫

熹承詢及影堂，按古禮，廟無二主。嘗原其意，以爲祖考之精神既散，欲其萃聚於此，故不可以二。今有祠版，又有影，是有二主矣。古人宗子承家主祭，仕不出鄉，故廟無虚主，而祭必於廟。惟宗子越在他國，則不得祭，而庶子居者代之，祝曰：「孝子某宗子名。使介子某庶子名。執其常事。」然猶不敢入廟，特望墓爲壇以祭。蓋其尊祖敬宗之嚴如此。今人主祭者遊宦四方，或貴仕於朝，又非古人越在他國之比，則以其田禄脩其薦享尤不可闕，不得以身去國而使支子代之也。

禮意終始全不相似，泥古則闊於事情，徇俗則無復品節。必欲酌其中制，適古今之宜，則宗子所在，奉二主以從之，於事爲宜。蓋上不失萃聚祖考精神之義，二主常相依，則精神不分矣。下使宗子得以田禄薦享，祖宗宜亦歆之。處禮之變而不失其中，所謂「禮雖先王未之有，可以義起」者蓋如此。但支子所得自主之祭，則當留以奉祀，不得隨宗子而徙也。所喻留影於家，奉祠版而行，恐精神分散，非鬼神所安。而支子私祭上及高曾，又非所以嚴大宗之正也。明則有禮樂，幽則有鬼神，其禮一致。推此思之，則知所處矣。學絶道喪，此語世所罕聞，聞之必以爲笑。然以吾友下問之勤，不敢不以正對。侍次試以稟知，更與圭甫熟講，斷然行之，一新弊俗。共甫博學多聞，亦不應以此爲怪也。更詳思之。

答劉平甫

夫子云：「不學詩，無以言。」先儒以爲心平氣和則能言。易繫辭曰：「易其心然後語。」謂平易其心而後語也。明道先生曰：「凡爲人言者，理勝則事明，氣忿則招拂。」告子云：「不得於言，勿求於心。」孟子以爲不可。此凡言與人交際之道。記曰：「子事父母，父母有過，下氣怡色，柔聲以諫。」此事親事長之道也。適以此意奉聞大略，然此等事更留意體察，勤加鐫治爲妙。此別須有旬月之期，懷不能已，聊復言之。他日相見，只此可驗進學工夫，更不須問疑難也。在彼凡事存此意，善處爲佳。途中望寬懷自愛。

孟子之意以言有不順、理不自得處，即是心有不順、理不自得處，故不得於言，須求之於心，就心上理會也。心氣和則言順理矣。然亦須就言上做工夫始得。伊川曰「發禁躁妄，内斯靜專」是也。内外表裏照管無少空闕，始得相應。試如此用工夫，如何？

答劉平甫

近收耕老書，説一貫之旨甚善，但忠恕即説成兩貫了。兩貫之理，全然透不過忠恕裏面來。如此即惡在其爲一貫耶？此事政須自得，而渠堅守師説，自作障礙，無如之何。但循循不差，却無躐等之患，亦可貴爾。

與平父書中雜説

近得廟堂記一本奇甚，蓋百十年前物，刻畫完好，尚有界行，恨未令平甫見也。論語讀之想有味。訓蒙草草不堪看，只看要義自佳也。

沙縣羅家傳得先聖像甚佳，并武侯成都本，與閣本大異，此像嚴毅沈正，恐差近之也。二先生、邵、張公四象，今並欲煩爲背之。惟横渠一象服章不類，或有此闊絹，并告爲摹易之，如二先生野服，如何？

元履此劄曾寄呈樞兄否？此題目難做，非「籲俊尊上帝」之比，而彼易爲之，亦不思矣。又時宰何嘗知有此事？率爾發之，殊不中節。比以書正之，已不及矣。可笑可笑！

裘父詩勝他文，近體又勝古風，今乃見之，幸甚。曾詩有廬山圖者，不知有此圖否？若未得遊，且得一圖想像勝處亦佳。

熹碌碌如初，貧病日侵，而仕宦之意愈薄，吾命有所制矣。程氏遺書細看尚多誤字，蓋元本如此，今以它本參之，乃覺其誤耳。

文定春秋并二書傳之甚善，更問欽夫看如何。渠似不甚愛通旨，愚意則以爲亦可傳也。

答吳耕老

胡丈昔年答黄繼道問「一貫」義云：「一貫，誠也；忠恕，思誠也。誠者天之道，思誠者人之道。」此語形容得甚妙。中庸曰：「鳶飛戾天，魚躍于淵，言上下察也。君子之道造端乎夫婦，及其至也，察乎天地。」此是子思在天舉一物，在地舉一物，在人舉夫婦。鳶與魚其飛躍雖不同，其實則一物爲之耳。夫婦之道亦不出乎此。是皆子思發見一貫之道也。孔子繫易辭有曰：「以言乎遠則不禦，以言乎邇則靜而正，以言乎天地之間則備矣。」亦發明斯道也。如何如何？

來教引中庸、易傳之言以證一貫之理，甚善。愚意所謂一貫者亦是如是。但據熹所見而以諸先生之説證之，則忠恕便已在一貫之中。如所謂「鳶飛魚躍雖不同，然其實則一物」之意是也。若耕老之説，則是鳶魚飛躍、内外精粗合爲一貫矣。而一貫之外，零却「忠恕」二字，恐非聖賢之意也。胡丈以一貫爲誠，而以忠恕爲思誠也。若熹之意，則曾子之言忠恕即誠也，子思之言違道不遠、孟子之言求仁莫近，乃思誠也。試推此思之，如何？

答何叔京

五月十八日新安朱熹謹再拜裁書，復于知丞學士執事：熹少而魯鈍，百事不及人，獨幸稍知有意於古人爲己之學，而求之不得其要。晚親有道，粗得其緒餘之一二，方幸有所向而爲之焉，則又未及卒業而遽有山頽梁壞之歎，倀倀然如瞽之無目，擿埴索途終日而莫知所適，以是竊有意於朋友之助。顧以鄙樸窮陋，既不獲交天下之英俊以資其所長；而天下之士其聰明博達足以自立者，又往往流於詞章記誦之習，少復留意於此。熹所以趑趄於世，求輔仁之益，所得不過一二人而已。間者竊聞執事家學淵源之正，而才資敏鋭，絶出等夷，其深造默識，固有超然非誦説見聞之所及也，而其口講心潛、躬行力踐，已非一日之積，是以嘗欲一見執事而有謁焉。聽於下風，又聞執事蓋嘗過聽遊談之誤，憐其願學之久而未始有聞，且將引而寘之交游之末，使得薰沐道誼之餘以自警飭，以此尤欲及時早遂此願。而貧病之故，不能贏糧數舍，求就正之益，以慰夙心而承厚意；自惟薄陋，聲迹本疏，又不敢率然奉咫尺之書以煩隸人，而爲異日承教之漸。惟是瞻仰不能一日而忘，而且愧且恨亦未嘗不一日往來于心也。

不謂執事不鄙其愚，一日惠然辱貺以書。意者高明抱道獨立，亦病夫世之末學外騖不可告語，於是有取乎熹之鈍愚靜退，以爲臭味之或同，而不盡責其餘耳。至於詞旨奥博，反復通貫，三復竦然，有以仰見所存之妙。竊不自勝其振厲踴躍，以爲雖未獲瞻望於前，而亦無以異於親承指誨也。惟其稱道太過、責望太深，乃熹所欲請於左右者，而怠緩不敏，反爲執事所先，此則不能不以爲愧。

然道之在天下，天地古今而已矣。其是非可否之不齊，決於公而已矣。然則熹之所望於執事而執事之所以責於熹者，又豈有彼此先后之間哉！繼自今以往，執事有以見教而熹有以求教，願悉屏去形迹之私，商訂辨析，務以求合乎至當之歸，庶幾有以致廣大、盡精微而不滯於一偏之見，則熹之幸也，執事之賜也。其它未暇一二，姑先以此爲謝，復屬伯崇轉致，不審高明以爲如何？

暑雨煩鬱，伏惟承顔盡懽，尊候神相萬福。熹杜門奉親，日益孤陋，向風引領，不任馳情。承許秋涼見過，何幸如之，而非所敢望也。未間，更冀以時爲道千萬自愛，進爲時用，以張斯文，慰山野之望。幸甚。

答何叔京

熹孤陋如昨。近得伯崇過此，講論踰月，甚覺有益。所恨者不得就正於高明耳。它日伯崇相見或通書，當能備言之。或有差誤，不吝指誨，幸甚！李先生教人，大抵令於靜中體認大本未發時氣象分明，即處事應物，自然中節。此乃龜山門下相傳指訣。然當時親炙之時貪聽講論，又方竊好章句訓詁之習，不得盡心於此，至今若存若亡，無一的實見處，辜負教育之意。每一念此，未嘗不愧汗沾衣也。脱然之語，乃先生稱道之過。今日猶如掛鈎之魚，當時寧有是耶？然學者一時偶有所見，其初皆自悦懌，以爲真有所自得矣。及其久也，漸次昏暗淡泊，又久，則遂泯滅，而頑然如初無所睹。此無他，其所見者非卓然真見道體之全，特因聞見揣度而知故耳。竊意當時日聞至言，觀懿行，其心固必有不知所以然者。洎失其所依歸，而又加以歲月之久，汩没浸漬，今則尤然爲庸人矣。此亦無足怪者。因下問之及，不覺悵然，未知其終何所止泊也。

東平先生遺事，猥蒙垂示，得以究觀前賢出處之大致、先廷問學之淵源，與夫高明纂輯成書，以傳世垂後之意，幸甚幸甚。更容熟復，續得具禀也。語録頃來收拾數家，各有篇帙首尾、記録姓名，比之近世所行者差爲完善。故各仍其舊目而編之，不敢輒有移易。近有欲刻板於官司者，方欲持以畀之。前已刊行，當得其摹本以獻，今無別本可以持内也。孟子集解本欲自備遺忘，抄録之際，因遂不能無少去取及附己意處〔三〕。近日讀之，句句是病，不堪拈出。它時若稍有所進，當悉訂定以求教〔四〕，今未敢也。見所與伯崇講論，敬仰之深。然有少疑，嘗與伯崇論之，恐未中理，更乞垂喻，以警不逮。幸甚幸甚。

答何叔京

昨承不鄙，惠然枉顧，得以奉教累日。啓發蒙陋，爲幸多矣。杜門奉親，碌碌仍昔。體驗操存雖不敢廢，然竟無脱然自得處。但比之舊日，則亦有間矣。所患絶無朋友之助，終日兀然，猛省提掇，僅免憒憒而已。一小懈則復惘然，此正天理人欲消長之幾，不敢不著力。不審别來高明所進復如何？向來所疑，定已冰釋否？若果見得分明，則天性人心、未發已發，渾然一致，更無别物。由是而克己居敬，以終其業，則日用之間亦無適而非此事矣。中庸之書要當以是爲主，而諸君子訓義，於此鮮無遺恨，比來讀之，亦覺其有可疑者。雖子程子之言，其門人所記録，亦不能無失。蓋記者之誤，不可不審所取也。

孟子集解當悉已過目，有差繆處切望痛加刊削，警此昏憒，幸甚幸甚。伯崇云論語要義武陽學中已寫本，次第下手刊板矣。若成此書，甚便學者觀覽。然向上儘索眼力，若在本領處久不透徹，則雖至言妙論日陳於前，只是閑言語也。廣文更欲刊通書，此亦甚善。今人知趣向如此者亦自少得，往往伯崇遊談之助爲多也。孟子看畢，先送伯崇處。近成都寄得横渠書數種來〔五〕，其間多可附入者，欲及注補也。淵源録亦欲早得，邵氏且留不妨也。本欲專人致書以謝臨辱〔六〕，又苦農收乏人，只附此於伯崇處，未知達在何時。臨書悵惘不自勝。

答何叔京

專人賜教，所以誨誘假借之者甚厚，悉非所敢當。然而此意不可忘也。謹當奉以周旋，益思其所未明，益勉其所未至，庶幾或能副期待之意耳。杜門奉親，幸粗遣日，無足言者，前此失於會計，妄意增葺弊廬以奉賓祭，工役一興，財力俱耗，又勢不容中止，數日衮冗方劇，幾無食息之暇也。來春又當東走政和展墓，南下尤川省親，此行所過留滯，非兩三月不足往返。比獲寧居，當復首夏矣。光陰幾何，而靡敝於事役塗路之間，動涉時序，雖隨事應物，不敢弛其警省之功，然客氣盛而天理微，才涉紛擾，即應接之間，尤多舛逆。如來教「一言未終，已覺其有過言；一事未終，已覺其有過行」者，在高明未必然，而熹實當之矣。以此常恐因循汩没，辜負平生師友之教。尚賴尊兄未即遐棄，猶時有以振德之也。

前此所論，未能保其不無紕繆，乃殊不蒙指告，來諭勤勤，若真以其言爲不妄者，何哉？豈其以是進之，欲其肆志極言而無毫髮之隱，因有所擇取於其間哉？不然，則庸妄所聞必有偶合高明之見者矣。欣幸欣幸！

中庸集說如戒歸納，愚意竊謂更當精擇，未易一概去取。蓋先賢所擇，一章之中文句意義自有得失精粗，須一一究之，令各有下落，方愜人意。然又有大者，昔聞之師，以爲當於未發已發之幾，默識而心契焉，然後文義事理，觸類可通，莫非此理之所出，不待區區求之於章句訓詁之間也。向雖聞此而莫測其所謂，由今觀之，始知其爲切要至當之説，而竟亦未能一蹴而至其域也。僭易陳聞，不識尊意以爲如何？

孟子集解重蒙頒示，以遺説一編見教，伏讀喜幸，開豁良多。然方冗擾，未暇精思，姑具所疑之一二以求發藥〔七〕。俟旦夕稍定，當擇其尤精者著之解中，而復條其未安者盡以請益。欽夫、伯崇前此往還諸説，皆欲用此例附之。昔人有古今集驗方者，此書亦可爲「古今集解」矣。既以自備遺忘，又以傳諸同志，友朋之益，其利廣矣。

語録比因再閲，尚有合整頓處。已略下手，會冗中輟。它時附呈未晚。大抵劉質夫、李端伯所記皆明道語，餘則雜有。至永嘉諸人及楊遵道、唐彦思、張思叔所記，則又皆伊川語也。向編次時有一目録，近亦脩改未定，又忙，不暇拜呈，並俟它日。

淵源、聞見二録已領，西山集委示，得以披讀，乃知李丈議論本末如此，甚幸甚幸。其間有合請教者，亦俟詳觀，乃敢以進也。高文委示，尤荷意愛之厚。大抵必根於義理，而詞氣高妙，又足以發夫中之所欲言者，非近世空言無用之文也。易説序文敬拜大賜，三復研味，想見前賢造詣之深、踐履之熟，故詞無枝葉而藹然有篤厚慤誠之氣。它時若得盡見遺編，何幸如之！遺録、行狀并且歸内，改定後更望别示一本，幸幸。

孔明傳近爲元履借去，示喻孔明事，以爲天民之未粹者，此論甚當。然以爲略數千户而歸，不肯徒還，乃常人之態，而孔明於此亦未能免俗者，則熹竊疑之。夫孔明之出祁山，三郡響應，既不能守而歸，則魏人復取三郡，必齮齕首事者墳墓矣。拔衆而歸，蓋所以全之，非賊人諱空手之謂也。近年南北交兵，淮、漢之間數有降附，而吾力不能守，虜騎復來，則委而去之，使忠義遺民爲我死者肝腦塗地而莫之收省。此則孔明之所不忍也，故其言曰：「國家威力未舉，使赤子困於豺狼之吻。」蓋傷此耳。此見古人忠誠仁愛之心、招徠懷附之略，恐未必如明者之論也。妄論如此，如有未當，因便有以見教，幸甚。

雜學辨出於妄作，乃蒙品題過當，深懼上累知言之明，伏讀恐悚不自勝。宗禮處亦未有便，因書當如所戒也。伯崇近過建陽相見，得兩夕之款，所論益精密可喜，其進未可量也。大抵學者用志不分，必有進益。惟熹懶惰日甚，不覺有分寸之進。世間無有不進而不退者，然則其却行者必矣。自此予書，當痛加鞭策，庶乎不爲小人之歸。捨是而唯唯焉，殆非所望於直諒多聞之友也。

答何叔京

伏蒙委撰味道堂記，前者已嘗懇辭，今又辱貶喻，尤切悚畏。熹於文辭無所可取，使爲它文，則或可以率意妄言，無問嗤點。今欲發揚先志，昭示後來，兹事體重，豈宜輕以假人？切望更加三思，無輕其事，則非獨小人免於不韙之譏，亦不爲賢者失人之累。幸甚幸甚！

戒殺子文近建陽印本納上數紙，其間雖涉語怪，然施之盲俗，亦近而易知，不爲無助。幸以授鄰里，使張之通塗要津也。吕公之説，龜山嘗論之，亦以爲不過喻以利害，其論尤粹而切。向喻元履令附其説於後，今不見，恐是忘記。别紙録呈。若鄰里間有可説諭者，令别刻一版，附此吕説之後爲佳。不然，則别得老兄數語跋之，却於跋中載龜山之語一道發明，庶幾曲終奏雅之意尤善。如何？若然，則跋中更不須説機祥報應事矣。

答何叔京

熹奉親屏居，諸況仍昔。所憂所懼，大略不異來教之云，而又有甚者焉耳。躁妄之病，在賢者豈有是哉？顧熹則方患於此未能自克，豈故以是相警切耶？佩服之餘，嘗竊思之，所以有此病者，殆居敬之功有所未至，故心不能宰物、氣有以動志而致然耳。若使主一不二，臨事接物之際真心現前，卓然而不可亂，則又安有此患哉？或謂子程子曰：「心術最難執持，如何而可？」子曰：「敬。」又嘗曰：「操約者，敬而已矣。惟其敬足以直內，故其義有以方外。義集而氣得所養，則夫喜怒哀樂之發，其不中節者寡矣。」孟子論「養吾浩然之氣」，以爲「集義」所生，而繼之曰「必有事焉而勿正，心勿忘，勿助長也」。蓋又以居敬爲集義之本也。夫「必有事焉」者，敬之謂也。若曰其心儼然，常若有所事云爾。夫其心儼然肅然，常若有所事，則雖事物紛至而沓來，豈足以亂吾之知思？而宜不宜、可不可之幾，已判然於胸中矣。如此則此心晏然有以應萬物之變，而何躁妄之有哉？雖知其然，而行之未力，方竊自悼，敢因來教之及而以質於左右，不識其果然乎否也？

遺説所疑，重蒙鐫喻，開發爲多。然愚尚有未安者，及後八篇之説并以求教。有未中理，伏惟不憚反復之勞，有以振德之。

孔明失三郡〔八〕，非不欲盡徙其民，意其倉卒之際，力之所及止是而已。若其心則豈有窮哉？以其所謂「困於豺狼之吻」者觀之，則亦安知前日魏人之暴其邊境之民不若今之胡虜哉？孔明非急近功、見小利〔九〕、詭衆而自欺者〔一〇〕，徙民而歸，殆亦昭烈不肯棄民之意歟？欽夫傳論并熹所疑數條請求指誨，幸以一言決之。

味道堂記誠非淺陋所敢當，故有前日之懇，非敢飾辭以煩再三之辱。既不蒙聽察而委喻益勤，益重不敏之罪，謹再拜承命，不敢復辭矣。然須少假歲月，使得追繹先志之所存，俟其略見彷彿而後下筆，庶幾或能小有發明，可以仰丐斤削耳。

下喻行己臨官之道，此在高明平日所學舉而措之，則夫世俗所謂廉謹公勤有不足言矣。區區乃方有愧於此，其何以仰助萬分之一乎？

祠堂記推尊之意甚善，而所謂「人心天理不容亡滅，學者於此百世以俟聖人而已」者亦佳，但亦有可議者。如以字謂諸先生，一也。「立不教，坐不議，無言心成」乃莊周荒唐之說，非聖賢授受本旨，二也。以穆、尹、歐陽文章末技比方聖學，擬不以倫，三也。明道無恙時，學者甚衆。今曰未嘗爲師，四也。呂正獻之未薨，伊川已去講席，蓋其道有非當時諸賢所及知者，是以難合，非特以兩公之在亡爲輕重，今曰二公薨而伊川去，五也。又曰「正叔自謂道已大成，可以無愧」，氣象淺狹，恐非先生之志，六也。世傳了翁所序明道中庸，乃呂與叔所著，了翁蓋誤。而今又因之，七也。摭其語而論之，其失如此。蓋其大概切切然以辨謗釋言爲事，亦淺乎其知先生矣。嘗愛明道墓表有云：「學者於道知所向，然後見斯人之爲功；知所至，然後信斯名之稱情。」蓋此事在人隨其所至之淺深而自知之，彼不知者豈可以口舌彊爭？彼知之矣，則又何待較短長而後喻哉？記中所稱「兼山氏」者名忠孝，語録中載其問疾伊川之語。然頃見其易書溺象數之説，去程門遠甚〔一二〕。而尹子門人所記，則以爲忠孝自黨論起絶迹師門，先生没不致奠，而問疾之語亦非忠孝也，然則其人其學亦可見矣。愚見與所聞如此，不審明者謂之何哉？

歲前報葉、魏登庸，蔣參預政，陳應求同樞密知院事；南北之使，交贄往來；元夕有旨，州縣張燈。山間所聞者不過如此，羅、李之除，則未知也。聞相麻以四事戒飭：理財用、省冗官、汰冗兵，其一則未聞。蓋未嘗見麻，但傳聞爾。宰相帶知國用，參政、同知皆入銜，并恐欲聞之。金聲玉振之説改定舊説，寫呈求教，不知是否。諸葛傳所疑瑣細，不能盡録，其大者帖於册内矣。

答何叔京

昨承示及遺説後八篇，議論甚精，非淺陋所至，或前儒所未發，多已附於解中。其間尚有不能無疑者。復以求教，更望反復之，幸甚。

「巨室」之説亦已附入，可以補舊説之未備。然廢舊説而專主此意，則又似有牢籠駕御之心，非聖賢用處也。麥丘邑人之語，亦陳天下之理以警其君耳。如孟子「聞誅一夫紂矣」之語，豈可謂脅其君哉？引之欲證「得罪」二字出於人君之身有不正，而非巨室怨望之私也，莫亦無害於理否？林少穎引裴晉公「豈朝廷之力能制其死命哉，直以處置得宜，能服其心」之語爲證，亦甚善。當時不能盡載，尋當添入，其意乃備耳。

「仁義」二字未嘗相離。今曰事親以仁，守身以義，恐涉支離隔截，爲病不細。「孝弟也者，其爲仁之本歟？」此言孝弟乃推行仁道之本，「仁」字則流通該貫，不專主於孝弟之一事也。但推行之本自此始耳。「爲」字蓋「推行」之意。今以對「乃」字立文，恐未詳有子之意也。程子曰：「論行仁則以孝弟爲本，論性則以仁爲孝弟之本。」此語甚盡。

「手舞足蹈」，所論得之。然李說亦有不可廢者，今注於其下，則理自明矣。其間句意小有未安處，欲更定「躍如也」爲「左右逢原」、「神明其德」爲「從容中道」，如何？

乘輿濟人之說，與熹所聞於師者相表裏，但不必言姦人。聖賢所警，正爲仁人君子豪釐之差爾，姦人則尚何說哉？諸若此類，稍加密察爲佳。「辟除」之「辟」，乃趙氏本說，與上下文意正相發明，蓋與捨車濟人正相反也。此段注釋近略稍改，稍詳於舊。略云：「惠謂私恩小利，政則有公平正大之體、綱紀法度之施焉。惠而不知爲政者，亦有仁心仁聞，而不能擴充以行先王之道云爾。」又云：「十月成梁，蓋時將寒沍，不可使民徒涉，又農功既畢，可以役民之時。先王之政，細大具舉，而無事不合民心、順天理，故其公平正大之體、綱紀法度之施，雖纖悉之間，亦無遺恨。如此，豈子産所及哉？諸葛武侯之治蜀也，官府次舍、橋梁道路，莫不繕理而民不告勞。蓋其言曰：『治世以大德，不以小惠。』其亦庶幾知爲政矣。」又云：「君子能行先王之政，使細大之務無不畢舉，則惠之所及亦已廣矣。是其出人之際，雖辟除人，使之避己，亦上下之分固所宜然，何必曲意行私，使人知己出然後爲惠？又況人民之衆，亦安得人人而濟之哉？」

「有故而去」，非大義所係，不必深爲之說。臣之去國，其故非一端。如曰親戚連坐，則先王之制，父子兄弟罪不相及，亦豈有此事哉？但昔者諫行言聽，而今也有故而去，而君又加禮焉，則不得不爲之服矣。樂毅之去燕近之。

「非禮義之禮義」，所論善矣。但以爲其心皆在於異俗而邀名，則不必皆然。蓋有擇焉不精，以爲善而爲之者，知言所謂「緣情立義，自以爲由正大之德而不知覺」者也。此句之失與論子産而指姦人相類。

孟子鄙王驩而不與言，固是，然朝廷之禮既然，則當是之時，雖不鄙之，亦不得與之言矣。鄙王驩事於出弔處已見之，此章之意則以朝廷之禮爲重。時事不同，理各有當。聖賢之言無所苟也，豈爲愧衆人爲已甚而始以是答之哉？正所以明朝廷之禮，而警衆人之失也。

「象憂喜亦憂喜」，此義集解之説初若不明，及細玩之，則詞不逮意之罪也。今略改定云：「言舜喜象之來，非不知其將殺己，但舜之心見其憂則亦憂，見其喜則亦喜。今見其喜而來，故亦爲之喜。蓋雖明知彼之將殺己，而自我觀之，則吾弟耳，兄弟之愛終豈能忘也哉？或曰云云，愚聞之師曰：『兄弟之親，天理人倫，蓋有本然之愛矣。雖有不令之人傲狠鬭鬩於其間，而親愛之本心，則有不可得而磨滅者。惟聖人盡性，故能全體此理，雖遭横逆之變，幾殺其身，而此心湛然，不少摇動。』伊川先生所謂云云，正謂此耳。或者之云固善，然恐非所以語聖人之心也。」如此言之，莫稍盡否？

「罔」訓蒙蔽，「得之方」訓術數，恐未是。「罔以非其道」者，獨非術數耶？蓋愛兄、放魚，「欺以其方」也。市有虎，曾參殺人，「罔以非其道」也。「井有仁焉」亦是。君子不逆詐，故可欺。然燭理明，故彼以無是道之語來，則豈得而蒙蔽哉？

「艾」讀爲「乂」，説文云：「芟草也，从丿乀。」左「丿」右「乀」，芟草之狀，故六書爲指事之屬。「自艾」「淑艾」，皆有斬絶自新之意。「懲乂」「創乂」，亦取諸此，不得復引彼爲釋也。

「金聲玉振」之説未安。金聲，博學之事；玉振，則反約矣。反約者，不見始終之異，而始終之理具焉。如射畢而觀破的之矢，不見其巧力而巧力皆可見，故下文又以射譬之。若以金聲始隆終殺兼舉博約之事，則玉振無所用矣。愚意如此，亦恐未盡，俟更思之。

「尚友」章所謂「口道先王語而行如市人」者，恐非孟子尚友之所取。以論其世者，正欲知其言行之曲折精微耳。兼兩意説不得。

「桐梓」之説甚善，但不必分身心爲兩節。又以木根爲譬，似太拘滯。蓋言身則心具焉，「壹是皆以脩身爲本」是已。今但云以理義養其心，則德尊而身安矣，意亦自見。

「狼疾」之訓甚善，然古字多通用，不必言誤也。如孟子中「由」、「猶」二字常互用之。

「天爵」二説，其一極善，其一未安，亦由集解之説自不明白，有以致疑。今改其答辭曰：「亦觀其心之所存者如何耳。若假仁要利之心不去，則夫不捨其天爵者，亦將以固其所得之人爵而已。是或可以幸而不至於亡，然根於鄙吝之私，是豈可以入堯舜之道哉？必也真知固有之可貴，而寖忘其平日假仁要利之私，則庶乎其可矣。」大抵假仁與利仁不同，須曉析不差，然後可耳。易傳論聖人之公、後王之私亦是此意。見比卦彖辭注中〔一二〕。

「鄉道」、「志仁」不可分爲二事。中庸曰「脩道以仁」，孟子言「不志於仁」，所以釋上文「不鄉道」之實也。又云：「務引其君以當道，志於仁而已。」亦言志仁之爲當道爾。「舍生取義」，諸先生説已盡之矣。義重於生，不假言也。

「夜氣」，以爲休息之時則可，以爲寂然未發之時則恐未安。魂交而夢，百感紛紜，安得爲未發？而未發者又豈專在夢寐間耶？「赤子之心」，程子猶以爲發而未遠乎中，然則夜氣特可以言「復而見天地心」之氣象耳。若夫未發之中，則無在而無乎不在也。

「耳目之官即心之官也」，恐未安。耳目與心各有所主，安得同爲一官耶？視聽淺滯有方，而心之神明不測，故見聞之際必以心御之，然後不失其正。若從耳目之欲而心不宰焉，則不爲物引者鮮矣。觀上蔡所論顔、曾下功處，可見先立乎其大之意矣。書之「不役耳目，百度惟貞」亦此意也。

羿匠之説理則甚長，但恐文意繁雜，頭緒太多，不如尹氏之説明白而周盡。故云必如羿之彀率、大匠之規矩然後爲至，則是羿與大匠自别有彀率、規矩，與孟子意正相戾矣。若是所以教人之規矩、彀率，則只是衆所共由之法，又非所以言至也。

歐陽公論世宗之事未爲失，但以孟子爲爲世立言之説則害於理矣。夫聖賢之立言，豈不度其事之可行與否而姑爲是可喜之論，以供世之傳誦道説而已哉？蓋必有是理然後有是心，有是心而後有是事，有是事然後有是言，四者如形影之相須，而未始須臾離也。臯陶之執、舜之逃，天理人倫之至，聖人之心所必行也，夫豈立言之説哉？聖人顧事有不能必得如其志者，則輕重緩急之間於是乎有權矣。故緣人之情以制法，使人人得以企而八議之説生焉。然其所謂權者，是亦不離乎親親貴貴之大經，而未始出於天理人心之外也。今必以正理爲空言而唯權之爲徇，不幸而有毫釐之差，則不失於正者鮮矣。此義龜山亦嘗論之，見集第二十一卷。

「躍如也」，正是形容懸解頓進之意。「意有所感觸而動」却不親切，「感觸」二字自佳，但少頓進意耳。引而不發，則其思也必深，思之既深，則有所感觸而動，其進也必驟矣。如此而言，意似稍備，如何？

「好名之人」，如此説甚善，但「苟非其人」一句不通，而此章兩事亦無收拾結斷處。子臧、季札，守節者也，恐其不可謂役志於物。

「『反身而誠』，言能體而有之者如此」。欲作「言能體其全者如此」。「『强恕而行』，言既失而反之者如此」。欲作「言既失而所以反之者如此」。「『行之不著』者，所造未至也」。欲作「不先致知也」。

「機變之巧」，所論甚當，更欲增數語云：「乘時逐便以快其欲，人所甚羞而己方且自以爲得計，蓋唯知有利而已，何所復用其愧耻之心哉？」如此乃盡其情，如何？

「人心亦皆有害」，趙氏謂人心爲利欲所害，此説甚善。愚謂飢渴害其知味之性，則飲食雖不甘，亦以爲甘；利欲害其仁義之性，則所爲雖不可，亦以爲可。來喻辭費而理熕，恐非孟子長於譬喻之本旨也。

「執中當知時，苟失其時，則亦失中矣」，此語恐未安。蓋程子謂子莫執中比楊墨爲近，而中則不可執也。當知子莫執中與舜、禹、湯之執中不同，則知此説矣。蓋聖人義精仁熟，非有意於執中，而自然無過不及，故有執中之名，而實未嘗有所執也。以其無時不中，故又曰時中。若學未至、理未明而徒欲求夫所謂中者而執之，則所謂中者，果何形狀而可執也？殆愈執而愈失矣，子莫是也。既不識中，乃慕夫時中者而欲隨時以爲中，吾恐其失之彌遠，未必不流而爲小人之無忌憚也。中庸但言擇善，而不言擇中，其曰「擇乎中庸」，亦必繼之曰「得一善」，豈不知善端可求而中體難識乎？夫惟明善，則中可得而識矣。

「仁義者道之全體」，此説善矣。又云「能居仁由義，則由是而推焉，無所往而非道」，則又似仁義之外猶有所謂道者矣，是安得爲全體哉？「親親而加以恩」，似有夷子「施由親始」之病。夫親親之有恩，非加之也。欲親親而不篤於恩，不知猶有病否？大抵墨氏以儒者親親之分仁民，而親親反有不厚；釋氏以儒者仁民之分愛物，而仁民反有未至。

「山徑之蹊」，恐不必言爲高子發。人心皆然，一息不存，則放僻邪侈之心生矣。

不聞君子之大道者，肆情妄作，無所不至，不但挾勢陵人而已。

「鄉原」之論甚佳，但孔子所稱具臣者，猶能有所不從，若馮道之徒，則無所不從矣。許以具臣已過其分，有以更之，如何？

答何叔京

熹碌碌講學親旁，思索不敢廢。但所見終未明了，動靜語默之間，疵吝山積，思見君子，圖所以洒濯之者而未可得。今年却得一林同人在此，名用中，字擇之。相與討論。其人操履甚謹，思索愈精，大有所益，不但勝己而已。欽夫亦時時得書，多所警發，所論日精詣。向以所示遺説數段寄之，得報如此。始亦疑其太過，及細思之，一一皆然。有智無智，豈止校三十里也？今録去上呈，其它答問反復及它記序等文尚多，以伯脩行速，不能抄爲恨。熹前此書中所請教者，於尊意云何？竊意其説不過如此，但持之不力，恐言語間不容無病。深望指誨，得以自警而改之，幸也。向曾上稟迓夫到日借數人來，爲相聚數日之計，今恐已熱，難出入。又意此人已到，不能久留，而尊兄已就道久矣。或已到官，亦未可知。三四舍之遠，阻隔不相聞如此，可爲深恨也。

武侯傳讀之如何？更有可議處否？問疑數條例小差，以書問之欽夫，皆以爲然。但熹欲傳末略載諸葛瞻及子尚死節事，以見善善及子孫之義，欽夫却不以爲然。以爲瞻任兼將相而不能早去黄皓，又不能奉身而去，以冀其君之悟，可謂不克肖矣。此法甚嚴，非慮所及也。老兄以爲如何？

但欽夫極論復見天地心，不可以夜氣爲比。熹則以爲夜氣正是復處，固不可便謂天地心，然於此可以見天地心矣。易中之意亦初不謂復爲天地心也。又老兄云：「人皆有是善根，故好是懿德。」欽夫説見別紙，熹則竊以爲老兄此言未失，但不知「好」者爲可欲而以「懿德」爲可欲，此爲失耳。蓋好者，善根之發也。懿德者，衆善之名也。善根，無對之善也。衆善者，有對之善也。無對者以心言，有對者以事言。夫可欲之善乃善之端，而以事言之，其失遠矣。此兩條更望思之，却以見教。幸甚幸甚。西山集讀之，疑信相半，姑留此以俟的便。

近事一二傳聞可慶，然大病新去，尤要調攝將護，不知左右一二公日夕啓沃用何説耳。此又似可慮。如何如何？欽夫書令致願交之意，恨未詹識。它日有可見教者，無相棄也。恐願聞之。

答何叔京

示喻温習之益、體驗之功，有以見用力之深，無少逸豫。歎服之餘，悚厲多矣。録寄數條，無非精微廣大之致。顧鄙陋何足知之？然貪於求教，輒復以管見取正於左右，却望指擿見告，幸甚。

熹近來尤覺昏憒無進步處。蓋緣日前偷墮苟簡，無深探力行之志。凡所論説，皆出入口耳之餘，以故全不得力。今方覺悟，欲勇革舊習，而血氣已衰，心志亦不復彊，不知終能有所濟否？今年有古田林君擇之者在此，相與講學，大有所益。區區稍知復加激厲，此公之力爲多也。

遺説向來草草具稟，其間極有淺陋疏脱處，都不蒙一掊擊，何耶？前日伯脩書有欽夫所論數條甚精，試一思之，當有發耳。大率吾曹之病皆在淺急處，於道理上纔有一説，似打得過，便草草打過，以故爲説不難而造理日淺。今方欲痛自懲革，然思慮昏窒已甚，不知能復有所進否？左提右挈之所助，深不能無望於尊兄也。

所喻孔明於管樂取其得君以行志，此説恐未盡。欽夫論瞻權兼將相而不能極諫以去黄皓，諫而不聽，又不能奉身而退，以冀主之一悟，兵敗身死，雖能不降，僅勝於賣國者耳。以其猶能如此，故書「子瞻嗣爵」，以微見善善之長；以其智不足稱，故不詳其事，不足法也。此論甚精，愚所不及。不知高明以爲如何？

所借書悉如所戒，但易傳無人抄得，只納印本去。此有别本，遂留几間可也。知言所傳已借出，却借得一本在此看。本欲轉以上内，然所借書已多，一目之力，何能遽及？無乃有妨精思坐進之功耶？熹蓋宿有此病者，今未能除，然已覺知是病矣。西山集前便恐有浮沉，不敢附。今付來人，其間大有可疑處，未暇論也。

答何叔京

承喻及味道堂記文，惕然若驚。比既敬諾，安敢食言？然須少假歲月，庶幾賴天之靈或有少進，始敢措辭耳。

「金聲玉振」，不知當時寫去者云何？ 近嘗思索，更定其説，始亦以爲無疑矣，比再閲之，又覺有礙。 更望相與探討，異時各出其説以相參驗，亦進學之一方也。 道理無窮，思索見聞有限，聖人之言正在無窮處，而吾以其有限者窺之，關鎖重重，未知何日透得盡耳。

自占之説，甚不足較。 然舊説本之商賈，似亦無害。 若農民，則先王制民之産自有常度，不待自占然後知其豐約矣。 所謂掊斗折衡者，恐非先王之法。 以舜之盛德，猶以同律度量衡爲先，孔子亦言謹權量、審法度，夫豈以掊折爲可耶？ 度量權衡，天理至公之器，但操之者有私心耳。 以其操之者私而疾夫天理之公，是私意彼此展轉相生，而卒歸於大不公也。

近事久不聞，春間龍、曾皆以副帥去國，英斷赫然，中外震慴，而在廷無能將順此意者。 今其黨與布護星羅，未有一人動，姦豎在途，亦復遲遲其行，亦豈尚有反予之望耶？ 倚伏之機，未知所決。 雖在畎畝，竊不勝過計之憂。 不審高明以爲如何？

答何叔京

奉親遣日如昔，但學不加進，鄙吝日滋，思見君子以求切磋之益而不可得，日以憒憒，未知所濟也。

向來妄論持敬之説，亦不自記其云何。但因其良心發見之微，猛省提撕，使心不昧，則是做工夫底本領。本領既立，自然下學而上達矣。若不察於良心發見處，即渺渺茫茫，恐無下手處也。中間一書論「必有事焉」之説，却儘有病，殊不蒙辨詰，何耶？

所喻多識前言往行，固君子之所急，熹向來所見亦是如此。近因反求未得個安穩處，却始知此未免支離。如所謂因諸公以求程氏，因程氏以求聖人，是隔幾重公案，曷若默會諸心，以立其本，而其言之得失自不能逃吾之鑒耶？欽夫之學所以超脱自在，見得分明，不爲言句所桎梏，只爲合下入處親切。今日説話雖未能絶無滲漏，終是本領是當，非吾輩所及，但詳觀所論自可見矣。

諸葛之論，乃是以春秋責備賢者之法責之，於瞻不薄矣。春秋褒死節，然亦有不書者甚多，取捨之間，必有微意。思之未精，考之未遍，不敢輕爲之説，請俟它日也。惟微者，心也；復者，所以傳是心也。若滔滔汩汩，與物競馳而不反，亦何自見此而施精一之功乎？

有對無對之説誠未盡善，然當時正緣「好是懿德」而立文耳。如易所謂「元者善之長」，元豈與善而二哉？但此善根之發，迥然無對，既發之後，方有若其情、不若其情而善惡遂分，則此善也不得不以惡爲對矣，其本則實無二也。凡此數端，據愚見直書，遠求質正。又疑孟之説尚有未盡之意，輒因來教引而伸之，別紙具呈。更有二段，擇之前日爲説甚精，偶其還家，未得寫内，旦夕附便致之也。今此所論，且望不吝痛加反復，幸甚。

近日狐鼠雖去，主人未知窒其穴，繼來者數倍於前。已去者未必容其復來，但獨斷之權，執之益固，中書行文書，邇臣具員充位而已。其姦憸者觀望迎合，至謂天下不患無財，皆欣然納之，此則可憂之大者。其它未易以言既也。北虜責歸降甚急，予之則失信生亂，不予則又慮生釁隙〔一三〕，未有以應之。然廟堂之議斷然不予，但上近者損八十萬緡築揚州之城，羣臣之諫不聽，其附會贊成者遂得美遷，觀此，邊事亦不能久寧矣。根本如此，何以待之？可慮可慮！

答何叔京

所喻疑義，大抵諸説一概多病。蓋於大本處未甚脱然見得，所以臆度想象，終亦有差。如云持志則心自正，心正則義自明，又云能體認之則爲天德，又云心性仁義之道相去毫髮之間，此語尤有病。心者發而未動，及論鬼神能誠則有感必通，此數條皆句句有差，不知何故如此？豈偶思之未熟耶？大學之序格物致知至於知至意誠，然後心得其正，今只持志便欲心正義明，不亦太草草乎？性，天理也，理之所具，便是天德，在人識而體之爾。云能體認之便是天德，體認乃是人力，何以爲天德乎？性、心只是體、用，體、用豈有相去之理乎？「性即道，心即仁」，語亦未瑩，須更見曲折乃可。心者，體用周流，無不貫徹，乃云發而未動，則動處不屬心矣，恐亦未安也。鬼神之體便只是個誠，以其實有是理，故造化發育，響應感通，無非此理。所以云「體物而不可遺」，非爲人心能誠則有感應也。此等處尚多，人事冗迫，不容詳遣布。此稟亦已草略，且舉大綱而老兄思之可也。仍恕僭易，幸甚。

又聞嵩卿之賢好學，得聞其餘論，尤以爲喜。此道知好之者日衆，孤陋真有望矣。幸爲道意，未敢率然拜書也。

所欲細論者甚多，不知何日得會面也？所欲文字偶在城中，無緣取內。然博觀草草，徒費心目之力，不若就一處精思之爲有益也。如「仁」字，恐未能無疑。且告録出孔、孟、程、謝說處，反復玩味，須真見得，則其它自可見。恕、性等說皆不待別立說也。嵩卿是韓子之言，固失之，而老兄所論亦未盡得。博愛之不得爲仁，正爲不見親切處耳。若見親切處，則博愛固仁者之事也。試以此意思之，如何？博施濟衆一段，不知嵩卿如何看？恐更須子細也。

答何叔京

今年不謂饑歉至此。夏初所至洶洶，遂爲縣中委以賑糶之役。中間又爲隣境羣盗竊發，百方區處，僅得無事。今早稻已熟，雖有未浹洽處，然想無它虞矣。對接事變，不敢廢體察，以爲庶幾或可寡過。然悔尤之積，打不過處甚多，即以自懼耳。

自老兄南去，日以爲念。讀來書，知志不獲伸，細詢來使，乃盡知曲折。此朋友之責也，夫復何言？謹已移書漕臺，且爲兄求一差檄來建、邵，到即又徐圖所處。因此且可暫爲寧親之計，亦急事也。今日所向如此，但臨汀深僻，王靈不及，當愈甚爾。

朝政比日前不侔矣，近又去一二近習，近臣之附麗者亦斥去之，但直道終未可行。王龜齡自夔府造朝，不得留，出知湖州，又不容而去。今汪帥來，且看又如何。上以薦者頗力，又熟察其所爲，其眷佇少異於前矣。然事係安危，未知竟如何耳。熹無似之蹤不足爲輕重，然亦俟此決之耳〔一四〕。

欽夫臨川之除，薦者意不止此，亦係時之消長，非人力能爲也。近寄得一二篇文字來，前日伯崇方借去，已寄語令轉録呈，其間更有合商量處也。

前此僭易拜禀博觀之敝，誠不自揆。乃蒙見是，何幸如此！然觀來喻，似有未能遽捨之意，何耶？此理甚明，何疑之有？若使道可以多聞博觀而得，則世之知道者爲不少矣。熹近日因事方有少省發處，如「鳶飛魚躍」，明道以爲與「必有事焉，勿正」之意同者，今乃曉然無疑。日用之間，觀此流行之體初無間斷處，有下功夫處，乃知日前自誑誑人之罪蓋不可勝贖也。此與守書册、泥言語全無交涉，幸於日用間察之，知此則知仁矣。所欲言甚衆，不欲久稽來使，草草略具報如此，殊不盡懷。

向蒙垂示先大夫易集義，得以伏讀。竊窺觀象玩辭之意，知前輩求道之勤蓋如此，不勝歎仰。顧恨不得執經門下，躬扣所疑。三復遺篇〔一五〕，徒深感悵。昨承見索，以在府中，不得即歸内。今謹封識，以授來人，至幸檢納，不勝幸甚。

上蔡語録上卷數段極親切，暇日試涵泳之，當自有味。不必廣求，愈令隨語生解，不得脱灑耳。

答何叔京

一出五旬而後反，歸來隨分擾擾，未得開卷。歲月逝矣，天理未明，物欲方熾，每得朋友論辯之書，爲之愧汗不能已，未知終何以自脱於小人之歸也。幸閭里粗寧，老幼平遣，雖貧悴日甚，且復推遷。官期亦未及，區區甚憚此行，欲俟暫到，復爲請祠計。若不獲命，始當奉來教以周旋。敬夫相爲謀亦如此也。竊承深以去親爲念，又歎從仕之害其所學，浩然有歸與之志，此固吾人之所同。然仕州縣者遷就於法令之中，猶或可以行所志之一二，仕於朝者又不復有此。但知其不可而冒進自處，便不是了，更無可説。此所以徘徊之久而重於一行也。

承喻「温厲」之説，不記當時如何及之。若直以厲爲主，誠可謂一偏之論矣。或恐以氣質之偏而欲矯以趨中，則有當如是者亦不爲過矣。然聖人之温而厲，乃是天理之極致，不勉不思，自然恰好，毫髪無差處。要須見此消息，則用力矯揉，隨其所當自有準則，不至偏倚矣。不然，正恐如扶醉人也。來教所謂聖人所以處中，似非本旨，更告詳之。

伯崇近得書，講學不輟，似亦稍進。但爲偷兒入室，夜囊爲之一空，亦非貧者所宜遭也。寄示答問六條，得以見邇來用功處。然鄙意多所未安，輒敢條析以求訂正，亦未敢自以爲是也。

宗禮之亡可傷，不知後來所學如何？似未能脱去禪學也。今朋友間資質如此人亦不易得，惜其止於此耳。

答何叔京

示喻所以居官之意，甚善。昔范巽之問政於横渠，横渠告之曰「尊所聞，力所及」。願尊兄益充此心，則力之所及初亦無限量也。來使云頗招得流亡復業，及募得新民願受一廛者，此最厚下固本之良策。然更有方便與寬得一兩項泛科，亦久遠之利，來者必益衆矣，如何？聞新倉使鄭景望甚賢，或可告語耳。

熹奉親粗遣，官期已及，再被堂帖趣行。然區區本志已不欲往，而近見交親入仕於朝，無不失其故步，學力未充，深有此懼，已遣書丐祠矣。萬一不遂，或當一行。但單行非所安，迎養又不便，只此一節，便自難處，其曲折又有非遠書所能致者。

答何叔京

熹蒙喻堂記，悚仄之深。此固所不敢忘者，但題目大，未敢率爾措辭。意欲少假歲時，尚冀學有分寸之進而後爲之，庶有以窺測先志之一二而形容之，不爲虛作耳。區區此心，更望垂察，幸甚幸甚。知言一册納上，語録程憲未寄來也。所疑記善，足見思索之深，然得失亦相半，别紙具禀其詳。向者瞽説固不能無病，來誨反復，深啓蒙滯。所未安處，亦具别紙，更望提耳，幸甚幸甚。和篇之喻，非所敢當。正此沉緜，未有以爲計，何暇救人之疾乎？尹氏解「無終食違仁」處，蓋本明道先生之言而失之。明道云：「純亦不已，天德也。造次必於是，三月不違仁之氣象也。又其次，則日月至焉。此是三等人。」「人心私欲，道心天理」，此亦程氏遺言。中間疑之，後乃得其所謂。舊書中兩段録呈，有未然者，更告指喻。

答何叔京〔一六〕

來教云：「天地之心不可測識，惟於一陽來復，乃見其生生不窮之意，所以爲仁也。」熹謂若果如此説，則是一陽未復已前〔一七〕，别有一截天地之心，漠然無生物之意，直到一陽之復，見其生生不窮，然後謂之仁也。如此則體用乖離，首尾衡決，成何道理？王弼之説便是如此，所以見闢於程子也。須知元亨利貞便是天地之心，而元爲之長，故曰「大哉乾元，萬物資始」，便是有此乾元，然後萬物資之以始，非因萬物資始然後得元之名也。「仁者心之用，心者仁之體」，此語大有病，程子已嘗闢之矣。其下文乃有穀種之説，正是發明闢此之意。今引穀種爲説而立論乃如此〔一八〕，非惟不解程子所闢之意，竊恐并穀種之意而不明也。

答何叔京

熹所謂「仁者天地生物之心，而人物之所得以爲心」，此雖出於一時之臆見〔一九〕。然竊自謂正發明得天人無間斷處稍似精密。若看得破，則見「仁」字與「心」字渾然一體之中自有分别，毫釐有辨之際却不破碎，恐非如來教所疑也。

性、情一物，其所以分，只爲未發已發之不同耳。若不以未發已發分之，則何者爲性，何者爲情耶？仁無不統，故惻隱無不通，此正是體用不相離之妙。若仁無不統而惻隱有不通〔二〇〕，則體大用小、體圓用偏矣。觀謝子爲程子所難〔二一〕，直得面赤汗下，是乃所謂羞惡之心者。而程子指之曰：「只此便是惻隱之心。」則可見矣。孟子此章之首但言不忍之心，因引孺子入井之事以驗之。而其後即云「由是觀之，無惻隱、羞惡、辭遜、是非之心，則非人也」，此亦可見矣。

知覺言仁，程子已明言其非〔二二〕，見二十四卷。蓋以知覺言仁只說得仁之用而猶有所未盡，不若「愛」字却說得仁之用平正周遍也〔二三〕。

答何叔京

盡心知性知天，言學者造道之事；窮理盡性至命，言聖人作易之事。

「樂天知命」，天以理言，命以付與言，非二事也。「五十而知天命」，亦知此而已矣。「知」只是知得此道理，初無它說。「不知命無以爲君子」，此「知命」字真與「知天命」不同，程子嘗言之矣。

存心養性，便是正心誠意之事。然不可謂全在致知格物之後，但必物格知至然後能盡其道耳。

「體會非心」，不見橫渠本語，未曉其說。

「至誠」之「至」，乃「極至」之「至」，如「至道」、「至德」之比。

「惟精惟一」固是敬，然如來諭之云，却殊不端的。「精」、「一」二字亦有分別，請并詳之。

九德之目，蓋言取人不可求備，官人當以其等耳，豈德不可僭之謂耶？

「洗心」，聖人玩辭觀象，理與心會也；「齋戒」，聖人觀變玩占，臨事而敬也。

「明德」，統言在己之德本無瑕垢處，「至善」，指言理之極致隨事而在處〔一一四〕。

蓍以七爲數，是未成卦時。所用未有定體，故其德員而神，所以知來。卦以八爲數，是因蓍之變而成，已有定體，故其德方以知，所以藏往。卦惟三易有之，皆筮法也。若灼龜而卜則謂之兆，見於周禮，可考也。

「安土」者，隨所遇而安也。「敦乎仁」者，不失其天地生物之心也。安土而敦乎仁，則無適而非仁矣，所以能愛也。「仁者樂山」之意，於此可見。

「無妄災也」，説者似已得之，不知所疑者何謂？却望批誨。

耕菑固必因時而作，然對穫畬而言，則爲首造矣。易中取象，亦不可以文害辭、辭害意。若必字字拘泥，則不耕而望穫、不菑而望畬，亦豈有此理耶？

建牧立監，與巡狩之義並行不悖。祭天、朝諸侯、躬巡撫之意，皆在其中矣。先王之政，體用兼舉，本末備具，非若後世儒者一偏之説，有體而無用、得本而遺末也。「時習」、「三省」固未爲聖人成德事，然亦不專是初學事也，蓋通上下之言耳。

答何叔京〔二五〕

公羊分陝之説可疑。蓋陝東地廣，陝西只是關中雍州之地耳，恐不應分得如此不均。周公在外，而其詩爲王者之風；召公在内，而其詩爲諸侯之風。似皆有礙。陳少南以其有礙，遂創爲分岐東西之説。不惟穿鑿無據，而召公所分之地愈見促狹，蓋僅得今隴西天水數郡之地耳，恐亦無此理。二南篇義但當以程子之説爲正。

邶、鄘、衛之詩未詳其説，然非詩之本義，不足深究。歐公此論得之。

「罪人斯得」，前書已具報矣，不知看得如何？此等處須著個極廣大無物我底心胸看方得。若有一毫私吝自愛、惜避嫌疑之心，即與聖人做處天地懸隔矣。萬一成王終不悟，周公更待罪幾年，不知如何收殺？胡氏家録有一段論此，極有意思，深思之，如何？

「倬彼雲漢」，則爲章于天矣。周王壽考，則何不作人乎？遐之爲言何也。此等語言自有個血脈流通處，但涵泳久之，自然見得條暢浹洽，不必多引外來道理言語，却壅滯却詩人活底意思也。周王既是壽考，豈不作成人材？此事已自分明；更著個「倬彼雲漢，爲章于天」，唤起來便愈見活潑潑地。此六義所謂「興」也。「興」乃興起之義，凡言興者，皆當以此例觀之。易以「言不盡意」而「立象以盡意」，蓋亦如此。

答何叔京

後書所論「持守」之説，有所未喻。所較雖不多，然此乃實下功夫田地，不容小有差互。嘗與季通論之，季通以爲尊兄天資粹美，自無紛擾之患，故不察夫用力之難而言之之易如此。此語甚當。然熹竊觀尊兄平日之容貌之間，從容和易之意有餘，而於莊整齊肅之功終若有所不足。豈其所存不主於敬，是以不免於若存若亡而不自覺其捨而失之乎？二先生拈出「敬」之一字，真聖學之綱領、存養之要法，一主乎此，更無内外精粗之間，固非謂但制之於外則無事於存也。所謂「既能勿忘勿助，則安有不敬」者，乃似以敬爲功效之名，恐其失之益遠矣。更請會集二先生言敬處子細尋繹，自當見之。

答何叔京

「持敬」之説，前書亦未盡。今見嵩卿，具道尊意，乃得其所以差者。蓋此心操之則存，而敬者所以操之之道也。尊兄乃於覺而操之之際，指其覺者便以爲存，而於操之之道不復致力，此所以不惟立説之偏，而於日用功夫亦有所間斷而不周也。愚意竊謂正當就此覺處敬以操之，使之常存而常覺，是乃乾坤易簡交相爲用之妙。若便以覺爲存而不加持敬之功，則恐一日之間存者無幾何，而不存者什八九矣。願尊兄以是察之，或有取於愚言耳。所喻旁搜廣引，頗費筋力者，亦所未喻。義理未明，正須反復鑽研、參互考證，然後可以得正而無失。古人所謂博學、審問、慎思、明辯者，正爲是也。奈何憚於一時之費力而草草自欺乎？竊謂高明之病或恐正在於此，試反求之，當自見矣。

答何叔京

持敬之説，前書已詳禀矣。如今所喻先存其心，然後能視聽言動以禮，則是存則操、亡則捨，而非操則存、捨則亡之謂也。「由乎中而應乎外」，乃四箴序中語。然此一句但説理之自然，下句「制之於外所以養其中」，方是説下功夫處。以箴語考之可見矣。若必曰先存其心，則未知所以存者果若何而著力邪？去冬嘗有一書，請類集程子言敬處考之，此最直截。竊觀累書之諭，似未肯於此加功也，豈憚於費力而不爲邪？

答何叔京

示喻根本之説，敢不承命。但根本枝葉本是一貫，身心内外元無間隔。今曰專存諸内而略夫外，則是自爲間隔，而此心流行之全體常得其半而失其半也。曷若動静語默由中及外，無一事之不敬，使心之全體流行周浹而無一物之不徧、無一息之不存哉？觀二先生之論心術，不曰「存心」而曰「主敬」，其論主敬，不曰虚静淵默而必謹之於衣冠容貌之間，其亦可謂言近而指遠矣。今乃曰「不教人從根本上做起而便語以敬，往往一向外馳，無可據守」，則不察乎此之過也。夫天下豈有一向外馳、無所據守之敬哉？必如所論，則所以存夫根本者，不免著意安排、揠苗助長之患。否則雖曰存之，亦且若存若亡，莫知其鄉而不自覺矣。愚見如此，伏惟試反諸身而察焉。有所未安，却望垂教也。太極「中正仁義」之説，玩之甚熟。此書條暢洞達，絶無可疑。只以「乾，元亨利貞」五字括之，亦自可盡。大抵只要識得上下主賓之辨耳。

答何叔京

伏蒙示及心説，甚善，然恐或有所未盡。蓋入而存者即是真心，出而亡者亦此真心，爲物誘而然耳。今以存亡出入皆爲物誘所致，則是所存之外别有真心，而於孔子之言乃不及之，何邪？子重所論，病亦如此，而子約又欲并其出而亡者不分真妄，皆爲神明不測之妙，二者蓋胥失之。熹向答二公，有所未盡，後來答游誠之一段方稍穩當。今謹録呈，幸乞指誨。然心之體用始終雖有真妄邪正之分，其實莫非神明不測之妙；雖皆神明不測之妙，而其真妄邪正又不可不分耳。不審尊意以爲如何？

潘君之論，則異乎所聞矣。其所誦説環溪之書雖未之見，然以其言考之，豈其父嘗見環溪，而環溪者，即濂溪之子元翁兄弟也歟？元翁與蘇、黄遊，學佛談禪，蓋失其家學之傳已久，其言固不足據。且潘君者又豈非清逸家子弟耶？清逸之子亦參禪，雖或及識濂溪，然其學則異矣。今且據此書論之，只文字語言便與太極、通書等絶不相類。蓋通書文雖高簡，而體實淵慤，且其所論不出乎陰陽變化、脩己治人之事，未嘗劇談無物之先、文字之外也。而此書乃謂「中」爲有物，而必求其所在於未生之前，則是禪家本來面目之緒餘耳。殊不知「中」者，特無偏倚、過不及之名，以狀性之體段；而所謂性者，三才、五行、萬物之理而已矣，非有一物先立乎未生之前而獨存乎既没之後也。其曰執、曰用、曰建，亦體此理以脩己治人而已矣，非有一物可以握持運用而建立之也。通書論「中」，但云：「中者，和也，中節也。」又曰：「中焉止矣。」周子之意尤爲明白。其後所謂立象示人以乾元爲主者，尤爲誑誕無稽。大概本不足辨，以來教未有定論，故略言之。因來誨諭，幸甚幸甚！

答何叔京

心説已喻，但所謂「聖人之心如明鏡止水，天理純全」者，即是存處。但聖人則不操而常存耳，衆人則操而存之。方其存時，亦是如此，但不操則不存耳。存者，道心也；亡者，人心也。心一也，非是實有此二心，各爲一物、不相交涉也，但以存亡而異其名耳。方其亡也，固非心之本；然亦不可謂别是一個有存亡出入之心，却待反本還原，别求一個無存亡出入之心來换却。只是此心但不存便亡，不亡便存，中間無空隙處。所以學者必汲汲於操存，而雖舜、禹之間，亦以精一爲戒也。且如世之有安危治亂，雖堯舜之聖，亦只是有治安而無危亂耳，豈可謂堯舜之世無安危治亂之可名邪？如此則便是向來胡氏性無善惡之説。請更思之，却以見教。

答何叔京

承示近文，伏讀一再，適此冗中，未及子細研味。但如云「仁義者，天理之施」，此語極未安。如此則是天理之未施時，未有仁義也，而可乎？心性仁愛之説所以未契，正坐此等處未透耳。竊意不若云「仁義者，天理之目；而慈愛羞惡者，天理之施」。於此看得分明，則性、情之分可見，而前日所疑皆可迎刃而判矣。

答何叔京

天理既渾然，然既謂之理，則便是個有條理底名字。故其中所謂仁、義、禮、智四者，合下便各有一個道理，不相混雜。以其未發，莫見端緒，不可以一理名，是以謂之渾然。非是渾然裏面都無分別，而仁、義、禮、智却是後來旋次生出四件有形有狀之物也。須知天理只是仁、義、禮、智之總名，仁、義、禮、智便是天理之件數。更以程子好學論首章求之，即可見得。果然見得，即心性仁愛之説皆不辨而自明矣。

答何叔京

未發之前，太極之靜而陰也；已發之後，太極之動而陽也。其未發也，敬爲之主而義已具；其已發也，必主於義而敬行焉。則何間斷之有哉？主敬存養雖説必有事焉，然未有思慮作爲，亦靜而已。所謂靜者，固非槁木死灰之謂；而所謂必有事者，亦豈求中之謂哉？

「真而靜」是兩字，「純一無僞」却只說得「真」字。仁是用功親切之效，心是本來完全之物。人雖本有是心，而功夫不到，則無以見其本體之妙。故熹向者妄謂人有是心而或不仁，則無以著此心之妙，以此故爾，非謂旋安排也，但著字差重耳，然捨此又未有字可下，只此似亦不妨。若下句則似初無病。「仁是用功親切之效」，此句有病，後別有說。

心主於身，其所以爲體者性也，所以爲用者情也。是以貫乎動靜而無不在焉。以此言之，已似太粗露了，何得更爲無著莫乎？

孟子雖多言存養，然不及其目。至論養氣，則只以義爲主，比之顏子便覺有疏闊處。程子之言，恐不專爲所禀與氣象。蓋所學繫於所禀，氣象又繫於所學，疏則皆疏，密則皆密，唯大而化之，然後不論此耳。

「雨木冰」，上温，故雨而不雪；下冷，故著木而冰。

答楊庚書論存心明理、主敬窮理兩段意好，然無總攝，却似相反，使人不知所先後。要之，須說二字交相養、互相發而操存者爲主，乃分明耳。

答作肅書所謂「性理之本」，此語未安。夫本對末之名也，今以性爲理之本，然則以理爲性之末，可乎？所引「元者，善之長」爲比，亦不類。元在衆善之先，故爲衆善之長，與此文意自不同也。呂與叔云「中者道之所由出」，程子以爲若謂道出於中，則道在中内別爲一物，正今日之異同也。「覺」與「動」字固不同，然「覺」字須貫動静而無不在。若睡覺之喻，則是動静分屬性、情，只留得中間些子欲動未動處屬心也，與前所謂心無時不在者亦自相矛盾矣。又云「心、情亦可通言」，而又云「情即心也」，此皆未安。又難作肅云：「性者理之會，是性本無，須待理會於此方以爲性」，此亦非也。所謂理之會者，猶曰「衆理之總會處」爾。又所引「率性之謂道」，亦正是呂氏之説。熹向説此三句語雖未瑩，然却是程子意。見東見録。試參考之，或有取爾。又云「所以言性理之本，以其一源也」，此亦未安。體用是兩物而不相離，故可以言一源〔二六〕。「性理」兩字即非兩物，謂之一源，却倒説開了。餘已見答作肅書。

出母有服，所論得之。記得儀禮却説爲父後者則無服，此尊祖敬宗、家無二主之意，先王製作精微不苟蓋如此。子上若是子思嫡長子，自合用此禮，而子思却不如此説，此則可疑。竊意檀弓所記必有失其傳者。

云「能不改樂，仁便在此」，亦未安，唯仁故能不改樂耳。

云「敬久則誠，誠者忠信之積」，此語恐未安。

光武雖名中興，實同創業，所立廟制，以義起之，似亦中節。不審果何如？更望參訂也。餘論皆當，向見胡明仲侍郎論李固事，亦正如此也。

答何叔京

人之本心無有不仁，但既汩於物欲而失之，便須用功親切，方可復得其本心之仁。故前書有「仁是用功親切之效」之説。以今觀之，只説得下一截；「心是本來完全之物」，又却只説得上一截。然則兩語非有病，但不圓耳。若云心是通貫始終之物，仁是心體本來之妙；汩於物欲，則雖有是心而失其本然之妙，惟用功親切者爲能復之，如此則庶幾近之矣。孟子之言固是渾然，然人未嘗無是心，而或至於不仁，只是失其本心之妙而然耳。然則「仁」字、「心」字亦須略有分别始得。記得李先生説孟子言「仁，人心也」，不是將「心」訓「仁」字，此説最有味，試思之。

顔孟氣象，此亦難以空言指説，正當熟讀其書而玩味之耳。

「體用一源」者，自理而觀，則理爲體、象爲用，而理中有象，是一源也；「顯微無間」者，自象而觀，則象爲顯、理爲微，而象中有理，是無間也。先生後答語意甚明，子細消詳，便見歸著。且既曰有理而後有象，則理象便非一物。故伊川但言其一源與無間耳。其實體用顯微之分則不能無也。今曰理象一物，不必分别，恐陷於近日含胡之弊，不可不察。

「天命之謂性」，有是性便有許多道理總在裏許，故曰性便是理之所會之地，非謂先有無理之性而待其來會於此也。但以伊川「性即理也」一句觀之，亦自可見矣。「心妙性情之德〔二七〕」，「妙」字是主宰運用之意。又所引「孝，德之本」雖不可以本末言，然孝是德中之一事，此孝德爲本而彼衆德爲末耳。今曰「性，理之本」，則謂性是理中之一事，可乎？又云天下之理皆宗本於此，則是天下之理從性生出而在性之外矣，其爲兩物，不亦大乎？記得前書所引程、吕答問者似已盡之，更乞詳考。

光武之事，始者特疑其可以義起耳，非以爲正法當然也。所論立伯升之子以奉私廟，此最得之。但成、哀以下，即陵爲廟，似已允當。蓋彼皆致寇亡國之君，又未嘗命光武以興復，自不當更立廟於京師也。如漢獻帝、晉懷帝又不同，蓋昭烈、元帝嘗受二帝之命矣。此等事乃禮之變節，須精於義理，乃能於毫釐之間處之不差。若只守常執一〔二八〕，便不相應。如温公、伊川論濮園事之不同，亦可見矣。

龜山「人欲非性」之語自好，昨來胡氏深非之。近因廣仲來問，熹答之云云。此與廣仲書隨其所問而答之，故與今所諭者不相似，不能盡録。然觀來教謂不知自何而有此人欲，此問甚緊切。熹竊以謂人欲云者，正天理之反耳。謂因天理而有人欲則可，謂人欲亦是天理則不可。蓋天理中本無人欲，惟其流之有差，遂生出人欲來。程子謂善惡皆天理，此句若甚可駭。謂之惡者本非惡，此句便都轉了。但過與不及便如此。自何而有此人欲之問，此句答了。所引惡亦不可不謂之性，意亦如此。

答何叔京

示喻必先盡心知性，識其本根，然後致持養之功，此意甚善。然此心此性人皆有之，所以不識者，物欲昏之耳。欲識此本根，亦須合下且識得個持養功夫次第而加功焉，方始見得。見得之後，又不捨其持養之功，方始守得。蓋初不從外來，只持養得便自著見，但要窮理功夫互相發耳。來喻必欲先識本根〔二九〕，而不言所以識之之道，恐亦未免成兩截也。主於減者，以進爲文；主於盈者，以反爲文；中間便自有個恰好處，所謂性情之正也。此固不離於中和。然只喚作中和，便說殺了。須更玩味，進反之間，見得一個恰好處，方是實識得中和也。

學、仕是兩事，然却有互相發處。

「毋不敬」，是統言主宰處；「儼若思」，敬者之貌也；「安定辭」，敬者之言也；「安民哉」，敬者之效也。此只言大綱本領，而事無過舉自在其中。若只以事無過舉可以安民爲說，則氣象淺迫，無涵畜矣。

敬則心有主宰而無偏系，惟「勿忘」、「勿助」者知之。

「體物而不可遺」，今人讀此句多脱却「可」字，故説不行。當知鬼神之妙始終萬物，物莫得而遁焉，所謂不可遺也。

窮盡物理，然後好善如好色、惡惡如惡臭，故必知至而後意誠。

答何叔京

雖曰未學，吾必謂之學矣。

天下之理有大小本末，皆天理之不可無者。故學者之務有緩急先後而不可以偏廢。但不可使末勝本、緩先急耳。觀聖人所謂「行有餘力則以學文」者，其語意正如此。若子夏之論，則矯枉過其正矣。故吴才老病其言蓋有見於此者。來喻之云，却似未領其意。唯吕伯恭謂才老蓋以記誦爲學者，故其言雖若有理，然其意之所主則偏矣。此論爲得之。蓋意偏論正，自不相妨也。

三年無改於父之道。

來喻云：「父或行有不善，子不爲則可矣，何改之有？」熹謂「不爲」便是改，聖人之意正要於此處之得宜耳。此章之指初不爲有國家者設也，大意不忍改之心是根本處，而其事之權衡，則游氏之説盡之。試詳考之可見。龜山之説施於此章，誠非本文之意。然其所謂不忍死其親者，恐與之死致生之病不同，幸并詳之〔三〇〕。

小大由之。

當依伊川説。但「人自少時」即讀屬下句，故今乍見其説突兀耳。平心味之，自見歸著，省無限氣力也。若屬下句，即上句説不來，又與「知和而和」意思重疊。

信近於義。

來喻云「信必踐，言則復，言非信也」，此句熹所未曉。

蜡賓之問，當時必有來歷，恐傳者或失其真，故其言不能無失耳。

伯恭夷齊之論大概得之。讓國之事，若使柳下惠、少連處之，不知又當如何？恐未遽飄然遠引也。

「危論」等語，此或者道伯恭之言，其間頗有可疑處，故因書扣之。而伯恭自辨如前所云耳。「隨時」云者，正謂或危或孫，無不可隨之時耳。若曰當視時之可隨與否，則非聖人所謂隨時矣。

「專心致志」等語，正是教人如此著力。教者但務講明義理、分别是非，而學者泛然聽之，若存若亡，則亦何由入於胸次而有所醒悟邪？

仁愛之説，累書言之已詳，請更檢看。更并仁、義、禮、智四字分别區處，令各有去著〔三二〕，則自當見之。不欲多言，以取瀆告之咎也。若如來喻，則孟子「惻隱之心，仁之端也」，此語亦當有病。當云「公覺之心，仁之端也」乃爲備耳。如此立言，有何干涉乎？

校勘記

〔一〕玶　此字原缺，據浙本、閩本補。

〔二〕答劉平甫　按此書又見續集卷七與劉平父，爲其中一節。

〔三〕及附己意處　「附」下，浙本有「記」字。

〔四〕當悉訂定以求教　「定」，浙本作「正」。

〔五〕近成都寄得横渠書　「成」，原作「城」，據閩本、浙本、天順本改。

〔六〕本欲專人致書　「本」上，浙本有「前」字。

〔七〕以求發藥　「求」，閩本作「俟」。

〔八〕孔明失三郡　「明」下，浙本有「之」字。

〔九〕見小利　「利」，浙本作「効」。

〔一〇〕詭衆而自欺者　「者」下，浙本有「也」字。

〔一一〕去程門遠甚　「遠甚」，浙本作「甚遠」。
〔一二〕見比卦彖辭注中　「注」，原作「住」，據閩本、浙本改。
〔一三〕不予則又慮生釁隙　「則」字原缺，據浙本補。
〔一四〕然亦俟此決之耳　「耳」，閩本、浙本作「矣」。
〔一五〕三復遺篇　「篇」，浙本作「編」。
〔一六〕答何叔京　按底本原注云：「自此至『知覺言仁』共五段，一云與王子合。」覈諸淳熙本，題正作答王子合言仁諸説。
〔一七〕則是一陽未復已前　「未」，淳熙本作「來」。
〔一八〕今引穀種爲説　「説」，淳熙本作「言」。
〔一九〕此雖出於一時之臆見　「此」下，淳熙本有「言」字。
〔二〇〕若仁無不統　「無」，浙本作「而」。
〔二一〕觀謝子爲程子所難　「所」，淳熙本作「折」。
〔二二〕程子已明言其非　「子」下，淳熙本有「亦」字。
〔二三〕却説得仁之用平正周遍也　「用」下，淳熙本有「處」字。
〔二四〕隨事而在處　「在」，淳熙本作「見」。
〔二五〕答何叔京　淳熙本作「答王子合問詩諸説」。

〔二六〕故可以言一源　「故」，浙本作「散」，屬上，亦通。

〔二七〕心妙性情之德　「性情」，淳熙本、浙本作「情性」。

〔二八〕若只守常執一　「只」，浙本作「果」。

〔二九〕來喻必欲先識本根　「識」下，浙本補版有「其」字。

〔三〇〕幸并詳之　「并」字原缺，據浙本補。

〔三一〕令各有去著　「令各」，浙本作「各令」。

晦庵先生朱文公文集卷第四十一

書 知舊門人問答

答馮作肅

所論兩條，如叔京兄所論「孔子非沮子貢，乃勉其進」，此意甚善。而作肅所疑，亦有不得不疑者。但此章自不必別爲之説，但看伊川先生解云：「『我不欲人之加諸我，吾亦欲無加諸人』，仁也；『己所不欲，勿施於人』，恕也。恕則子貢可勉而能，仁則非子貢之所及。」此意極分明矣。「博施濟衆」之問與此語先後不可考，疑却因「能近取譬」之言用力有功，而有「欲無加人」之説也。熹嘗謂：「欲立人、欲達人，即子貢所謂『欲無加人』，仁之事也；『能近取譬』，求仁之方，即孔子所謂『勿施於人』，恕之事也。」熟玩文意，似當如此，然諸先達未之嘗言，未知是否，幸試思之。更白叔京兄，質其可否，復以見諭，幸甚。又所引「與點」爲證，恐聖人與點之意不止如此，亦可并商量也。

答馮作肅

所論懲創後生妄作之弊，甚善。然亦不可以此而緩於窮理，但勿好異求新，非人是己，則知識益明而無穿穴之害矣。若因陋畜疑，不爲勇決之計，又非所以矯氣質之偏而進乎日新也。

答馮作肅

示論頗爲他慮所牽，不得一意講習，只得且將明白義理澆灌涵養，令此義理之心常勝，便是緊切功夫，久之須得力也。

答馮作肅

敬義之説甚善。然居敬、窮理，二者不可偏廢；有所偏廢，則德孤而無所利矣。「動靜，仁智之體」，對下文「樂壽爲仁智之效」而言，猶言其體段如此耳，非體用之謂也。學者求爲仁智之事，亦只如上章居敬、窮理之説，便是用力處。若欲動中求靜、靜中求動，却太支離，然亦無可求之理也。

以伊尹爲天民，蓋以其事言之，如耕莘應聘之事，即分明見得有此蹤跡也。治亦進，亂亦進，是指五就湯、五就桀而言，乃是就湯之後，以湯之心爲心，非不待可行而遽行之謂也。傅説是大賢，比伊尹須少貶，其見可而後行雖同，但所以行者或不及耳。周、孔又高，直是「正己而物正」之事，可行而行亦有所不足道矣。

二南乃天子、諸侯燕樂，用之鄉人，用之邦國，所以風天下也。然隨事自有正樂者，則兼及之；如燕禮自有鹿鳴等詩。無正樂者，則專用之。如鄉飲酒別無詩也。恐是如此，然亦未及考也。

可欲之「善」，與繼善之「善」同。有諸己之「信」與成之者「性」，理雖一，而所施則異。當更深察之。

性情等説，有已見叔京書者，但所與嵩卿論者，今議其得失於此。嵩卿云：「理即性也，不可言本。」此言得之。程子亦云「性即理也。」今見遺書二十二上。但其下分別感有内外，則有病，作肅非之，是也。作肅又云：「性者自然，理則必然而不可悖亂者。」此意亦近之。語亦有病。但下云：「理不待性而後有，必因性而後著。」此則有大病。蓋如此，則以性與理爲二也。下云「性者理之會」，却好。「理者性之通」，則又未然。蓋理便是性之所有之理，性便是理之所會之地，而嵩卿失之於太無分别，作肅又失之於太分别，所以各人只説得一邊也。作肅云：「情本於性，故與性爲對。心則於斯二者有所知覺，而能爲之統御者也。未動而無以統之，則空寂而已。已動而無以統之，則放肆而已。」此數句却好。但必以不動爲心，則又非矣。若心本不動，則孟子又何必四十而後不動心乎？須知未動爲性，已動爲情，心則貫乎動静而無不在焉，則知三者之説矣。知言曰：「性立天下之有，情效天下之動，心妙性情之德。」此言甚精密，與其他説話不同，試玩味之，則知所言之失矣。

答連嵩卿

「正顔色，斯近信矣」。此言持養久熟之功，正其顔色即近於信，蓋表裏如一，非但色莊而已。以上下兩句考之，可見非謂正顔色即是近信也。若非持養有素，則正顔色而不近信者多矣。

宿諾者，未有以副其諾而預諾之，如今人未有此物而先以此物許人之類。集解不用此義〔一〕。

盡心，以見處而言；盡性，以行處而言。

易簀、結纓，未須論優劣，但看古人謹於禮法，不以死生之變易其所守如此，便使人有「行一不義、殺一不辜而得天下不爲」之心。此是緊要處。子路仕衛之失，前輩論之多矣，然子路却是見不到，非知其非義而苟爲也。

以道左爲無用，則道乃無用之物也，而可乎？但仁是直指人心親切之妙，道是統言義理公共之名，故其言有親疏，其實則無二物也。中庸曰「脩道以仁」，胡子亦謂「人而不仁，則道義息」，意亦可見。

「天地設位，而易行乎其中」，以造化言之也。「乾、坤成列，而易立乎其中」，以卦位言之也。

乾者，萬物之始，對坤而言，天地之道也；元者，萬物之始，對亨、利、貞而言，四時之序也。錯綜求之，其義乃盡。

功用、妙用之説，來諭得之。

所謂「天地之性即我之性，豈有死而遽亡之理」，此説亦未爲非，但不知爲此説者以天地爲主耶，以我爲主耶？若以天地爲主，則此性即自是天地間一個公共道理，更無人物彼此之間、死生古今之别。雖曰死而不亡，然非有我之得私矣。若以我爲主，則只是於自己身上認得一個精神魂魄、有知有覺之物，即便目爲己性，把持作弄，到死不肯放舍，謂之死而不亡，是乃私意之尤者，尚何足與語死生之説、性命之理哉？釋氏之學，本是如此。今其徒之黠者，往往自知其陋而稍諱之，却去上頭别説一般玄妙道理，雖若滉漾不可致詰，然其歸宿實不外此。若果如此，則是一個天地性中别有若干人物之性，每性各有界限，不相交雜，改名换姓，自生自死，更不由天地陰陽造化，而爲天地陰陽者亦無所施其造化矣。是豈有此理乎？煩以此問子晦，渠必有説，却以見諭。

答連嵩卿〔一〕

「爲其多聞也，爲其賢也」。多聞何以謂之師？夫賢有小大，記曰：「以人望人，則賢者可知。」至於「多識前言往行，以畜其德」，易之大畜，故可以爲師。

賢與多聞，細分固當有别，但若只如此理會，則與王氏新經何異？恐不必深致意也。

下段春秋補助之説放此。

「配義與道」而不言仁，充塞天地之間，則仁在其中矣。孟子言氣，主於集義故也。

更熟看上下文，子細思索，不可只如此草草説過。

樂正子「有諸己之謂信」與「反身而誠，則能動人也」，如何？信有諸己，誠則能動人也〔二〕？

信與誠，大概相似，但反身而誠，所指處地位稍高，亦未論能動人否也。

孟子不見儲子，謂其儀不及物。夫儲子之平陸，特遣人致幣交於孟子，則其接也不以禮，孟子何以受其幣而不見？豈非不屑教誨之道，與孔子不見孺悲而鼓瑟之義同？初不自來，但以幣交，未爲非禮。但孟子既受之後，便當來見，而又不來，則其誠之不至可知矣。故孟子過而不見，施報之宜也，亦不屑之教誨也。

楚令尹子南之子棄疾、雍糾之妻，一告而殺夫，一不告而殺父。二者亦不幸而遇此，然當如何爲正？

居二者之間，調護勸止，使不至於相夷者，上也；勸之不從，死而以身悟之，次也。舍是亦無策矣。

桓公不足以有爲，民不免左衽。管仲之不死，得爲仁乎？或以爲管仲自信其才，雖不遇，而仲之仁自若也。若夫成功，則天也。

孔子許管仲以仁，正以其功言之耳，非以管仲爲仁人也。若其無功，又何得爲仁乎？

答連嵩卿

「恭」、「敬」二字，語、孟之言多矣。如「敬而無失，與人恭而有禮」、「居處恭，執事敬」、「行己也恭，事上也敬」、「責難於君謂之恭，陳善閉邪謂之敬」。伊川先生言：「發於外者謂之恭，有諸中者謂之敬。」蓋恭、敬只一理表裏之言。以此意解語、孟之言，似不契，莫是有輕重否？

恭主容，敬主事。自學者而言，則恭不如敬之力；自成德而言，則敬不如恭之安。

鬼神馮依，此亦有理，「莫見乎隱，莫顯乎微」而已。此莫只是誠之不可揜，感而遂通之意否？

鬼神馮依之説，大概固然。然先生蓋難言之，亦不可不識其意也。

窮神則無易矣。

此言人能窮神，則易之道在我矣，豈復别有易哉？

乾是聖人道理，坤是賢人道理〔四〕。

乾是自然而然，坤便有用力處。

論性不論氣，不備；論氣不論性，不明。

論性不論氣，則無以見生質之異；論氣不論性，則無以見理義之同。

兵法遠交近攻，須是審行此道。智崇禮卑之意。蓋學者其知要高明，其行須切近。

「立則見其參於前」，所見者何事？竊謂「言忠信，行篤敬」，所主者誠敬而已。所主者既誠敬，則所見者亦此理而無妄矣。故坐必如尸，立必如齊，此理未嘗不在前也。

二説皆善。

顔淵問仁，孔子告之以仁與禮。仁與禮果異乎？竊謂五常百行，理無不貫。仁者，人此者也；義者，宜此；禮者，履此。仁之與禮，其命名雖不同，各有所當，皆天理也。人之所以滅天理者，以爲人欲所勝耳。人能克去己私，則天理自復〔五〕，動容周旋中禮，仁孰大焉！

仁禮之説，亦得之。但仁其統體，而禮其節文耳。

答連嵩卿

「德輶如毛，民鮮克舉之」，孔子所謂「爲仁由己」也。「仁以爲己任，不亦重乎」，程子所謂「克己最難」也。周子亦曰：「至易而行難，果而確，無難焉。」蓋輕故易，重故難，知其易，故行之必果；知其難，則守之宜確。能果能確，則又何難之有乎？恐不必引「堯舜病諸」以爲任重之證也。

「死生有命」，言稟之素定，非今日所能移；「富貴在天」，言制之在彼，非人力所能致。如所論却費力也。

「天下歸仁」，熟考經文及程氏說，似只謂天下之人以仁歸之，與呂氏贊不同。蓋事事合理，則人莫不稱其仁，如宗族稱孝、鄉黨稱悌之比。若有毫髮之私留於胸中，則見乎外者必有所不可揜矣，人亦必以其實而稱之，又何歸仁之有？

「知化」，只是知化育之道，不必以知爲主。但「窮神知化」、「存神過化」，伊川、横渠說此二義皆不同。試考其說，當孰從耶？

忠、質、文，不見於經，然亦有理。蓋忠則只是誠實，質便有損文就質之意矣。

曾子言「仁，人此」、「義，宜此」，只就孝上說。孟子言仁之實、義之實，則兼孝悌而言。程子言此雖只是一理，然須分別得出，是亦理一而分殊之意。大凡道理皆如此也。此是說遺書第一卷中「仁，人此」一段。

「夫仁者，己欲立而立人，己欲達而達人」，所謂「以己及物，仁也」。「能近取譬，可謂仁之方也已」，所謂「推己及物，恕也」。

「並行不悖」一章，甚善，此君子所以不謂命也。但堯、舜、孔子爲疏戚之異，似未然。此各是發明一事，皆不以天而廢人者。然所謂人者，是亦天而已矣，此所以並行而不相悖也。

答程允夫洵

讀蘇氏書，愛其議論不爲空言，竊敬慕焉。

蘇氏議論切近事情，固有可喜處，然亦譎矣。至於衒浮華而忘本實，貴通達而賤名檢，此其爲害又不但空言而已。然則其所謂可喜者，考其要歸，恐亦未免於空言也。

爲學之道，戛戛乎難哉！

爲學之道，至簡至易，但患不知其方而溺心於淺近無用之地，則反見其難耳。

潁濱「浩然」一段，未知所去取。

反復讀孟子此章，則蘇氏之失自見。

孟子集解先録要切處一二事，如論養氣、論性之類。

孟子集解雖已具藁，然尚多所疑，無人商確。此二義尤難明，豈敢輕爲之説，而妄以示人乎？來書謂此二義爲甚切處〔六〕，固然。然學者當自博而約，自易而難，自近而遠，自下而高，乃得其序。今舍七篇而直欲論此，是躐等也。爲學之序不當如此，而來書指顧須索，氣象輕肆，其病尤大。

窮理之要，不必深求，先儒所謂「行得即是」者，此最至論。若論雖高而不可行，失之迂且矯，此所謂過猶不及，其爲失中一也。

「窮理之要，不必深求」，此語有大病，殊駭聞聽。「行得即是」，固爲至論，然窮理不深，則安知所行之可否哉？宰予以短喪爲安，是以不可爲可也；子路以正名爲迂，是以可爲不可也。彼親見聖人，日聞善誘，猶有是失，況於餘人，恐不但如此而已。窮理既明，則理之所在，動必由之，無論高而不可行之理，但世俗以苟且淺近之見，謂之不可行耳。如行不由徑，固世俗之所謂迂；不行私謁，固世俗之所謂矯；又豈知理之所在，言之雖若甚高，而未嘗不可行哉？理之所在，即是中道。惟窮之不深，則無所準則而有過不及之患，未有窮理既深而反有此患也。易曰：「精義入神，以致用也。」蓋惟如此，然後可以應務；未至於此，則凡所作爲皆出於私意之鑿，冥行而已。雖使或中，君子不貴也。

前所論蘇潁濱，正以其行事爲可法耳。蘇黄門謂之近世名卿則可，前書以顔子方之，僕不得不論也。今此所論，又以爲行事可法。本朝人物最盛，行事可法者甚衆，不但蘇公而已。大抵學者貴於知道，蘇公早拾蘇張之緒餘，晚醉佛老之糟粕，謂之知道，可乎？古史中論黄帝、堯、舜、禹、益、子路、管仲、曾子、子思、孟子、老聃之屬，皆不中理，未易概舉，但其辨足以文之。世之學者，窮理不深，因爲所眩耳。僕數年前亦嘗惑焉，近歲始覺其繆。

所謂行事者，内以處己，外以應物，内外俱盡，乃可無悔。古人所貴於時中者，此也。不然，得於己而失於物，是亦獨行而已矣。處己接物，内外無二道也，得於己而失於物者無之。故凡失於物者，皆未得於己者也。然得謂得此理，失謂失此理，非世俗所謂得失也。若世俗所謂得失者，則非君子所當論矣。「時中」之説，亦未易言。若如來諭，則是安常習故、同流合汙、小人無忌憚之中庸，後漢之胡廣是也，豈所謂時中者哉！大抵俗學多爲此説，以開苟且放肆之地，而爲蘇學者爲尤甚，蓋其源流如此，其誤後學多矣。

答程允夫

所示詩文，筆力甚快。書中所云，則未敢聞命。别紙條析以往，試熟看數過，當自見得。大抵自道學不明千有餘年，爲士者習於耳目見聞之陋，所識所趣不過如此。如欲爲文章之士而已，則以吾弟之才，少加勉勵，自應不在人後。但不當妄談義理，徒取誚於識者。若果有意於古人之學，則如所示，皆未得其門而入者。要須把作一件大事，深思力究，厚養力行，然後可議耳。但恐浮艷之詞染習已深，未能勇決，棄彼而取此，則非僕之所敢知也。

答程允夫

熹承寄示前書，所論皆未中理，不得不相曉。來書謂熹之言乃論蘇氏之粗者，不知如何而論乃得蘇氏之精者？此在吾弟，必更有説。然熹則以爲道一而已，正則表裏皆正，譎則表裏皆譎，豈可以析精粗爲二致？此正不知道之過也。

又謂洗垢索瘢，則孟子以下皆有可論，此非獨不見蘇氏之失，又并孟子而不知也。夫蘇氏之失著矣，知道愈明，見之愈切，雖欲爲之覆藏而不可得，何待洗垢而索之耶？若孟子，則如青天白日，無垢可洗，無瘢可索。今欲掩蘇氏之疵而援以爲比，豈不適所以彰之耶？黄門比之乃兄，似稍簡静，然謂簡静爲有道，則與子張之指清忠爲仁何以異？第深考孔子所答之意，則知簡静之與有道蓋有間矣。況蘇公雖名簡静，而實陰險。元祐末年，規取相位，力引小人楊畏，使傾范忠宣公而以己代之。既不效矣，則誦其彈文於坐，以動范公。此豈有道君子所爲哉？此非熹之言，前輩固已筆之於書矣。吾弟乃謂其躬行不後二程，何其考之不詳而言之之易也！二程之學，始焉未得其要，是以出入於佛老；及其反求而得諸六經也，則豈固以佛老爲是哉？如蘇氏之學，則方其年少氣豪，固嘗妄觝禪學，如大悲閣、中和院等記可見矣。及其中歲，流落不偶，鬱鬱失志，然後匍匐而歸焉，始終迷惑，進退無據。以比程氏，正楊子「先病後瘳、先瘳後病」之説。吾弟比而同之，是又欲洗垢而索孟子之瘢也。

又謂程氏於佛老之言，皆陽抑而陰用之〔七〕。夫竊人之財猶謂之盜，況程氏之學以誠爲宗，今乃陰竊異端之説而公排之以蓋其跡，不亦盜憎主人之意乎？必若是言，則所謂誠者安在？而吾弟之所以敬仰之意果何謂也？挾天子以令諸侯，乃權臣跋扈，借資以取重於天下，豈真尊主者哉？若儒者論道而以是爲心，則亦非真尊六經者。此其心術之間反覆畔援〔八〕，去道已不啻百千萬里之遠。方且自爲邪説詖行之不暇，又何暇攻百氏而望其服於己也？

凡此皆蘇氏心術之蔽。故其吐辭立論，出於此者十而八九。吾弟讀之，愛其文辭之工，而不察其義理之悖，日往月來，遂與之化，如入鮑魚之肆，久則不聞其臭矣。而此道之傳，無聲色臭味之可娛，非若侈麗閎衍之辭、縱横捭闔之辨，有以眩世俗之耳目而蠱其心，自非真能洗心滌慮以入其中。真積力久，卓然自見道體之不二，不容復有毫髮邪妄雜於其間，則豈肯遽然舍其平生之所尊敬向慕者，而信此一夫之口哉？故伊川之爲明道墓表曰：「學者於道知所向，然後見斯人之爲功；知所至，然後見斯名之稱情。」蓋爲此也。然世衰道微，邪僞交熾，士溺於見聞之陋，各自是其所是，若非痛加剖析，使邪正真僞判然有歸，則學者將何所適從以知所向？況欲望其至之乎？此熹之所不得不爲吾弟極言而忘其僭越之罪也。

程氏書布在天下，所至有之，此間所有，不過是耳。謾寄大全集一本、龜山語録一本去。大全中有他人之文，目録中已題出矣。恐已自有之，如未有，且留看，夏中寄來未晚也。程氏高弟尹公嘗謂易傳乃夫子自著，欲知其道者，求之於此足矣，不必傍觀他書。蓋語録或有他人所記，未必盡得先生意也。又言先生踐履盡一部易，其作傳，只是因而寫成，此言尤有味。試更思之。若信得及，試用年歲之功，屏去雜學，致精於此，自當有得，始知前日所謂蘇、程之室者，無以異於雜薰蕕、冰炭於一器之中，欲其芳潔而不汙，蓋亦難矣。

蘇氏文辭偉麗，近世無匹，若欲作文，自不妨模範。但其詞意矜豪譎詭，亦有非知道君子所欲聞。是以平時每讀之，雖未嘗不喜，然既喜，未嘗不厭，往往不能終帙而罷，非故欲絶之也，理勢自然，蓋不可曉。然則彼醉於其説者，欲入吾道之門，豈不猶吾之讀彼書也哉！亦無怪其一胡一越而終不合矣。蘇、程固嘗同朝，程子之去，蘇公嘸孔文仲齕而去之也。使其道果同，如吾弟之所論，則雖異世亦且神交，豈至若是之戾耶？文仲爲蘇所嘸，初不自知，晚乃大覺，憤悶嘔血，以至於死。見於吕正獻公之遺書，尚可考也，吾弟未之見耳。因筆及此，似傷直矣，然不直則道不見，吾弟察之，幸甚。

答程允夫

仁者，天理也。理之所發，莫不有自然之節，中其節，則有自然之和，此禮樂之所自出也。人而不仁，滅天理，夫何有於禮樂〔九〕？

此說甚善。但「仁，天理也」，此句更當消詳〔一〇〕，不可只如此說過。

明則有禮樂，幽則有鬼神。鬼神者，造化之妙用；禮樂者，人心之妙用。

此說亦善。

「禮之用，和爲貴」，禮之用，以和爲貴也。和如和羹，可否相濟。先王制禮，所以節人情，抑其太過而濟其不及也。若知和而和，則有所偏勝，如以水濟水，誰能食之？中庸曰：「發而皆中節，謂之和。」知和而和，則不中節矣。

以和對同，則和字中已有禮字意思；以和對禮，則二者又不可不分。恐不必引和羹相濟之說。

政者，法度也。法度非刑不立，故欲以政道民者，必以刑齊民。德者，義理也。義理非禮不行，故欲以德道民者，必以禮齊民。二者之決，而王、伯分矣。人君於此，不可不審，此一正君而國定之機也。

此説亦善。然先王非無政刑也，但不專恃以爲治耳。

孔氏之門，雖所學者有淺深，然皆以誠實不欺爲主。子曰：「由！誨汝知之乎？知之爲知之，不知爲不知，是知也。」教之以誠也。若未得謂得，未證謂證，是謂自欺。如此人者，其本已差，安可與入道？樊遲問智，孔子既告之矣，又質之子夏，反覆不知已，不敢以不知爲知也。凡此皆爲學用力處。

此説亦善。

非其鬼而祭之，諂也。諂於鬼，則於人可知矣。推説則如此亦可，但本文「諂」字止謂諂於鬼神耳。

自「孔子謂季氏八佾舞於庭」至「季氏旅於泰山」五段，皆聖人欲救天理於將滅，故其言哀痛激切，與春秋同意。

此説亦然。

夏、殷之禮，杞、宋固不足徵，然使聖人得時得位，有所制作，雖無所徵，而可以義起者，亦必將有以處之。爲是言者，恐後生以私意妄議先王典禮耳。

夏、殷之禮，夫子固嘗講之，但杞、宋衰微，無所考以證吾言耳。若得時有作，當以義起者，固必有以處之。但此言之發，非謂後生妄議而云耳。

身有死生，而性無死生，故鬼神之情，人之情也。

死生鬼神之理，非窮理之至，未易及。如此所論，恐墮於釋氏之說。性固無死生，然「性」字須子細理會，不可將精神知覺做「性」字看也。

「居上不寬，爲禮不敬，臨喪不哀，吾何以觀之哉？」寬、敬、哀，皆其本也。聖人觀人必觀其本，實不足而文有餘者，皆不足以入道。

此說得之。

心有所知覺則明，明則公，故曰：「惟仁者能好人，能惡人。」

仁者固有知覺，然以知覺爲仁則不可。更請合仁、義、禮、智四字思惟，就中識得「仁」字乃佳。

一念之善則惡消矣，一念之惡則善消矣，故曰：「苟志於仁矣，無惡也。」又曰：「未有小人而仁者也。」

此意亦是。然語太輕率，似是習氣之病，更當警察療治也。

行不由道而得富貴，是僥倖也，其可苟處乎？行不由道而得貧賤，是當然也，其可苟去乎？然則君子處貧賤富貴之際，視我之所行如何耳，行無愧於道，去貧賤而處富貴可也。故曰：「富與貴，是人之所欲也，不以其道得之，不處也；貧與賤，是人之所惡也，不以其道得之，不去也。」當以「不以其道」爲一句，「得之」爲一句。先生批：如此説，則「其」字無下落，恐不成文理也。

此章只合依先儒説有得富貴之道、有得貧賤之道爲是。張子韶云：「此言君子審富貴而安貧賤。」亦甚簡當。

「朝聞道，夕死可矣」。天下之事，惟死生之際不可以容僞，非實有所悟者，臨死生未嘗不亂。聞道之士，原始反終，知生之所自來，故知死之所自去，生死去就之理了然於心，無毫髮疑礙，故其臨死生也如晝夜、如夢覺，以爲理之常然，惟恐不得正而斃耳，何亂之有？學至於此，然後可以託六尺之孤、寄百里之命，臨大節而不可奪也。

此又雜於釋氏之説。更當以二程先生説此處熟味而深求之，知吾儒之所謂道者與釋氏迥然不同，則知朝聞夕死之説矣。

「君子懷德，小人懷土；君子懷刑，小人懷惠」。君子安於德義，如小人安於居處；君子安於法度，如小人之安於惠利。心之所安一也，所以用其心不同耳。

此蘇氏説之精者，亦可取也。

「放於利而行，多怨」。利與害爲對，利於己必害於人，利於人必害於己。害於己則我怨，害於人則人怨，是利者怨之府也。君子循理而行，理之所在，非無利害也，而其爲利害也公，故人不得而怨。人且不得而怨，而況於己乎？

此説得之。

德不孤，中德也。中必有鄰，夫子之道至今天下宗之，非有鄰乎？

此説非是。

心本仁，違之則不仁，顔子三月不違仁，不違此心也。

熟味聖人語意，似不如此，然則何以不言「回也，其身三月不違心乎」？

凡人有得於此，必有樂於此。方其樂於此也，寢可忘也，食可廢也，蓋莫能語人以其所以然者，唯以心體之乃可自見。周濂溪嘗使二程先生求顔子所樂者何事，而先生亦謂：「顔子不改其樂，『其』字有味。」又云：「使顔子樂道，則不爲顔子。」夫顔子舍道，亦何所樂？然先生不欲學者作如是見者，正恐人心有所繫，則雖以道爲樂，亦猶物也。須要與道爲一，乃可言樂。不然，我自我，道自道，與外物何異也〔一一〕？須自體會乃得之。

此只是贊咏得一個「樂」字，未嘗正當説著聖賢樂處，更宜於著實處求之。

易曰：「敬以直内，義以方外。」敬以養其心，無一毫私念，可以言直矣。由此心而發，所施各得其當，是之謂義。此與中庸言「喜怒哀樂未發謂之中，發而皆中節謂之和」相表裏。中庸言理，易言學。

此説是也。

聖言其所行，智言其所知，聖、智兩盡，孔子是也。若伯夷、伊尹、柳下惠者，其力皆足以行聖人之事，而其知不逮孔子，故惟能於清、和、任處知之盡、行之至，而其他容有所未周。然亦謂之聖者，以其於此三者已臻其極，雖使孔子處之，亦不過如此故也。前輩言人固有力行而不知道者，若三子非不知道，知之有所未周耳。知之未周，故伯夷於清則中，而於任、於和未必中也；伊尹、柳下惠於任、於和則中，而於清未必中也。易大傳論智常與神相配，而中庸稱舜亦以大智目之，則智之爲言，非天下之至神，孰能與於此？

此説亦是。但易大傳以下不必如此説。智有淺深，若孔子之金聲，則智之極而無所不周者也。學者則隨其知之所及而爲大小耳，豈可概以爲天下之至神乎？

學道者始於知之，終於行之，猶作樂者始以金奏，終以玉節也。孟子之意特取其終始言之，不必於金玉上求其義。

此説亦是。但孟子正取金玉以明始終智聖之義，蓋金聲有洪纖，而玉聲則首尾純一故也。

不動心一也，所養有厚薄，所見有正否，則所至有淺深。觀曾子、子夏、子路、孟子、告子、北宫黝、孟施舍之議論趨操，則可見矣。

此章之説，更須子細玩索，不可如此草草説過。郭立之以不動心處己，以擴充之學教人，與王介父以高明、中庸之學析爲二致何以異？郭立之議論不可曉多類此。尹和靖言：「其自黨論起，不復登程氏之門，伊川没，亦不弔祭。」則其所得可知矣。此論未理會析爲二致，止恐其所謂不動心者〔一二〕，未必孟子之不動心也。

答程允夫

去冬走湖湘〔一三〕，講論之益不少。然此事須是自做工夫於日用間行住坐卧處，方自有見處。然後從此操存，以至於極，方爲己物爾。敬夫所見，超詣卓然，非所可及。近文甚多，未暇録，且令寫此一銘去，此尤勝他文也。密院闕期尚遠，野性難馴，恐不堪復作吏，然亦姑任之，不能預以爲憂耳。

所示語、孟諸説，深見日來進學之力，别紙一一答去。更且加意，如此探討不已，當有得耳。丁寧葉仁來時去取書，恐更有商量處，一一示及。孤陋無所用心，惟得朋友講論，則欣然終日，千萬有以慰此懷也。「可欲之謂善」，此句尋常如何看？因來諭及。龜山易傳傳出時已缺乾、坤，只有草藁數段，不甚完備。繫辭三四段不絶筆，亦不成書。此有寫本，謾附去，然細看亦不甚滿人意，不若程傳之厭飫充足。潘子淳書，頃亦見之，蓋雜佛老而言之者，亦不必觀。向所論蘇學之蔽，吾弟相信未及，今竟以爲如何？他時於己學上有見處，此等自然冰消瓦解，無立脚處。「遊於聖人之門者難爲言」，真不虚語。正蒙已領。近泉州刊行程氏遺書，乃二先生語録，此間所録，旦夕得本，首當奉寄也。

此學寂寥，士友不肯信向。吾弟幸有其志，又有其才，每一得書，爲之增氣。更願專一工夫，期以數年，當有用力處。如艮齋銘，便是做工夫底節次。近日相與考證古聖所傳門庭，建立此箇宗旨，相與守之。吾弟試熟味之，有疑却望示諭。秋試得失當已決，早了此一事亦佳，然是有命焉，亦不足深留意也。

答程允夫

「可欲」之説甚善。但云「可者欲之，不可者不欲，非善矣乎」，此語却未安。蓋只可欲者便是純粹至善自然發見之端，學者正要於此識得而擴充之耳。若云可者欲之，則已是擴充之事，非善所以得名之意也。又謂「能持敬則欲自寡」，此語甚當。但紙尾之意以爲須先有所見，方有下手用心處，則又未然。夫持敬用功處，伊川言之詳矣，只云：「但莊整齊肅，則心便一，一則自無非僻之干。」又云：「但動容貌、整思慮，則自然生敬，只此便是下手用功處，不待先有所見而後能也。須是如此，方能窮理而有所見。惟其有所見，則可欲之幾瞭然在目，自然樂於從事，欲罷不能，而其敬日躋矣。」伊川又言：「涵養須是用敬〔一四〕，進學則在致知。」又言：「入道莫如敬，未有致知而不在敬者。」考之聖賢之言，如此類者亦衆，是知聖門之學別無要妙，徹頭徹尾只是個「敬」字而已。

又承苦於妄念而有意於釋氏之學，此正是元不曾實下持敬工夫之故。若能持敬以窮理，則天理自明，人欲自消，而彼之邪妄將不攻而自破矣。至於「鳶飛魚躍」之問，則非他人言語之所能與，亦請只於此用力，自當見得。蓋子思言「君子之道費而隱」，以至于天下莫能載、莫能破，因舉此兩句以形容天理流行之妙。明道、上蔡言之已詳。想非有所不解，正是信不及耳。欲信得及，捨持敬窮理，則何以哉！

所示宗派，不知何人爲之？昔子貢方人，而孔子自謂不暇，蓋以學問之道爲有急乎此者故也。使此人而知此理，則宜亦有所不暇矣。無見於此，則又何所依據而輕議此道之傳乎？若云只據文字所傳，則其中差互叢雜，亦不可勝道。今亦未暇泛論，且以耳目所及與前輩所嘗論者言之：圖内游定夫所傳四人，熹識其三，皆未嘗見游公，而三公皆師潘子醇，亦不云其出游公之門也。此殆見游公與四人者皆建人，而妄意其爲師弟子耳。至於張子韶、喻子才之徒，雖云親見龜山，然其言論風旨、規摹氣象自與龜山大不相似。胡文定公蓋嘗深闢之，而熹載其説於程氏遺書之後。試深考之，則世之以此學自名者，其真僞皆可覈矣。胡公答仲并語切中近時學者膏肓之病，尤可發深省也。

「三年無改」，只是説孝子之心如此，非指事而言也。存得此心，則雖或不得已而改焉，亦無害其爲孝矣。元祐之於熙、豐，固有所謂不得已者，然未知當時諸公之心如何，若蘇公「野花啼鳥」之句，得無亦有幸禍之心耶？

答程允夫

亦足以發。

顔子所聞，入耳著心，布乎四體，形乎動静，則足以發明夫子之言矣。

忠、恕、誠、仁之别。

「誠」字以心之全體而言，「忠」字以其應事接物而言，此義理之本名也。若曾子之言忠恕，則是聖人之事，故其忠與誠、恕與仁得通言之。恕本以推己及物得名，在聖人則爲以己及物矣。侯氏説未嘗誤。「萬物」者誠有病。

「有德者必有言，有仁者必有勇」。洵竊謂有德者未必有言，然因事而言，則言之中理可必也；仁者未必有勇，然義所當爲，則爲之必力可必也。故皆曰「必有」。有德者未必以能言稱，仁者未必以勇著。然云云以下，各如所說。

「天下有道，則庶人不議」。不議，謂不得與聞國政，非謂禁之使勿言也。如陽虎之流，以庶人而與國政者也。

恐不如此。陽虎饋豚於孔子，蓋以大夫自處，非庶人也。蘇說之誤。

「天何言哉？四時行焉，百物生焉。天何言哉！」洵竊謂四時行、百物生，皆天命之流行，其理甚著，不待言而後明。聖人之道亦猶是也，行止語默無非道者，不爲言之有無而損益也。有言，乃不得已爲學者發耳。明道先生言「若於此上看得破，便信是會禪」，亦非謂此語中有禪，蓋言聖人之道坦然明白，但於此見得分明，則道在是矣，不必參禪以求之也。

如此辨別，甚善。近世甚有病此言者，每以此意曉之，然不能如是之快也。

子夏曰：「仕而優則學，學而優則仕。」洵竊謂仕優而不學則無以進德，學優而不仕則無以及物。仕優而不學固無足議者，學優而不仕亦非聖人之中道也。故二者皆非也。仕優而不學，如原伯魯之不説學是也；學優而不仕，如荷蓧丈人之流是也。子夏之言似爲時而發，其言雖反覆相因，而各有所指。或以爲仕而有餘則又學，學而有餘則又仕，如此則其序當云「學而優則仕，仕而優則學」。今反之，則知非相因之辭也。不知此説是否？

此説亦佳。舊亦嘗疑兩句次序顛倒，今云各有所指，甚佳。

遺書載司馬温公嘗問伊川先生，欲除一人爲給事中云云，洵竊謂若以公言之，何嫌之足避，豈先生於此亦未能自信邪？

前賢語默之節，更宜詳味，吾輩只爲不理會此等處，故多悔吝耳。近正有一二事可悔，忽讀此問，爲之矍然。

上蔡語録中有「真我」之語，洵竊謂不必如此立論，恐啓後人好奇之弊。蓋「毋我」之「我」與「我所固有」之「我」字同義異，本自分明，只下一「真」字，便似生事，二程先生議論不如此。上蔡之學，所造固深，此亦似是其小疵也。

此説甚當。上蔡所云「以我視、以我聽」者，語亦有病。

答程允夫

龜山曰：「宰我問三年之喪，非不知其爲薄也，只爲有疑，故不敢隱於孔子。」只此無隱，便是聖人作處。

龜山之意當是如此。然聖人之無隱與宰我之無隱，亦當識其異處。

伊川舟行遇風，端坐不爲之變，自以爲誠敬之力。烈風雷雨，而舜不迷錯，其亦誠敬之力歟？

舜之不迷，此恐不足以言之。

善爲説辭，則於德行或有所未至；善言德行，則所言皆其自己分上事也。

此説得之。

「善與人同」，以己之善，推而與人同爲之也。「舍己從人」，樂取諸人以爲善，以人之善爲己之善也。

此説亦善。

賢賢、事父母、事君、與朋友交，此四者皆能若子夏之言，可以言學矣。然猶有「雖曰未學」之語，若猶賴乎學者。蓋雖能如是，而不知其所以能如是者從何而來，則所謂行之而不著、習矣而不察者也。

此句意思未見下落，請詳言之，方可議其得失也。

羞惡之心義之端，故人不可使之無廉耻。無廉耻，則無以起其好義之心，若之何而可化？聖人之於民，必使之有耻且格者，此也。

人自是不可無耻，不必引「羞惡」、「好義」爲言也。

知敬親者其色必恭，知愛親者其色必和，此皆誠實之發見，不可以僞爲。故子夏問孝，孔子答之以「色難」。

據下文，恐是言承順父母之色爲難，然此説亦好。

「君子周而不比，小人比而不周」。君子循理之所在，周流天地之間，無不可者。其親之也，理之所當親也；其遠之也，理之所當遠也。何比之有？

尊賢容衆，嘉善而矜不能，此之謂周。溺愛徇私，黨同伐異，此之謂比。周，周徧也；比，偏比也。不必言「周流天地之間」。

謝上蔡曰：「『慎言其餘』、『慎行其餘』，皆有深意，惟近思者可以得之。」蓋言行有絲毫不慎，則於理有絲毫之失，則與天地不相似矣。

「慎言其餘」、「慎行其餘」、「藉用白茅」之意。似此推言，於理不害，然恐未遽説到此也。

小人之陵上，其初蓋微僭其禮之末節而已。及充其僭禮之心，遂至於弑父弑君，此皆生於忍也。故孔子謂季氏：「八佾舞於庭，是可忍也，孰不可忍也？」

敢僭其禮，便是有無君父之心。

人有中雖不然而能勉彊於其外者，君子當求之於其中。中者，誠也；外者，僞也。故父在當觀其事父之志。行者，行其志而有成者也。父没，則人子所以事父之大節始終可覩矣，故父没當觀其事父之行。事父之行既已終始無愧，而於三年之間又能不失其平日所以事父之道，非孝矣乎？

此説甚好，然文義似未安。

「敏於事」，如「必有事焉」之「事」，當爲即爲，不失其幾也。

事只是所行之事。「必有事焉」，不知尋常如何説，請詳論之，乃見所指之意。大抵説經以彼明此固爲簡便，然或失其本意，則彼此皆不分明，所以貴於詳説也。

「子貢曰貧而無諂」至「告諸往而知來者」，此爲學之法也，亦可以見聖賢悟入深淺處。凡窮理自有極致，觀聖人如此發明子貢，則可見矣。

此章論進學之實效，非論悟入深淺也。「悟入」兩字，既是釋氏語，便覺氣象入此不得。大學所謂知至格物者，非悟入之謂。

死生一理也，死而爲鬼，猶生而爲人也，但有去來幽顯之異耳。如一晝一夜，晦明雖異，而天理未嘗變也。

死者去而不來，其不變者只是理，非有一物常在而不變也。更思之。

「子聞之，曰：『是禮也。』」三字可以見聖人氣象宏大，後世諸子所不及也。

「詩三百，一言以蔽之，曰思無邪」，「與關雎樂而不淫、哀而不傷」，皆聖人教人讀詩之法。

此類言之太略，不曉所主之意，恐其間有差，或致千里之繆也。

見實理是爲智，得實理是爲仁。

惟仁者能得是理，而以得實爲仁〔一五〕，則仁之名義隱矣。

理之至實而不可易者，莫如仁。義、禮、智、信，非仁不成。如孝、弟、禮、樂、恭、寬、信、敏、惠，皆仁之用也。

此數句，亦未見下落。

學者須先有所立，故孔子三十而立，又曰「患所以立」。然則若何而能立？曰：「窮理以明道，則知所立矣。」

立是操存踐履之效，所説非是。「患所以立」承「不患無位」而言，蓋曰患無以立乎其位云爾。

「古者言之不出，耻躬之不逮也」。如諸葛孔明草廬中對先主論曹、孫利害，其後輔蜀抗魏、吴，其言無一不酬者。蓋古人無侈心，故無侈言如此。

所引事不相類。

劉器之問「誠」之目於温公，曰：「當自不妄語入。」此易所謂「脩辭立其誠也」。

近之。

「子謂公冶長可妻也」。長之可妻，以其平昔之行也，非以無罪陷於縲紲爲可妻也。雖嘗陷於縲紲，而非其罪，則其平昔之行可知。

「吾斯之未能信」，言我於此事猶未到不疑之地，豈敢蒞官臨政、發之於用乎？此「事」謂何事？

「子謂子貢曰：『女與回也，孰愈？』」。孔子以此問子貢，則子貢之才亦顔、曾之亞。然其所以不及二子者，正在於以見聞爲學。孔子未欲以見聞外事語之，故姑云「吾與女弗如」。他日，乃警之曰：「汝以予爲多學而識之者歟？」道非多學所能識，則聞一知十，亦非所以爲顔子。

子貢言聞一知二、知十，乃語知，非語聞也。見聞之外，復謂何事，請更言之。

忠與清，皆仁之用。有覺於中，忠清皆仁；無覺於中，仁皆忠清。以覺爲仁，近年語學之大病，如此四句，尤爲乖戾。蓋若如此，則仁又與覺爲二而又在其下矣。

「又敬不違」，非從父之令，謂事親以禮，無違於禮也，所謂「起敬起孝」。「見志不從，又敬不違」，則不得已而從父之令者有矣。「勞而不怨」，則所謂「悦則復諫」、「不敢疾怨」也。若不從而遂違之，則父子或至相夷矣〔一六〕。

「居簡而行簡」，則有志大略小之患，以之臨事，必有怠忽不舉之處。「居敬而行簡」，則心一於敬，不以事之大小而此敬有所損益也。以之臨事，必簡而盡。

居敬則明燭事幾而無私意之擾，故其行必簡。

爲仁固難歟？曰，孔子不以易啓人之忽心，亦不以難啓人之怠心。故曰：「仁遠乎哉？我欲仁，斯仁至矣。」又曰：「爲之難，言之得無訒乎？」仁固不遠，然不欲則不至；仁固難，爲之則無難。

致知以明之，持敬以養之，此學之要也。不致知則難於持敬，不持敬亦無以致知。二者交相爲用，固如此。然亦當各致其力，不可持此而責彼也。

「丘之禱久矣」，聖人與天地合其德，與鬼神合其吉凶，我即天地鬼神，天地鬼神即我，何禱之有？

自他人言之，謂聖人如此可也，聖人之心，豈以此而自居耶？細味「丘之禱也久矣」一句，語意深厚，聖人氣象與天人之分、自求多福之意皆可見。

「以能問於不能，以多問於寡；有若無，實若虛；犯而不校」，此聖人之事也，非與天同量者不能。顏子所以未達一間者，正在此，故第曰「嘗從事於斯」，非謂己能爾也。

此正是顔子事，若聖人則無如此之迹。有如此説處，便有合内外之意。如舜「善與人同，舍己從人」、好察邇言、用中於民，必兼言之。惟顔子行而未成，故其事止於如此耳。

「子絶四」，蓋以此教人也，故曰「毋」。毋者，戒之之辭。

「毋」，史記作「無」，當以「無」爲正。

「未見其止也」，學必止於中，而止非息也，於中止行耳。百尺竿頭，猶須進步，豈有止法乎？

據上下章，「止」字皆但爲止息之意。學止於中，乃止其所之止，非止息之意，字同用異，各審其所施。竿頭進步，狂妄之言，非長於譬喻者。

四科乃述論語者記孔氏門人之盛如此，非孔子之言，故皆字而不名，與上文不當相屬。或曰論語之書出於曾子、有子之門人，然則二子不在品題之列者，豈非門人尊師之意歟？

四科皆從於陳、蔡者，故記者因夫子不及門之歎而列之。

君子之道，本末一致，灑掃應對之中，性與天道存焉，行之而著，習之而察，則至矣。孰謂此本也宜先而可傳，此末也宜後而可倦哉？譬諸草木，其始植也，爲之區别而已。灌溉之，長養之，自芽蘖以至華實，莫不有序，豈可誣也？然學者多慕遠而忽近，告之以性與天道，則以爲當先而傳；教之以灑掃應對，則以爲當後而倦焉。躐等陵節，相欺以爲高，學之不成，常必由此。惟聖人下學上達，有始有卒，故自志學充而至於從心不踰矩，自可欲之善充而至於不可知之神，莫不有序，而其成也不可禦焉。觀孟子謂徐行後長者爲堯舜之孝弟，則灑掃應對進退之際，苟行著而習察焉，烏有不可至於聖者？

子夏言我非以灑掃應對爲先而傳之，非以性命天道爲後而倦教，但道理自有大小之殊，不可誣人以其所未至。唯聖人然後有始有卒，一以貫之，無次序之可言耳。二先生之説，亦是如此。但學者不察，一例大言，無本末精粗之辨，反使此段意指都無歸宿。須知理則一致，而其教不可闕，其序不可紊耳。蓋惟其理之一致，是以其教不可闕，其序不可紊也。更細思之。

篤，實也，學當論其實。論其實，則與君子者乎，與色莊者乎？君子，有實者也；色莊，無實者也。

得之。

克己之道，篤敬致知而已。非禮勿視、勿聽、勿言、勿動，篤敬也。所以知其爲非禮者，致知也。

克己乃篤行之事，固資知識之功，然以此言之，却似不切。只合且就操存持養處説，方見用力切要處。

「言顧行，行顧言」，故「古者言之不出，耻躬之不逮也」。中庸曰：「力行近乎仁。」論語：司馬牛問仁，「子曰：『爲之難，言之得無訒乎？』」

答司馬牛之意，更宜思之。

「質直而好義，則能脩身；察言而觀色，則能知人」。内能脩身，外能知人，而又持之以謙，此盛德之士也。雖欲不達，得乎？此與「禄在其中」同意。名實相稱之謂達，有名無實之謂聞。察言觀色，如孟子所謂：「聽其言也，觀其眸子，人焉廋哉〔一七〕？」

孔子所言三句，皆誠實退讓之事。能如此，則不期達而自達矣，非謂能脩身知人而持之以謙也。說知人，猶遠正意。

子路問政。子曰：「先之，勞之。」請益，曰：「無倦。」凡不教而殺、不戒視成、慢令致期，皆無以先之也。既有以先之，又當有以勞之。帝堯曰：「勞之來之。」凡生之而不傷、厚之而不困，皆勞之之謂也。此堯舜之政也。其要在力行耳，故復告之以「無倦」。先之，謂以身率之；勞之，謂以恩撫之。二者苟無誠心，久必倦矣，故請益，則曰「無倦」而已。

簿書期會，各有司存，然後吾得以留意教化之事，故曰「先有司」。

先有司，然後綱紀立而責有所歸。

答程允夫

張子曰：「天性在人，猶水性之在冰，凝釋雖異，其爲物一也。」觀張子之意，似謂水凝而爲冰，一凝一釋，而水之性未嘗動；氣聚而爲人，一聚一散，而人之性未嘗動。此所以以冰喻人、以水性喻天性也。然極其説，恐未免流於釋氏，兄長以爲如何？

程子以爲横渠之言誠有過者，正謂此等發耳。觀孔子、子思、孟子論性，似皆不如此。康節云：「性者，道之形體也；心者，性之郛郭也；身者，心之區宇也；物者，身之舟車也。」

鬼神之理，某向嘗蒙指示，大意云：氣之來者爲神，往者爲鬼。天地曰神曰祇，氣之來者也；人曰鬼，氣之往者也。此説與張子所謂「物之始生，氣日至而滋息；物生既盈，氣日反而游散〔一八〕。至之謂神，以其伸也；反之謂鬼，以其歸也」之意同。近見兄長所著中庸説亦引此，然張子所謂物者，通言萬物耶，抑特指鬼神也？若特指鬼神，則所謂物者，如易大傳言「精氣爲物」之「物」爾。若通言萬物，則上四句乃泛言凡物聚散始終之理如此，而下四句始正言鬼神也。精氣爲物，嚮亦嘗與季通講此，渠云：「精氣爲物者，氣聚而爲人也；遊魂爲變者，氣散而爲鬼神也。」此説如何？更望詳賜批教。

易大傳所謂物，張子所論物〔一九〕，皆指萬物而言。但其所以爲此物者，皆陰陽之聚散耳，故鬼神之德體物而不可遺也。所謂氣散而爲鬼神者，非是。

答程允夫

程子曰：「鬼神者，天地之妙用，造化之迹也。」凡氣之往來聚散，無非天地之用，而鬼神尤其妙者也。然既已動於氣、見於用矣，是形而下者也，故曰「造化之迹」。呂氏曰：「萬物之莫不有是氣，氣也者，神之盛也；莫不有是魄，魄也者，鬼之盛也。故人亦鬼神之會爾。」中庸説曰：「鬼神之爲德，雖不可以耳目見聞接，然萬物之聚散始終，無非二氣之屈伸往來者，是鬼神之德爲物之體，而無物能遺棄之者也。」向按此二説，則張子所謂「物之始生，氣日至而滋息；物生既盈，氣日返而游散」，乃泛言萬物聚散始終之理如此。而鬼神者，亦物之一爾。但其德在物之中爲尤盛，故爲物之體而莫有能遺之者。人亦物之一也，其斂散終始，亦二氣之屈伸往來，與鬼神同，故呂氏曰「人亦鬼神之會耳」。然則非特人也，凡天地之間，禽獸草木之聚散始終，其理皆如此也。其理一而其得於氣者有隱顯、偏正、厚薄之不同，兹其所以有鬼神人物之異歟？謝氏曰：「鬼神是天地妙用，流行充塞，觸目皆是，欲其有則有，欲其無則無。」鬼神，氣也，人心之動亦氣也。以氣感氣，故能相爲有無。呂氏曰：「鬼神周流天地之間，無所不在，雖寂然不動，然因感而必通。」即此意也。

詳此兩段，皆是人物鬼神各爲一物，是殆見廟中泥塑鬼神耳。呂氏所謂「人亦鬼神之會」者甚精，更請細推之。

答程允夫

太極解義以太極之動爲誠之通，麗乎陽，而繼之者善屬焉；靜爲誠之復，麗乎陰，而成之者性屬焉。其説本乎通書，而或者猶疑周子之言本無分隸之意，陽善陰惡又以類分。又曰：「中也，仁也，感也，所謂陽也，極之用所以行也；正也，義也，寂也，所謂陰也，極之體所以立也。」或者疑如此分配，恐學者因之，或漸至於支離穿鑿。不審如何？

此二義，但虚心味之，久當自見。若以先入爲主，則辯説紛拏，無時可通矣。

「仁義中正」，洵竊謂仁義指實德而言，中正指體段而言。然常疑性之德有四端，而聖賢多獨舉仁義，不及禮智，何也？

中正即是禮智。

解義曰：「程氏之言性與天道多出此圖，然卒未嘗明以此圖示人者，疑當時未有能受之者也。」是則然矣。然今乃遽爲之説以傳之，是豈先生之意耶？

當時此書未行，故可隱。今日流布已廣，若不説破，却令學者枉生疑惑，故不得已而爲之説爾。

濂溪作太極圖，發明道化之原。横渠作西銘，揭示進爲之方。然二先生之學，不知所造爲孰深？

此未易窺測，然亦非學者所當輕議也。

程子曰：「無妄之謂誠，不欺其次矣。」無妄是聖人之誠，不欺是學者之誠，如何？

程子此段似是名理之言，不爲人之等差而發也。

近思録載横渠論氣二章，其説與太極圖動静陰陽之説相出入。然横渠立論，不一而足，似不若周子之言有本末次第也。

横渠論氣與西銘、太極各是發明一事，不可以此而廢彼，其優劣亦不當輕議也。

程子曰：「孔子言語，句句是自然；孟子言語，句句是事實。」所謂事實者，豈非是當行可行底事耶？然未可謂自然者，豈以其猶是思焉而得之歟？

大概如此，更翫味之。

所教學者看精義説，甚善。然竊以爲學者須先從師友講貫，粗識梗概，然後如此用工。不然，恐眩於衆説之異同也。

此乃憚煩欲速之論，非所敢聞，然亦非獨此書爲然。若果有志，無書不可讀，但能剖析精微，翫味久熟，則衆説之異同自不能眩，而反爲吾磨礪之資矣。

答程允夫

昨來疑義，久不奉報，然後來長進，又見得前説之是非也。每與吾弟講論，覺得吾弟明敏，看文字不費力，見得道理容易分明，但似少却玩味踐履功夫，故此道理雖看得相似分明，却與自家身心無干涉，所以滋味不長久，纔過了便休。反不如遲鈍之人，多費功夫方看得出者，意思却久遠。此是本原上一大病，非一詞一義之失也。記得向在高沙，因吾弟説覺得如此講論都無個歸宿處，曾奉答云〔二〇〕：「講了便將來踐履，即有歸宿。」此語似有味，更告思之。草此爲報，不能多及，餘惟力學自愛。

答程允夫

版籍固所職，然執有所壓而不得爲，則亦無可奈何。潘憲却要理會事，俟出入少定，試更白之，或能相聽，亦百里之幸也。版籍分明，自是縣道理財之急務；今人只見重疊催税之利，而不察鄉吏隱瞞之害，故不肯整理，此是上下俱落在廝兒計中，甚可歎也。石鼓之役，意思甚好，但恐擇之却難處耳。魏公好佛，敬夫無如之何。此正明道先生所謂「今之入人，因其高明」，所以爲害尤甚。不知這些邪見，是壞却世間多少好人、破却世間多少好事也。「誠」字得力，甚善，然知之亦已晚矣，凡百就實事上更著力爲佳。

答黄子厚

知讀精義有得，尤以爲喜。大指固不出二先生之説，然並觀博考，見其淺深疏密於毫釐之間，尤能發人意思，使人益信二先生之説不可易也。忠信只是一事，但自我而觀謂之忠，自彼而觀謂之信，此先生所以有盡己爲忠、盡物爲信之論也。鄙意如此，試思之然否，却見諭。登山之興，前日失之於跬步之間，今復冒暑而往，則有所不能矣。或恐欲尋舊約，即請見過，却議行計也。伯恭甚愛上嵐山水，前日經行，適值風雨，尤快心目也。

校勘記

〔一〕集解不用此義　「解」下，浙本有「已」字。

〔二〕答連嵩卿　「連」字原脱，據浙本、天順本補。

〔三〕樂正子至動人也　以上爲連嵩卿問文，原混入答文，據浙本改。
〔四〕乾是聖人道理至賢人道理　以上爲連嵩卿問文，原混入答文，據浙本、天順本改。
〔五〕則天理自復　「自」原作「者」，據浙本、天順本改。
〔六〕來書謂此二義爲甚切處　「甚」，浙本、天順本均作「要」。
〔七〕皆陽抑而陰用之　「陽」原作「揚」，據浙本、天順本改。
〔八〕此其心術之間反覆畔援　「術」，考異云：一作「跡」。
〔九〕夫何有於禮樂　「夫」，浙本作「矣」，屬上讀，亦通。
〔一〇〕此句更當消詳　「當」，考異云：一作「索」。
〔一一〕與外物何異也　「也」，浙本、天順本均作「此」，屬下讀，亦通。
〔一二〕止恐其所謂不動心者　「止」，浙本作「正」。
〔一三〕去冬走湖湘　此句上，淳熙本有「久不聞問，方以爲懷，人來，併得兩書，備審比來侍奉之餘，進學不倦。某」二十七字。
〔一四〕涵養須是用敬　「是」字原脱，據浙本及下文補。
〔一五〕而以得實爲仁　底本原注云：「而以得實」下，疑當有「理」字。
〔一六〕則父子或至相夷矣　「至」下，浙本、天順本均有「於」字。
〔一七〕人焉廋哉　「廋」，原作「瘦」，據浙本、天順本、論語爲政改。

〔一八〕氣日反而游散　「游」，閩本、浙本、天順本均作「流」。

〔一九〕張子所論物　「論」，淳熙本作「謂」。

〔二〇〕曾奉答云　「答」，浙本作「啓」。

晦庵先生朱文公文集卷第四十二

書知舊門人問答

答胡廣仲

欽夫未發之論，誠若分別太深，然其所謂無者，非謂本無此理，但謂物欲交引，無復澄靜之時耳。熹意竊恐此亦隨人稟賦不同，性靜者須或有此時節，但不知敬以主之，則昏憒駁雜，不自覺知，終亦必亡而已矣。故程子曰：「敬而無失，乃所以中。」此語至約，是真實下功夫處。願於日用語默動靜之間，試加意焉，當知其不妄矣。近來覺得「敬」之一字，真聖學始終之要，向來之論，謂必先致其知，然後有以用力於此，疑若未安。蓋古人由小學而進於大學，其於灑掃應對進退之間，持守堅定，涵養純熟，固已久矣。是以大學之序，特因小學已成之功，而以格物致知爲始。今人未嘗一日從事於小學，而曰必先致其知，然後敬有所施，則未知其以何爲主而格物以致其知也。故程子曰：「入道莫如敬，未有能致知而不在敬者。」又論敬云：「但存此久之，則天理自明。」推而上之，凡古昔聖賢之言，亦莫不如此者。試考其言而以身驗之，則彼此之得失見矣。

答胡廣仲

太極圖舊本極荷垂示，然其意義終未能曉。如陰靜在上而陽動在下、黑中有白而白中無黑，及五行相生先後次序，皆所未明。而來諭以爲太極之妙不可移易，是必知其説矣，更望子細指陳所以爲太極之妙而不可移易處以見教，幸甚幸甚。

解釋文義，使各有指歸，正欲以語道耳。不然，則解釋文義將何爲邪？今來諭有云「解釋文義，則當如此，而不可以語道」，不知如何立言而後可以語道也？仁義之説，頃答晦叔兄已詳。今必以爲仁不可對義而言，則説卦、孟子之言皆何謂乎？來諭又云「仁乃聖人極妙之機」，此等語亦有病，但看聖賢言仁處，還曾有一句此等説話否？

來諭又謂「動靜之外，别有不與動對之靜，不與靜對之動」，此則尤所未諭。「動靜」二字相爲對待，不能相無，乃天理之自然，非人力之所能爲也。若不與動對，則不名爲靜；不與靜對，則亦不名爲動矣。但衆人之動，則流於動而無靜；衆人之靜，則淪於靜而無動。此周子所謂「物則不通」者也。惟聖人無人欲之私而全乎天理，是以其動也，靜之理未嘗亡；其靜也，動之機未嘗息。此周子所謂「神妙萬物」者也。然而必曰主靜云者，蓋以其相資之勢言之，則動有資於靜而靜無資於動。如乾不專一，則不能直遂；坤不翕聚，則不能發散；龍蛇不蟄，則無以奮；尺蠖不屈，則無以伸。亦天理之必然也。

來諭又有動則離性之説，此尤所未諭。蓋人生而靜雖天之性，感物而動亦性之欲。若發而中節，欲其可欲，則豈嘗離夫性哉！惟夫衆人之動動而無靜，則或失其性耳。故文定春秋傳曰「聖人之心，感物而動」，知言亦云「靜與天同德，動與天同道」，皆未嘗有聖人無動之説也。却是後來分别感物而通、感物而動，語意迫切，生出許多枝節。而後人守之太過，費盡氣力，百種安排，幾能令臧三耳矣。然甚難而實非，恐不可不察也。

知言「性之所以一」，初見一本無「不」字，後見别本有之，尚疑其誤。繼而遍考此書，前後説頗有不一之意，如「子思子曰」一章是也。故恐實謂性有差别，遂依别本添入「不」字。今既遺藁無之，則當改正。但其它説性不一處，愈使人不能無疑耳。昨來知言疑義中已論之，不識高明以爲然否？

上蔡雖説明道先使學者有所知識，却從敬入。然其記二先生語，却謂未有致知而不在敬者。又自云：「諸君不須别求見處，但敬與窮理，則可以入德矣。」二先生亦言：「根本須先培擁，然後可立趨向。」又言：「莊整齊肅，久之則自然天理明。」五峯雖言「知不先至，則敬不得施」，然又云「格物之道，必先居敬以持其志」，此言皆何謂邪？熹竊謂明道所謂先有知識者，只爲知邪正、識趨向耳，未便遽及知至之事也。上蔡、五峯既推之太過，而來喻又謂「知」之一字便是聖門授受之機，則是因二公之過而又過之。試以聖賢之言考之，似皆未有此等語意，却是近世禪家説話多如此。若必如此，則是未知已前，可以怠慢放肆、無所不爲，而必若曾子一「唯」之後，然後可以用力於敬也。此説之行，於學者日用工夫大有所害，恐將有談玄説妙以終其身而不及用力於敬者，非但言語之小疵也。

上蔡又論横渠以禮教人之失，故其學至於無傳。據二先生所論，却不如此。蓋曰「子厚以禮教學者最善，使人先有所據守」，但譏其説「清虚一大」，使人向别處走，不如且道敬耳。此等處，上蔡説皆有病。如云「正容謹節，外面威儀，非禮之本」，尤未穩當。子文、文子，知言疑義亦已論之矣〔一〕。僭冒不韙，深以愧懼，但講學之際，務求的當，不敢含糊，不得不盡言耳。

答胡廣仲

「知仁」之説，前日答晦叔書已具論之。今細觀來教，謂釋氏初無觀過功夫，不可同日而語，則前書未及報也。夫彼固無觀過之功矣，然今所論亦但欲借此觀過而知觀者之爲仁耳。則是雖云觀過，而其指意却初不爲遷善改過求合天理設也。然則與彼亦何異邪？嘗聞釋氏之師有問其徒者曰：「汝何處人？」對曰：「幽州。」曰：「汝思彼否？」曰：「常思。」曰：「何思？」曰：「思其山川城邑、人物車馬之盛耳。」其師曰：「汝試反思，思底還有許多事否？」今所論因觀過而識觀者，其切要處正與此同。若果如此，則聖人當時自不必專以觀過爲言。蓋凡觸目遇事，無不可觀，而已有所觀〔二〕，亦無不可因以識觀者而知夫仁矣。以此譏彼，是何異同浴而譏裸裎也耶？

「人欲非性」之語，此亦正合理會。熹竊謂天理固無對，然既有人欲，即天理便不得不與人欲爲消長。善亦本無對，然既有惡，即善便不得不與惡爲盛衰。譬如「普天之下，莫非王土。率土之濱，莫非王臣」，此本豈有對哉？至於晉有五胡，唐有三鎮，則華夷逆順不得不相與爲對矣。但其初，則有善而無惡，有天命而無人欲耳。龜山之意，正欲於此毫釐之間剖判分析，使人於克己復禮之功便有下手處。如孟子道性善只如此說，亦甚明白慤實，不費心力。而易傳大有卦、遺書第二十二篇棣問孔、孟言性章。論此又極分明，是皆天下之公理，非一家所得而私者。願虚心平氣，勿以好高爲意，毋以先入爲主，而熟察其事理之實於日用之間，則其得失從違不難見矣。

蓋謂天命爲不囿於物可也，以爲不囿於善，則不知天之所以爲天矣；謂惡不可以言性可也，以爲善不足以言性，則不知善之所自來矣。知言中此等議論與其他好處自相矛盾者極多，却與告子、楊子、釋氏、蘇氏之言幾無以異。昨來所以不免致疑者，正爲如此，惜乎不及供灑掃於五峰之門而面質之，故不得不與同志者講之耳。亦聞以此或頗得罪於人，然區區之意只欲道理分明，上不負聖賢、中不誤自己、下不迷後學而已，它固有所不得而避也。

答胡廣仲

伊川先生曰：「天地儲精，得五行之秀者爲人。其本也真而靜，其未發也，五性具焉，曰仁、義、禮、智、信。形既生矣，外物觸其形而動於中矣，其中動而七情出焉，曰喜、怒、哀、樂、愛、惡、欲。情既熾而益蕩，其性鑿矣。」熹詳味此數語，與樂記之説指意不殊。所謂靜者，亦指未感時言爾。當此之時，心之所存渾是天理，未有人欲之僞，故曰「天之性」。及其感物而動，則是非真妄自此分矣。然非性，則亦無自而發，故曰「性之欲」。「動」字與中庸「發」字無異，而其是非真妄，特決於有節與無節、中節與不中節之間耳。來教所謂「正要此處識得真妄」是也。然須是平日有涵養之功，臨事方能識得。若茫然都無主宰，事至然後安排，則已緩而不及於事矣。

至謂「靜」字所以形容天性之妙，不可以動靜真妄言，則熹却有疑焉。蓋性無不該，動靜之理具焉。若專以靜字形容，則反偏却性字矣。記以靜爲天性，只謂未感物之前，私欲未萌，渾是天理耳，不必以靜字爲性之妙也。真妄又與動靜不同，性之爲性，天下莫不具焉，但無妄耳。今乃欲并與其真而無之，此韓公「道無真假」之言所以見譏於明道也。伊川所謂其本真而靜者，「真」、「靜」兩字，亦自不同。蓋真則指本體而言，靜則但言其初未感物耳。明道先生云：「人生而靜之上不容説，纔説性時，便已不是性矣。」蓋人生而靜，只是情之未發，但於此可見天性之全，非真以靜狀性也。愚意如此，未知中否？

答胡廣仲

熹承諭向來爲學之病，足見高明所進日新之盛，一方後學，蒙惠厚矣。然以熹觀之，則恐猶有所未盡也。蓋不務涵養而專於致知，此固前日受病之原；而所知不精，害於涵養，此又今日切身之病也〔三〕。若但欲守今日之所知，而加涵養之功以補其所不足，竊恐終未免夫有病，而非所以合内外之道，必也盡棄今日之所已知而兩進夫涵養格物之功焉，則庶乎其可耳。蓋來書所論，皆前日致知之所得也，而其病有如左方所陳者，伏惟幸垂聽而圖之。

夫太極之旨，周子立象於前，爲説於後，互相發明，平正洞達，絶無毫髮可疑。而舊傳圖、説，皆有繆誤，幸其失於此者猶或有存於彼，是以向來得以參互考證，改而正之。凡所更改〔四〕，皆有據依，非出於己意之私也。舊本圖子既差，而説中「靜而生陰」，「靜」下多一「極」字，亦以圖及上下文意考正而削之矣。若如所論，必以舊圖爲據而曲爲之説，意則巧矣。然既以第一圈爲陰靜，第二圈爲陽動，則夫所謂太極者果安在耶？又謂先有無陽之陰，後有兼陰之陽，則周子本説初無此意，而天地之化似亦不然。且程子所謂無截然爲陰爲陽之理，即周子所謂互爲其根也。程子所謂升降生殺之大分不可無者，即周子所謂分陰分陽也。兩句相須，其義始備。故二夫子皆兩言之，未嘗偏有所廢也。今偏舉其一，而所施又不當其所，且所論先有專一之陰，後有兼體之陽，是乃截然之甚者。此熹之所疑者一也。

「人生而靜，天之性」者，言人生之初，未有感時，便是渾然天理也。「感物而動，性之欲」者，言及其有感，便是此理之發也。程子於顔子好學論中論此極詳，但平心易氣，熟玩而徐思之，自當見得義理明白穩當處，不必如此强説，枉費心力也。程子所謂「常理不易」者，亦是説未感時理之定體如此耳，非如來諭之云也。此熹之所疑者二也。

知言疑義所謂「情亦天下之達道」，此句誠少曲折，然其本意却自分明。今但改云「情亦所以爲天下之達道也」，則語意曲折備矣。蓋非喜怒哀樂之發，則無以見其中節與否，非其發而中節，則又何以謂之和哉？心主性情，理亦曉然，今不暇別引證據〔五〕，但以吾心觀之，未發而知覺不昧者，豈非心之主乎性者乎？已發而品節不差者，豈非心之主乎情者乎？「心」字貫幽明、通上下，無所不在，不可以方體論也。今曰「以情爲達道，則不必言心矣」，如此，則是專以心爲已發，如向來之説也。然則謂未發時無心，可乎？此義程子答呂博士最後一書説已分明〔六〕，今不察焉，而必守舊説之誤，此熹之所疑者三也。

「性善」之「善」，不與惡對，此本龜山所聞於浮屠常總者。宛轉説來，似亦無病。然謂性之爲善未有惡之可對則可，謂終無對則不可。蓋性一而已，既曰無有不善，則此性之中無復有惡與善爲對，亦不待言而可知矣。若乃善之所以得名，是乃對惡而言，其曰性善，是乃所以別天理於人欲也。天理、人欲，雖非同時並有之物，然自其先後、公私、邪正之反而言之，亦不得不爲對也。今必謂別有無對之善，此又熹之所疑者四也。

中庸鄙説誠有未當，然其説之病正在分曉太過，無復餘味，以待學者涵泳咀嚼之功。而來諭反謂未曾分曉説出〔七〕，不知更欲如何乃爲分曉説出耶？天命之性不可形容，不須贊歎，只得將它骨子實頭處説出來，乃於言性爲有功。故熹只以仁、義、禮、智四字言之，最爲端的。「率性之道」，便是率此之性無非是道，亦離此四字不得。如程子所謂「仁，性也，孝悌是用也。性中只有仁、義、禮、智而已，曷嘗有孝弟來」，此語亦可見矣。蓋父子之親、兄弟之愛固性之所有，然在性中只謂之仁，而不謂之父子、兄弟之道也。君臣之分、朋友之交，亦性之所有，然在性中只謂之義，而不謂之君臣、朋友之道也。推此言之，曰禮曰智，無不然者，蓋天地萬物之理無不出於此四者。今以此爲倒説，而反謂仁義因父子、君臣而得名，此熹之所疑者五也。

中和體用之語，亦只是句中少曲折耳。蓋中者，所以狀性之德而形道之體；和者，所以語情之正而顯道之用。熹前説之失，便以中和爲體用，則是猶便以方圓爲天地也，近已用此意改定舊語。如來諭所疑，却恐未然。又云「中，自過不及而得名」，此亦恐説未發之中不著。此熹之所疑者六也。

至於仁之爲説，昨兩得欽夫書，詰難甚密，皆已報之。近得報云，却已皆無疑矣。今觀所諭，大概不出其中者，更不復論。但所引孟子「知」、「覺」二字，却恐與上蔡意旨不同。蓋孟子之言知、覺，謂知此事、覺此理，乃學之至而知之盡也。上蔡之言知、覺，謂識痛癢、能酬酢者，乃心之用而知之端也。二者亦不同矣。然其大體皆智之事也。今以言仁，所以多矛盾而少契合也。憒驕險薄，豈敢輒指上蔡而言？但謂學者不識仁之名義，又不知所以存養，而張眉努眼，説知説覺者，必至此耳。如上蔡詞氣之間，亦微覺少些小温粹，恐亦未必不坐此也。夫以愛名仁固不可，然愛之理則所謂仁之體也。天地萬物與吾一體，固所以無不愛，然愛之理則不爲是而有也。須知仁、義、禮、智，四字一般，皆性之德，乃天然本有之理，無所爲而然者。但仁乃愛之理、生之道，故即此而又可以包夫四者，所以爲學之要耳。細觀來諭，似皆未察乎此，此熹之所疑者七也。晦叔書中論此，大略與吾丈意同，更不及别答，只乞轉以此段呈之。大抵理會「仁」字，須并「義」、「禮」、「智」三字通看，方見界分分明，血脈通貫。近世學者貪説「仁」字而忽略三者，所以無所據依，卒并與「仁」字而不識也。

夫來教之爲此數説者，皆超然異於簡册見聞之舊，此其致知之功亦足以爲精矣。然以熹之所疑考之，則恐求精之過而反失之於鑿也。大抵天下事物之理，亭當均平，無無對者，唯道爲無對。然以形而上下論之，則亦未嘗不有對也。蓋所謂對者，或以左右，或以上下，或以前後，或以多寡，或以類而對，或以反而對，反復推之，天地之間，真無一物兀然無對而孤立者。此程子所以中夜以思，不覺手舞而足蹈也。究觀來教，條目固多，而其意常主於别有一物之無對。故凡以左右而對者，則扶起其一邊；以前後而對者，則截去其一段。既彊加其所主者以無對之貴名，而於其所賤而列於有對者，又不免别立一位以配之。於是左右偏枯，首尾斷絶，位置重疊，條理交併。凡天下之理勢，一切畸零贅剩，側峻尖斜，更無齊整平正之處。凡此所論陰陽、動静、善惡、仁義等説，皆此一模中脱出也。常安排此個意思規模横在胸中，竊恐終不能到得中正和樂、廣大公平底地位。此熹所以有「所知不精，害於涵養」之説也。若必欲守此，而但少加涵養之功，别爲一事以輔之於外，以是爲足以合内外之道，則非熹之所敢知矣。要須脱然頓舍舊習，而虚心平氣，以徐觀義理之所安，則庶乎其可也。仰恃知照，不鄙其愚，引與商論，以求至當之歸，敢不罄竭所懷以求博約。蓋天下公理，非一家之私，儻不有益於執事之高明，則必有警乎熹之淺陋矣。

答胡廣仲

久不聞問，向仰良深，即日秋凉，伏惟燕居味道，神相尊候萬福。熹哀苦不死，忽見秋序，觸緒傷割，不能自堪，時來墳山。幸有一二朋友温繹舊聞，且爾遣日，實則不若無生之愈也。欽夫召用，甚慰人望，但自造朝，至今未收書。傳聞晦叔且歸，亦久未至，使人懸情耳。吾丈比來觀何書？作何功夫？想所造日益高明，恨無從質問。向嘗附便寄呈與欽夫、擇之兩書，不審於尊意云何？有未中理，幸賜指誨。此書附新清遠主簿楊子直方，因其入廣西，取道嶽前，屬使求見。渠在此留幾兩月，講會稍詳，此間動静可問而知。其人篤志於學，朋友間亦不易得也。恐其或欲寓書，告爲尋便遣來，幸甚幸甚。今日當還家，臨行草草布此，不能它及。邈無承教之期，惟冀以時珍衛，千萬幸甚。

熹再拜上問閤政孺人，伏惟懿候萬福，郎娘均慶。伯逢兄不及拜狀，昨鄭司法行，已嘗寓書矣，不知達否？子直亦欲求見，幸遣人導之，并及此意，此委勿外。熹再拜上問。

昨承季立兄慰問，欲具疏上謝，又恐子直之行繚繞，反致稽緩。旦夕還家，作書附子飛處，未必不先達也。熹又覆。

與吳晦叔

文叔出示近與諸公更定祭儀，其間少有疑，輒以請教，幸與諸公評之。「廟必東向」，此一句便可疑。古人廟堂南向，室在其北，東户西牖。皆南向。室西南隅爲奥，尊者居之，故神主在焉，詩所謂「宗室牖下」者是也。主既在西壁下，即須東向，故行事之際，主人入户，西向致敬。試取儀禮特牲、少牢饋食等篇讀之〔八〕，即可見矣。今通典開元禮釋奠儀，猶於堂上西壁下設先聖東向之位，故三獻官皆西向，仿佛古制。今神位南向，而獻官猶西向，失之矣。凡廟皆南向，而主皆東向，惟祫祭之時，羣廟之主皆升，合食于太祖之時，則太祖之主仍舊東向，而羣昭南向，羣穆北向，列於太祖之前。此前代禮官所謂太祖正東向之位者，爲祫祭時言也。非祫時，則羣廟之主在其廟中無不東向矣，廟則初不東向也。

至朱公掞録二先生語，始有廟必東向之説，恐考之未詳，或記録之誤也。且禮「左宗廟」，則廟已在所居之東南，禮家謂當直巳丙上。若又東向，則正背却中庭門道，於人情亦不順矣，故疑語録恐是錯「東」字。然其後又言「太祖東向」，則廟當南向而列主，如祫祭之位，唐禮閣新儀祭圖設位，曾祖在西壁下，東向。祖北壁下，南向。父阼階上，北向。又恐於今人情或不相稱。牴牾如此，似難盡從。又考其説，與後來伊川所定祭儀主式亦不相合，伊川以四仲月祭，而此録秋用重陽，非仲月。伊川作主，粉塗書屬稱，而此云刻牌子。疑亦當時草創未定之論。此皆語録之誤也。

又今儀，冬至祭始祖并及祧廟之主。夫冬至祭始祖，立春祭先祖，季秋祭禰廟，此伊川之所義起也。蓋取諸天時，參以物象，其義精矣。今不能行則已，如其行之而又不盡，更以己意竄易舊文，失先賢義起精微之意，愚意以爲殆不若不行之爲愈也。此則新儀之誤矣。其餘小小節文未備處，未暇一一整頓，只此兩大節目，似不可不正，試與諸公議之，如何如何？

答吳晦叔

别紙所詢三事，皆非淺陋之所及。然近者竊讀舊書，每恨向來講説常有過高之弊。如「文武之道，未墜於地」，此但謂周之先王所以制作傳世者，當孔子時未盡亡耳。「夫子焉不學，而亦何常師之有」，此亦是子貢真實語。如孔子雖是生知，然何嘗不學？亦何所不師？但其爲學與他人不同。如舜之聞一善言、見一善行，便若決江河，莫之能禦耳。然則能無不學、無不師者，是乃聖人之所以爲生知也。若向來則定須謂道體無時而亡，故聖人目見耳聞，無適而非學，雖不害有此理，終非當日答問之本意矣。其他亦多類此，不暇一一辨析也。

鬼神者，造化之迹，屈伸往來，二氣之良能也。天地之升降，日月之盈縮，萬物之消息，變化盈虛〔九〕，無一非鬼神之所爲者。是以鬼神雖無形聲，而遍體乎萬物之中，物莫能遺。觀其能使天下之人齊明盛服以承祭祀，便洋洋乎如在其上，如在其左右，便見不可遺處著見章灼，不可得而揜矣。前輩引用此句，或有脱了「可」字者，乃似鬼神有不遺物之意，非物自不可得而遺也，來喻亦脱此字，豈或筆誤而然耶〔一〇〕？

春秋書正，據伊川説，則只是周正建子之月。但非春而書春，則夫子有行夏時之意，而假天時以立義耳。文定引商書「十有二月」、漢史「冬十月」爲證，以明周不改月，此固然矣。然以孟子考之，則七、八月乃建午、建未之月，暑雨苗長之時；而十一月、十二月乃建戌、建亥之月，將寒成梁之候，國語引夏令曰「十月成梁」。又似併改月號，此又何耶？或是當時二者並行，惟人所用，但春秋既是國史，則必用時王之正。其比商書不同者，蓋後世之彌文；而秦漢直稱十月者，則其制度之闊略耳。注家謂十月乃後人追改，當更考之。愚意如此，未知是否？因便復以求教，幸還以一言可否之，此區區所深望也。

尊兄近日所觀何書？如何用力？想必有成規，恨未得面扣。敬夫小試，已不負所學，使人增氣。但從容講貫之際，陰助爲不少矣。

答吳晦叔

陰陽、太極之間，本自難下語，然却且要得大概如此分明。其間精微處，恐儘有病在，且得存之，異時或稍長進，自然見得諦當，改易不難。今切切如此，較計一兩字，迫切追尋，恐無長進，少氣味也。伊川答横渠書只云：「願更完養思慮，涵泳義理，久之自當條暢。」此可見前賢之用心矣。如何如何？仁右道左一段，先生説得極有曲折，無可疑者。蓋仁是這裏親切處，道是衆所共由，故有左右陰陽之别。古人言道，慤實平穩，一一有下落處，不若今人之漫無統約也。

答吳晦叔

夫易，變易也，兼指一動一静、已發未發而言之也。太極者，性情之妙也，乃一動一静、未發已發之理也。故曰：易有太極，言即其動静闔闢而皆有是理也。若以易字專指已發爲言，是又以心爲已發之說也。此固未當，程先生言之明矣，不審尊意以爲如何？

答吳晦叔

前書所諭周正之說，終未穩當。孟子所謂七、八月，乃今之五、六月，所謂十一月、十二月，乃今之九月、十月，是周人固已改月矣。但天時則不可改，故書云「秋，大熟未穫」，此即止是今時之秋。蓋非酉、戌之月，則未有以見夫歲之大熟而未穫也。以此考之，今春秋月數乃魯史之舊文，而四時之序則孔子之微意。伊川所謂「假天時以立義」者，正謂此也。若謂周人初不改月，則未有明據，故文定只以商、秦二事爲證。以彼之博洽精勤，所取猶止於此，則無它可考必矣。今乃欲以十月隕霜之異證之，恐未足以爲不改月之驗也。蓋隕霜在今之十月，則不足怪，在周之十月，則爲異矣，又何必史書八月然後爲異哉？況魯史不傳，無以必知其然，不若只以孟子、尚書爲據之明且審也。若尚有疑，則不若且闕之之爲愈，不必彊爲之說矣。詩中月數，又似不曾改，如「四月維夏」、「六月徂暑」之類，故熹向者疑其並行也。

答吳晦叔

「觀過」一義，思之甚審。如來喻及伯逢兄說，必謂聖人教人以自治爲急，如此言乃有親切體驗之功，此固是也。然聖人言知人處亦不爲少，自治固急，亦豈有偏自治而不務知人之理耶？又謂人之過不止於厚、薄、愛、忍四者，而疑伊川之説爲未盡。伊川止是舉一隅耳。若「君子過於廉，小人過於貪」，「君子過於介，小人過於通」之類皆是〔一一〕，亦不止於此四者而已也。但就此等處看，則人之仁不仁可見，而仁之氣象亦自可識。故聖人但言「斯知仁矣」。此乃先儒舊説，爲説甚短而意味甚長，但熟玩之，自然可見。若如所論，固若親切矣，然乃所以爲迫切淺露，而去聖人氣象愈遠也。且心既有此過矣，又不舍此過而別以一心觀之；既觀之矣，而又別以一心知此觀者之爲仁。若以爲有此三物遞相看覷〔一二〕，則紛紜雜擾，不成道理。若謂止是一心，則頃刻之間有此三用，不亦忽遽急迫之甚乎〔一三〕？凡此尤所未安，姑且先以求教。

答吳晦叔

臣下不匡之刑，蓋施於邦君大夫之喪國亡家者，君臣一體，不得不然。如漢廢昌邑王賀，則誅其羣臣。而本朝太祖下嶺南，亦誅其亂臣龔澄樞、李托之類是也。澄樞等實亡劉氏，乃飛廉、惡來之比，誅之自不爲冤。若昌邑羣臣，與賀同惡者固不得不誅，其餘正可當古者墨刑之坐耳。乃不分等級，例行誅殺，是則霍光之私意也。又如文定論楚子納孔儀處，事雖不同，意亦類此。

試參考之，則知成湯之制官刑，正是奉行天討毫髮不差處，何疑之有哉？孟子「知」、「覺」二字，程子云：「知是知此事，覺是覺此理。」此言盡之，自不必別立説也。事親當孝、事兄當悌者，事也；所以當孝、所以當悌者，理也。

兩魏之分，東則高歡，西則宇文，已非復有魏室矣。當是之時，見微之士固已不立乎其位。不幸而立乎其位，其賤者乎，則亦去之可也；其貴者乎，則左右近臣從君於西，社稷大臣守國於東，而皆必思所以爲安國靖難、興復長久之計，不濟則以死繼之而已。此外，復何策哉？

前書所論「觀過」之説，時彪丈行速，忽遽草率，不能盡所懷。然其大者亦可見，不知當否如何？其未盡者，今又見於廣仲、伯逢書中，可取一觀。未中理處，更得反復詰難，乃所深望。然前所示教，引「巧言令色」、「剛毅木訥」兩條，以爲聖人所以開示爲仁之方、使人自得者，熹猶竊有疑焉，而前書亦未及論也。蓋此兩語正是聖人教人實下功夫、防患立心之一術。果能戒巧令、務敦樸，則心不恣縱而於仁爲近矣，非徒使之由是而知仁也。

大抵向來之説，皆是苦心極力要識「仁」字，故其説愈巧而氣象愈薄。近日究觀聖門垂教之意，却是要人躬行實踐、直内勝私，使輕浮刻薄、貴我賤物之態潛消於冥冥之中，而吾之本心渾厚慈良、公平正大之體常存而不失，便是仁處。其用功著力，隨人淺深，各有次第。要之須是力行久熟，實到此地，方能知此意味。蓋非可以想像臆度而知，亦不待想像臆度而知也。近因南軒寄示言仁録，亦嘗再以書論，所疑大概如此。而後書所論「仁」、「智」兩字，尤爲明白。想皆已見矣。并爲參詳可否〔一四〕，復以見教，幸甚幸甚。

答吳晦叔

「五刑」一段，近得大紀諸論考之，其説詳矣。然有所未曉，復以求教。蓋此經文本有七句，今於其間雜然取此五句以爲五刑之目，而又去流取贖，輕重不倫，一也。先贖後賊，則非以重及輕；先鞭後贖，又非從輕至重，先後無序，二也。又謂「象以典刑」施於士大夫，而以不顯其過、隨宜改叙爲近於流宥之法，即不知正象刑是作如何行遣，三也。又皋陶作士，本以治夫蠻夷寇賊之爲亂者，若如此説，則書所稱皋陶「方施象刑惟明」，乃獨以其施於士大夫者言之，不惟非命官之本意，亦與本篇上文不相應，四也。又鞭扑自是輕刑，得宥反遭流徙，去輕即重，不足爲恩，五也。金贖、流宥本是一例，而就其間贖又輕於流者；今贖乃列於一刑之目，而當贖得宥者，反從流徙之坐，尤爲乖戾，六也。移鄉謂之流，猶爲近之；改叙他官及坐嘉石、入圜土，則與「流」字意義不同矣，七也。凡此七條，皆所未曉，更望參訂下諭，幸甚幸甚。

答吳晦叔

熹伏承示及先知後行之説，反復詳明，引據精密，警發多矣。所未能無疑者，方欲求教，又得南軒寄來書藁讀之，則凡熹之所欲言者，蓋皆已先得之矣。特其曲折之間小有未備，請得而細論之。

夫泛論知行之理而就一事之中以觀之，則知之爲先，行之爲後，無可疑者。如孟子所謂「知皆擴而充之」，程子所謂「譬如行路，須得光照」，及易文言所謂「知至至之」、「知終終之」之類是也。然合夫知之淺深、行之大小而言，則非有以先成乎其小，亦將何以馴致乎其大者哉？如子夏教人以灑掃、應對、進退爲先，程子謂「未有致知而不在敬者」，及易文言所言「知至」、「知終」，皆在「忠信」、「脩辭」之後之類是也。蓋古人之教，自其孩幼而教之以孝悌誠敬之實；及其少長，而博之以詩、書、禮、樂之文，皆所以使之即夫一事一物之間，各有以知其義理之所在，而致涵養踐履之功也。此小學之事，知之淺而行之小者也。及其十五成童，學於大學，則其灑掃應對之間，禮樂射御之際，所以涵養踐履之者略已小成矣。於是不離乎此而教之以格物以致其知焉。致知云者，因其所已知者推而致之，以及其所未知者而極其至也。是必至於舉天地萬物之理而一以貫之，然後爲知之至。而所謂誠意、正心、脩身、齊家、治國、平天下者，至是而無所不盡其道焉。此大學之道，知之深而行之大者也。今就其一事之中而論之，則先知後行，固各有其序矣，誠欲因夫小學之成以進乎大學之始，則非涵養履踐之有素，亦豈能居然以夫雜亂紛糾之心而格物以致其知哉？

且易之所謂「忠信」、「脩辭」者，聖學之實事，貫始終而言者也。以其淺而小者言之，則自其常視毋誑、男唯女俞之時，固已知而能之矣。「知至至之」，則由行此而又知其所至也，此知之深者也。「知終終之」，則由知至而又進以終之也，此行之大者也。故大學之書，雖以格物致知爲用力之始，然非謂初不涵養履踐而直從事於此也；又非謂物未格、知未至則意可以不誠、心可以不正、身可以不脩、家可以不齊也。但以爲必知之至，然後所以治己、治人者始有以盡其道耳。若曰必俟知至而後可行〔一五〕，則夫事親從兄、承上接下，乃人生之所不能一日廢者，豈可謂吾知未至而暫輟，以俟其至而後行哉？按五峯作復齋記，有「立志居敬，身親格之」之説，蓋深得乎此者。但知言所論，於知之淺深不甚區別，而一以知先行後概之，則有所未安耳。

抑聖賢所謂知者，雖有淺深，然不過如前所論二端而已。但至於廓然貫通，則内外精粗自無二致，非如來教及前後所論觀過知仁者，乃於方寸之間設爲機械，欲因觀彼而反識乎此也。侯子所闢總老「默而識之，是識甚底」之言，正是説破此意。如南軒所謂「知底事」者，恐亦未免此病也。又來諭所謂端謹以致知，所謂克己私、集衆理者，又似有以行爲先之意；而所謂在乎兼進者，又若致知力行初無先後之分也。凡此皆鄙意所深疑，而南軒之論所未備者，故敢復以求教，幸深察而詳諭之。

答吳晦叔

「復非天地心，復則見天地心」，此語與「所以陰陽者道」之意不同，但以易傳觀之，則可見矣。蓋天地以生物爲心，而此卦之下一陽爻即天地所以生物之心也。至於復之得名，則以此陽之復生而已，猶言臨、泰、大壯、夬也，豈得遂指此名以爲天地之心乎？但於其復而見此一陽之萌於下，則是因其復而見天地之心耳。「天地以生物爲心」，此句自無病。昨與南軒論之，近得報云亦已無疑矣。大抵近年學者不肯以愛言仁，故見先生君子以一陽生物論天地之心，則必欲然不滿於其意，復於言外生説，推之使高，而不知天地之所以爲心者實不外此。外此而言，則必溺於虚、淪於靜，而體用本末不相管矣。聖人無復，故未嘗見其心者。蓋天地之氣所以有陽之復者，以其有陰故也。衆人之心所以有善之復者，以其有惡故也。若聖人之心，則天理渾然，初無間斷，人孰得以窺其心之起滅耶？若靜而復動，則亦有之，但不可以善惡而爲言耳。愚意如此，恐或未然，更乞詳諭。

「踐形」之説〔一六〕，來諭得之，但説得文義未分明耳。熹謂「踐形」如「踐言」之「踐」，程子所謂「充人之名」是也。蓋人之形色莫非天性，如視則有明，聽則有聰，動則有節，是則所謂天性者，初不外乎形色之間也。但常人失其性，故視有不明，聽有不聰，動有不中，是則雖有是形而無以踐之。惟聖人盡性，故視明聽聰而動無不中，是以既有是形而又可以踐其形也。可以踐形，則無愧於形矣。如此推説，似稍分明，不知是否？

絶四有兩説，一説爲孔子自無此四者，「毋」即「無」字，古書通用耳，史記孔子世家正作「無」字也。一説爲孔子禁絶學者毋得有此四者，今來諭者乃此意也。兩説皆有意思，然以文意考之，似不若只用前説之爲明白平易也。又來諭「毋意」一句似亦未安。「意」只是私意計較之謂，不必以溢美、溢惡證之，恐太遠却文意也。餘三句，則所論得之，無可議者矣。大抵「意」是我之發，「我」是意之根，「必」在事前，「固」在事後，常在二者之間，生於「意」而成於「我」，此又四者之序也。

所示「下學上達、先難後獲」之説，不貴空言，務求實得，立意甚美。顧其間不能無可疑者，請試論之。蓋仁者，性之德而愛之理也；愛者，情之發而仁之用也；公者，仁之所以爲仁之道也；元者，天之所以爲仁之德也。仁者，人之所固有，而私或蔽之以陷於不仁，故爲仁者，必先克己，克己則公，公則仁，仁則愛矣。不先克己，則公豈可得而徒存？未至於仁，則愛胡可以先體哉？至於元，則仁之在天者而已，非一人之心既有是元，而後有以成夫仁也。若夫知覺，則智之用而仁者之所兼也。元者，四德之長，故兼亨、利、貞；仁者，五常之長，故兼義、禮、智、信。此仁者所以必有知覺，而不可便以知覺名仁也。

大凡理會義理，須先剖析得名義界分各有歸著，然後於中自然有貫通處。雖曰貫通，而渾然之中所謂粲然者，初未嘗亂也。今詳來示，似於名字界分未嘗剖析，而遽欲以一理包之，故其所論既有巴攬牽合之勢，又有雜亂重複、支離渙散之病。而其所謂先難下學實用功處，又皆倒置錯陳，不可承用。今更不暇一一疏舉，但詳以此説考之，亦自可見矣。

答吳晦叔

「人心私欲」之説，如來教所改字，極善。本語之失，亦是所謂本源未明了之病，非一句一義上見不到也。但愚意猶疑向來妄論引「必有事焉」之語，亦多未的當。蓋舜、禹授受之際，所謂人心私欲者，非若衆人所謂私欲也，但微有一毫把捉底意思，則雖云本是道心之發，然終未離人心之境也。所謂「動以人則有妄，顔子之有不善，正在此間」者是也。既有妄，則非私欲而何？須是都無此意思，自然從容中道，才方純是道心。「必有事焉」，却是見得此理而存養下功處，與所謂純是道心者蓋有間矣。然既察見本源，則自此可加精一之功而進夫純爾，中間儘有次第也。「惟精惟一」，亦未離夫人心。特須如此，乃可以克盡私欲，全復天理。儻不如此，則終無可至之理耳。前書云「即人心而識道心」，此本無害，再作此書時忘記本語，故復辨之耳。

答吴晦叔

孟子「操舍」一章，正爲警悟學者，使之體察，常操而存之。吕子約云「因操舍以明其難存而易放」，固也，而又指此爲心體之流行，則非矣。今石子重、方伯謨取以評之者，大意良是，但伯謨以爲此乃「人心惟危」，又似未然。人心，私欲耳，豈孟子所欲操存哉？又不可不辨也。

答吴晦叔

「未發」之旨，既蒙許可，足以無疑矣。又蒙教以「勿恃簡策，須是自加思索，超然自見無疑，方能自信」，此又區區平日之病，敢不奉承。然此一義，向非得之簡策，則傳聞襲見，終身錯認聖賢旨意必矣。又況簡策之言，皆古先聖賢所以加惠後學、垂教無窮，所謂「先得我心之同然」者將於是乎在，雖不可一向尋行數墨，然亦不可遽舍此而他求也。程子曰：

「善學者，求言必自近，易於近者，非知言也。」愚意却願尊兄深味此意，毋遽忽易。凡吾心之所得，必以考之聖賢之書，脱有一字之不同，則更精思明辨，以益求至當之歸，毋憚一時究索之勞，使小惑苟解而大礙愈張也。

答石子重𡼖

熹竊謂人之所以爲學者，以吾之心未若聖人之心故也。心未能若聖人之心，是以燭理未明，無所準則，隨其所好，高者過，卑者不及，而不自知其爲過且不及也。若吾之心即與天地聖人之心無異矣，則尚何學之爲哉？故學者必因先達之言以求聖人之意，因聖人之意以達天地之理，求之自淺以及深，至之自近以及遠，循循有序，而不可以欲速迫切之心求也。夫如是，是以浸漸經歷，審熟詳明，而無躐等空言之弊，馴致其極，然後吾心得正，天地聖人之心不外是焉。非固欲畫於淺近而忘深遠，舍吾心以求聖人之心、棄吾説以徇先儒之説也。

答石子重

所論仁之體用，甚當甚當。以此意推之，古今聖賢之意歷歷可見，無一不合者。但其用力則不過克己之私，而私之難克，亦已甚矣。區區不敏，竊願與長者各盡力於斯焉，猶恐墮廢，不克自彊，尚賴時有以警策之，幸甚幸甚。

答石子重

按孔子言「操則存，舍則亡，出入無時，莫知其鄉」四句，而以「惟心之謂與」一句結之，正是直指心之體用而言其周流變化、神明不測之妙也。若謂以其舍之而亡，致得如此走作，則是孔子所以言心體者，乃只説得心之病矣。聖人立言命物之意，恐不如此。兼「出入」兩字有善有惡，不可皆謂舍之而亡之所致也。

又如所謂心之本體不可以存亡言，此亦未安。蓋若所操而存者初非本體，則不知所存者果爲何物，而又何必以其存爲哉？但子約謂當其存時，未及察識而已遷動，此則存之未熟而遽欲察識之過。昨報其書，嘗極論之，今録求教。其餘則彼得之已多，不必別下語矣。

因此偶復記憶胡文定公所謂「不起不滅心之體，方起方滅心之用，能常操而存，則雖一日之間百起百滅，而心固自若」者，自是好語。但讀者當知所謂不起不滅者，非是塊然不動、無所知覺也，又非百起百滅之中，別有一物不起不滅也。但此心瑩然，全無私意，是則寂然不動之本體，其順理而起，順理而滅，斯乃所以感而遂通天下之故者云爾。向來於此未明，反疑其言之太過，自今觀之，却是自家看得有病，非立言者之失也。不審高明以爲如何？因風却望示教。

答石子重

心説甚善，但恐更須收斂造約爲佳耳。以心使心，所疑亦善。蓋程子之意亦謂「自作主宰，不使其散漫走作耳」。如孟子云「操則存」，云「求放心」，皆是此類，豈以此使彼之謂邪？但今人著個「察識」字，便有個尋求捕捉之意，與聖賢所云操存、主宰之味不同。此毫釐間須看得破，不爾，則流於釋氏之説矣。如胡氏之書，未免此弊也。昨日得叔京書，論此殊未快，答之如此，别紙求教。如此言之，莫無病否？「窮理盡性」等説，不記話頭是如何，然此亦非大節所存，俟徐講之未晚也。

答石子重

熹自去秋之中走長沙，閲月而後至，留兩月而後歸，在道繚繞又五十餘日。還家幸老人康健，諸況粗適，他無足言。欽夫見處，卓然不可及，從游之久，反復開益爲多。但其天姿明敏，從初不歷階級而得之，故今日語人亦多失之太高。湘中學子從之游者，遂一例學爲虚談，其流弊亦將有害。比來頗覺此病矣，别後當有以救之。然從游之士，亦自絶難得樸實頭理會者，可見此道之難明也。胡氏子弟及它門人亦有語此者，然皆無實得，拈槌竪拂，幾如説禪矣；與文定合下門庭大段相反，更無商量處。惟欽夫見得表裏通徹，舊來習見微有所偏，今此相見，盡覺釋去，儘好商量也。伯崇精進之意反不逮前，而擇之見趣操持愈見精密。

「敬」字之説，深契鄙懷，只如大學次序，亦須如此看始得。非格物致知全不用誠意正心，及其誠意正心，却都不用致知格物，但下學處須是密察，見得後便泰然行將去，此有始終之異耳。其實始終是個「敬」字，但敬中須有體察功夫，方能行著習察。不然，兀然持敬，又無進步處也。觀夫子荅門人爲仁之問不同，然大要以敬爲入門處，正要就日用純熟處識得，便無走作。非如今之學者，前後自爲兩段，行解各不相資也。近方見此意思，亦患未得打成一片耳。「大化之中，自有安宅」，此立語固有病，然當時之意却是要見自家主宰處。所謂大化，須就此識得，然後鳶飛魚躍，觸處洞然。若但泛然指天指地説個大化便是安宅，安宅便是大化，却恐顢頇儱侗，非聖門求仁之學也。不審高明以爲如何？

克齋恐非熹所敢記者，必欲得之，少假歲年，使得更少加功，或所見稍復有進，始敢承命耳。欽夫爲人作一克齋銘録呈，它文數篇并往，有可評處，幸與聞之。欽夫聞老兄之風，亦甚傾企，令熹致願交之意也。

順之此來，不及一見，所養想更純熟。留書見儆甚至，但終有桑門伊蒲塞氣味。到家後，又寄書來，與此間親戚問湘中議論，而曰「謗釋氏者不須寄來」。觀此意見，恐於吾儒門中全未有見。又云「不如且棲心淡泊，於世少求，時玩聖賢之言，可以資吾神、養吾真」者，一一勘過，似此説話，皆是大病。不知向來相聚，亦嘗儆之否？

此道寂寥，近來又爲邪説汩亂，使人駭懼。聞洪适在會稽盡取張子韶經解板行，此禍甚酷，不在洪水夷狄猛獸之下，令人寒心。人微學淺，又未有以遏之，惟益思自勉，更求朋友之助，庶有以追蹤聖徒，稍爲後人指出邪徑，俾不至全然陷溺，亦一事耳。順之聞之，必反以爲謗子韶也。

和篇拜賜甚寵，足見比來胸中灑落，如光風霽月氣象。但見屬之意甚過，而稱謂屢請不蒙改更，深不自安。自此萬望垂聽，乃荷愛予。不然，恐與來教再拜而辭之，則不得復資勝己之益矣。千萬誠告，伏惟裁之。熹忽有編摩之命，出於意外，即不敢當。復聞闕期尚遠，足以逡巡引避，遂且拜受。然亦不敢久冒空名，旦夕便爲計矣，但順之又未必以爲是耳。

答石子重

所論縣庠事，前書已具禀矣。若如今者所諭，則事體尤重，須有傳道授業解惑之實，乃能當之。不然，則以縣道事力遽爲此事，典憲譏訶，恐有所不能免。耕老雖故舊食貧，心極念之，然不敢贊兄爲此也。必欲相見，招其一來，爲旬日之款則不妨。一書納上，書中之説，只云老兄欲相見，它不敢及也。

大抵講學難得是當，而應事接物，尤難中節。向來見理自不分明，不得入德門户，而汲汲爲人，妄有談説，其失已誤人，非一事矣。今每思之，不覺心悸，故近日議論率多畏怯，無復向來之勇鋭。惟欲脩治此身，庶幾寡過。自非深信得及、下得樸實功夫者，未嘗敢輒告語，以此取怒於人蓋多。然與其以妄言妄作得罪於聖人，不若以此得罪於流俗之爲愈。私心甚欲一見長者面論，而未可得，不知尊兄近日觀書立論比向日如何？因書得示一二，便是平日受用處矣〔一七〕。

答石子重

國材苦學最可念〔一八〕，所恨駁雜滯泥，自無受用處。深欲一見之，或到，能津遣一來爲幸。明道集中所論學制最爲有本，曾經意否？每讀其書，觀其論講學處，未嘗不慨然發歎，恨此生之不生於彼時也。伊川元祐所修條制，立尊道堂之類，亦是此意。然時措從宜處，亦有曲折。幸併取觀之，當有所契。

答石子重

南軒語解首章，其失在於不曾分別「學」、「習」二字，又謂學者工夫已無間斷，却要時習，只此二事可疑耳。擇之雖欲分別「學」、「習」二字，而不曾見得分明，却遂便差排硬說，尤覺紛拏，不成條理。大抵「學」、「習」二字，却是龜山將顏子事形容得分明；上蔡所謂「傳者得之於人，習者得之於己」，其說亦是。然統而言之，則只謂之學，故伊川有「博學、審問、慎思、明辯、篤行，五者廢其一，非學也」之語。分而言之，則學是未知而求知底功夫，習是未能而求能底功夫。須以博學、審問爲學，慎思、明辯、篤行爲習。故伊川只以「思」字解「習」字，蓋舉其要也。學者既學而知之，又當習以能之，及其時習而不忘，然後無間斷者始可得而馴致矣。若已無間斷，則又何必更時習乎〔一九〕？「習」字，南軒之說正顛倒了，擇之所論又不分明，而詞氣不和、意象輕肆，尤非小病，所宜深警省也。

「行有餘力」，此章所辨詞意殊不分明。大率行有餘力，止是言行此數事之外有餘剩底工夫，方可將此工夫去學文藝耳，非謂行到從容地位爲有餘力，必如此然後可學文也。

伊川言「孝子居喪，志存守父在之道」，與張解「志哀而不暇它問」之語不同〔二〇〕；游氏説「在所當改而可以未改」，與張解「可以改，可以未改」之語亦異。擇之辨説雖多，却不及此，何也？

答石子重

從事於斯，是著力否？若是著力，却是知自己能、自己多，須要去問不能與寡者；自知己有、己實，須要若無若虚，不幾於詐乎？若説不著力，却是聖人地位。曰：顔子只見在己不足、在人有餘，何嘗以己爲能、爲多、爲有、爲實？曾子却見得顔子以能問不能，以多問寡，有若無，實若虚，故贊歎其所爲如此，非謂其著力也。到得聖人，則如天地，不必言能不能、多寡、有無、虚實矣。此只是顔子地位。

熹按此謂顔子只見在己不足、在人有餘者，得之矣。然只問不能、問寡、若無、若虚，便是更有用力處在，但不是著力作此四事耳。若聖人，則固如天地，然亦未嘗自以爲有餘也。

「篤信」，猶曰「深信」。伊川謂只是無愛心，其實只是未知味。知味而愛，所謂信之篤者也。若不篤信，安能好學？「守死」，謂死得有落著；「善道」，謂善其道，猶「工欲善其事」、「善於其職」之「善」。守死所以善道。「篤」有厚意，「深」字説不盡。守死只是以死自守，不必謂死得有落著。蓋篤信乃能好學，而守死乃能善道也。又能篤信好學，然後能守死善道。又篤信所以能守死，好學所以能善道。又篤信不可以不好學，守死須要善得道。此所謂死得有落著也。又篤信好學，須要守死善道。數義錯綜，其意始備。

且如自己爲學官、爲館職，遇朝廷有利害得失，或是宰執臺諫所當理會者，它不理會，自己要緘默，又不忍國家受禍，要出來説，又有出位謀政之嫌，如之何則可？曰：若任他事却不可，若以其理告君，何故不可？

若是大事，繫國家安危、生靈休戚，豈容緘默？館職又與學官不同，神宗固嘗許其論事矣，但事之小者，則亦不必每事數言也。

「子欲居九夷」，與乘桴浮海同意。當時傷道之不行、中國之陋，實起欲居九夷之念。已而不去，亦是順理，都無私意。「君子居之，何陋之有？」言君子所居則化，何陋之有。或問：「九夷尚可化，何故不化中國？」曰：「此是道已不行，中國已不化，所以起欲居九夷之意。」化與不化在彼，聖人豈得必所居則化？理如此耳。中國之不化，亦怎奈何？當時中國未嘗不被聖人之化，但時君不用，不得行其道耳。

「未見其止」，「止」是聖人極致處，所謂「中」是也。顏子見得「中」分明，只是未到，到便是聖人，故夫子歎之。問「吾止也」與「未見其止」同異，曰：止則一般，但用處別。「未見其止」，是止於其所止；「吾止也」，是於其所不當止而止。

以上下文考之，恐與「吾止」之「止」同。

知以明之，仁以守之，勇以行之，其要在致知。知之明，非仁以守之則不可；以仁守之，非勇而行之亦不可。三者不可闕一，而知爲先。

此説甚善，正吾人所當自力也。

「知者不惑，仁者不憂，勇者不懼」，擇之云此是進德事；「仁者不憂，智者不惑，勇者不懼」，此是成德事。先知後仁，從外做入，由用以至體，「自明而誠」，「誠之者，人之道也」。先仁後智，從裏做出，由體以及用，「自誠而明」，「誠者，天之道也」。三句雖同，只仁智先後不同，便有成德、進德之間，不可不辨也。

程先生自分別此兩條，今如此推説，亦詳盡也。

「夫子之道，忠恕」，動以天者也，由仁義行也。「誠者，天之道也」，不思而得，不勉而中也。譬如做梁柱，聖人便是尺度了，不用尺度，纔做便揍著。它人須用尺度比量大小、闊狹、方圓後，方始揍著。

此說亦善。

顔淵死，孔子若有財，還與之椁否？順之曰：不與。喪稱家之有無，顔淵家本無，則其無椁乃爲得宜。孔子若與之椁，便是使顔淵失宜，孔子必不肯。蓋椁者可有可無者也，若無棺，則必與之矣。

孔子若有財，必與顔淵爲椁，蓋朋友有通財之義，況孔子之於顔淵，視之如子耶？所謂喪具稱家之有無者，但不可以非義它求耳。

「鼓瑟希，鏗爾，舍瑟而作，對曰：『異乎三子者之撰。』」。天機自動，不知其所以然。門人詳記曾晳舍瑟之事，但欲見其從容不迫、灑落自在之意耳。若如此言，則流於莊、列之説矣。且人之舉動，孰非天機之自動耶？然亦只此便見曾晳狂處，蓋所見高而涵養未至也。

伊川云：「灑掃應對便是形而上者，理無大小故也。故君子只在謹獨。」灑掃應對是事，所以灑掃應對是理。事即理，理即事。道散在萬事，那個不是？若事上有毫髮蹉過，則理上便有間斷欠闕，故君子直是不放過，只在慎獨。

此意甚好。但不知無事時當如何耳。慎獨須貫動靜做功夫始得。

伊川云：「克己最難，故曰『中庸不可能也』。」此有「必有事焉而勿正」之意。過猶不及，只要恰好。

克盡己私，渾無意必，方見得中庸恰好處。若未能克己，則中庸不可得而道矣，此子思明道之意也。「必有事焉而勿正」，是言養氣之法，與此不同。

言動猶可以禮，視聽如何以禮？且如見惡色、聞惡聲，若不視不聽，何以知得是惡色惡聲？知得是惡色惡聲，便是已聽已視了。曰：此之視聽是以心受之，若從耳目過，如何免得？但心不受，便是不視不聽。

視聽與見聞不同。聲色接於耳目，見聞也；視聽則耳目從乎聲色矣，不論心受與不受也。

「在邦無怨，在家無怨」，猶言無可憾者。若它人之怨不怨，則不敢必。天地之大，人猶有所憾。

以文意觀之，恐是他人之怨。

「出門如見大賓，使民如承大祭」，就體上説。「己所不欲，勿施於人」，就用上説。「在邦無怨，在家無怨」，就效處説。

此説甚好。擇之疑「出門」、「使民」已是用處，然亦不妨。蓋此兩事只是自家敬其心耳，未有施爲措置也。

「其言也訒」，有「嘿而存之〔二一〕，不言而信，存乎德行」、「天何言哉？四時行焉，百物生焉」之意。或曰，説得深了，只是箴司馬牛多言之失。「仁者，其言也訒」，此「仁者」與「仁者不憂」、「仁者安仁」之「仁者」不同，正與「仁者，人也，義者，宜也」之「仁者」一般。

前説誠太深。「仁者，其言也訒」，蓋心存理著，自是不胡説耳。後説亦恐未然。

「能言距楊、墨者，聖人之徒也」。楊氏爲我近乎義，墨氏兼愛近乎仁，當時人皆以爲真仁義也，靡然從之，未有言距之者。若不是見得聖人這邊道理明白，如何識得楊、墨之非仁義？故曰能言距楊、墨者，亦聖人之徒也。

出邪則入正，出正則入邪，兩者之間，蓋不容髮也。雖未知道，而能言距楊、墨者，已是心術向正之人，所以以聖人之徒許之，與春秋「討賊」之意同。

「好名之人能讓千乘之國，苟非其人，簞食豆羹見於色」。順之云：「此言過不及也。好名之人能讓千乘之國，過也；苟不是這樣人，簞食豆羹必見於色，此不及也。二者俱非也。」擇之云：「好名之人能讓千乘之國，若非有德之人，雖以慕名而能讓，然於簞食豆羹有時却見於顔色，其心本不如是故也。」正所謂人能碎千金之璧，不能無失聲於破釜者也。

兩説皆通，舊來只如後説，然亦嘗疑其費力，但前説又無甚意味耳。請更商確之。

「身不行道，不行於妻子；使人不以道，不能行於妻子」。言身若不行道，則妻子無所取法，全無畏憚了，然猶可使也；若使人不以道，則妻子亦不可使矣。擇之如此説。順之云：「『不行於妻子』，百事不行，不可使亦在其中。『不能行於妻子』，却只指使人一事言之。」

順之説是。

「事親，仁之實；從兄，義之實」。蓋人之生也，莫不知愛其親；及其長也，莫不知敬其兄。此乃最初一著，其它皆從此充去。故孟子曰：「無它，達之天下也。」有子曰：「君子務本，本立而道生。孝弟也者，其爲仁之本歟！」孟子又謂：「徐行後長者，謂之弟。疾行先長者，謂之不弟。堯舜之道，孝弟而已矣。」豈非事親仁之實、從兄義之實乎？仁義只是理，事親、從兄乃其事之實也。

在天爲命，在人爲性。無人言命不得，無天言性亦不得。但言命則主於天，言性則主於人耳。誠者，合内外之道，兼性命而爲言者也。

「誠者」以下語，似有病。

心該誠、神，備體、用，故能寂而感，感而寂。其寂然不動者，誠也，體也；感而遂通者，神也，用也。體用一源，顯微無間，惟心之謂歟？

此説甚善。

動而不正，不可謂道；用而不和，不可謂德。此兩句緊要在「正」字、「和」字上。「在中之義」，義者，理也。只是這個理，在中者，中也；在外者，和也。中者性之體段，和者情之體段也。

「義」字説得太重。伊川本意亦似只説體段云爾。「和者情之體段」，語意未備。「止於至善」，至善乃極則。擴之曰：「不然。至善者本也，萬善皆於此乎出。」至善乃極則。

思是發用之機，君子爲善，小人爲惡，那事不從這上出？但君子約入裏面來，小人拖出外面去，故曰：思者，聖功之本而吉凶之機也。正當於此謹之，君子所以貴慎獨也。

聖人定之以中正仁義而主靜，所以主靜者，以其本靜，靜極而動，動極復靜。靜也者，物之終始也。萬物始乎靜，終乎靜，故聖人主靜。伊川先生曰：「動靜無端，陰陽無始。」若如此，則倚於一偏矣。動靜理均，但「靜」字勢重耳。此處更宜深玩之。

動靜有終始賓主，方其動也，動爲主，靜爲賓；及其靜也，靜却爲主，動却爲賓。動極而靜，則動却終，靜却始；靜極復動，則動却始，靜却終。雖然，方其動也，靜之理未嘗不存也；及其靜也，動之理亦未嘗不存也。

擇之云：「此段甚好，但更欠説主靜之意。」

蒙，學者之事，始之之事也；艮，成德之事，終之之事也。

周子之意當是如此，然於此亦可見主靜之意。

誠、敬如何分？順之曰：「誠字體面大，敬字却用力。」曰：伊川曰：『居處恭，執事敬，與人忠』，是徹上徹下語。」如此，敬亦是聖人事。曰：固是，畢竟將敬做誠不得。到得誠，則恭、敬、忠皆其藴也。

誠是實理，聖人之事，非專之謂也。推此意，則與敬字不同，自分明矣。聖人固未嘗不敬，如堯欽明、舜恭己、湯聖敬日躋是也。但自是聖人之敬，與賢人以下不同耳。

「一陰一陽之謂道」，陰陽，氣也；所以陰陽，道也。道也者，陰陽之理也。

此説得之。

「致中和」，致，極也，與「盡」字同。致中和，便是盡性。

此説亦是。然「致」字是功夫處，有推而極之之意。充之書中亦講此段〔二二〕，然其意亦雜，幸并以此示之。渠又論「慎獨」，意亦未盡。大抵「獨」字只是耳目見聞之所不及而心獨知之之地耳。若謂指心而言而不謂之心，蓋恐指殺，似不然也。「故君子慎其心」，是何言耶？

答石子重

「口之於味」等事，其當然者，天理也。若概謂之理，則便只成釋氏運水般柴之說。「不可離」，恐未有不可得而離之意，以下文觀之可見。

此一節當分作兩事：「戒謹不睹，恐懼不聞」，如言聽於無聲、視於無形也，是防於未然以全其體。「謹獨」，是察之於將然以審其幾。不知高明以爲如何？

此道無時無之，然體之則合，背之則離也。一有離之，則當此之時，失此之道矣。故曰「不可須臾離」。君子所以戒謹不睹、恐懼不聞，則不敢以須臾離也。所謂「以下文觀之」者如此。

「小人閒居爲不善」，惡惡不如惡惡臭也；「必見君子，然後著其善」，好善不如好好色也。皆所以自欺而已。

「德無常師，主善爲師。善無常主，協于克一。」此言於天下之德，無一定之師，惟善是從，則凡有善者皆可師也。於天下之善，無一定之主，惟一其心，則其所取者無不善矣。「協」猶齊也，如所謂「協時月」。

答石子重

「孝弟也者，其爲仁之本歟」，是爲仁自孝弟始也。仁道之大而自孝弟始者，以其即愛親從兄之心習而察，則仁矣。然而不敢說必無犯上作亂，故曰「鮮」。其或有之，以其習而不察。故有子之言以人人有是心，是以爲仁，患在不察故爾。表記曰：「事君，處其位，不履其事，則亂也。」謂違君命爲亂。此所謂犯上者，犯顔；作亂者，違命也。

孝弟順德，犯上作亂逆德。論孝弟却説犯上作亂底事，只爲是它唤做孝弟，恰似「小人之中庸也」、「小人而無忌憚也」一般。君子則不然，先理會個根本，根本既立，道自此生，曷惟其已？許順之云，「其爲人也孝弟」，猶是泛而論之，如君子之道，夫婦之愚不肖可與知、可能行，非不孝弟也，惟知務之不如君子也。然孝弟順德，終是不善之心鮮矣。

此二説，大抵求之過矣。「鮮」只是少，聖賢之言，大概寬裕，不似今人蹙迫，便説殺了。

此章且看伊川説，深有意味。

「我不欲人之加諸我，吾亦欲無加諸人」，伊川解曰：「『我不欲人之加諸我也，吾亦欲無加諸人』，仁也。施諸己而不願，亦勿施諸人，恕也。」又語録曰「施諸己而不願，亦勿施諸人」，正解此兩句。又曰：「『我不欲人之加諸我，吾亦欲無加諸人』，恕也。近於仁矣，然未至於仁也，以有『欲』字耳。」前以爲仁，後以爲恕而未仁，二義不同。若以有「欲」字便以爲未仁，則「我欲仁，斯仁至矣」，亦有「欲」字，不知如何？

二先生説經如此不同處亦多，或是時有先後，或是差舛，當以義理隱度而取捨之。如此説，則當以解爲正，蓋其義理最長，而亦先生晚年所自著，尤可信也。「欲仁」之「欲」與「欲無加諸我」之「欲」文意不同，不可以相比，更推詳之。

「君子所貴乎道者三：動容貌，斯遠暴慢矣；正顔色，斯近信矣；出辭氣，斯遠鄙倍矣」。明道曰：「動容貌，周旋中禮，暴慢斯遠；正顔色，則不妄，斯近信矣；出辭氣，正由中出，斯遠鄙倍。」此動容貌、正顔色、出辭氣皆不著力，是成德之事。斯遠暴慢、斯近信、遠鄙倍，猶云便遠暴慢，便近信，便遠鄙倍，自然如此也。伊川曰：「辭氣之出，不使至於鄙倍，却是就『遠』字上用工。」上蔡云：「動也，正也，出也，君子自牧處。」又曰：「緊要在上三字。」説不同，如何？

熹詳此意，當以明道之説爲正，上蔡之説尤有病。

克齋記説「天下歸仁」處，先本云「天下之人，亦將無不以仁歸之」，後本云「視天下無一物不在吾生物氣象之中」，先後意甚異，畢竟「天下歸仁」當如何説？初意伊川説，後覺未穩；改之如此，乃吕博士説。恐當以後説爲正。蓋所謂伊川説，亦止見於外書雜説中，容或未必然也。

克齋記不取知覺言仁之説，似以愛之説爲主。近子細玩味，似若知覺亦不可去。蓋不知覺，則亦必不愛，惟知覺故能愛。知覺與愛，並行而不相悖，恐亦無害於言仁，但不可專以知覺爲仁耳。醫者以四支頑痺爲不仁，頑痺則不知痛癢，又安能愛？更乞開發。

此義近與湖南諸公論之甚詳，今略録一二上呈，亦可見大意矣。一答胡廣仲書仁之説，一答張敬夫書〔二三〕。

答石子重

所疑荷批誨，今皆已釋然。蓋仁者心有知覺，謂知覺爲仁則不可，知覺却屬智也。理一而分殊，愛有差等，殊與差等，品節之，却屬禮。施之無不得宜，却屬義。義也，禮也，智也，皆仁也。惟仁可以包夫三者。然所以得名，各有界分，須索分別。不然，混雜爲一，孰爲仁？孰爲義？孰爲智？

「仁」字之説甚善。要之須將仁、義、禮、智作一處看，交相參照，方見疆界分明。而疆界分明之中，却自有貫通總攝處，是乃所謂仁包四者之實也。近年學者專説「仁」字，而於三者不復致思，所以含胡溟涬，動以仁包四者爲言，而實不識其所以包四者之果何物也。今得尊兄精思明辯如此，學者益有賴矣，幸甚〔二四〕。

校勘記

〔一〕知言疑義　「義」，原作「議」，據正訛改。

〔二〕而已有所觀　「已」，淳熙本作「凡」。

〔三〕此又今日切身之病也　「身」，淳熙本作「己」。

〔四〕凡所更改　「改」，淳熙本作「易」。

〔五〕今不暇別引證據　「引」，淳熙本作「尋」。

〔六〕説已分明　「已」，淳熙本作「得」。

〔七〕而來諭反謂未曾分曉説出　「反」，原作「及」，據淳熙本、閩本、浙本改。

〔八〕少牢饋食等篇讀之　「牢」，原作「宰」，據儀禮改。

〔九〕變化盈虚　「盈虚」原脱，據浙本補。

〔一〇〕豈或筆誤而然耶　「豈」，浙本作「恐」。

〔一一〕小人過於通之類皆是　「通」，淳熙本作「流」。
〔一二〕若以爲有此三物遞相看覷　「看覷」，淳熙本作「觀照」。
〔一三〕不亦忽遽急迫之甚乎　「不亦」，淳熙本作「亦無乃」。
〔一四〕并爲參詳可否　「詳」，淳熙本、浙本均作「訂」。
〔一五〕若曰必俟知至而後可行　「知」，原作「如」，據閩本、天順本改。
〔一六〕踐形之説　自此句至篇末，淳熙本另作一書。
〔一七〕便是平日受用處矣　「是」，淳熙本作「足見」。
〔一八〕國材苦學最可念　此句上，淳熙本有「順之有來期未」六字。
〔一九〕更時習乎　淳熙本作「更著」，屬下亦通。
〔二〇〕志哀而不暇它問之語不同　「暇」原作「蝦」，據淳熙本、閩本、天順本改。
〔二一〕有嘿而存之　「存」，今本易作「成」。
〔二二〕充之書中亦講此段　「充」，浙本作「擴」，不避寧宗諱。
〔二三〕一答張敬夫書　此句下，淳熙本有「再讀别紙」四字。
〔二四〕幸甚　此句下，淳熙本叠「幸甚」二字。

晦庵先生朱文公文集卷第四十三

書 知舊門人問答

答陳明仲

熹窮居奉養，粗安義分，無足言者。惟是精力有限而道體無窮，人欲易迷而天理難復，凜乎日以憂懼，蓋未知所以脱於小人之歸者。方念未能得叩餘論以自警發，忽得來教，乃知高明之見已如此。自顧疲駑，雖殫十駕之勤，亦無以相及矣。矍然驚歎，不知所言。至於反復再三，則有不能無疑者。蓋來喻自謂嘗有省處，此心直與孔孟無異；言行之間，既從容而自中矣，如此，則是老兄之學已到聖賢地位，尚復何疑？而其後乃復更有「學無得，老將至」之歎，則又無以異於某所憂者。此雖出於退讓不居之意，然與初之所言亦太相反矣，使熹將何取信而能亡疑於長者之言耶？

又以其他議論參考之，竊意老兄涵養之功雖至，而窮理之學未明，是以日用之間多所未察，雖言之過，而亦不自知也。老兄既不鄙其愚而辱問焉，熹雖淺陋，亦不敢以虚厚意也。區區管見，願老兄於格物致知之學稍留意焉，聖賢之言，則反求諸心而加涵泳之功，日用之間，則精察其理而審毫釐之辨。積日累月，存驗擴充，庶乎其真有省而孔孟之心殆可識矣。示喻讀書之目，恐亦太多，姑以應課程可矣；欲其從容玩味，理與神會，則恐決不能也。程子之書，司馬、張、楊之説，不知其果皆出於一轍耶，抑有所不同也？此等處切須著眼，不可尋行數墨備禮看過而已。既荷愛予，直以此道相期，不覺僭易，盡布所懷。伏惟既以温公之心爲心，必有以容之。然説而繹、從而改，尚不能無望於高明也。但能如程子所謂「不敢自信而信其師」，如此著力，兩三年間，亦當自見得矣。

汪丈每以吕申公爲準則，比觀其家傳所載學佛事，殊可笑。彼其德器渾厚謹嚴，亦可謂難得矣。一溺其心於此，乃與世俗之見無異，又爲依違中立之計以避其名，此其心亦可謂支離之甚矣。顧自以爲簡易，則吾不知其説也。程子曰：「欲不學佛，見得他小，便自然不學。」真知言哉！

答陳明仲

所示諸説，足見留意。便遽，未暇條對，大抵終有未脱禪學規模處。更願於平易著實處理會，不必以頓然有省爲奇，只要漸覺意味明白深長，便是功效。然亦不可存此計較功效之心，但循循不已，自有至矣。

答陳明仲

前書所論不求安飽，惟在敏於事上著力，此恐倒却文意，兼義亦不如此。蓋惟無求飽、求安之心，乃能敏於事耳。謹於言，亦不專爲耻躬之不逮，大凡言語皆當謹也。愚見如此，未知是否？

答陳明仲

喻及論語諸説，以此久不脩報。然觀大概，貪慕高遠，説得過當處多，却不是言下正意。如首章論耻躬不逮，便説古人誠貫天地、行通神明，今人作僞行詐、欺世盜名，都未合説到此。且熟味「古者言之不出，耻躬之不逮也」緊要用力處是如何，不必説向前去。如此久之，意味自別。且如尹和靖講說，便都無似此，簡約精微，極好涵泳也。推此一章，餘皆可見。

答陳明仲

程集荷借，及略看一二處，止是長沙初開本。如易傳序「沿流」作「泝流」、祭文「娙」作「猶子」之類，皆胡家以意改者。後來多所改正，可從子飛求之，殊勝此本也。

答陳明仲

累承示經說，比舊益明白矣。然猶有推求太廣處，反失本意。今不暇一一具禀，異時面見，當得一一指陳，以求可否。大抵讀書當擇先儒舊說之當於理者，反復玩味，朝夕涵泳，便與本經正言之意通貫浹洽於胸中，然後有益。不必段段立說，徒爲觀美而實未必深有得於心也。講學正要反復研窮，方見義理歸宿處，不可只略說過便休也。

答陳明仲

向辱書喻有意於程氏之學，甚善甚善。然向聞留意空門甚切，不知何故乃復舍彼而將求之於此，豈亦知前之失而然邪，抑以爲彼此初不相妨，既釋而不害其爲儒也？二者必有一矣。由前之說，則程氏教人以論、孟、大學、中庸爲本，須於此數書熟讀詳味，有會心處，方自見得。如其未然，讀之不厭熟，講之不厭煩，非如釋氏指理爲障，而兀然坐守無義之語，以俟其僥倖而一得也。此數書，程氏與其門人高弟爲說甚詳，試訪求之，自首至尾，循守加功。須如小兒授書，節節而進乃佳。不可匆匆繙閱，無補於事；又不可雜以他說，徒亂宗旨也。如蘇氏之類。若曰彼此不相妨，儒、釋可以並進，則非淺陋所敢聞也。

答陳明仲〔一〕

示喻讀書遺忘，此士友之通患，無藥可醫。只有少讀深思，令其意味浹洽，當稍見功耳。讀易亦佳，但經書難讀，而此書爲尤難。蓋未開卷時，已有一重象數大概工夫；開卷之後，經文本意又多被先儒硬說殺了，令人看得意思局促，不見本來開物成務活法。廷老所傳鄙說，正爲欲救此弊，但當時草草抄出，疏略未成文字耳。然試略考之，亦粗見門户梗概。若有他說，則非吾之所敢聞也。

答陳明仲

丞事如過割一條，亦是民間休戚所係。頃在同安，見官户、富家、吏人、市户典買田業，不肯受業，操有餘之勢力，以坐困破賣家計狼狽之人，殊使人扼腕。每縣中有送來整理者，必了於一日之中。蓋不如此，則村民有宿食廢業之患，而市人富家得以持久困之，使不敢伸理，此最弊之大者。嘗見友人陳元滂，説昔年趨事吏部許公於邵陽，許公自言「吾作縣，有八字法」，請問之，則曰「開收人丁，推割産税」而已。此可謂知爲政之本者，願高明志之。明道行狀及門人叙述中所論政事叙指，無事亦宜熟看，殊開發人意思也。所詢喪禮，别紙具禀，顧亦考未精，又適此數時擾擾，不及致思，恐未必是，更可轉詢知禮之士，庶不誤耳。

别紙

靈席居中堂。

家無二主，似合少近西爲宜。

朔祭，子爲主。

按喪禮，「凡喪，父在，父爲主」，則父在子無主喪之禮也。又曰「父没，兄弟同居，各主其喪」，注云「各爲妻子之喪爲主也」，則是凡妻之喪，夫自爲主也。今以子爲喪主，似未安。

先遺柩歸而奉魂帛，終喪，埋帛立主。時在官所。

此於古無。初既不能盡從古制，即且如此亦可，然終不是也。

奉祀者題其子。

此亦未安。且不須題奉祀之名，亦得。

廟别三世，别設一位於其下。

禮，卒哭而祔於祖姑，三年而後入廟。今既未葬，則三虞、卒哭之制無所施。不若終喪立主而祔，祔畢，於家廟旁設小位以奉其主，不可於廟中别設位也。愚見如此，未知是否？告更以温公書儀及高氏送終禮參考之，當有定論也。

答陳明仲

喻及喪禮踰期主祭之疑，此未有可考。但司馬氏大小祥祭，已除服者皆與祭，則主祭者雖已除服，亦何害於主祭乎？但不可純用吉服，須略如弔服或忌日之服可也。更告博詢深於禮者議之。

答陳明仲

祭禮比得書，亦及此數條，各已隨事釐正。如配祭只用元妃，繼室則爲别廟；或有庶母，又爲别廟；或妻先亡，又爲别廟；弟先亡無後，亦爲别廟；與伯叔祖父兄之無後者，凡五等，須各以一室爲之，不可雜也。冬至已有始祖之祭，是月又是仲月，自當時祭，故不更别祭。其他俗節則已有各依鄉俗之文，自不妨隨俗增損。但元旦則在官者有朝謁之禮，恐不得專精於祭事。熹鄉里却止於除夕前三四日行事，此亦更在斟酌也。忌日服制，王彦輔麈史載富鄭公用垂脚黲紗幞頭、黲布衫、脂皮帶，如今人禫服之制，此亦未得汪丈報，不知以爲如何也。

答陳明仲

喪服，前書已具去。昨日又略爲元伯道一二，恐古制未明，或且只用四脚襴衫之制亦可。但虞祭後方可釋服，然後奉主歸廟耳。自啓殯至虞，其間吉禮權停可也。次日恐亦未宜遽講賀禮。恐令嗣有未安，尊兄以禮意喻之，則無疑矣。此最禮之大節，精意所在，衣裳制度抑其次耳。

答陳明仲

苟欲聞過，但當一一容受，不當復計其虚實，則事無大小，人皆樂告而無隱情矣。若切切計較，必與辨爭，恐非「告以有過則喜」之意也。

答陳明仲

「不遠遊」與「三年無改」各是一章，文義自不相蒙，或欲牽合彊爲一説，非聖人本意也。竊謂夫子此言，只是發明孝子之心耳。蓋父之所行，雖或有所當改，然苟未至於不可一朝居，則爲之子者未忍遽革而有待於三年，亦可見其不忍死其親之心矣。此心是本，但能存得此心，則父之道或終身不可改，或一日不可行，皆隨其事之重輕而處之，不失其宜矣。聖人特指此心以示人，所謂貫徹上下之言，而豈曰姑以是爲中制也哉？若如所喻，章句文義固已不通，而其間又極有害義理處。夫謂三年而免於父母之懷者，責宰予耳。父母之愛其子而子之愛其親，皆出於自然而無窮，豈計歲月而論施報之爲哉？若所謂中，乃天理人倫之極致，隨時而所在不同。以禹、稷、顔子之事觀之，則可見矣。今曰姑以中制言之，則是欲於半上落下之間指爲一定之中，以同流俗、合汙世而已，豈聖人之所謂中也哉？

答陳明仲

爲長府與季氏聚斂事相因與否，不可知，不必附會爲説。

子路鼓瑟不和，蓋未能盡變其氣質，所云「未能上達不已」，語不親切。

「屢空」之「空」，恐是空乏。屢至空乏而處之能安，此顏子所以庶幾於道也。下文以子貢貨殖爲對，文意尤分明。若以空爲心空，而屢空猶頻復，則顏子乃是易傳所謂復善而不能固之人矣，何以爲顏子？

子路非謂不學而可以爲政，但謂爲學不必讀書耳。上古未有文字之時，學者固無書可讀，而中人以上，固有不待讀書而自得者。但自聖賢有作，則道之載於經者詳矣，雖孔子之聖，不能離是以爲學也。捨是不求，而欲以政學，既失之矣，況又責之中材之人乎？然子路使子羔爲宰，本意未必及此，但因夫子之言而託此以自解耳，故夫子以爲佞而惡之。

曾點見道無疑，心不累事，其胸次洒落，有非言語所能形容者。故雖夫子有「如或知爾」之問，而其所對亦未嘗少出其位焉，蓋若將終身於此者。而其語言氣象，則固位天地、育萬物之事也。但其下學工夫實未至此，故夫子雖喟然與之而終以爲狂也。

克己之目不及思，所論大概得之，然有未盡。熹竊謂洪範五事，以思爲主，蓋不可見而行乎四者之間也。然操存之漸，必自其可見者而爲之法，則切近明白而易以持守。故五事之次，思最在後，而夫子於此亦遍舉「四勿」而不及夫思焉，蓋欲學者循其可見易守之法，以養其不可見、不可係之心也。至於久而不懈，則表裏如一，而私意無所容矣。程子四箴，意正如此。試熟玩之，亦自可見。

學固以至聖爲極，習固是作聖之方，然恐未須如此説。且當理會聖賢之所學者何事，其習之也何術，乃見入德之門，所謂切問而近思也。「人不知而不愠」，和靖所謂「學在己，知不知在人，何愠之有」者，最爲的當。蓋如此而言，乃見爲己用心之約處。若以容人爲説，竊恐爲己之心不切，而又涉乎自廣狹人之病，其去道益遠矣。嘗見或人説此，乃有容天之論，此又欲大無窮而不知其陷於狂妄者也。

答李伯諫甲申

詳觀所論，大抵以釋氏爲主，而於吾儒之説，近於釋者取之，異於釋者，在孔孟，則多方遷就以曲求其合；在伊洛，則無所忌憚而直斥其非。夫直斥其非者，固未識其旨而然，所取所合，亦竊取其似是而非者耳。故語意之間，不免走作。不得於言而求諸心，則從初讀孔孟伊洛文字，「止是資舉業」，此來書之語。固無緣得其指歸，所以敢謂聖學止於如此。至於後來學佛，乃是「怕生死」此亦來書中之語。而力究之，故陷溺深。從始至末，皆是利心，所謂差之毫釐者，其在兹乎？然敢詆伊洛而不敢非孔孟者，直以舉世尊之，而吾又身爲儒者，故不敢耳，豈真知孔孟之可信而信之哉？是猶不敢顯然背畔，而毁冠裂冕、拔本塞源之心已竊發矣。學者豈可使有此心萌於胸中哉！

來書云，於程氏雖未能望其堂奧，而已窺其藩籬矣。熹竊謂聖人道在六經，若日星之明，程氏之説，見於其書者亦詳矣。然若只將印行册子從頭揭過，略曉文義，便爲得之，則當時門人弟子亦非全然鈍根無轉智之人，豈不能如此領會？而孔門弟子之從其師，厄窮飢餓，終其身而不敢去；程氏之門，已仕者忘爵禄，未仕者忘飢寒，此游察院語。此亦必有謂矣。試將聖學做禪樣看，日有孜孜，竭力而進〔二〕，竊恐更有事在，然後程氏藩籬可得而議也。

來書謂聖門以仁爲要，而釋氏亦言「正覺」，亦號「能仁」，又引程氏之説爲證。熹竊謂程氏之説，以釋氏窮幽極微之論觀之，似未肯以爲極至之論。但老兄與儒者辨，不得不借其言爲重耳。然儒者言仁之體則然，至語其用，則毫釐必察，故曰「仁之實，事親是也」，又曰「孝弟也者，其爲仁之本與」。此體用所以一源，而顯微所以無間也。釋氏之云「正覺」、「能仁」者，其論則高矣美矣，然其本果安在乎〔三〕？

來書引「天下歸仁」以證滅度衆生之説，熹竊謂恐相似而不同。伊川先生曰：「克己復禮，則事事皆仁，故曰天下歸仁。」試用此意思之，毫髮不可差，差則入於異學矣。

來書云，夫子語仁以克己爲要，佛氏論性以無心爲宗，而以龜山「心不可無」之説爲非。熹謂所謂己者，對物之稱，乃是私認爲己而就此起計較、生愛欲，故當克之。克之而自復於理，則仁矣。心乃本有之物，虚明純一，貫徹感通，所以盡性體道，皆由於此。今以爲妄而欲去之，又自知其不可而曰「有真心存焉」，此亦來書之語。則又是有心矣。如此，則無心之説何必全是？而不言無心之説，何必全非乎？若以無心爲是，則克己乃是有心，無心何以克己？若以克己爲是，則請從事於斯而足矣，又何必克己於此而無心於彼，爲此二本而枝其辭也？

來書云，輪回因果之説，造妖揑怪，以誑愚惑衆，故達磨亦排斥之。熹竊謂輪回因果之説，乃佛説也。今以佛爲聖人而斥其言至於如此，則老兄非特叛孔子，又謗佛矣。豈非知其説之有所窮也，而爲是遁辭以自解免哉？抑亦不得已於儒者，而姑爲此計以緩其攻也？嗚呼！吾未見聖人立説以誑愚惑衆，而聖人之徒倒戈以伐其師也。孰謂本末殊歸、首尾衡決如是，而尚可以爲道乎？

來書云，韓退之排佛而敬大顛，則亦未能真排佛也〔四〕。熹謂退之稱大顛「頗聰明，識道理，能外形骸，以理自勝，不爲事物侵亂」而已，其與原道所稱「以之爲己則順而祥，以之爲人則愛而公，以之爲天下國家則無所處而不當」者，果如何耶？

來書云，形有死生，真性常在。熹謂性無僞冒，不必言真；未嘗不在，不必言在。蓋所謂性，即天地所以生物之理，所謂「維天之命，於穆不已」、「大哉乾元，萬物資始」者也，曷嘗不在而豈有我之所能私乎？釋氏所云真性，不知其與此同乎否也？同乎此，則古人盡心以知性知天，其學固有所爲，非欲其死而常在也。苟異乎此，而欲空妄心、見真性，惟恐其死而失之，非自私自利而何？是猶所謂廉賈五之，不可不謂之貨殖也。伊川之論，未易遽非，亦未易遽曉。他日於儒學見得一個規模，乃知其不我欺耳。

來書謂伊川先生所云内外不備者爲不然，蓋無有能直内而不能方外者，此論甚當。據此，正是熹所疑處。若使釋氏果能敬以直内，則便能義以方外，便須有父子、有君臣，三綱五常，闕一不可。今曰能直内矣，而其所以方外者果安在乎？又豈數者之外別有所謂義乎？以此而觀伊川之語，可謂失之恕矣。然其意不然，特老兄未之察耳。所謂有直内者，亦謂其有心地一段工夫耳，但其用功却有不同處，故其發有差。他却全不管著，此所以無方外之一節也。固是有根株則必有枝葉，然五穀之根株則生五穀之枝葉，華實而可食；稊稗之根株則生稊稗之枝葉，華實而不可食，此則不同耳。參朮以根株而愈疾，鉤吻以根株而殺人，其所以殺人者，豈在根株之外而致其毒哉？來書云，不能於根株之外別致其巧也。故明道先生又云：「釋氏惟務上達而無下學。然則其上達處豈有是也？元不相連屬，但有間斷，非道也。」此可以見内外不備之意矣。然來書之云，却是從儒向佛，故猶藉先生之言以爲重。若真胡種族，則亦不肯招認此語矣。如何如何？

來書云，以理爲障者，特欲去其私意小智。熹謂認私意小智作「理」字，正是不識「理」

字。來書又謂上蔡云「佛氏不肯就理者爲非」，熹謂若不識「理」字，則此亦未易以口舌爭也。他日解此，乃知所言之可笑耳。

來書云，儒、佛見處既無二理，其設教何異也？蓋儒教本人事，釋教本死生。本人事，故緩於見性；本死生，故急於見性。熹謂既謂之本，則此上無復有物矣。今既二本，不知所同者何事？而所謂儒本人事、緩見性者，亦殊無理。三聖作易，首曰：「乾，元亨利貞。」子思作中庸，首曰：「天命之謂性。」孔子言性與天道，而孟子道性善，此爲本於人事乎，本於天道乎？緩於性乎，急於性乎？然著「急」字亦不得。俗儒正坐不知天理之大，故爲異説所迷，反謂聖學知人事而不知死生，豈不誤哉？聖賢教人盡心以知性，躬行以盡性，終始本末，自有次第，一皆本諸天理，緩也緩不得，急也急不得，直是盡性至命方是極則，非如見性之説，一見之而遂已也。上蔡云：「釋氏之論性，猶儒者之論心；釋氏之論心，猶儒者之論意。」此語剖析極精，試思之，如何？

來書云，子貢之明達，性與天道猶不與聞。熹竊謂此正癡人前説夢之過也。來書又謂釋氏本死生，悟者須徹底悟去，故祖師以來，由此得道者多。熹謂徹底悟去之人，不知本末内外是一是二？二則道有二致，一則死生人事，一以貫之，無所不了。不知傳燈録中許多祖師，幾人做得堯舜禹稷？幾人做得文武周孔？須有徵驗處。

來書云，特聖人以中道自任，不欲學者躐等。熹謂此正是王氏「高明處己，中庸處人」之說，龜山嘗力詆之矣。須知所謂「不欲學者躐等」者，乃是天理本然，非是聖人安排教如此，譬諸草木，區以別矣。且如一莖小樹，不道他無草木之性，然其長須有漸，是亦性也。所謂「便欲當人立地成佛」者，正如將小樹來噴一口水，便要他立地干雲蔽日，豈有是理？「便欲當人立地成佛」，亦是來書中語。設使有此幻術，亦不可謂之循理，此亦見自私自利之規模處。

來書云，引大易生死之說，程氏語默、日月、洪鑪之論。熹按：此四者之説，初無二致，來書許其三、排其一，不知何所折衷而云然？然則所許三説，恐未得其本意也。愚意以爲不必更於此理會，且當按聖門下學工夫求之，久自上達，所謂「未知生，焉知死」也。

來書云，聖人體易，至於窮神知化、未之或知之妙。熹疑此語脈中有病。又云生死之際，必不如是之任滅也。熹謂「任滅」二字亦是釋氏言之，聖人於死生固非任滅，亦初不見任滅之病。更以前段參之。

來書云，曹參、楊億不學儒，不害爲偉人。熹前書已奉答矣。而細思之，則老兄固云夫子之道乃萬世仁義禮樂之主，今乃有不學儒而自知道者，則夫子何足爲萬世仁義禮樂之主也？且仁義禮樂，果何物乎？又曹參、楊億二人相擬，正自不倫。曹參在漢初功臣中，人品儀粗疏，後來却能如此避正堂、舍蓋公，治齊相漢，與民休息，亦非常人做得，其所見似亦儀高。所可惜者，未聞聖人之道而止於是耳。楊億工於纖麗浮巧之文，已非知道者所爲，然資禀清介，立朝獻替，略有可觀，而釋子特以爲知道者，以其有「八角磨盤」之句耳。然既謂之知釋氏之道，則於死生之際宜亦有過人者。而方丁謂之逐萊公也，以他事召億至中書，億乃恐懼，至於便液俱下，面無人色。當此時也，「八角磨盤」果安在哉？事見蘇黃門龍川別志第一卷之末，蘇公非詆佛者，其言當不誣矣。然則此二人者，雖皆未得爲知道，然億非參之倫也。子比而同之，過矣。蓋老氏之學淺於佛，而其失亦淺，正如申韓之學淺於楊墨，而其害亦淺。因論二人謾及之，亦不可不知也。

來書云，鹽官講義急於學者見道，便欲人立地成佛。熹於前段已論之矣。然其失亦不專在此，自是所見過中，無著實處，氣象之間，蓋亦可見。

來書所謂發明西洛諸公所未言者，即其過處也。嘗聞之師曰：「二蘇聰明過人，所説語、孟儘有好處。蓋天地間道理不過如此，有時便見得到，皆聰明之發也。但見到處却有病，若欲窮理，不可不論也。」「見到處却有病」，此語極有味。試一思之，不可以爲平常而忽之也。

答李伯諫

承喻及從事心性之本，以求變化氣質之功之説，此意甚善。然愚意此理初無内外本末之間，凡日用間涵泳本原、酬酢事變，以至講説辯論、考究尋繹，一動一静，無非存心養性、變化氣質之實事。學者之病在於爲人而不爲己，故見得其間一種稍向外者，皆爲外事。若實有爲己之心，但於此顯然處嚴立規程，力加持守，日就月將，不令退轉，則便是孟子所謂深造以道者。蓋其所謂深者，乃功夫積累之深；而所謂道者，則不外乎日用顯然之事也。及其真積力久，内外如一，則心性之妙無不存，而氣質之偏無不化矣。所謂自得之而居安資深也，豈離外而内、惡淺而深，舍學問思辯力行之實而别有從事心性之妙也哉？至於易之爲書，因陰陽之變以形事物之理，大小精粗無所不備，尤不可以是内非外、厭動求静之心讀之。鄙意如此，故於來喻多所未安，竊恐向來學佛病根有未除者，故敢以告。然恐亦未必盡當於理，惟高明擇之。

答李伯諫

誨諭勤勤，深荷不鄙。然人之爲學，各有所見，豈能必於盡同？亦各信其所信而勉焉耳。今高明所造日深日遠，而愚蒙底滯，不能變其初心，竊意必無可合之理。來書乃欲曲加鐫誨，期之異日，雖荷眷舊之私，然恐亦徒爲競辨而無補於進脩之實也。謹此少謝厚意之辱，伏幸裁照。

答吴公濟

來書云，儒、釋之道，本同末異。熹謂本同則末必不異，末異則本必不同，正如二木是一種之根，無緣却生兩種之實。

來書云，夫子專言人事生理，而佛氏則兼人鬼生死而言之。熹按伯諫書中亦有此意，已於答伯諫書中論之矣，他日取觀，可見鄙意。抑又有説焉：不知生死人鬼爲一乎，爲二乎？若以爲一，則專言人事生理者，其於死與鬼神固已兼之矣，不待兼之而後兼也。若須别作一頭項，窮究曉會，則是始終幽明却有間隔。似此見處，竊恐未安。

來書云，夫子罕言之者，正謂民不可使知，恐聞之而生惑。熹謂聖人於死生鬼神雖不切切言之，然於六經之言、格物誠意之方、天道性命之説，以至文爲制度之間、名器事物之小，莫非示人以始終幽明之理，蓋已無所不備。若於此講究分明而心得之，則仰觀俯察，洞然其無所疑矣，豈聞之而反有所惑耶？但人自不學，故聖人不能使之必知耳，非有所秘而不言也。今乃反謂聖人秘而不言，宜其惑於異說而不知所止也！

來書云，賢士大夫因佛學見性，然後知夫子果有不傳之妙。論語之書，非口耳可傳授。熹謂論語固非口耳所可傳授，然其間自有下工夫處，不待學佛而後知也。學佛而後知，則所謂論語者，乃佛氏之論語，而非孔氏之論語矣。正如用琵琶、秦箏、方響、觱栗奏雅樂，節拍雖同，而音韻乖矣。

來書云，因語、孟見理，然後知佛氏事理俱無礙之說。熹按上文言因佛學見性，此言因語、孟見理，理與性同乎，異乎？幸剖析言之，以曉未悟。但恐真見語、孟所言之理，則釋氏事理無礙之間所礙多矣。

來書云，幽明之故、死生之說、晝夜之道，初無二理。明之於幽，生之於死，猶晝之於夜也。鬼神之情狀，見乎幽者爲不可誣，則輪回因果之說有不可非者。謂上智不在此域可也，謂必無是理不可也。熹竊謂幽明、死生、晝夜固無二理，然須是明於大本而究其所自來，然後知其實無二也。不然，則所謂無二者，恐不免於彌縫牽合，而反爲有二矣。鬼神者，造化之跡，伊川語。乃二氣之良能也，橫渠語。不但見乎幽而已。以爲專見乎幽，此似未識鬼神之爲何物〔五〕，所以溺於輪回因果之說也。「幽則有鬼神」者，對禮樂而言之。大抵未嘗熟究聖人六經之旨，而遽欲以所得於外學者籠罩臆度言之，此所以多言而愈不合也。至又謂不可謂無此理，特上智不在此域，此尤害理。蓋不知此理是合有耶，合無耶？以爲不可謂必無是理，則是合有也。合有，則盈天地之間皆是此理，無空闕處，而上智之人獨不與焉，不知又向甚處安身立命？若是合無，則凡此所謂不可無之理，乃衆生之妄見而非真諦也。此其與聖人之心大相遠矣，而曰聖人無兩心，吾不信也。

答趙佐卿

所示易説，足見玩意之深，不勝歎服。此經舊亦嘗伏讀，然每病其未有入處，乃承見喻，使反復其論，蓋久不知其所以對也。顧厚意不可以終辭，姑以己意略疏其後，未知當否，惟高明裁之，復有以誨警之，則幸甚。大抵聖經，惟論、孟文詞平易而切於日用，讀之疑少而益多，若易、春秋則尤爲隱奥而難知者，是以平日畏之而不敢輕讀也。

答曹晉叔

「近仁」之説，來喻固未安，擇之説亦有病。竊原聖人之意，非是教人於此體仁，乃是言如此之人於求仁爲近耳。雖有此質，正須實下求仁功夫，乃可實見近處。未能如此，即須矯揉到此地位，然後於仁爲近，可下功夫。若只守却「剛毅木訥」四字，要想象思量出仁體來，則恐無是理也。

答林擇之用中

熹以崇安水災，被諸司檄來，與縣官議賑恤事，因爲之遍走山谷間，十日而後返。大率今時肉食者漠然無意於民，直是難與圖事，不知此箇端緒，何故汩没得如此不見頭影？因知若此學不明，天下事決無可爲之理。王丞文字足罷去，因力薦何叔京攝其事。若得此人來，將來檢放一段事須有條理。但只恐才不足，然終是勝今日諸人耳。此水所及不甚廣，但發源處皆是高山，裂石涌水，川原田畝無復東西，皆爲巨石之積，死傷幾百人。行村落間，視其漂蕩之路，聽其冤號之聲，殆不復能爲懷。云云。

所寄李先之記文，體面甚佳，趣向甚正，但緊切處殊不端的。只云「此爲仁」、「此爲義」，却何如便由此而用之？且若真知仁義之實，則又不可云「以誠而意，以正而心」。此類非一，大抵此是尤緊切處，只如此，他可勿論也。恐更有可指處，因來更論之，以起惰氣也。

答林擇之

熹奉養粗安。舊學不敢廢，得擴之朝夕議論，相助爲多，幸甚。敬夫得書，竟主「觀過」

之説。因復細思，此説大害事，復以書扣之。擴之録得藁子奉呈，不知擇之以爲如何也？伯逢來問「造端夫婦」之説，偶亦嘗思之，前此説得泛濫，不縝密，今答之如此，擴之亦已録去矣。近見古人下工夫處極是精密，日用之間不敢不勉，庶幾他時相見或有尺寸之進耳。

敬夫又有書理會祭儀〔六〕，以墓祭節祠爲不可。然二先生皆言墓祭不害義理，又節物所尚，古人未有，故止於時祭。今人時節隨俗燕飲，各以其物，祖考生存之日蓋嘗用之，今子孫不廢此，而能恝然於祖宗乎？此恐太泥古，不盡如事存之意。方欲相與反復，庶歸至當，但舊儀亦甚草草，近再脩削，頗可觀。一歲只七祭爲正祭，自元日以下皆用告朔之禮，以薦節物於隆殺之際，似勝舊儀。便遽，未及寫去。

答林擇之

熹侍旁如昨。祠官再請，若更不得請，當如所戒。近事則無可説，觀左史之除，可見綱紀之紊。但如諸公若不相捨，不得不一行。又聞亦有招致南軒之意，果爾，猶或庶幾，但恐終不能用爾。所欲言甚衆，遠書不欲多談，可默會也。元履竟爲揆路所逐，雖其多言未必一一中節，亦坐謄藁四出之故。然其爲吾君謀也則忠，士大夫以言見逐，非國家美事，亦使幽隱之賢難自進耳。

近得南軒書，諸説皆相然諾。但先察識、後涵養之論執之尚堅；未發、已發條理亦未甚明。蓋乍易舊説，猶待就所安耳。「敬以直内」爲初學之急務，誠如所諭。亦已報南軒，云擇之於此無異論矣。此事統體操存，不作兩段，日用間便覺得力，嘗驗之否？康節云：「若非前聖開蒙吝，幾作人間小丈夫。」誠哉是言！近讀易傳，見得陰陽剛柔一箇道理儘有商量，未易以書見也。兩段之疑、動靜之説，甚佳；「赤子之心」，前書已嘗言之。謂言其體，則無賢愚少長之别，今曰「赤子之心」，已是指其用而言之。前此似亦未理會到此，試爲思之，如何？來諭謂其言非寂然不動，與未發不同，爲將動靜做不好説，似初無此意，但言不專此而言，則兼已發感通之用在其中耳。今者只如前書推明程子之意，則亦不須如此分别費力矣。

答林擇之

此有李伯諫，往時溺於禪學，近忽微知其非。昨來此留數日，蔡季通亦來會，劇論不置，遂肯捨去舊習，此亦殊不易。蓋其人資禀本佳，誠心欲爲爲己之學。雖一邊陷溺，而每事講究，求合義理，以故稍悟天命之性非空虚之物。然初猶戀著舊見，謂不相妨，今則已脱然矣，可尚可尚。「仲尼焉學」、「體物而不可遺」、「春王正月」、胡傳之説如何？「谷神不死」，此數義近皆來問者，幸各以數語明之。遺書論天地之中數段，亦告爲求其旨見喻，更以周禮、唐天文志系之爲佳。

答林擇之

昨得晉叔書，說「剛毅木訥近仁」，云擇之嘗告以「仁者，人所以肖天地之機要，須就發見處看得通神，自然識得」。細看此說，似非所以曉人，乃所以惑人。晉叔緣此說得來轉没交涉，不免就其說答之，似稍平穩。今謾録去，不知還更有病否？孔門求仁功夫，似只是如此著實說，未有後來許多玄妙也。「通神」之語，恐亦有病。况不務涵養本根而直看發處，尤所未安。「仁者，人所以肖天地之機要」，此句極好，然却只是一句好說話，正如世俗所謂卦影者，未知仁者定理會不得，知仁者又不消得如此說與它。要之，聖賢言仁自不如此，觀論語、孟子可見矣。如何如何？

答林擇之

所答二公問，甚精當。熹亦嘗答之，只說得大概，不能如此之密。然勸深父且看語、孟、大學，其意亦如所示也。「仲弓」一段太迫切，觀渠氣質與識致所及，似禁不得如此鉗鎚也。晉叔亦是自悠悠，諸公覺得且如此。何丞近得書，亦未有進處，餘則不聞問也。季通兩日儘得講論，亦欲附書，未暇。渠終是未專一，若降伏得此病痛下，方有可用力處。已深告之，未知如何。終日憒憒，自救不了，更添得此累，思與吾擇之相聚，觀感警益之助，何可得耶？瞻仰非虛言也。

昨日書中論「未發」者，看得如何？兩日思之，疑舊來所說，於心性之實未有差，而「未發」、「已發」字頓放得未甚穩當。疑「未發」只是思慮事物之未接時，於此便可見性之體段，故可謂之中而不可謂之性也。發而中節，是思慮事物已交之際皆得其理，故可謂之和而不可謂之心；心則通貫乎已發未發之間，乃大易生生流行、一動一靜之全體也。云云。舊疑遺書所記不審，今以此勘之，無一不合。信乎天下之書未可輕讀，聖賢指趣未易明，道體精微未易究也。

答林擇之

「太山爲高矣，然太山頂上已不屬太山」，此喻道體之無窮，而事業雖大，終有限量爾。故下文云云，意可見也。又「既得後須放開」，此亦非謂須要放開，但謂既有所得，自然意思廣大，規模開廓。「須」字如用「必」字。若未能如此，便是未有所得，只是守爾。蓋以放開與否爲得與未得之驗，若謂有意須放教開，則大害事矣。上蔡論周恭叔放開忒早，此語亦有病也。「鳶飛魚躍，察見天理」，正與中庸本文「察」字異指。「便入堯舜氣象」，亦只是見得天理自然，不煩思勉處爾。若實欲到此地位，更有多少功夫，而可易其言耶？疑上蔡此語亦傷快也。近來玩索，漸見聖門進趣實地，但苦惰廢，不能如人意爾。

答林擇之

竹尺一枚，煩以夏至日依古法立表以測其日中之景，細度其長短示及。孟説正欲煩訂正，俟見面納。向來數書所講，亦併俟面論。但顯道記憶語中數段，子細看皆好，只「太山頂上已不屬太山」，此但論道體之無窮，而事業雖大，終有限量耳。故下文云云，意可見矣。欽夫春來未得書，聞歲前屢對，上意甚向之。然十寒衆楚，愛莫助之，未知竟何如耳。鄭丈至誠樂善，當時少比，必能相親。其德器粹然，從容厚重，亦可佳也。

答林擇之

比因朋友講論，深究近世學者之病，只是合下欠却持敬工夫，所以事事滅裂。其言敬者，又只説能存此心，自然中理。至於容貌詞氣，往往全不加工。設使真能如此存得，亦與釋老何異？上蔡說便有此病了。又況心慮荒忽，未必真能存得耶？程子言敬，必以整齊嚴肅、正衣冠、尊瞻視爲先，又言未有箕踞而心不慢者，如此乃是至論。而先聖説克己復禮，尋常講說，於「禮」字每不快意，必訓作「理」字然後已，今乃知其精微縝密，非常情所及耳。近略整頓孟子說，見得此老直是把得定，但常放教到極險處，方與一斡轉，斡轉後便見天理人欲直是判然。非有命世之才，見道極分明，不能如此。然亦只此便是英氣害事處，便是才高無可依據處，學者亦不可不知也。

答林擇之

熹哀苦之餘，無他外誘，日用之間，痛自斂飭，乃知「敬」字之功親切要妙乃如此。而前日不知於此用力，徒以口耳浪費光陰。人欲横流，天理幾滅，今而思之，怛然震悚，蓋不知所以措其躬也。

答林擇之

所論顔、孟不同處，極善極善。正要見此曲折，始無窒礙耳，比來想亦只如此用功。熹近只就此處見得向來所未見底意思，乃知「存久自明，何待窮索」之語是真實不誑語。今未能久，已有此驗，況真能久邪？但當益加勉勵，不敢少弛其勞耳。

拙齋和篇莊重和平，讀之如見其人，煩爲多致謝意。莊子詩，亦皆有味，但可惜只玩心於此耳。竊恐論語、孟、程之書平易真實處更有滋味，從前咬嚼未破，所以向此作活計。然不敢僭易獻此説，顧無以謝其不鄙之意，只煩擇之從容爲達此懷也。

吕公家傳深有警悟人處，前輩涵養深厚乃如此。但其論學殊有病。如云「不主一門，不私一説」，則博而雜矣。如云「直截勁捷，以造聖人」，則約而陋矣。舉此二端，可見其本末之皆病。此所以流於異學，而不自知其非耶？而作此傳者，又自有不可曉處。如云「雖萬物之理本末一致，而必欲有爲」，此類甚多，不知是何等語。又義例不明，所載同時諸人，或名或字，非褒非貶，皆不可考。至如蘇公，則前字後名，尤無所據。豈其學無綱領，故文字亦象之而然邪？最後論佛學，尤可駭歎。程氏之門千言萬語，只要見儒者與釋氏不同處。而吕公學於程氏，意欲直造聖人，盡其平生之力，乃反見得佛與聖人合，豈不背戾之甚哉？夫以其資質之粹美、涵養之深厚如此，疑若不叛於道，而窮理不精，錯謬如此。流傳於世，使有志於道而未知所擇者坐爲所誤，蓋非特莠之亂苗、紫之亂朱而已也。奈何奈何！

答林擇之

所論大抵皆得之，然鄙意亦有未安處。如「滿腔子是惻隱之心」，此是就人身上指出此理充塞處，最爲親切。若於此見得，即萬物一體，更無内外之别；若見不得，却去腔子外尋覓，則莽莽蕩蕩，愈無交涉矣。陳經正云：「我見天地萬物皆我之性，不復知我身之爲我矣。」伊川先生曰：「他人食飽，公無餒乎？」正是説破此病。知言亦云「釋氏以虚空沙界爲己身，而不敬其父母所生之身」〔七〕，亦是説此病也。

三代正朔，以元祀十有二月考之，則商人但以建丑之月爲歲首而不改月號；時亦必不改也。以孟子七八月、十一月、十二月之説考之，則周人以建子之月爲正月而不改時；改月者，後王之彌文〔八〕。不改時者，天時不可改。故祭祀、田獵猶以夏時爲正。以書「一月戊午」、「厥四月哉生明」之類考之，則古史例不書時；以程子「假天時以立義」之云考之，則是夫子作春秋時特加此四字以繫年，見行夏時之意。若如胡傳之説，則是周亦未嘗改月，而孔子特以夏正建寅之月爲歲首，月下所書之事却是周正建子月事。自是之後，月與事常相差兩月。恐聖人制作之意不如是之紛更煩擾，其所制作亦不如是之錯亂無章也。愚見如此，而考之劉質夫説，亦云先書「春王正月」，而後書二百四十二年之事，皆天理也，似亦以「春」字爲夫子所加。「王」字亦非史策舊文。但魯史本謂之春秋，則又似元有此字。而杜元凱左傳後序載汲冢竹書，乃晉國之史，却以夏正建寅之月爲歲首，則又似胡氏之説可爲據。此間無竹書，煩爲見拙齋扣之，或有此書，借録一兩年示及，幸甚幸甚。又漢書「元年冬十月」，注家以爲武帝改用夏時之後，史官追正其事，亦未知是否。此亦更煩子細詢考也。

金聲或洪或殺，清濁萬殊；玉聲清越和平，首尾如一。故樂之作也，八音克諧，雖若無所先後，然奏之以金，節之以玉，其序亦有不可紊者焉。蓋其奏之也，所以極其變也；其節之也，所以成其章也。變者雖殊，而所以成者未嘗不一；成者雖一，而所歷之變，洪纖清濁，亦無所不具於至一之中。聖人之知，精粗大小，無所不周；聖人之德，精粗大小，無所不備，其始卒相成蓋如此。此「金聲而玉振之」所以譬夫孔子之集大成，而非三子之所得與也。然即其全而論其偏，則纖而不能洪〔九〕、清而不能濁者，是其金聲之不備也。不能備乎金聲，而遽以玉振之，雖其所以振之者未嘗有異，然其所振一全一闕，則其玉之爲聲亦有所不能同矣。此與來喻大同小異，更請詳之，却以見告。

「仲尼焉學」，舊來説得太高。詳味文意，文武之道，只指先王之禮樂、刑政、教化、文章而已，故特言「文武」，而又以「未墜於地」言之。若論道體，則不容如此立言矣。但向來貪説箇高底意思，將此一句都瞞過了。李光祖雖亦曲爲之説，然費氣力，似不若四平放下意味深長也。但聖人所以能無不學、無不師而一以貫之，便是有箇生而知之底本領。不然，則便是近世博雜之學，而非所以爲孔子。故子貢之對雖若遜辭，然其推尊之意，亦不得而隱矣。

答林擇之

遊山之計，束裝借人，行有日矣。得伯恭書，却欲此來，遂復中輟。山水之興，雖未能忘，然杜門省事，未必不佳也。

潘丈之政，爲閩中第一，其愛民好士，近世誠少比，恨未識之耳。端叔向見欽夫稱之，恭叔昨在建寧得一見，匆匆不能款，然知其惑於世俗高妙之虚談矣。大抵好高欲速，學者之通患，而爲此説者，立論高而用功省，適有以投其隙，是以聞其説者欣然從之，唯恐不及，往往遺棄事物，略脱章句，而相與馳逐於虚曠冥漠之中，其實學禪之不至者，而自託於吾學，以少避其名耳。道學不明，變怪百出，以欺世眩俗，後生之有志者爲所引取，陷於邪妄而不自知，深可悼懼也。擇之既從其招致，要當有以開之，使決然無惑於彼，乃爲不負其相向之意。然擇之向來亦頗有好奇自是之弊，今更當虚心下意，向平實處加潛玩浸灌之功，不令小有自主張之意，則自益益人之功庶乎其兩進矣。

答林擇之

所示疑義，已略看。端叔、恭叔惠書，極感其意。但如此用功，鄙意不能無疑。要須把此事來做一平常事看，朴實頭做將去，久之自然見效，不必如此大驚小怪、起模畫樣也。且朋友相聚，逐日相見，晤語目擊，爲益已多，何必如此忉忉，動形紙筆，然後爲講學耶？如此，非惟勞擾無益，且是氣象不好，其流風之弊，將有不可勝言者。可試思之，非小故也。其間所論操存、涵養，苦要分別先後，已是無緊要，而元禮忽然生出一句「心有未嘗放者」，遂就此上生出無限枝葉。不知今苦苦理會得此一句，有甚緊切日用爲己功夫處耶？又如「可欲之善」，向來説得亦太高了，故端叔所論雖失之，而擇之亦未爲得也。擴之云已子細報去，此不復縷縷矣。卷尾二段却好，大抵説得是當，自然放下穩帖，無許多枝蔓齁陧處。且如二公所論「可欲之善」，是欲向甚處安頓也？

答林擇之

「不仁者不可以久處約、長處樂」，後説得之。蓋君子而不仁者有矣夫，未有小人而仁者也。此皆所謂不仁者，但所失亦有淺深久速之差耳。大抵聖人之言，雖渾然無所不包，而學者却要見得中間曲折也。

好仁者無以易其所好，則尚自尚也。惡不仁者不使加乎其身，則加自加也。若謂人不能加尚之，恐未遽有此意也。兼我方惡不仁於此，又安能必彼之不見加乎？用力於仁，又是次一等人，故曰「蓋有之矣」。若好仁、惡不仁之人，則地位儘高，直是難得。禮記「無欲而好仁、無畏而惡不仁者，天下一人而已」，正是此意。

曹交識致凡下，又有挾貴求安之意，故孟子拒之。然所以告之者，亦極親切，非終拒之也。使其因此明辨力行而自得之，則知孟子之發已也深矣，顧交必不能耳。

子思、泄柳之事，恐無空留行道之別，但謂穆公之留子思出於誠意，今客之來，非有王命耳。

程子有言：「志壹、氣壹，專一之意。若志專在淫僻，豈不動氣？氣專在喜怒，豈不動志？」當只依此說。來喻此一段皆好，但此兩句正倒說，却與本文下句不相應耳。

按喪服傳：出母之服，期，但爲父後者無服耳。子思此事不可曉，兼汙隆之説亦似無交涉，或記者之誤與？

易簀事，據曾子自言，則非不知者。蓋因季孫之賜而用，雖有所緣，然終是未能無失，但舉扶而易之，當下便冰消凍釋耳。

「文之不可無質，猶質之不可無文。若質而不文，則虎豹之鞟猶犬羊之鞟矣」。「鞟」須依舊説，細看來喻，却覺文義不通。

「天以誠命萬物，萬物以誠順天」，此語固有病，而所改云「天命萬物，萬物奉天，誠也」，亦枯槁費力。若曰「天之命物也以其誠，誠之在物也謂之天」，不知如何？

答林擇之

「誠之在物謂之天」，前書論之已詳。來書所説，依舊非本意。向爲此語，乃本「物與無妄」之意，言天命散在萬物，而各爲其物之天耳。意雖如此，然窮窘迫切，自覺殊非佳語也。

「觀過知仁」，只依伊川説，更以和靖説足之，聖人本意似不過如此。記曰：「仁者之過易辭也。」語曰：「苟志於仁矣，無惡也。」如此推之，亦可見矣。

子張所問子文、文子，只説得事，不見其心所以處此者的實如何，所以見他仁與不仁未得。伊川云：「若無喜愠，何以知其非仁乎？」如此理會，方見得聖門所説「仁」字直是親切。若如五峯之説，却説出去得更遠了，與「仁」字親切處轉無交涉矣。知言中説「仁」字多類此。

「切脈觀雞」之説，固佳。然方切脈觀雞之際，便有許多曲折，則一心二用，自相妨奪，非唯仁不可見，而脈之浮沉緩急，雞之形色意態，皆有所不暇觀矣。竊意此語但因切脈而見血氣之周流，因觀雞雛而見生意之呈露，故即此指以示人，如引醫家手足頑痺之語、舉周子不去庭草之事，皆此意爾。若如來諭，「觀雞」之説，文義猶或可通；至「切脈」之云，則文義決不如此。又所云「同一機」者，頗類無垢句法。

「孟敬子問疾」一章，但看二先生及尹和靖説，可見曾子之本意，而知上蔡之爲强説矣。蓋非惟功夫淺迫，至於文義亦説不去也。

盡心之説，謂「盡」字上更有工夫，恐亦未然。

答林擇之

喜怒哀樂，渾然在中，未感於物，未有倚著一偏之患，亦未有過與不及之差，故特以「中」名之，而又以爲天下之大本。程子所謂「中者，在中之義」，所謂「只喜怒哀樂不發，便是中」，所謂「中所以狀性之體段」，所謂「中者，性之德」，所謂「無倚著處」，皆謂此也。擇之謂「在中」之義是裏面底道理，看得極子細。然伊川先生又曰「中即道也」，又曰「不偏之謂中」，「道無不中，故以中形道」，此言又何謂也？蓋天命之性者，天理之全體也；率性之道者，人性之當然也。未發之中，以全體而言也；時中之中，以當然而言也。要皆指本體而言。若吕氏直以率性爲循性而行，則宜乎其以中爲道之所由出也，失之矣。

答林擇之

「何事於仁」，恐是「何止於仁」。但下兩句却須相連說。蓋博施濟衆，非但不止於仁，雖聖人猶以爲病，非謂仁者不能而聖者能之也。「民鮮久矣」，只合依經解說。但中庸「民鮮能久」，緣下文有「不能期月守」之說，故說者皆以爲「久於其道」之「久」。細考兩章，相去甚遠，自不相蒙，亦只合依論語說。蓋其下文正說道之不明不行，鮮能知味，正與伊川意合也。前寄三章，大概皆是，但語氣有未粹處耳。石兄向論「在中」之說甚精密，但疑盡己便是用，此則過之。大抵此盡己、推己皆是賢人之事，但以二者自相對待，便見體用之意。盡己是體上工夫，推己是用上工夫。若聖人之忠恕，則流行不息、萬物散殊而已，又何盡己、推己之云哉？師訓中一段極分明，正是此意，可更詳之。

答林擇之

答熙之仁說甚佳，其頗未盡處，熹答其書復詳言之。「仁著於用，用本於仁」，當時自不滿意，今欲改云「仁者，心體之全，其用隨事而見」。所舉伊川先生格物兩條，極親切。上蔡意固好，然却只是說見處。今且論涵養一節，疑古人直自小學中涵養成就，所以大學之道只從格物做起。今人從前無此工夫，但見大學以格物爲先，便欲只以思慮知識求之，更不於操存處用力，縱使窺測得十分，亦無實地可據。大抵「敬」字是徹上徹下之意，格物致知乃其間節次進步處耳。

答林擇之

所引「人生而靜」，不知如何看「靜」字？恐此亦指未感物而言耳。蓋當此之時，此心渾然，天理全具，所謂「中者狀性之體」，正於此見之。但中庸、樂記之言有疏密之異，中庸徹頭徹尾說個謹獨工夫，即所謂敬而無失平日涵養之意。樂記却直到好惡無節處，方說「不能反躬，天理滅矣」。殊不知未感物時，若無主宰，則亦不能安其靜，只此便自昏了天性，不待交物之引然後差也。蓋「中和」二字，皆道之體用，以人言之，則未發已發之謂。但不能慎獨，則雖事物未至，固已紛綸膠擾，無復未發之時。既無以致夫所謂中，而其發必乖，又無以致夫所謂和。惟其戒謹恐懼，不敢須臾離，然後中和可致而大本達道乃在我矣。此道也，二先生蓋屢言之。而龜山所謂「未發之際能體所謂中，已發之際能得所謂和」，此語爲近之，然未免有病。舊聞李先生論此最詳，後來所見不同，遂不復致思。今乃知其爲人深切，然恨已不能盡記其曲折矣。如云「人固有無所喜怒哀樂之時，然謂之未發，則不可言無主也」。又云「『致』字，如『致師』之『致』」。又如先言慎獨，然後及中和，此意亦嘗言之。但當時既不領略，後來又不深思，遂成蹉過，孤負此翁耳。云云。「致」與「位」字，非聖人不能言，只以此觀之，亦自可見。蓋包括無窮意義而言之，初不費力，此其所以難及耳。

答林擇之

古人只從幼子常視無誑以上，灑掃應對進退之間，便是做涵養底工夫了。此豈待先識端倪而後加涵養哉？但從此涵養中漸漸體出這端倪來，則一一便爲己物。又只如平常地涵養將去，自然純熟。今曰「即日所學，便當察此端倪而加涵養之功」，似非古人爲學之序也。又云「涵養則其本益明，進學則其智益固，表裏互相發也」，此語甚佳。但所引三傳語，自始學以至成德節次，隨處可用，不必以三語分先後也。蓋義理，人心之固有，苟得其養而無物欲之昏，則自然發見明著，不待别求。格物致知，亦因其明而明之爾。今乃謂「不先察識端倪，則涵養箇甚底」，不亦太急迫乎？

「敬」字通貫動静，但未發時則渾然是敬之體，非是知其未發，方下敬底工夫也。既發則隨事省察，而敬之用行焉，然非其體素立，則省察之功亦無自而施也，故敬義非兩截事。「必有事焉而勿正，心勿忘，勿助長」，則此心卓然，貫通動静，敬立義行，無適而非天理之正矣。

伊川論「中」、「直」、「靜」之字，謂之就常體形容是也。然「靜」字乃指未感本然言，蓋人生之初，未感於物，一性之真，湛然而已，豈非常體本然未嘗不靜乎？惟感於物，是以有動。然所感既息，則未有不復其常者。故熹常以爲靜者性之貞也，不審明者以爲如何？「主靜」二字，乃言聖人之事，蓋承上文「定之以中正仁義」而言，以明四者之中又自有賓主爾。觀此則學者用工固自有次序，須先有個立脚處，方可省察，就此進步。非謂靜處全不用力〔一〇〕，但須如此方可用得力爾。前此所論敬義，即此理也。

答林擇之

「精一」之説誠未盡。但擇之之説乃是論其已然，須見得下工夫底意思乃佳。伊川云：「惟精惟一，言專要精一之也。」如此方有用力處。如擇之之説，却不見「惟」字意思如何。前日「中和」之説，看得如何？但恐其間言語不能無病，其大體莫無可疑？數日來，玩味此意，日用間極覺得力，乃知日前所以若有若亡、不能得純熟，而氣象浮淺、易得動揺，其病皆在此。湖南諸友，其病亦似是如此。近看南軒文字，大抵都無前面一截工夫也。大抵心體通有無、該動靜，故工夫亦通有無、該動靜，方無透漏。若必待其發而後察，察而後存，則工夫之所不至多矣。惟涵養於未發之前，則其發處自然中節者多、不中節者少，體察之際，亦甚明審，易爲著力，與異時無本可據之説大不同矣。用此意看遺書，多有符合，讀之上下文極活絡分明，無凝滯處。亦曾如此看否？

答林擇之

「心有忿懥」之説，似亦無可疑。「心」字只是唤起下文「不得其正」字，非謂心有是四者也。遺書云：「易無思無爲也，此戒夫作爲也。」向來欲添「非」字，以今觀之，似不必然。此意蓋明聖人之所謂「無」，非漠然無所爲也，特未嘗作爲耳。只此便是天命流行，活潑潑地。此戒之者，非聖人之自戒，特以作爲爲不可耳。大抵立言欲寬舒平易。云云。

答林擇之

「戒夫作爲」，此對老子之無爲而言。既不爲老子之無爲，又非有所作爲，此便是天命流行、鳶飛魚躍之全體。「感而遂通天下之故」，未嘗離此。然體用自殊，不可不辨，但當識其所謂一源者耳。

答林擇之

「費而隱」一節，正是叩其兩端處。其實君臣父子、人倫日用無所不該，特舉夫婦而言，以見其尤切近處。而君子之道所以造端，其微乃至於此而莫能破也。但熟味上下文意，及「鳶飛魚躍，上下察之」意，即見得顯微巨細渾是此理，意義曉然也。

答林擇之

此中見有朋友數人，講學其間，亦難得朴實頭負荷得者。因思日前講論，只是口説，不曾實體於身，故在己在人都不得力。今方欲與朋友説日用之間常切點檢氣習偏處、意欲萌處，與平日所講相似與不相似，就此痛著工夫，庶幾有益。陸子壽兄弟近日議論，却肯向講學上理會。其門人有相訪者，氣象皆好。但其間亦有舊病。此間學者却是與渠相反，初謂只如此講學漸涵，自能入德，不謂末流之弊，只成説話，至於人倫日用最切近處，亦都不得毫毛氣力，此不可不深懲而痛警也。

答林擇之

近見莆中西銘解義，其胡公說莫是向來所說呂氏別本否？謂之胡說固非，然恐亦不是呂說。似初無甚發明，不知何人所作，而如此流行誤人。兼其後有數段言語，極可怪也。

答林擇之

敬夫寄得書論二先生事實中數段來，改正謬訛，所助頗多。但記二蘇排伊川處，只欲改正云「同朝之士有不相知者」，其說以爲二蘇之於先生，但道不同，不相知耳。不審賢者以爲如何？又欲削去常夷父、張茂則兩段，以爲決無此事。他議論亦尚多，不能一一及之。甚恨地遠，不得相與訂正也。

答林擇之

游尉能與師魯游，必有志者。因一見之，啓其要，未見他事。且令於百姓分上稍發些不可得身心，亦是一事也。

答林擇之

知言序如所論，尤有精神，又照管得前來貫穿，甚善甚善。寄得郴學、擴齋二記，其文亦此類，不知何故如此？不只是言語文字之病，試爲思之，如何？書中云常與右府書，云「願公主張正論，如太山之安；綢繆國事，無累卵之慮」，此語却極有味。大抵長於偶語韻語，往往嘗説得事情出也。湘江諸人，欲心不知果能便消否？第恐「野火燒不盡，春風吹又生」耳。渠如此易其言，正如廣仲説納交要譽易去一般。

答林擇之

酒誥已領，前日讀之不詳，但所疑悉如來示。然初亦不曾得致思，但覺礙人耳。

答林擇之

所諭聞人説性説命、説仁説學等語，自覺羞愧，此又矯枉過直之論。其下論注疏與諸老先生得失亦然。大抵近見擇之議論文字、詩篇及所以見於行事者，皆有迫切輕淺之意，不知其病安在？若如此書所論，則凡經典中説性命仁學處皆可删，而程、張諸公著述皆可焚矣。願深察之，此恐非小病也。

答林充之〔一一〕

所論陰陽動静之説，只以四方五行之位觀之，便可見矣。優柔平中，如充之所論得之。「中」字於動用上説，亦然。明道云「惟精惟一，所以至之；允執厥中，所以行之」，即此意也。然只云「於動用上説」，却覺未盡。不若云「於動用上該本體説」，如何？「喪事不敢不勉」，恐只是一句。程子亦有云「喪事人所不勉」，恐解中亦且欲成文，不免如此作句，未必以四字包上三字也〔一二〕。「不成章不達」，此通上下而言，所謂有節次者是也。伊川所引「充實光輝」，特舉一事以明之耳，非必以成章專爲此地位也。

答林充之

充之近讀何書？恐更當於日用之間爲仁之本者深加省察，而去其有害於此者爲佳。不然，誦説雖精而不踐其實，君子蓋深耻之。此固充之平日所講聞也。

校勘記

〔一〕答陳明仲　按此書與卷五六答趙履常書文字相同。
〔二〕竭力而進　「力」，原作「才」，據浙本改。
〔三〕然其本果安在乎　「然」下，浙本有「其實」二字。
〔四〕則亦未能真排佛也　「真排」原作「排真」，據正訛乙。
〔五〕此似未識鬼神之爲何物　「此似」原作「似此」，據閩本、浙本乙。
〔六〕敬夫又有書理會祭儀　「又」，原作「文」，據閩本、浙本改。
〔七〕而不敬其父母所生之身　「敬」，原作「知」，據浙本、知言改。
〔八〕後王之彌文　「王」，原作「工」，據浙本改。
〔九〕則纖而不能洪　「纖」、「洪」，浙本互乙。
〔一〇〕非謂靜處全不用力　「靜」上，浙本有「動」字。
〔一一〕答林充之　「充」，浙本作「擴」缺筆，避寧宗諱也。文中及下篇題、文均同。
〔一二〕未必以四字包上三字也　下「字」，正訛改作「句」。

晦庵先生朱文公文集卷第四十四

書 知舊門人問答

答蔡季通元定〔一〕

昨日上狀必已達，此人至，又辱書，三復感歎，不能自已。所謂一劍兩段者，改過之勇固當如此。改過貴勇，而防患貴怯，二者相須，然後真可以脩慝辨惑而成徙義崇德之功。不然，則向來竊聆悔過之言非不切至，而前日之書頓至於此，亦可驗矣。自今以往，設使真能一劍兩段，亦不可以此自恃，而平居無事常存祗畏警懼之心以防其源，則庶乎其可耳。

易説三條，昨亦思之，此上下文本自通貫，前此求其説而不得，故各自爲説而不能相通耳。洗心齋戒，特觀象玩辭、觀變玩占之大者，但方其退藏，而與民同患之用已具。及其應變，則又所以齋戒而神明其德，此則非聖人不能，與精義致用、利用崇德亦頗相類。此下所言闔闢往來，乃易之道。「易有太極」，則承上文而言，所以往來闔闢而無窮者，以其有是理耳。有是理則天地設位，而易行乎其中矣。兩而生四，四而生八，至於八則三變相因而三才可見，故聖人因之畫爲八卦，以形變易之妙而定吉凶，至此然後可以言書耳。前所謂「易有太極」者，恐未可以書言也。愚意如此，不審如何？

答蔡季通

人之有生，性與氣合而已。然即其已合而析言之，則性主於理而無形，氣主於形而有質。以其主理而無形，故公而無不善；以其主形而有質，故私而或不善。以其公而善也，故其發皆天理之所行；以其私而或不善也，故其發皆人欲之所作。此舜之戒禹所以有人心、道心之別，蓋自其根本而已然，非爲氣之所爲有過不及而後流於人欲也。然但謂之人心，則固未以爲悉皆邪惡；但謂之危，則固未以爲便致凶咎。但既不主於理而主於形，則其流爲邪惡以致凶咎，亦不難矣。此其所以爲危，非若道心之必善而無惡、有安而無傾、有準的而可憑據也。故必其致精一於此兩者之間，使公而無不善者常爲一身萬事之主，而私而或不善者不得與焉，則凡所云爲不待擇於過與不及之間而自然無不中矣。凡物剖判之初，且當論其善不善；二者既分之後，方可論其中不中。「惟精惟一」，所以審其善不善也。「允執厥中」，則無過不及而自得中矣，非精一以求中也。

此舜戒禹之本意，而序文述之，固未嘗直以形氣之發盡爲不善，而不容其有清明純粹之時，如來諭之所疑也。但此所謂清明純粹者，既屬乎形氣之偶然，則亦但能不隔乎理而助其發揮耳，不可便認以爲道心，而欲據之以爲精一之地也。如孟子雖言夜氣，而其所欲存者乃在乎仁義之心，非直以此夜氣爲主也；雖言養氣，而其所用力乃在乎集義，非直就此氣中擇其無過不及者而養之也。來諭主張「氣」字太過，故於此有不察。其他如分別中氣過不及處，亦覺有差，但既無與乎道心之微，故有所不暇辨耳。

答蔡季通

所喻「以禮爲先」之説，又似「識造化」之云，不免倚於一物，未是親切工夫耳。大抵濂溪先生説得的當，通書中數數拈出「幾」字，要當如此，瞥地即自然有箇省力處，無規矩中却有規矩，未造化時已有造化。然後本隱之顯，推見至隱，無處不吻合也。

答蔡季通

「觀過」説猶未安。前日二生所寫，告爲收毁。仍試别加思索，只於欽夫舊説中去得昨來所攻之病，便自妥帖簡當也。國寶程書告早爲校正示及。書堂誠欲速就，然當使伯夷築之乃佳耳。

小兒輩又煩收教，尤劇愧荷，但放逸之久，告痛加繩約爲幸。所示孟子數説，未及細觀，略看大意，皆好，但恐微細有所未盡耳。所與子直書，論大本處甚佳，雖云凡聖本同，亦有明與不明之異。昨見子直説及，正疑其太儱侗，今得此書，乃釋然耳。

通鑑東漢已後却未用得，然昨日略看，更有一例，如人主稱「上」，稱「車駕行幸」，皆臣子之詞；「我師」、「我行人」之屬，皆内詞，皆非所宜施於異代。此類更須别考也。但無道之君，無故而入諸臣之家，無詞以書，只當書「幸」，以見其出於私恩耳。餘卷想看了，若行李暫出，告并所編例示及。所欲改處，望子細開諭也。

環中圖已見之，初意書中别有密傳耳。樂圖曾理會否？此便是七均八十四調之法，變當是變徵，閏當是變宫耳。疑大樂亦只是如此推校，但律之高下未有凖則。王朴之樂，想亦只是得此法，而不得律之高下。所云黄鍾之管，與今黄鍾之聲相因，因而推之，得十二律，乃是只以當時見存之律爲準，如此安能得其真耶？故歐公云：「凡其所爲，當時莫敢難者，然亦莫能加也。」似亦以此等爲疑耳。向所托校歸藏，告示及，晁以道易説亦望借及。此書近細讀之，恐程傳得之已多，但不合全説作義理，不就卜筮上看，故其説有無頓著處耳。今但作卜筮看，而以其説推之，道理自不可易。但其間有不須得如此説處，剩著道理耳，正如詩之興者，舊説常剩却一半道理也。

答蔡季通

還家半月，節中哀痛不自勝。兩兒久欲遣去，因循至今，今熹亦欲過寒泉矣，謹令詣左右。告便令入學，勿令游嬉廢業爲幸〔二〕。大兒不免令讀時文〔三〕，然觀近年一種淺切文字殊不佳，須尋得數十年前文字寬舒有議論者與看爲佳。雖不入時，無可奈何。要之，將來若能入場屋，得失又須有命，決不專在趨時也。向借得子勉舊本書義，皆今人所不讀者，其間儘有佳作。又記向年曾略看論粹前後集，其間亦多好論，然當時猶以爲俚俗而不觀，安知今日乃作此曲拍乎？可歎！此兒讀左傳向畢，經書要處更令温繹爲佳。如禮記，令揀篇讀。韓、歐、曾、蘇之文滂沛明白者，揀數十篇，令寫出，反復成誦尤善。莊、荀之屬皆未讀，可更與兼善斟酌，度其緩急而授之也。此兒作文更無向背往來之勢，自首至尾，一樣數段，更看不得，可怪，望與鐫之。小者尤難說，然只作小詩無益，更量其材而誘之爲幸。近來覺得稍勝往年，不知竟能少進否，可慮。錢物已令擕去一千足，米俟到后山遺致。或彼價廉，即寄錢去，煩爲糴也。

數日在家，看得孟子兩篇。今日讀滕文公篇，觀其答景春之問，直是痛快。三復令人胸中浩然，如濯江漢而暴秋陽也。胡文定一書答朱子發舉南泉新猫話者，集中有之否？看此等處，直是好著眼目也。

所論始終條理甚精密矣，引康節志文尤當。兒寬未必是引孟子，恐是古來樂家自有此語而因用之耳。蓋前漢人多不甚說孟子也。此亦無緊要，但前日說中亦不曾如此說，又其文太冗，須更刊定趨約乃佳耳。持養之功，想日有味，要之以久，則克伐怨欲之私自當退聽矣。欽夫、伯恭、晦叔得書，納去一觀，却付此便回。欽夫書，勿以示人也。伯恭竟未脱然，前日答書，不免又極論「持養欽莊」，實有愧於其語，然不敢私其身之意，當有能識之者。所答書，無暇寫去，大概是此意，可見也。擇之亦得書，中有數條，今再以往。數書之說，得暇試爲一一論之，相見日面講也。伯諫前日過宿其家，來書示之，渠甚歎服精進。但公濟孤立，甚可念，恨無力能挽回耳。

道間思「久假」之說，欲下語云：「五伯假之而至於功施當時、名顯後世，則是久假而不歸矣，人亦安能知其本非真有哉？孟子之言，蓋疾矯僞之亂真，傷時人之易惑，而非與五伯之辭也。」煩爲呈似元禮、可大二兄商量看如何？今日因思此義，偶得一法，大抵思索義理到紛亂窒塞處，須是一切掃去，放教胸中空蕩蕩地了却，舉起一看，便自覺得有下落處。此説向見李先生曾説來，今日方真實驗得如此，非虛語也。

綱目數日曾看得否？高紀中數詔極佳，如立口賦法及求賢詔，皆合入。更煩推此類添入。有看了册，旋付此童來，幸甚。易學辨惑及邵氏辨誣暫借，皆可付此人便，欲用也。

別又旬日，已劇馳情。奉告，承即日秋暑，侍履吉慶，壽堂眷集，一一佳勝，爲慰。前日之歎，蓋見近日朋友談説紛然而躬行不力，以至言談舉止之間，猶未有以異於衆人，是以憂之。承問之及，豈亦致疑於此耶？古易納上，坊中更有王日休所刊，求之未獲，可訪問考訂，孰爲得失也。鄙意與伯諫深欲季通一來，稍霽，便望命駕，有合商量事甚多，非書札所能辨也。通鑑簽貼甚精密，乍到此，未暇子細，并俟相見面論。撥冗作書，遣此人歸，不及詳悉，千萬早來爲佳。

兼善遠訪，無以堪其意，愧愓不自勝。然捐其舊學之非，非季通深排痛抵之力，亦不能辦，朋友正當如此。衰懶不振，負愧多矣。渠不肯少留，未及子細，亦恨賢者不在此共評訂耳。熹向所論「中和」等説，近細思之，病敗不少。理固未易窮，然昏憒如此，殊可懼，安得即面言之？佇俟來音，旦夕別遣人奉候。

啓蒙近又推得初揲之餘不五則九，其數皆奇，而其爲數之實，五三而九一之，應圍三徑一之數。第二、三揲之餘不四則八，其數皆偶，而其爲數之實，四八皆二，亦應圍四用半之數。是三揲之次，亦已自有奇偶之分。若第二、三揲不掛，則不復有此差別矣。如何？

星經紫垣固所當先，太微、天市乃在二十八舍之中，若列於前，不知如何指其所在？恐當云在紫垣之旁，某星至某星之外，起某宿幾度，盡某宿幾度。又記其帝坐處，須云在某宿幾度，距紫垣幾度、赤道幾度，距垣四面各幾度，與垣外某星相直。及記其昏見及昏旦夜半當中之月〔四〕。其垣四面之星，亦須注與垣外某星相直，乃可易曉。不知盛意如何也？參同二册、鍾乳一兩納上。考異熹安能決其是非？但恐文義音讀間有可商量處耳。

鐘律之篇，大概原於盛編，而其先後不同。蓋但用古書本語或注疏，而以己意附其下方，甚簡約而極周盡，學樂者一覽可得梗概。其他推説之泛濫、旁證之異同，不盡載也。當俟歸日面呈，決求訂正耳。星經可付三哥畢其事否？甚願早見之也。近校得步天歌，頗不錯，其説雖淺而詞甚俚，然亦初學之階梯也。但恨難得人説話，非惟不能有助，亦自不曉人意，令人鬱鬱無分付處。想亦不能無此歎也。

答蔡季通

人還，承書爲慰，又承示及行日卦爻之説，尤荷留念。即此春暖，共惟尊履萬福。所苦比復如何？須鹿茸納去，視至。通鑑本末并注、綱目提要第九、第十册以是未定，不曾寫。此物甚難作，書法固不可不本春秋，然又全用春秋不得。舊有例一册，不知曾并送去了？洪範新説，恨未得聞，俟面見以請。算工俟爲尋訪，然亦須立一格目，要得甚樣人始得？如州縣攢司儘有能算者，但恐不能算曆耳。

人還，承書，知已還舍爲慰。易圖甚精〔五〕，但發例中不能盡述，當略提破而籍圖以傳耳。陳法大略亦可見，當如近日所説，但未能洞曉其曲折耳。樂圖煩更問子本〔六〕，此只有十二樣，而調名之多〔七〕，何耶？琴説亦告尋便示及，千萬！

登山失事，久知如此，雖遂事不諫，亦可斟酌，簡其功程也。二譜已領，昨日過元善，聽其弦歌二南、七月，頗可聽，但恐嚇走孔夫子耳。磬制乃賢者立論之失，豈可推范蜀公？蜀公若道「季通許多説著處都不推我，只這一事錯了，便相執㘈」，則將何詞以對耶？如此護前，恐爲心術之害，不但一事之失也。

通書注脩改甚精。元來「誠幾德」便是太極二五，此老些子活計盡在裏許也。前後知他讀了幾過，都不曾見此意思。於此益知讀書之難也。近得林黄中書，大駡康節數學、横渠西銘，袁機仲亦來攻邵氏甚急，可笑。嘗記共甫説往時有亡大夫坐乞毁通鑑板被責，發來復官，詞臣草其制，有一聯云：「出幽谷而遷喬木，朕姑示於寬恩；以鳲鶚而笑鳳凰〔八〕，爾無沈於迷識。」此輩今亦可并按也。一笑。

前日七、八、九、六之説，於意云何？近細推之，乃自河圖而來。即老兄所謂洛書者。欲於啓蒙之首增此一篇，并列河圖、洛書，以發其端。而揲蓍法中，只自大衍以下，又分變卦圖别爲一篇。此卦以後雖不畫卦，亦列卦名，庶幾易檢。幸爲録示也。

河、洛辨説甚詳，然皆在夫子作傳之後，其間極有不足據以爲説者。鄙意但覺九宫之圖意義精約，故疑其先出。而八卦、十數、九疇、五行各出一圖，自不相妨。故有虚中爲易、實中爲範之説，自謂頗得其旨。今詳所論，亦是一説，更俟面論。然恐卒未有定論，不若兩存以俟後人之爲愈也。歸奇多寡不同，向時嘗辱見示，無可疑者，似合附入圖中。今却附還，幸便寫入四象之後也。律吕新書并往。

題辭協律，恨未得聞，且愧其詞義之不稱也。祭禮只是於温公儀内少增損之，正欲商訂，須俟開春稍暇，乃可爲也。程氏冬至、立春二祭，昔嘗爲之，或者頗以僭上爲疑，亦不爲無理。亦并俟詳議也。

作肅所求，熹與其人本不相熟，今才一見耳，固不容便作書。亦見近日朋友憂道不如憂貧之切，心甚愧恐。平日所講果爲何事？而一旦小利害，便打不過，欲望其守死善道難矣！

答蔡季通

至臨江，忽被改除之命，超越非常，不敢當也。始者猶欲且歸里中，俟辭召命予決。今既如此，又得朝士書，皆云召旨乃出上意親批，且屢問及，不可不來。又云主上虛心好學，增置講員，廣立程課，深有願治之意。果如此，實國家萬萬無疆之休，義不可不一往。遂自臨川改轅趨信上，以俟辭免之報。但嶽麓事，前書奉報，乃廷老所定，後兩日，彦忠到，却説合在風雩右手僧寺菜畦之中，背負亭脚，面對筆架山，面前便有，右邊横按掩抱，左邊坂亦拱揖，勢似差勝。但地盤直淺而横闊，恐須作排廳堂乃可容耳。已屬廷老更畫圖來，納去求正，而未至。更俟其來，當别遣人。但代者乃毁道學之人，未知其能不敗此否耳。熹老矣，方學做官，甚可笑。朝從奔走，皆非所堪。但叨冒過分，上恩深厚，未敢言去耳。經筵陳説，不敢不盡區區。上意亦頗相嚮，但未蒙下問反復，未得傾竭鄙懷耳。君舉在上前陳説極詳緩勤懇，其所長自不可及。區區實敬愛之，非但如來教所云也。通理宗教之命已行，前日亦已歸矣。渠年少家温，所欠者腹中書耳。得闕遠官，閑更讀數年書，未必不爲福也，何必汲汲於此乎？公濟不長進，只管來討書。若有相識，自不須説，若無，如何寫得？不知他許多禪寄放甚處？臨此等小小利害，便如此手足皆露也。不知今已行未？如未行，煩致意，不成臘月三十日亦問人討書去見閻家老子也！諸公已各爲致意，但黄文叔已逝去，熹來亦不及見之。此非獨吾黨惜之，亦爲宗社惜也。

今日進講，恭聞玉音，以爲太上心氣漸寧，但尚苦健忘，發引之前，必得相見。此亦是一大事，幸甚幸甚，恐欲知之也。不知何時可赴三衢之約？能乘興東下爲數日款，幸甚。樓、陳諸公，亦數奉問也。

脩曆事若下，須更商量。蓋但測驗，即人皆可爲；或須改造，則恐不免一出，亦非今日一時事也。史遷不可謂不知孔子，然亦知孔子之粗耳。歷代世變，即六國表序，是其極致，乃是俗人之論。知孔子者，固如是耶？正朔服色，乃當時論者所共言，如賈生、公孫臣、新垣平之徒皆言之，豈獨遷也？此等處，自是渠輩眼目低，故見得高了，亦可笑耳。祭法須以宗法參之，古人所謂始祖，亦但謂始爵及别子耳。非如程氏所祭之遠，上僭則過於禘，下僭則奪其宗之爲未安也。

曆事不知後來有何施行？若如其説，不知可爲一行否？祭法世數，明有等差，未易遽改。古人非不知祖不可忘，而立法如此，恐亦自有精意也。史記不知渠説好處是如何好，必須曾舉一二尤緊切處。若只如曹器遠輩所説，則亦不足言也。

答蔡季通癸丑三月二十一日

中間到宅上，聞是日得子，深爲贊喜。衰鈍之蹤，素不利市，自年三十餘時，每到人家，輒令人生女，如是凡五七處。今年乃值慶門得男，則又似漸有傾否亨屯之象，既以奉慶，又竊自賀，但恨其已晚耳。夏口、武昌一帶形勢既聞命矣，涉重湖，窺衡湘，歷襄漢，下吳會，方羊而歸，所得當益富。屈指計歸程，冀得傾竦以聽劇談也。律準前日一哥來此，已刻字調絃而去。但中絃須得律管然後可定，然則此器亦是樂家第二義也。閣記固難遽辦，又適此數日脚氣雖輕而未愈，今旦右臂下自爪掌以上，連肩背，無處不痛，寒熱大作，其勢非更數日，卒未能定。不知許教既滿，彼中代者爲誰？或同官中别有可託以竟此事者爲誰？亦已作書報之。及與元善説，俟此間病愈，一面捻合成，當尋的便寄薛卿處與之，當無不達也。今年病雖不重，而氣體極衰，至於昨日，遂至無力説話。朋友遠來相守，又不欲甚孤其意，勉强應接，常慮相見之日不復更能長久。季通倦游，亦望早歸，相與切磋，以盡餘年，寔所願望。

啓蒙脩了未？早欲得之。通書、皇極例等説，不知已下手否？如未，幸早爲之。乍歸窘甚，釁無欲清之人〔九〕，只欲得賢者一來，會語數日爲幸。切不必多與人同，虚費又難語也，可以他意却之，不必露此，千萬千萬。

所苦且喜向安，亦宜更加將護也。許見訪，甚幸。但亦自欲一到寒泉，未能預定日子，恐或塗中相失也。此行見上，褒予甚至，言雖狂妄，亦無忤色，意謂可以少效尺寸，而事之不可料者，乃發於先天、訂頑之間，是可笑也。已專人自劾，及盡還江右迓兵矣。此等小小怪謬議論如蝟毛而起，更不可開口，奈何？始者信書太過而閲人不廣，不謂萬物之靈者乃如此不靈也，奈何？更五七日當有後命，未知如何也？元善説欲下州郡月致筆札之費，然此事亦當審處，恐此事面生，後或有悔也。

伯諫來此已兩三日，初欲來日歸，因與商量，約左右一來相聚。今專遣此人相挽，渠亦遣人歸戒徒御，少緩一兩日來矣。千萬即命駕。其所論極不爭多，孤城悉拔，合軍并力，一鼓可克也。

中間報去，欲改文王八卦邵子説「應天時、應地方」説下注脚，今覆檢之，不得其説，恐前説有誤，却錯改却印本。煩令一哥檢出録示，幸甚。細詳此圖，若以卦畫言之，則震以一陽居下，兑以一陰居上而相對；坎以一陽居中，離以一陰居中，故相對；巽以一陰居下，艮以一陽居上，故相對；乾純陽，坤純陰，故相對。此亦是一說。但不知何故四隅之卦却如此相對耳，此圖是説不得也。聞有在陳之厄，不能有以相周，爲之歎息而已。律説少有礙處，便不可筆之於書，此意甚善。不惟此一事而已，它事亦何莫不然也？但員徑亦須更子細，如引漢志，由此之義起十二律之周徑，恐未免有牽强處也。嘉量積黍數之前[一〇]，合定方深圜徑之數以相參驗。證辨首章可早脩定，寄來商量。此處無頭，難下語也。四象之數，前日間推，只自三畫未成之時已具此數。蓋太陽居一而含九，少陰居二而含八，少陽居三而含七，太陰居四而含六，不待揲蓍而後有也。揲蓍歸奇之數，乃是揍着此數；過揲之數，又是揍着歸奇之數耳。近見論者專以過揲之數斷七、八、九、六之説，至於歸奇之數，尚不能明，況能及此乎？嘗爲之説曰：「四象之畫，六、七、八、九之祖也；四象之次，六、七、八、九之父也。歸奇者，其子也；過揲者，其孫也。」此論似不可易。又曰：「象之次，自十倒數，畫六而得太陰之四。以上皆然。又屈五指而計之，一與九同，二與八同，三與七同，四與六同。」此亦自然不言之妙，直是可笑，不由人安排也。不知明者以爲如何？啓蒙所疑，當得面扣，然得先批示大略尤佳。歸奇已具卦象，固平日所常論，但亦其中一小支節耳。蓋其多寡不均，無所發明於蓍卦之説，正自不足深論也，如何如何？律説幸早改定，過彼即借看。或能相伴入城，途中得款曲商訂，尤幸也。

中庸序云「若吾夫子，則雖不得其位」，昨看此間寫本脱一「吾」字，煩一哥爲看，如少，即添之。此雖不繫義理，然亦覺少不得也。「費隱」之説，今日終日安排，終不能定。蓋察乎天地，終是説做「隱」字不得，百種計較，更説不來。且是所説「不知」、「不能」、「有憾」等句，虚無恍惚，如捕風繫影，聖人平日之言，恐無是也。與「未之或知」、「不可能也」不同。不審看得如何？幸詳以見喻也。

「仁義」之説，固如來喻，但於説卦六畫中安排，則仁剛義柔，不可易矣。仁柔義剛，又別是一説，不相參雜也。程先生謂「天地間無截然爲陰爲陽之理，然其升降生殺之大分不可無也」，正是此意。而袁於此等處都瞢然不曉，所以難説話也。脩身、齊家，固當警省，至於有無之慮，姑直任之，不必切切介意。若此等處更放不下，即脩行轉無力矣。區區於此可憂者大於老兄，然亦只得隨事驅遣，瞑目之後，一切任之，亦不復屬自己界分矣。中庸、詩傳，幸速脩改示及。中庸更有數處，今并録呈，幸即付之也。

西山之約，一何拒客之深耶？俟武夷歸，別當奉扣。然臨風引領，似已聞采薇之歌矣。歸來又得伯恭書，云：「學者須是專心致志，絶利一源，凝聚渟滀，方始收拾得上。」此論甚當，不敢不以告也。吳曾文字已領，亦甚不易。但無斁三篇，似不甚條暢耳。數日臨睡讀史記一兩卷，沈着痛快，真不可及。不知永嘉諸人尊信此書，而道得言語却不相似，是何故也？豈善學柳下惠者固如是耶？元吉尚未行，何耶？渠來此未嘗不忠告之，但渠自不耐煩而憒然訣去，豈長者之絶予乎？季通似亦不須枉費心力。宋元憲公牢籠之事，吾所不能，而聖人亦已固有顯比之訓矣。若必人人贈言以悦之，豈不勞哉！公濟、伯諫得書否〔一一〕？某歸塗過伯諫，見收公濟書，大段手忙脚亂也。大學「誠意」之説，已再觀之，果如所論。想他書似此處多，須一一整頓也。明道遺文，納去一本。

答蔡季通

律書中有欲改更，别紙奉呈，不審如此是否？幸早報及也。易中七、八、九、六之數，向來只從揲蓍處推起，雖亦吻合，然終覺曲折太多，不甚簡易，疑非所以得數之原。近因間看四象次第，偶得其説，極爲徑捷，不審亦嘗如此推尋否？亦幸語及。

本原第一章圜徑之説，殊不分明，此是最大節目，不可草草。候氣章恐合移在第四、五間，蓋律之分寸既定，便當埋管候氣，以驗其應否。至於播之五聲，二變而爲六十調者，乃其餘耳。況審度、嘉量、謹權，尤不當在候氣之前也。但候氣章已有黄鍾之變半分數，而前章未有明文，恐合於正律、分寸章後别立一章，具載六變律及正半、變半聲律之長短分寸，乃爲完備耳。後段論説有發明此章指者，并移附入。

審度章云云，「生於黄鍾之長」下，當改云「以子穀秬黍中者九十枚度之，一爲一分，凡黍實於管中，則十三枚而滿一重，積九十重則千二百枚而滿其龠矣。故此九十枚之數，與下章千二百枚之數〔一二〕，其實一也。十分爲寸」云云。

嘉量章龠、合、升、斗、斛，皆當實計廣狹分寸。

證辨第一章，「今欲求聲氣之中」下，當改云「而莫適爲準則，莫若且多截竹以擬黄鍾之管，或極其短，或極其長。長短之内，每差一分而爲一管，皆即以其長權爲九寸而度其圍徑，如黄鍾之法焉。如是，則更迭以吹」云云。

司馬貞九分爲寸之説，本原既不載，恐合於證辨中立爲一條，以證前篇之説。

諸尺是非，後來考得如何？已改定，幸并録示。

答蔡季通

前日埜行，已拜狀，不審即日行次何許？每念遠别，不勝惆悵。至於讀書玩理，欲講而無從，又不但常人離别之思也。云云。熹連日讀參同，頗有趣，知「千周萬遍」非虚言也。但恨前此不得面扣耳。向見爲抄一册卦氣消息者，不知了未？幸語一哥，取以見予也。又讀握機後語「何也」數條，尤奇。昔蓋未有此體，亦恨不得究其説耳。平日相聚，未知其樂，别後乃覺闕事，可歎可歎。

答蔡季通

别後得到豐城及宜春書〔一三〕，知途中諸況，足以爲慰。但至今尚未聞到春陵，復深以爲懸念。每至讀書講學無可咨扣、無可告語，尤覺仰德之深也。比日恭惟尊候萬福，三哥子陵一一安佳。此亦時得一哥書，八哥前日入城，亦過此。熹足病前日幾作，今又小定，未知竟如何。但精神日耗，血氣日衰，舊學荒蕪，有退無進，恐遂没没無聞而死耳。樂書非敢忘之，但方此齚舌，豈敢更妄作耶？此書決然泯没不得，近看他人所説，更無堪入耳者，不知老兄平日與元善相處，曾説到子細處否？但恐子期不曾聽得，便只似不曾説也。近因諸人論琴，就一哥借得所畫圖子，適合鄙意。乃知朝瑞只説得黄鍾一均内最上一弦，而遽以論琴之全體，宜乎膠固偏執而無所合也。學不欲陋，豈不信然！偶有邵州便，託彦中附此，亦令過一哥處取安問矣。政遠，千萬爲道自愛。

答蔡季通

云云。琴説向寄去者尚有説不透處，今别改定一條録呈，比舊似差明白，不審盛意以爲如何？琴固每絃各有五聲，然亦有一絃自有爲一聲之法，故沈存中之説未可盡以爲不然。大抵世間萬事，其間義理精妙無窮，皆未易以一言斷其始終。須看得玲瓏透脱，不相妨礙，方是物格之驗也。衆至之患，賢者所未免，乃以散遣諸生見教，何耶？此亦任其去來，若有患難，雖杜門齰舌，亦未必可免也。

答蔡季通

琴中旋宫一事，正爲初絃有緊慢，而衆絃隨之耳。若一定而不可移，則旋宫之法何所施耶？但恐午未以後聲太高急而小絃斷絶，故疑所謂五降者，乃謂蕤賓以下不可爲宫耳。此説固未必然，然與今所謂一定而不可易、古所謂隨十二月爲宫者，似得中制。試更推之如何？復以見教也。參同之説，子細推尋，見得一息之間便有晦朔弦望：上弦者，氣之方息，自上而下也；下弦者，氣之方消，自下而上也；望者，氣之盈也，日沈于下而月圓于上也。晦朔之間者，日月之合乎上，所謂「舉水以滅火、金來歸性初」之類是也。眼中見得了了如此，但無下手處耳。自從别後，此等事更無商量處，劇令人憒憒。今此病中，又百事不敢思量，未知異時賢者之歸，得復相見論此否耳。

答蔡季通

熹自開正即病，至今未平。今日方能把筆作書，足猶未能平步也。氣血日衰，前去光景想亦不多。病中塊坐，又未能息心休養，才方繙動册子，便覺前人闊略病敗〔一四〕，欲以告人而無可告者，又不免輒起著述之念，亦是閑中一大魔障，欲力去之而未能。以此極思向來承晤之樂，未知此生能復相從如往時否耳。知看語、孟有味，深慰所願，已許誨示，幸早寄及也。前書奉扣琴譜旋宮之法，不知考得果如何？若初弦一定，不復更可緊慢，恐無是理也。

答方伯謨士繇

隨時變易以從道，主卦爻而言，然天理人事皆在其中。今且以乾卦「潛」、「見」、「飛」、「躍」觀之，其流行而至此者易也，其定理之當然者道也。故明道亦曰「其體則謂之易，其理則謂之道」，而伊川又謂「變易而後合道，易字與道字不相似也」。又云「人隨時變易爲何？爲從道也」。此皆可以見其意矣。易中無一卦一爻不具此理，所以沿流而可以求其源也。「會」以理之所聚而言，「通」以事之所宜而言，其實一也。

「或躍在淵」，九四中不在人，則其進而至乎九五之位亦無嫌矣。但君子本非有此心，故云「或躍」，而文言又以「非爲邪也」等語釋之。

九、六之説，楊遵道録中一段發明傳意與來喻不同，然亦未曉其説。嘗謂五行成數，去其地十之土而不用，則七、八、九、六而已。陽奇陰耦，故七、九爲陽，六、八爲陰。陽進陰退，故九、六爲老，七、八爲少。然陽極於九，則退八而爲陰；陰極於六，則進七而爲陽。一進一退，循環無端，此揲蓍之法所以用九、六而不用七、八，蓋取其變也。只以此説推之，似無窒礙，龜山所謂「參之爲九，兩之爲六」，乃康節以三爲真數，故以三、兩乘之而得九、六之數，今以一三五爲九、二四爲六，則乃是積數，非參之、兩之之謂。且若此而爲九、六，則所謂七、八者，又何自而來乎？ 疑亦未安。

「大明終始」，傳意自明。其曰明曰見曰當，非人而何？ 更看楊遵道録中一段，則尤分明矣。天人一理，人之動乃天之運也。然以私意而動，則人而不天矣。惟其「潛」、「見」、「飛」、「躍」各得其時，則是以人當天也。然不言「當天」而言「御天」，以見遲速進退之在我爾。雖云在我，然心理合一，初無二體，但主心而言爾。

元者用之端，而亨、利、貞之理具焉。至於爲亨爲利爲貞，則亦元之爲爾，此元之所以包四德也。若分而言之，則元、亨誠之通，利、貞誠之復，其體用固有在矣，恐亦不得如龜山之説也。以用言則元爲主，以體言則貞爲主。彖詞乃卜筮詞。釋彖，則夫子推其理以釋之也。以「安貞之吉，應地無疆」爲卜筮之詞，恐記之誤也。

答方伯謨

夫子夢寐周公，正是聖人至誠不息處。然時止時行，無所凝滯，亦未嘗不灑落也。故及其衰，則不復夢，亦可見矣。若是合做底事，則豈容有所忽忘耶？以忘物爲高，乃老莊之偏説，上蔡所論曾點事似好，然其説之流，恐不免有此弊也。

「志於道」，「志」字如有向望求索之意，大學「格物致知」即其事也。

衞輒事，龜山以爲有靈公之命，左傳、史記皆無此説。冉有、子貢之疑，只以嫡孫承重之常法言之，似有可以得國之理耳。謂夷齊不當去，此説深所未曉，且當闕之。

「不義而富且貴」，所謂富貴，非指天位天職而言，但言勢位奉養之盛耳。此等物，若以義而得，則聖人隨其所遇，若固有之，無鄙厭之心焉。但以不義而得，則不以易吾飯疏飲水之樂耳。

「富而可求」，以文義推之，當從謝、楊之説。東坡説亦是此意，似更分明。蓋上句是假設之詞，下句方是正意。下句説「從吾所好」，便見上句「執鞭」之事非所好矣。更味「而」字、「雖」字、「亦」字，可見文勢重處在下句也。

答方伯謨

「正所以立」，近之；「全」字不穩當，俟更思之。

齊王見牛兩段，當未發見時，便合涵養。惟其平日有涵養之功，是以發見著明而擴充遠大也。若必俟其發見然後保夫未發之理，則是未發之時漠然忘之，及其發然後助之長也。

泄柳、申詳，向聞李先生説正如是〔一五〕，林説恐非。

「天之生物，使之一本」，前説是。

「王驩」之説亦是。

「周公之過」，只依舊説。

孟子言「昔者所進，今日不知其亡」，故王問「何以識其不才而舍之」。而孟子告以「進賢如不得已」。蓋於進退之間無所不審，非但使之致察於去人、殺人也。

明道先生言：「性即氣，氣即性，生之謂也。」又云：「論性不論氣，不備；論氣不論性，不明。二之便不是。」大抵本然之性與氣質之性，亦非判然兩物也。前日之説，只是論性雖有五，然却亦不離乎一，未有磨瑩澄治之意也。

仁、覺兩段互有得失，然論愈精微，言愈易差，不若只遵伊川先生之説，以「公」字思量而從事乎克復之實，久當自有見也。

正固便是事之榦，故傳曰「亨貞之體，各稱其事」，明其義與乾坤不殊，但各主於其事而言耳。

觀六三，傳但以爲未至失道而求不失道耳，非直以爲不失道也。

鬼神功用之説，得之。李説不可曉，不知如何自有一種意，亦不解其文義也。

揲法，陽爻皆用九而不用七，故於純陽之卦發此凡例。凡揲而六爻皆九者，則以此辭占之。「見羣龍」，謂值此六爻皆九也；「無首」，謂陽變而陰也。剛而能柔，故吉。而聖人因之以發明剛而不過爲用剛之道也。左傳蔡墨云：「在乾之坤，曰見羣龍無首，吉。」杜注亦如此説。

「知至至之，知終終之」，舊來所説未是。遺書「『知至至之』主知，『知終終之』主終」，蓋上句則以「知至」爲重而「至之」二字爲輕，下句則以「知終」爲輕而「終之」二字爲重也。「存義」，言其有以存是理而不失，非有取乎不過之義也。

「碩果不食」，只不食便有復生之意，不必云推廣而言也。

答方伯謨

昨承致書，久無便可報，但每朋友講論，未嘗不奉懷耳。文字煩抄録爲愧，比復有更定一二，且未可出以示人也。所論數條，足見思索之深，甚副所望。「正所以守」，「守」字誠未安，但此字難下，不知曾爲思之否？因來及之，得以反復也。所論聖賢立言之意，亦中淺陋之失。蓋當時欲矯其顧慮遲疑之弊，不自覺其過而生病耳。頃嘗語伯恭，此是吾二人氣質之偏，當各加矯革，古人韋弦之戒，殆正爲此設也。所論陰陽、男女之説，則未然。天地之間，陰陽而已。以人分之，則男女也；以事言之，則善惡也。何適而不得其類哉？「中正仁義」，如「君子時中」，「順受其正」，「仁者愛人」，「義以爲質」之類，皆周子之意。他處有不同者，各隨所主而言，初不相妨。如子貢以學不厭爲智、教不倦爲仁，而中庸則以成己爲仁、成物爲智，此類亦可推矣。甚思晤語，秋前想未能來，有便時寄所疑爲望。

答方伯謨

熹自春涉夏多病多故，奔走出入，不得少休，近屏杯杓，病才少愈。惟是事端無窮，未有寧息之期，又迫朝命有「託故稽留，令憲府覺察」指揮，勢或當一出。前憂後愧，未知所以爲計也。甚欲一與伯謨相見，不知能乘隙一見過否？來月之初，須且扶送叔母之喪還政和，歸來月末，方得爲去計也。擇之來此已兩月，秋間方歸。日間時有講論，然苦人事斷續，不得專一。若伯謨能一來爲旬日款，殊慰所望也。子澄亦到此，三四日而行。令舅府判侍次，煩爲致問訊意。此便少遽，未及拜書。克明爲況何如？曾再往光澤否？欲作書及附趙宰書，亦未暇，悉煩道區區。或伯謨未能來，近日講學所得所疑，便還略告批喻。李君到彼，略周顧之爲幸。未間，千萬力學自愛。

答方伯謨

昨王變還，承書至慰。不聞問又許久，劇暑，伏惟侍履佳勝。所喻心說似未安。蓋孔子說此四句，而以「惟心之謂與」結之，不應如此著力，却只形容得一個不好底心也。來書所說自相矛盾處亦多，可更詳之。令舅府判侍次嘗及此否？試爲質之，必有至當之說也。克明及諸朋友，皆煩以此詢之。誠之聞歸已久，不知今在甚處？或見，煩致意。南軒云有書附渠來，告早尋便示及也。

答方伯謨

前日託俞尉附一書，當達，比日遠惟侍學增勝。前所懇令舅府判兄作字，不知已爲落筆否？「二月甲子」下更著一「朔」字尤佳，仍望早附的便示及也。近作得六先生畫象贊，謾録去，煩呈令舅一觀，求其未當處。旦夕畫成，當并以拜浼，早得刊定爲幸耳。李積微篆字墨本，近偶得之，似亦不滿人意。小技難精猶如此，況其大者乎？得連嵩卿書云：「廖子晦言天地之性即我之性，豈有死而遽亡之理？」因引大全集中堯、舜託生之語爲證，渠諸人未有以折之。伯謨可與克明各下一語，便中見喻也。月初至寒泉，叔京約來相聚旬日，不知能約諸同志者同爲此會否？但恐不欲令諸生又廢業耳。

答方伯謨

昨附俞尉及崇化兩書，不知皆達否？得兼善報，云所要文字已發去，想亦已到久矣。前書託稟令舅，向日所浼敬箴要求注字，「乾道癸巳二月甲子，新安朱熹作，建安吕□□書〔一六〕。」後書欲「甲子」下增一「朔」字，不知已爲寫否？如已寫下，即於空處别寫此字不妨，不必易紙也。六先生象内去，并煩求揮翰。但不知前日所呈本子曾經參訂否？今别録去，内略有改更處。又叔京疑伊川贊後四句不相應，本意謂伊川之言平易深遠，人所難識耳，不知叔京之意如何？渠又疑横渠贊中「逃」字，據行狀云「於是盡棄舊學，淳如也」，即是舊時嘗有雜學，下此字似亦不妨。更禀令舅，看如何？若無可疑，即乞爲書，付此便回。并所懇敬箴。此贊就畫象上寫一本，須依今寫去本首尾向背，蓋隨面所向也。就此界紙上寫一本。首尾亦依寫去本。此本伯諫欲刻石，如紙不好、界不匀，即煩爲易之。如叔京之説當改，或别有可疑處，即且留此畫於彼，人回喻及，俟却報去也。敬箴「大本乃立」一句，「乃」字不知舊作甚字？恐舊本不同，即改作「乃」字爲佳。數以鄙語塵瀆妙筆，何愧如之！數日偶無事，了得數篇文字，未有人寫得去，俟後便也。向跋胡公帖，煩録一本，并跋語付此人回。或有講論，亦可付此便，此便甚的也。

與方伯謨

人還，承書至慰，比日遠惟侍履佳勝。篆字甚佳，然其間不能無病筆，已封寄去。但恐彼欲磨崖，則所書大字或不堪用。今其人過彼，更煩别爲大書徑尺以上者封與誠之，令轉呈南軒。但筆路亦須稍重，蓋恐崖石麤，若字畫太細，即不可辨耳。向寄二刻，不必寄來，只留几間可也。許來春見過，幸甚。但正初恐亦須略出，叔京又約相會於邵武，若至此相聚尤便。但恐人事擾擾，不能從容耳。所欲言者無窮，未即會面，千萬自愛。

孟子說附還，彼中朋友商量此書有疑處否？

與方伯謨

昨承枉顧，别遽累月，馳向深矣。比日春晚，伏惟侍學增勝。所與處者爲誰？見作何等工夫？有可以見告者，便中及之爲幸。熹近嘗一至雲谷，留十餘日。朋友來集，隨分有少講論，大率追正舊説之太高者爲多也。克明、德柄皆未及書，煩爲致意。直翁聞問否？欲作書，亦未暇，俟後便也。濟之有少文字，欲至彼粥之。有可爲鄉導處，幸略爲致力，幸甚。長沙人歸未耶？

與方伯謨

别後一得手書，亦無便可報。今復久不聞問，懷想可量。比想劇暑，侍履佳慶。熹衰悴如昨，欲往弔茂實，至今未能。不免且遣人致書，亦復因循，不能得遣。蓋目前百事敗人意，當此午暑時，兩眼幾不復可視物也。向見所作平父諸小詩，甚佳。章辰州爲人求詩，懶甚，無佳思，輒以奉煩。渠本取韋賢語名閣，須略點破也。近讀何書？向見頗有因循之病，更宜勉彊。區區所望於賢者，不但如此而已也。季通病甚，彊起如建陽料理墳墓，數日不得書，不知爲況如何。聞欲遂過邵武，不知是否？遣此人，本欲子細作書，適意思不佳，草草附此，殊不及所懷之一二。季克、佐卿皆已得郡，季克待闕否？佐卿想便赴官也。因見致意，倦甚，未及拜狀也。方暑自愛。

與方伯謨

熹此粗安，免章雖未報，然諸公已見許，章下必遂請無疑也。前日所説伯恭昏事，以書問之，得其兄弟報字，只要年長淑善、安貧睦族，他所不計。以吾輩度之，更須耐靜。已悉以屬茂實，亦略與周佐説來，祝其密之，只與伯謨商量。若有七八分以上可問，即爲微扣之，却託茂實專人來報也。千萬留意，至祝至祝。茂實、仲本前日到此，不及登山，然却得靜坐兩日説話，頗款。仲本託爲齋記，已爲草寄，當必見之也。虞祠刻已寄來，規模甚大，文固不稱，篆額似亦差小耳。未有別本，俟續得之，當分去也。前書所煩作字，便中示及爲幸，置物亦然。季通竟罹家難，窘迫可念，彼中葬事如何？勢須俟堯舉復來耳。仲本別時所寄聲奉聞者，想已發之，此不可已也。

與方伯謨

昨承遠訪，愧感良深。别去悧悧。人還奉告，聞比日侍履佳勝爲幸。熹悲悴如昨，無可言。甚感愛念寬勉之意，然觸事傷懷，亦未能遽平也。匕筯衣被并領。季通屢得書，殊未有定論，然亦未聞其西去之期，不知果如何爾。録示九江文字，甚發人意，大體只須如此，得失已自可見，但恐未足以盡其情僞曲折之變，彼或以吾曹爲真可欺耳。然世間自當有明眼人，此亦初不足辨也。得伯恭書，云到會稽，見伯諫守其所聞，牢不可破，自信之篤如此，亦良可尚耳。常德二書煩達之，想日相聚，所講論當益有緒，因便示一二爲幸。因孫巨源見過附此，草草。襄事之後，能一來顧，慰此幽鬱否乎？常德之官後，别有學徒相從否？因便早及之爲望。

與方伯謨

前日承書，人還匆匆，不能作報。比日秋暑，德履佳勝。永福收近信否？熹此諸況，如前所與廷老書。此後竟未得雨，祈禱萬方，平生所不欲爲者皆爲之，亦卒無驗。然每設醮處，爲人引去天師前燒香，即記著後漢書，此亦何緣有效也？救災之備，不敢不勉，但今日上下不相恤，雖已具奏及申省部諸司，未知復如何也。在今日，義不當求去，萬一所請不從，則亦可以已矣。但憲司有相料理之意，今日又聞其劾信州林子方，此亦是殺鳴犢底消息，旦夕或自以此去不可知耳。數日前寫得趙帥兄弟書，因欲致一奠，今爲此災傷，凡百皆廢，且往空書，因見幸略及之也。居仁遭誰喪？昨日欲作書，偶檢來書不見，下筆不得，因書更報及也。搬過建安，良便，恐此間動未得，秋凉能來爲幸。但恐薦送，即又不容來耳。諸刻昨已遣去，想已達。未相見，珍重。

與方伯謨

韓文考異大字以國子監版本爲主，而注其同異、如云「某本某作某」。辨其是非，如云「今按云云」。斷其取舍，從監本者已定，則云「某本非是」；諸別本各異，則云「皆非是」。未定，則各加「疑」字。別本者已定則云「定當從某本」，未定則云「且當從某本」。或監本、別本皆可疑，則云「當闕」，或云「未詳」。其不足辨者略注而已，不必辨而斷也。

熹不及奉書，考異須如此方有條理，幸更詳之。

與方伯謨

便中承書，具審即日所履佳勝爲慰。親闈安問，想不輟收也。惠及新茶，極感厚意。病軀更此蒸濕，却幸不動，飯食亦粗喫得。只願且得如此，則譴何之及有以當之，他不足計也。韓文考異已寫成未？如無人寫，可懇元善轉借一二筆吏，速寫以來。只有此一事稍趨時，不可緩也。聞公試簾前語否？

與方伯謨

比想所履日佳，端午莫須一歸否耶？韓考煩早爲并手寫來，便付此人尤幸。聞冰玉皆入僞黨，爲之奈何？爲之魁者不暇自謀，特爲賢者慮破頭耳。因便草草。

與方伯謨

適方遣人奉簡，忽承手示爲慰。幼恭書已領，少須手可作字，并奉報章。但不知其行期在幾時，幸批報也。韓考已領，今早遣去者，更煩詳閲籤示。適有人自三衢來，云瑣闥以論陳源故補外。見詹卿，煩及之。人還草草。

楊子序篇有「冠乎羣倫」之云，以爲無義者固可笑，而問人出處者亦疏脱也。

與方伯謨

承簡，喜聞佳勝。韓考所訂皆甚善。比亦别脩得一例，稍分明。五夫人到日，能略過此少款一二日爲幸。勿以徒御爲憂，白飯青芻不難辦也，兼更欲有所扣耳。人還草草。

與方伯謨

熹今年之病久而甚衰，此月來方能飲食，亦緣灸得脾腎俞數壯，似頗得力也。韓考已從頭整頓一過，今且附去十卷，更煩爲看，籤出疑誤處，附來换下卷。但鄙意更欲俟審定所當從之正字後，却脩過，以今定本爲主，而注諸本之得失於下，則方本自在其間，亦不妨有所辨論，而體面正當，不見排抵顯然之迹，但今未暇耳。緣其間有未甚定處，須更子細爲難也。記得籍溪先生曾寫得陳希夷墓表云是吕洞賓所撰。見與，偶尋不見。煩爲問子端，恐有本，即爲借寫一本附來也。廟額方礬得紙，旦夕寫得，自從此寄去。所求龕額，便中望早寄也。天氣甚好，能下來數日否？

與方伯謨

別近旬日，不審爲況復何如？前日匆匆，又以病作遽歸，不及拜尊夫人，皇恐不可言也。大哥來，聞子端竟有哭子之悲，深爲惘然，且煩致意，不及附書爲問也。欲煩篆數十字，納去紙兩卷，各有題識，幸便爲落筆。欲寄江西刻之巖石。有人在此等候，不能久也，千萬。便付此人回，仍不須大作意，只譬如等閑胡寫，則神全氣定，自然合作矣。更欲篆六十四卦名及一等小字數十，其界紙又作一封，請并書之。所寫之字，各在封内矣。熹忽聞有鐫職罷祠之命，尚未被受，不勝皇恐！何時可來相聚數日耶？專人馳布，不宣。

大哥今日已行矣，已戒令速去，恐碑倒也，可因書更促之。

與方伯謨

詹卿昨日過此，尚在南林，更兩三日方行，不出見之否？韓文欲并外集及順録作考異，能爲員滿此功德否耶？「宓子賤」，洪慶善楚辭補注中引顔之推説，云是「伏」字，濟南伏生即其後也。如何如何？

與方伯謨

昨辱惠書爲慰。但見元興及小兒皆説伯謨頗覺衰悴，何爲如此？今想已彊健矣，更宜節適自愛。但彊其志，則氣自隨之，些小外邪不能爲害也。熹病軀粗遣，諸證亦時往來，但亦隨事損益，終是多服補藥不得。令子聞已歸，韓文外集考異曾帶得歸否？便中得早寄示，幸幸。正集者已寫了，更得此補足，須更送去詳定。莊仲爲點勘，已頗詳細矣。近又看楚詞，抄得數卷，大抵世間文字無不錯誤，可歎也。趙幹之喻，荷其不彼，冒此巇險，尤見所存異於流俗之意。但憂畏之餘，多所謝絶，固不容獨破戒。幸爲道此區區，多謝其意可也。異時未死之間，禁網稍寬，則或尚可勉彊也。因便寓此，草草。

與方伯謨

昨日承寄示吕公奏議，至感至感。比想侍奉佳慶。令子程試，必甚如意，聞將以望前一日揭牓，冀聞吉語也。奏議得一快讀，甚幸。朝廷無此議論六十年矣，可爲慨歎也。但末卷乞詔定大舉策一篇未竟，而定策大舉一篇全無，幸更爲補之乃佳耳。韓考後卷如何？得早檢示，幸甚。熹衰病百變，支吾不暇，近又得一奇證，若寒疝者，間或腹中氣刺而痛，未知竟如何，姑復任之耳。

答梁文叔 瑑

澹臺石刻已領，考證詳密，亦自是一種工夫也。略於制度之説，不知謂何？往往亦多是問得繁碎，非學者所先。或是從來剖判不得，如論語「千乘之國」，注家自是兩説，此等如何强通？况又舍所急之義理而從事於此，縱得其説，亦何所用乎？昨日有人問看史之法，熹告以當且治經，求聖賢脩己治人之要，然後可以及此，想見傳聞又説不教人看史矣。

答梁文叔

日用功夫如此，甚善。然須實下功夫，只説得，不濟事也。李先生意只是要得學者静中有個主宰存養處，然一向如此，又不得也。「皇極」之説，來説亦得之。大抵此章自「皇建其有極」以下，是總説人君正心脩身、立大中至正之標準以觀天下而天下化之之義；「無偏無陂」以下，乃是反覆贊歎，正説皇極體段；「曰皇極之敷言」以下，是推本結殺一章之大意。向見諸葛誠之説略是如此，但渠説有過當處耳。

答梁文叔

示喻所處，甚善。不知幾道相聚作何工夫？近看孟子見人即道性善，稱堯舜，此是第一義。若於此看得透，信得及，直下便是聖賢，更無一毫人欲之私做得病痛。若信不及，孟子又説箇第二節功夫，又只引成覸、顔淵、公明儀三段説話，教人如此發憤，勇猛向前，日用之間，不得存留一毫人欲之私在這裏，此外更無別法。若於此有箇奮迅興起處，方有田地可下功夫。不然，即是畫脂鏤冰，無真實得力處也。近日見得如此，自覺頗得力，與前日不同，故此奉報，可以呈幾道也。

答梁文叔

鄭康成所説氣魄，雜學辨云：「精聚則魄聚，氣聚則魂聚。」蓋精是陰氣，如耳目之聰明，乃陰精之所爲，故謂之魄。或欲於魄中求魂，魂中求魄，璪竊謂氣在人之一身，陽即爲魂，陰則爲魄，嘘吸聰明，乃是一身之中魂魄之所發見而易見者耳，恐不必於魂中求魄、魄中求魂也。

精氣周流，充滿於一身之中，嘘吸聰明乃其發而易見者，固如來喻。然既周流充滿於一身之中，則鼻之知臭、口之知味，非魄耶？　耳目之中皆有煖氣，非魂耶？　推之遍體，莫不皆然。　佛書論「四大」處，似亦祖述此意。

體魄歸于地，先生云：「體、魄自是兩物。」不知如何分别？　以目之明言之，則目之輪一成而不可變者，體也；睛中之明而能照鑑萬象者，魄也。　魄既降，則目之輪雖存而其精光則無矣。　以耳之聰求之，未透，蓋耳但見其竅而不見其他故也。

所論目之體魄，得之。　耳則竅即體也，何暇他求耶？

體、魄既是兩物，不知魂與氣亦爲兩物否？　孔穎達謂魂附於氣，中庸或問直指康成之説，則孔氏之説亦未得爲通論。　體魄，從前所聞只指爲一物，是以今人言目魄，亦皆以黑處爲魄。　若以眼光落地之説推之，竊恐月之全輪受光處爲魄，及其月光漸虧，亦如人之魄降，其黑處却是體。　注疏之説皆不然，思之未通。

魂氣，細推之亦有精粗，但其爲精粗也微，非若體魄之懸殊耳。　或問之意誠少子細也。

所論月魄，恐不然，日月不可以體言，只有魂魄耳。　月魄即其全體，而光處乃其魂之發也。

且鬼神魂魄，就一身而總言之，不外乎陰陽二氣而已。　然既謂之鬼神，又謂之魂魄，何耶？　琢竊謂以其屈伸往來而言，故謂之鬼神；以其靈而有知有覺而言，故謂之魂魄。或者乃謂屈伸往來不足以言鬼神，蓋合而言之，則一氣之往來屈伸者是也；分而言之，則神者陽之靈、鬼者陰之靈也。以其可合而言、可分而言，故謂之鬼神。以其可分而言、不可合而言，故謂之魂魄。或又執南軒「陽魂爲神，陰魄爲鬼」之説，乃謂鬼神魂魄不容更有分別。琢竊謂如中庸或問雖曰「一氣之屈伸往來」，然屈者爲陰、伸者爲陽，往者爲陰、來者爲陽。而所謂陽之靈者、陰之靈者，亦不過指屈伸往來而爲言也。

鬼神通天地間一氣而言；魂魄主於人身而言。方氣之伸，精魄固具，然神爲主。及氣之屈，魂氣雖存，然鬼爲主。氣盡則魄降而純於鬼矣，故人死曰鬼。南軒説不記首尾云何，然只據二句，亦不得爲無別矣。

與吳茂實英

近來自覺向時工夫止是講論文義，以爲積集義理，久當自有得力處，却於日用功夫全少點檢。諸朋友往往亦只如此做工夫，所以多不得力。今方深省而痛懲之，亦願與諸同志勉焉。幸老兄徧以告之也。陸子壽兄弟近日議論與前大不同，却方要理會講學。其徒有曹立之、萬正淳者來相見，氣象皆儘好，却是先於情性持守上用力，此意自好。但不合自主張太過，又要得省發覺悟，故流於怪異耳。若去其所短、集其所長，自不害爲入德之門也。然其徒亦多有主先入不肯捨棄者，萬、曹二君却無此病也〔一七〕。

與吴茂實〔一八〕

所欲言者不過前夕，然亦非謂全然不事其心，但資次等級未應遽爾超躐，須物格知至，然後意可誠、心可正耳。

答任伯起希夷〔一九〕

示喻静中私意横生，此學者之通患。能自省察至此，甚不易得。此當以敬爲主，而深察私意之萌多爲何事，就其重處痛加懲窒，久之純熟，自當見效。不可計功於旦暮，而多爲説以亂之也。論語别本未曾改定，俟後便寄去。然且專意就日用處做涵養省察功夫，未必不勝讀書也。

答任伯起

誠敬寡慾，皆是緊切用力處，不可分先後，亦不容有所遺也。然非逐項用力，但試著實持守體察，當自見耳。

答任伯起

所喻已業荒廢，此亦甚以爲疑。意謂世味漸深，遂已無復此志，今乃猶有愧恨之心，足以見善端之未泯也。一旦幡然，如轉户樞，亦何難之有哉？熹衰病之軀，飲食起居尚未能如舊，流竄放殛，久已置之度外。諸生遠來，無可遣去之理。朝廷若欲行遣，亦須符到奉行，難以遽自匆匆也。詳觀來諭，似有仰人鼻息以爲慘舒之意，若方寸之間日日如此，則與長戚戚者無以異矣。若欲學道，要須先去此心，然後可以語上。上蔡先生言「透得名利關，方是小歇處」，今之士大夫何足道？能言真如鸚鵡也。不知曾見此書否？

答江德功 默

道千乘之國。

以此五者爲人君之德，意則甚善。然程先生只云「論其所存，故不及治具」，龜山只云「苟無是心，雖有政，不行焉」，以此二言觀之，則「德」字似太重矣。兼亦不必引「道之以德」爲證，似有牽合之病。

子入太廟。

所云已當執事，不可不問，固然。然亦須知聖人平日於禮固已無所不知，而臨事敬慎又如此也。

德不孤。

據此文意，但言同聲相應、同氣相求，德不孤立，必以類至而已〔二〇〕。若如所訓，則其文當云「德不私於己，必不私於人」，如此則成何文理耶？

吾道一以貫之。

一以貫之，不專爲彼己而發。忠恕，亦非專爲一彼己而已也。二程先生論此甚詳，且宜潛心，未容輕議也。

子謂仲弓。

此意甚佳，東坡之説正如此。但不必以「仲弓」字爲絶句，如「子謂顔淵未見其止」，亦非與顔淵言也。

加我數年。

無大過，恐只是聖人之謙辭，蓋知吉凶消長之理、進退存亡之道，然後可以無大過耳。謂易道無大過差，雖是程先生説，然文意恐不甚安。謂使後人不敢輕立説，聖人未必有此意，然在今日，深足以有警於學者。

聖人吾不得而見之矣。

此但爲思其上者而不可得，故思其次之意，無不觀其質而觀其學之意也。若論質學之異，則聖人君子以學而言，善人有常者則其質美而已。張敬夫説如此，似頗有理。

曾子有疾。

此章之指，蓋言日用之間，精粗本末無非道者，而君子於其間所貴者，在此三事而已。謂其動容貌，則能和敬而無暴慢也；其正顏色，則非色莊而能近信也；其出詞氣，則能當於理而無鄙倍也。凡此三者，皆其平日涵養功夫至到之驗，而所以正身及物之本也，故君子貴之。若夫籩豆之事，則道雖不外乎此，然其分則有司之守，而非君子之所有事矣。蓋平日涵養功夫不至，則動容貌不免暴慢、正顏色不出誠實、出詞氣不免鄙倍矣。一身且不能治，雖欲區區於禮文度數之末，是何足以爲治哉？此乃聖門學問成己成物著實效驗，故曾子將死，諄諄言之，非如異端揚眉瞬目、妄作空言之比也。所謂道在容貌、顏色、詞氣者，文意義理皆有所不通。必若此言，則道固無所不在，君子所貴，又何止於三乎？且其氣象狂易恍惚，不近聖賢意味，尤非區區之所敢聞也。

士不可以不弘毅。

謂「仁以爲己任」者，體之而不違是也。若曰循頂至踵，知痛癢處都是仁，則非聖賢之本意矣。體而不違，只是克己復禮，無一念之不仁耳。死而後已，來説亦太過，若曰「生有限量，仁無紀極」，則豈以死而遂已耶？

吾有知乎哉。

「無知」者，聖人之謙詞。「叩其兩端而竭焉」，又言己雖無知，而於告人不敢不盡。大凡聖人氣象只是如此。著實看自然見得，無世俗許多玄妙虛浮之説也。「扣兩端而竭」，只如程先生、范、尹諸公説盡之。若曰只舉兩端，教人默識，取中間底，此又近世禪學之餘。三代以前，風俗淳厚，亦未有此等險薄浮誕意思也。

唐棣之華。

別爲一章，甚是。精義中范公已有此説，東坡亦然，但其爲説或未盡耳。

其言似不足者。

此説謝氏得之。所謂「意有餘」者，恐未是。

當暑袗絺綌。

先儒之説，皆如來喻。但鄙意常疑其不然，似却是先著裏衣，表絺綌而出之於外，乃得文意，不知如何？

不撤薑食。

恐只合依舊説。若如所云，則是他物有可棄之於地者矣，恐不然也。

南人有言。

此但甚言無常之不可，初不論道藝之别也。

其言之不怍。

此但謂大言不怍者，其實難副耳。來説理意亦善，但文勢稍倒，恐不若依舊説。

子路問君子。

諸説之中，此條尤爲險怪，深非鄙拙之所敢聞也。若曰脩己以安百姓，幾時安得了？故曰「堯舜其猶病諸」。然則其曰「脩己以安人」，而不曰「堯舜病諸」者，又何謂耶？

君子疾没世而名不稱焉。

只合依程先生説。

誰毁誰譽。

所論毁譽，是加減了底，甚當。但此章更有曲折，當熟玩之。所謂「如有所譽」者，又何謂耶？

見善如不及。

聖人之用舍行藏，非但求志行義而已。且此章文勢斷續，或有闕文，或非一章，皆不可考，不必彊爲之説。

性相近也。

此只合依程先生説。若如所論，似欲深而反淺、欲密而反疏也。性之在人，豈得以相近而爲言耶？

子張問仁。

所論「行」字之意，甚善。聖言著實，大抵類此。推之以及其餘，則聖人之意可得，而浮誕之見無所入於其中矣。

飽食終日。

此不欲啓博弈之端，防慮甚密。然聖人乃假此以甚彼之辭，不必過爲之説，文義不通，却成穿鑿也。

君子有惡。

諸先生有説夫子所惡以戒人、子貢所惡以自警者，此意得之，恐無天人之別。

子夏之門人小子。

此章之説，明道先生曰：「先傳後倦，君子教人有序。先傳以小者近者，而後教以遠者大者，非是先傳以近小，而後不教以遠大也。」愚按諸家之説，唯此數句明白的當。試詳味之,可見文義。「譬諸草木,區以别矣」,只是説大小有序、不可躐等之意。「君子之道,焉可誣也」,東坡得之。「有始有卒,其惟聖人」,尹氏得之。

猶之與人也。

舊説「猶」字只爲「譬」字之意,文義亦通。若覺未穩,即且闕之,不必强爲之説也。

答江德功

「有禮則安」説,立意甚善。但詳本文之意,只説施報往來之禮,人能有此,則不忤於物而身安耳,未遽及夫心安也。況古人之所以必由於禮,但爲禮當如此,不得不由,豈爲欲安吾心而後由之也哉? 若必爲欲安吾心,然後由禮以接於人,則是皆出於計度利害之私,而非循理之公心矣。大抵近世學者溺於佛學,本以聖賢之言爲卑近而不滿於其意,顧天理民彝有不容殄滅者,則又不能盡叛吾説以歸於彼,兩者交戰於胸中而不知所定,於是因其近似之言以附會而説合之。凡吾教之以物言者,則挽而附之於己;以身言者,則引而納之於心,苟以幸其不異於彼而便於出入兩是之私。至於聖賢之本意,則雖知其不然,而有所不顧也。蓋其心自以爲吾之所見已高於聖賢,可以咄嗟指顧而左右之矣。又況推而高之、鑿而深之,使其精神氣象有加於前,則吾又爲有功於聖賢,何不可者? 而不自知其所謂高且深者，是乃所以卑且陋也。此近世雜學之士心術隱微之大病，不但講説異同之間而已。不審賢者以爲如何？

大學諸説，亦放前意，蓋不欲就事窮理，而直欲以心會理，故必以格物爲心接乎物；不欲以愛親敬長而易其所謂清淨寂滅者，故必以所厚爲身而不爲家，以至「新民」、「知本」、「絜矩」之説，亦反而附之於身，蓋惟恐此心之一出而交乎事物之間也。至於分别君、相、諸侯、卿、大夫、士、庶人之學，亦似有獨善自私之意，而無公物我、合内外之心。此蓋釋氏之學爲主於中，而外欲强爲儒者之論，正如非我族類而欲强以色笑相親，意思終有間隔礙阻不浹洽處。若欲真見聖賢本意，要當去此心而後可語耳。

格物之説，程子論之詳矣。而其所謂「格，至也，格物而至於物，則物理盡」者，意句俱到，不可移易。熹之謬説，實本其意，然亦非苟同之也。蓋自十五六時知讀是書，而不曉格物之義，往來於心，餘三十年。近歲就實用功處求之，而參以他經傳記，内外本末，反復證驗，乃知此説之的當，恐未易以一朝卒然立説破也。夫「天生烝民，有物有則」，物者形也，則者理也，形者所謂形而下者也，理者所謂形而上者也。人之生也固不能無是物矣，而不明其物之理，則無以順性命之正而處事物之當，故必即是物以求之。知求其理矣，而不至夫物之極，則物之理有未窮，而吾之知亦未盡，故必至其極而後已，此所謂「格物而至於物，則物理盡」者也。物理皆盡，則吾之知識廓然貫通，無有蔽礙，而意無不誠、心無不正矣。此大學本經之意，而程子之說然也。其宏綱實用，固已洞然無可疑者，而微細之間，主賓次第、文義訓詁詳密精當，亦無一毫之不合〔二一〕。今不深考，而必欲訓「致知」以「窮理」，則於主賓之分有所未安；知者，吾心之知。理者，事物之理。以此知彼，自有主賓之辨，不當以此字訓彼字也。訓「格物」以「接物」，則於究極之功有所未明。人莫不與物接，但或徒接而不求其理，或粗求而不究其極，是以雖與物接而不能知其理之所以然與其所當然也。今曰一與物接而理無不窮，則亦太輕易矣。蓋特出於聞聲悟道、見色明心之餘論，而非吾之所謂窮理者，固未可同年而語也。且考之他書，「格」字亦無訓「接」者。以義理言之則不通，以訓詁考之則不合，以功用求之則又無可下手之實地。竊意聖人之言必不如是之差殊疏略，以病後世之學者也。

又所謂「非特形之所接，乃志之所至」、所謂「格物與小學同，致知與小學異」，亦皆無當之言。其爲闕字增語，反致讀者之疑多矣。至於彊解程子之意以附己說，其如他語之可證何？又謂熹解以格物致知混爲一說，則其考之亦未詳也。又謂老、佛之學乃致知而離乎物者，此尤非是。夫格物可以致知，猶食所以爲飽也。今不格物而自謂有知，則其知者妄也；不食而自以爲飽，則其飽者病也。若曰老、佛之學欲致其知，而不知格物所以致其知，故所知者不免乎蔽陷離窮之失而不足爲知，則庶乎其可矣。

所厚者，謂父子兄弟骨肉之恩，理之所當然，而人心之不能已者。今必外此而厚其身，此即釋氏滅天理、去人倫以私其身之意也。必若是而身脩，則雖至於六度萬行具足圓滿，亦無以贖其不孝不弟之刑矣。「此謂知本」，以例推之，凡言「此謂」者，皆傳文，非經之結句也。

「無所不用其極」，觀上文三引詩、書，而此以「無所」二字總而結之，則於「自新」、「新民」皆欲用其極可知矣。自新固新民之本，然天下無一物非吾度内者，亦無一事非吾之所當爲者。譬如百尋之木，根本枝葉生意無不在焉。但知所先後，則近道耳。豈曰專用其本而直棄其末哉？今曰不求爲新民，而專求之德化，則又賤彼貴我之私心，而無以合内外之道矣。

「盛德至善，民不能忘」，此言聖人之事蓋渾然一體，不可得而分焉者也。但以人言則曰德，以理言則曰善，又不爲無辨耳。今曰「體至善以成德」，則乃學者之事，而非傳文所指矣。然體而成德，以至於盛而無思勉之累焉，則亦聖人而已矣。

聽訟與新民之説略同，請併詳之。又古人言語有序，此傳未解格物以下數節，不應先解結句。況「此謂知本」之云，又非經之結句乎。

「誠意」一章，大意頗善。然此傳文意但解經文所謂「誠意」者，只是教人不得自欺，而欲其好善惡惡皆如好色惡臭之實然耳，非以聖人而言也。今之所發聖人所以即事即物而止於至善，又恐人不信，故即人所知者以明之，則失其指矣。「心廣體胖」之説，甚善甚善。「人之其所親愛而辟焉」，訓「之」爲「至」，非是。此等處，雖非大義所係，然亦須虚心平氣，徐讀而審思之，乃見聖賢本意，而在己亦有著實用處。不必如此費力生説，徒失本指而無所用也。

「此以心感，彼以心應，其效如此之速」，感應神速，理固如此。但著一「以」字，便有欲速之意，所謂「憧憧往來，朋從爾思」者，正病此也。

「絜矩」者，度物而得其方也，以下文求之可見。今曰度物以矩，則當爲「矩絜」，乃得其義矣。

治國、平天下，與誠意、正心、脩身、齊家只是一理，所謂格物致知，亦曰知此而已矣。此大學一書之本指也。今必以治國、平天下爲君相之事，而學者無與焉，則内外之道異本殊歸，與經之本旨正相南北矣。禹、稷、顔回同道，豈必在位乃爲爲政哉？「風濤洶湧」之説，亦所未喻。此篇所論，自一身而推之以及天下，平正簡易，不費纖毫氣力，與横渠所論周官冢宰法制之事意思不同。

答江德功

「致知格物」，前説已詳。來書只舉得一截，正當説「格」字、「致」字處，乃遺而不道，恐考之有未詳。若但以格爲法度之稱，而欲執之以齊天下之物，則理既未窮、知既未至，不知如何爲法而執之？且但守此一定之法，則亦無復節節推窮以究其極之功矣。此義且當以程子之説爲主，而以熹説推之，不必彊立説，徒費力也。

經文末後兩句，來喻固與舊説有間矣。但所論先後之序，經中上文已屢言之；而「本亂末治」之云，又已該舉，自不須説。但聖人於此特下此語，正要讀者有以知夫人道之大有在於此，不可同於仁民愛物之例，而一以末視之，此意不可不著眼耳。今不領此，而又必以身言，非釋氏之意而何哉？衍文得失不足深辨，然以所謂免作衍文者觀之，便見苟且遷就之意。若信未及，莫若兩存而徐玩之，不必決取舍於今日也。

「盛德至善」，盛也，至也，皆無以復加之詞。而上下文規模氣象皆聖人事，則此不得獨爲賢人事矣。且賦詩斷章，此但取其咏歎不忘之意，與衛武公初無干涉也。

「絜矩」之説，蓋以己之心度物之心，而爲所以處之之道爾。來喻殊不可曉，而所謂先自度者，尤無所當。今以鄙説畫爲兩圖，合而觀之，則方正之形隱然在目中矣。

側圖

	上	
前	己	後
	下	

地圖

	前	
左	己	右
	後	

「有禮則安，無禮則危」，如云「仁則榮，不仁則辱」，初無身心本末之辨。蓋聖賢之言各有所指，隨其淺深而莫非至理之極也。今必以内外爲精粗而欲去彼取此，豈非有所陷溺其心而然耶？且學者之勉彊力行，亦勉其所當爲者而已，若曰勉焉以冀其有以自慰，則是先獲後難而爲謀利計功者之所爲矣。聖學、異端之别，於此亦略可見，試深察之可也。

答江德功

「圓而神」也，其所以藏往者，向之所謂「方以知」者也。「神武不殺」，言聖人不假卜筮而知吉凶也。「是以明於天之道」以下，言教民卜筮之事，而聖人亦未嘗不敬而信之，以神明其德也。此章文義，只如此。程先生説，或是一時意到而言，不暇考其文義。今但玩味其意，别看可也。若牽合經旨，則費力矣。

答江德功己亥十一月五日

中庸集解「程先生曰『生之謂性，性即氣，氣即性』」止「舜有天下而不與焉者也」，默竊謂此段反復譬喻，皆是生之謂性，而必以性善之説間乎其中，以性善之言證之於後，何也？若曰性只是理，則夫爲惡者謂之非理可也，何以言惡亦是性，濁亦是水？此理不爲堯桀存亡，何以言流之遠近、清之遲速？此皆氣禀之譬，於性善之説自當分别，却衮説了，不知如何？直翁以水譬氣禀，清譬天理，濁譬人欲，初亦可喜，恐「只是元初水」一句又解不得。直翁又爲之説曰：「夫所謂『繼之者善』者以下，皆因言性善而爲説，水譬性，就下與清譬性善；流而至於海，終無所污者，此譬聖人之全天理；流而濁者，譬人欲也。『不可以濁者不爲水』，謂感物而動，皆性之欲也。『及其清明，却只是元初水』，謂復其本然之善也。」此説於「不可以濁者不爲水」一句似失性善之意，不知先生以爲何如？

此説但以性善爲本，而以氣禀有善惡者錯綜之，反復玩味，自然見得。

中庸曰：「人莫不飲食也，鮮能知味也。」竊謂此兩句大意言百姓日用而不知。程先生「牲牢」之譬，却是不曾飲食而不知，非日用不知也。據程先生所言，只譬如道者，如人食牲牢，須曾喫了方知，非爲此章。至於呂與叔謂必察於芻豢之性、草木之滋、火齊之節、調飫之宜，恐非本旨。默竊謂「味」即指飲食而言，若曰「人莫不飲食，鮮能知味也」，即飲食則行之而著、習矣而察者也。「味」與「飲食」只是作互用文耳。不知如何？直翁以飲食譬日用，味譬理，此說亦似當，不知是否？

直翁說是。

中庸曰：「君子之道，造端乎夫婦，及其至也，察乎天地。」默竊謂此四句若本上文，謂道始於夫婦之愚不肖，意味殊少。默竊妄意謂「上下察」是知得此理，「察乎天地」是行到處。「君子之道，造端乎夫婦者」，子思下章已申言之，曰：「君子之道，譬如行遠必自邇，譬如登高必自卑。詩云：『妻子好合，如鼓瑟琴。兄弟既翕，和樂且耽。宜爾室家，樂爾妻孥。』子曰：『父母，其順矣乎！』」此察乎天地之次序也。本意言君子所語，而繼之以上下察，故默謂是知此理，蓋孟子難言之意也。言君子之道而繼之以察乎天地，故默謂是行到處，蓋文王「刑于寡妻」之氣象也。不知如何？直翁云先生或問中已有「易重咸、恒」之說，默未之見也。

此「察」字訓「著」，不訓「到」。觀此兩句，只是疊説上文意思，未有知到行到之意。論語精義：「伊川先生曰，學必盡其心，盡其心則知其性，知其性云云。反而誠之，聖人也。故洪範曰：『思曰睿，睿作聖。』誠之之道在乎信道篤，信道篤則行之果，行之果則守之固。」直翁所疑曰：「學而至於盡心，則與道不隔，非信道篤者能之也。則所以誠之者特在存養而已，至此豈待言信道篤？而伊川云爾者，蓋信道者通貫上下者也。爲學之始，固在夫信道之篤；至於盡心之後，亦在夫信道之篤也。」默以爲惟與道不隔者爲能信篤，若與道隔，則尚未識道，安能信哉？其所信者，特信聖賢之言爾，非自信也。故伊川信道篤必在於盡心知性之後。學者要當先明盡心性爲何學，然後知學之可以爲聖人決矣。不知先生以爲如何？

信有淺深，有是篤信聖賢而信之者，有是自見得道理當然而信之者。伊川之意，蓋如德功之説。然謂如此然後能信，則又過矣。又「道」字之義，恐伊川之意與德功亦不同也。

伊川先生曰：「不違仁，是無纖毫私慾。有少私慾，便是不仁。」直翁推之曰：「仁者，天理也。人能無慾，則天理之妙渾然于中，其心無所越於仁矣。」然謂「越」字與「違」別〔二二〕，「違」字乃違背之意，只私欲蔽了仁，便是違也。「越」字却是違越之意，豈得違越得他？直翁云：「纔有放心，便是違越仁矣。」默云放心亦只是不能存其心，云「放心」，非是越也。惟禮有品節，可以言越，仁者無外，不可言越。不知先生以爲如何？

「違」，猶離也，去也。

此卷據鄙見奉報，未知是否，幸反復論之也。

易説則全然草率，不通點檢，未敢奉報。告且子細，未要如此容易立論，千萬千萬！至懇至懇！

答江德功〔二三〕

所喻易、中庸之説，足見用心之切，其間好處亦多。但聖賢之言意旨深遠，子細反覆，十年二十年尚未見到一二分，豈可如此纔方撥冗看得一過，便敢遽然立論？似此恐不但解釋文義有所差錯，且是氣象輕淺，直與道理不相似。願且放下此意思，將聖賢言語反覆玩味，直是有不通處，方可權立疑義，與朋友商量，庶幾稍存沉浸醲郁氣象，所繫實不輕也。直翁謹願詳審，好相聚講習，所論「遮欄」意亦佳，然前賢固已言之矣，但在力行，如何？

答江德功

示喻「誠」、「敬」之別，此猶是以地位而言。須看其命字之本意，則「誠」是真實，「敬」是畏謹，指意自不同也。又論今昔用功之異，此固曉然。但不知今日之有、昔日之無是同是别？是相妨是不相妨？更須他日款曲面論，今未敢懸斷可否也。二銘意甚佳，然亦皆有未安處。如「天理既循，人欲自克」、「彼己既融，萬物同體」等語，亦當俟面講之。但此等文字非有不得已者亦不必作，不若默存此理於胸中，而驗之行事之實也。

答江德功 辛丑正月二日

示喻諸説已悉。前書所論「誠」、「敬」字義不同，正爲方此論敬，不當引誠爲説，本欲高妙，反成支離耳。意皆因事物而有，然事物外至而意實内生，但於中有邪正耳，難以誠意爲内、邪意爲外也。來喻又云「誠者體物而不可遺，敬亦體物而不遺」，此語殊不可曉。大率左右向來不曾子細理會文義，反復涵泳義理，故於此等處多是鹵莽，恐更須加詳細也。所喻舊學之誤，但爲不將事試，故不能自合義理。今就義理上用工，又患未能全合。詳此意思，似是欲因舊學所見而加事試之功，以補其闕耳。正恐所見有差，根脚便不是了，雖加事試之功，終不免兩截也。義理名字呼喚得尚自有差，却如何便得全合義理耶？此等處仍是舊病躐等欲速之意，尤不可不察也。

答江德功

疑義俟細看奉報。易説知頗改更，甚善。然學者以玩索踐履爲先，不當汲汲於著述，既妨日用切己工夫，而所説又未必是，徒費精力。此區區前日之病，今始自悔，故不願賢者之爲之也。絶學捐書，是病倦後看文字不得，正緣前日費力過甚，心力俱衰，且爾休息耳。然亦覺意思安静，無牽動之擾，有省察之功，非真若莊生所謂也。

答江德功

示及易説等書，實不曉所謂，不敢開卷。累承喻及，必欲見彊，使同其説，隱之於心，有未能安者，遂不敢奉報。今承見語，欲成書而不出姓名，以避近名之譏，此與掩耳偷鈴之見何異？不知賢者所見何故日見邪僻，至於如此？夫天下之理，唯其是而已。若是，則出名何害？若不是，則不出名何益？若如所論「乾坤」二字，乃是將一部周易從頭鶻突了，豈能使易道著明乎？若曰人人親見三聖而師之，此尤不揆之言。如所説「乾坤」字義，恐自家未夢見三聖在，如何敢開此大口耶？元書謹用封納，拙直之言，盡於此書，今後不復敢聞命矣，千萬見察。

答江德功

所示經説，孟子大意頗佳。其間亦有少未合處，徐議未晚也。但易説愈見乖戾，三復駭然。因復慨念鄉里朋友清素朴實，刻意讀書，無世間種種病痛，未有如德功者，所以平日私心常竊愛慕，思有以補萬分者。亦荷德功不鄙，三數年來，雖所論不合，加以鄙性淺狹，譏誚排斥無所不至，而下問之意愈勤不懈，此在他人，亦豈能及？然自頃至今，爲日愈久而所執愈堅、所見愈僻，孜孜矻矻，日夜窮忙，不暇平心和氣，參合彼己異同之説，反覆論難，以求至當之歸，而專徇己意，競出新奇，以求己説之勝，以至於展轉支離、日益乖張而不悟，不知用心錯誤，何故至此？使人更不可曉，但竊歎恨而已。今且據來示而舉其一二言之。

如既曰「乾，健也」，而又曰「能體其健之謂乾」。若乾本是健，即別無體此健者；若更要體得此健方謂之乾，則是乾在健外，以此合彼，而後得謂之乾也。又如「羣龍无首」，乃用程傳无妄六二之説，雖於理不謬，然安頓不是地頭，全然不是文理，又且歧而爲二，互相矛盾。蓋乾爲萬物之始，故天下之物无不資之以始，但其六爻有時而皆變，故有「羣龍无首」之象。而君子體之，則當謙恭卑順，不敢爲天下先耳。非謂可天德而不可爲首也，又非謂乾不爲首也。可天德而不可爲首，不成文理，無可言者。若曰乾不爲首，則萬物何所資始，而又誰使爲之首乎？且程傳之説，爲人不可以私意造始，故爲之戒耳。若乾之爲始，乃是天理自然，非若人有形體心思而能以私意造始也。

此二説者，其失甚不難見。原其所以失之，大抵只是日前佛學玄妙之見尚在，故以理爲外，以事爲粗，而必以心法爲主。然又苦其與大易體面不同，須至杜撰揑合，所以欲高而反下，欲密而反疏耳。此是義理本原大差謬處，不但文義之失。然在今日，德功病痛尚是第二義，却是日用之間，自己分上更不曾實下功夫，而窮日夜之力，以爲穿鑿附會之計，此是莫大之害。正使撰得都是，亦無用處，不得力，況其乖戾日甚一日，豈不枉費功夫，虚度光陰，不惟無益，而反有害乎！

熹之鄙意竊願德功放下日前許多玄妙骨董，即就日用存主應接處實下功夫，理會個敬肆義利、是非得失之判。若要讀書，即且讀語、孟、詩、書之屬，就平易明白、有事迹可按據處，看取道理體面，涵養德性本原，久之漸次踏著實地。即此等説話，須自見得黑白，不須如此勞心費力矣。若必欲便窮竟此説，亦請先罷穿鑿已見，且更追思今日以前凡熹所説與德功不同者，并合兩家，寫作一處，子細較量，考其是非，痛加辯詰，亦庶幾有究竟處，不至如今日只見一邊，不相照應，而信口信筆，無有了期也。病起倦甚，懷不能已，略此奉報，千萬詳之。若以爲是，幸即加功；若以爲非，即此書不煩見答，今後亦不須更下喻矣。

答江德功

熹災病相仍，衰悴萬狀，昨被按刑之命，判不能往赴矣。正初忽聞奏事指揮，疲曳進趨，尤覺費力，專人懇辭，竟不得命，旦夕不免就道；或入文字，而於前路俟報，萬一不獲，即一到都下，面懇而歸。度此衰殘，必蒙聖照也。所示諸經序解，偶此冗劇，未及細看。然觀大略，似亦未離舊處也。渾儀詩甚佳，其間黄簿所謂渾象者是也。三衢有印本蘇子容丞相所撰儀象法要，正謂此俯視者爲渾象也。但詳吴掾所説平分四孔、加以中星者，不知是物如何制作，殊不可曉，恨未得見也。

答江德功〔二四〕

老病之餘〔二五〕，扶曳造朝，自取羞辱。雖幸天日有以辨明，然罪終有未盡滌者，已力請奉祠矣。理直義明，計必可得。不然，雖使得罪，亦勝忍恥作官也。璣衡之制，在都下不久，又苦足痛，未能往觀〔二六〕。然聞極疏略，若不能作水輪，則姑亦如此可矣。要之，以衡窺璣，仰占天象之實〔二七〕，自是一器，而今人所作小渾象自是一器，不當并作一説也。元祐之制極精，然其書亦有不備，乃最是緊切處。必是造者祕此一節，不欲盡以告人耳〔二八〕。

答黄直翁寅

「商因於夏禮，所損益可知也。周因於殷禮，所損益可知也」，是周監二代之制而損益之，其文大備，亦時使然也。聖人不能違時，烏得不從周之文乎？然亦少有不從處，如行夏之時、乘商之輅是也。

周之文固可從，而聖人不得其位，無制作之時，亦不得不從也。使夫子而得邦家，則將損益四代，以爲百王不易之法，不專於從周矣。

程子曰：「三讓者，不立一也，逃之二也，文身三也。」寅竊意求之，繼立以嫡，聞父喪而奔，身體不敢毀傷，萬世之通義也。泰伯胡爲而不然耶？蓋不立者，泰伯知王季之賢，又有文王之聖，必能基成王業，從而讓之，亦太王之志也。不奔父喪，非本心也，奔則王季辭立矣。太王欲立之而未有命，季歷必爲叔齊之事。逃而適他國足矣，必之荆蠻，斷髮文身而後已者，蓋不示以不可立則心不安，其位未定，終無以仁天下、繼父志而成其遠者大者也。三者，權也。夫泰伯之讓，上以繼太王之志，下以成王季之業，無非爲天下之公而不爲一身之私。其事深遠，民莫能測識而稱之，玆其德所以無得而加也。

此說亦是。但以天下讓，只依龜山說推本而言之爲是。所云不示以不可立，則王季之心不安而位未定，此意甚好。非惟說得泰伯之心，亦說得王季之心也。蘇子由云：「漢東海王以天下授顯宗，唐宋王成器以天下授玄宗，皆兄弟終身無間言，何必斷髮文身？」若使王季之心如漢顯宗、唐玄宗，則此說可也。若有叔齊之心，則不能一朝居矣。王季之賢，豈下叔齊也哉？然泰伯三讓，權而不失其正，是乃所以爲時中也，故夫子以至德稱之。

答黄直翁

衛君事，伯謨書中已略論之。徐思不奉父命而逃去，固爲未善，故程子亦以爲不可。但居勢如此，不逃却不得。如泰伯、王季之事，亦非常理，但變而不失其正耳。

答黄直翁

示喻「誠敬」異同之説，已具德功書中矣。且既曰「誠之者，擇善而固執之」，則敬者但可爲誠之之一事，不可專以敬爲誠之之道也。明道先生蓋舉其一事而言爾。大凡看文字，須認正意，不可如此支蔓，無了時也。

答曹子野駉

示及史記疑數條，熹向曾考證來了。功臣表與漢史功臣表，其户數先後及姓名多有不同。二史各有是非，當以傳實證之，不當全以史記所傳爲非真也。如淮陰爲連敖典客，漢史作票客，顏師古謂其票疾而以賓客之禮禮之。夫淮陰之亡，以其不見禮於漢也，蕭何追之而薦於漢王，始爲大將。若已以賓禮禮之，淮陰何爲而亡哉？此則史記之所載爲是。三代表是其疏謬處，無可疑者，蓋他説行不得。若以爲堯、舜俱出黄帝，是爲同姓之人，堯固不當以二女嬪于虞，舜亦豈容受堯二女而安於同姓之無别？又以爲湯與王季同世，由湯至紂凡十六傳。王季至武王纔再世爾，是文王以十五世之祖事十五世孫紂，武王以十四世祖而代之，豈不甚繆戾耶？通鑑先後之不同者，却不必疑，史家叙事，或因時而記之，或因事而見之。田和遷康公，通鑑載於安王十一年，是因時而紀之也。史記載於安王十六年，是因事而見之也，何疑之有？只有伐燕一節，史記以爲湣王，通鑑以爲宣王，史記却是考他源流來，通鑑只是憑信孟子。温公平日不喜孟子〔二九〕，到此又却信之，不知其意如何。張敬夫説通鑑有未盡處，似此一節亦是可疑。但二説今皆無所證，未知孰是孰非。更可反覆詳究，如有所見，却幸垂教。

校勘記

〔一〕答蔡季通元定　按此書又見續集卷二。

〔二〕勿令游嬉廢業爲幸　「爲」，原作「子」，據文意改。正訛則改作「千」。

〔三〕大兒不免令讀時文　「免」，原作「兒」，據正訛改。

〔四〕及昏旦夜半當中之月　「月」，正訛改作「星」。

〔五〕易圖甚精至千萬　按此段又見續集卷二。

〔六〕樂圖煩更問子本　「樂」原作「藥」，據續集卷二改。

〔七〕而調名之多　「名」原作「見」，據續集卷二改。

〔八〕以鳲鶚而笑鳳凰　底本原注云：「鳲鶚」，疑「鴟鴞」之誤。

〔九〕爨無欲清之人　「清」，原作「請」，據莊子人間世改。

〔一〇〕嘉量積黍數之前　「黍」，原作「處」，據正訛改。

〔一一〕公濟伯諫得書否至一本　按此段又見續集卷二。

〔一二〕與下章千二百枚之數　「二」原作「一」，據浙本改。宋史律曆志一〇正作「二」。

〔一三〕别後得到豐城及宜春書　按此句及其下一段，又見别集卷三。「後」下，别集有「只」字。

〔一四〕便覺前人闊略病敗　底本原注云：「前人」，疑當作「前日」。

〔一五〕向聞李先生説正如是　「向」原空，據正訛補。

〔一六〕建安吕□□書　「吕□□」，當是吕勝己，方士繇之舅。然於甥前不當竟斥其舅之名，故此處所空當是原稿如此。

〔一七〕萬曹二君却無此病也　此句下，淳熙本小注云：「曹建、萬人傑。」

〔一八〕與吴茂實　此篇又見卷五八答邊汝實。

〔一九〕答任伯起希夷　此篇又見卷五四答周叔謹。

〔二〇〕必以類至而已　「至」，浙本作「應」。

〔二一〕亦無一毫之不合　「一毫」，浙本作「毫髮」。

〔二二〕然謂越字與違别　「然」，疑當作「默」。

〔二三〕答江德功　題下，閩本有「亥十一月初五」六字；天順本「一」作「二」。

〔二四〕答江德功　淳熙本作「答建陽江默德言」。

〔二五〕老病之餘　「老」上，淳熙本有「熹」字。

〔二六〕未能往觀　「能」，淳熙本作「及」。

〔二七〕仰占天象之實　「占」，淳熙本作「觀」。

〔二八〕不欲盡以告人耳　此句下，淳熙本有「便還匆匆布此」六字。

〔二九〕温公平日不喜孟子　「日」，閩本、浙本、天順本均作「生」。

晦庵先生朱文公文集卷第四十五

書知舊門人問答

答虞士朋太中

「易有太極，是生兩儀」者，一理之判，始生一奇一偶，而爲一畫者二也。「兩儀生四象」者，兩儀之上各生一奇一偶，而爲二畫者四也。「四象生八卦」者，四象之上各生一奇一偶，而爲三畫者八也。爻之所以有奇有偶，卦之所以三畫而成者，以此而已。是皆自然流出，不假安排，聖人又已分明説破，亦不待更著言語别立議論而後明也。此乃易學綱領，開卷第一義，然古今未見有識之者。至康節先生，始傳先天之學而得其説，且以此爲伏羲氏之易也。説卦「天地定位」一章，先天圖乾一、兑二、離三、震四、巽五、坎六、艮七、坤八之序，皆本於此。若自八卦之上，又放此而生之，至于六畫，則八卦相重而成六十四卦矣。六十四卦之上，又放此而生之，至十二畫，則六十四卦相重而成四千九十六卦矣。焦貢易林是也。

剛柔雖若各有所偏，必相錯而後得中，然在乾、坤二卦之全體，當剛而剛，當柔而柔，則不待相錯而不害其爲全矣。其爻位之無過不及者，如乾、坤之二、五，亦不待相錯而不害其爲中矣。陰陽變化，而太極之妙無不在焉，於此蓋可見也。今謂乾剛坤柔，便有所偏，恐於二卦之彖及二、五之爻詞有不通者。其論四爻過不及之淺深，則爲精密，非它説之所及矣。

用九、用六，當從歐陽公説，爲揲蓍變卦之凡例。蓋陽爻百九十二，皆用九而不用七；陰爻百九十二，皆用六而不用八也。特以乾、坤二卦純陽純陰而居篇首，故就此發之，此歐陽公舊説也。而愚又嘗因其説而推之，竊以爲凡得乾而六爻純九，得坤而六爻純六者，皆當直就此例占其所繫之辭，不必更看所變之卦。左傳蔡墨所謂乾之坤曰「見羣龍无首」者，可以見其一隅也。蓋「羣龍无首」，即坤之「牝馬」、「先迷」也；「利永貞」，即乾之「不言所利」也。

學而首章甚善。但「學」之一字，實兼致知力行而言，不可偏舉。今所引顔子功夫，乃專爲力行事耳。

二章所謂「不失其愛敬之本心，則仁不可勝用」者，甚善。但有子亦據實理而正言之，非曲爲當世而發也。

巧言令色，求以悦人，則失其本心之德矣，不待利己害人然後爲不仁也。

「三年無改」，乃謝氏之説。其意美矣，然恐過之，不若游氏、尹氏之爲實也。

「無諂無驕」一章文義，東坡得之。蓋無諂無驕，隨事知戒，足以自守矣，然未見其於全體用功而有自得處也。樂與好禮，乃見其心之所存有非貧富之所能累者，此子貢所以有切磋琢磨之譬也。治骨角者既切而復磋之，治玉石者既琢而復磨之，皆先略而後詳、先粗而後精之意。大學乃斷章取義，不必引以爲説也。

「如愚」之説、「爲不知」之説、「焉得知」之説、「觀過」之説，皆恐失之過高，後亦多類此者。詳其意味，似從張無垢議論中來，其爲得失，非但訓詁文義之間而已。此須異日子細商量，今未敢容易説也。「一以貫之」，乃聖門末後親傳密旨，其所以提綱挈領、統宗會元，蓋有不可容言之妙。當時曾子默契其意，故因門人之問，便著「忠恕」二字形容出來，則其一本萬殊、脈絡流通之實益可見矣。然自秦漢以來，儒者皆不能曉。直至二程先生，始發明之，而其門人又獨謝氏、侯氏爲得其説。今不考焉，而但以「忘物我」者爲言，吾恐其失之遠也。況夫子以此語告子貢，乃因博學多識而發，其與忘物我者又有何關涉耶？

答虞士朋

昨承寄示趙倉易、論語說，足浣愁疾。易説簡易精密，不惟鄙意多所未及，警發之深，而近世諸儒説不到處亦甚多，甚不易其玩索至此，深恨未得一見，面扣其詳也。但象數乃作易根本，卜筮乃其用處之實，而諸儒求之不得其要，以至苛細繳繞，令人厭聽。今乃一向屏棄闊略，不復留意，却恐不見制作綱領、語意來歷，似亦未甚便也。昨於乾、坤二卦略記所疑之一二，今謾録呈，幸爲詳之。試因話次以盛意扣之，看有何説，却以見報。熹與之未相識，不欲遽相辯難，千萬不必云熹所説也。論語説有意古人爲己之學，意亦甚正，但覺看得張無垢文字太熟，用意太切，立説太高，反致失却聖人本指處多，今亦未欲遽論。二説謾往，并煩扣之，亦勿云熹所寄也。

答游誠之九言

示喻讀書玩理次第，甚慰所懷。但嚴立功程、寬著意思，久之自當有味，不可求欲速之功也。所論日用功夫，尤見其爲己之意。但心一而已，所謂覺者，亦心也。今以覺求心，以覺用心，紛拏迫切，恐其爲病不但揠苗而已。不若日用之間以敬爲主而勿忘焉，則自然本心不昧，隨物感通，不待致覺而無不覺矣。故孔子只言克己復禮，而不言致覺用敬；孟子只言操存舍亡，而不言覺存昧亡。謝先生雖喜以覺言仁，然亦曰心有知覺，而不言知覺此心也。請推此以驗之，所論得失自可見矣。若以名義言之，則仁自是愛之體，覺自是知之用，界分脈絡，自不相關。但仁統四德，故人仁則無不覺耳。然謝子之言，侯子非之，曰：「謂不仁者無所知覺則可，便以心有知覺爲仁則不可。」此言亦有味，請試思之。

克齋記近復改定，今别寫去。後面不欲深詆近世之失，「波動危迫」等語，皆已削去。但前所論性情脈絡、功夫次第，自亦可見底裏，不待盡言而後喻也。因見南軒，試更以此意質之，當有以相發明爾。

答游誠之

仁、覺之説，前書已詳報矣。此書所喻「惻隱似非出於覺」者，此語甚佳。但所謂「覺之一字未必不佳」者，鄙意亦非以覺爲不佳，但謂功夫用力處在敬而不在覺耳。上蔡云「敬是常惺惺法」，此言得之。但不免有便以惺惺爲仁之意，此則未穩當耳。所喻從前馳騖之過，此非明者不能自知，甚善。然既自知之，則亦自改之而已，它人不得而與也。窮理涵養，要當並進。蓋非稍有所知，無以致涵養之功；非深有所存，無以盡義理之奥。正當交相爲用，而各致其功耳。

答游誠之

心體固本靜，然亦不能不動；其用固本善，然亦能流而入於不善。夫其動而流於不善者，固不可謂心體之本然，然亦不可不謂之心也，但其誘於物而然耳。故先聖只説「操則存，存則靜，而其動也無不善矣。舍則亡，於是乎有動而流於不善者。出入無時，莫知其鄉」。出者亡也，入者存也，本無一定之時，亦無一定之處，特係於人之操舍如何耳。只此四句，説得心之體用始終、真妄邪正無所不備。又見得此心不操即舍、不出即入，別無閑處可安頓之意。若如所論，出入有時者爲心之正，然則孔子所謂出入無時者，乃心之病矣。不應却以「惟心之謂與」一句直指而總結之也。所答石、吕二書寫呈，但子約書中語尚有病，當時不暇子細剖析，明者擇焉可也。

答吴伯起

成都之諾，乃爾輕發，可怪。然亦在我者有以致之，但當自省，不當責人也。渠近辟韜仲不下，次第愈縮手矣。趙總卿頃得書，甚相念，不知所許竟如何。然吾之所謂義者無窮，而彼之具析體究對移者有盡，但十二時中常切照管，勿令有滲漏處，則彼之來者不足問矣。今人戚戚不能信命者，固無足道，然謂付之造物，亦非極摯之語。此處儘要見得分明，便不動心，不可只靠一言半句海上單方便以爲足。恐事變之來抵當不去，恐成好笑也。

答吴伯起

且審聞善感發，判然義利之間，衰懦之餘，警省多矣。然一時意氣易得消歇，正要朝夕講求義理以培植之，不可專恃此便爲究竟也。

答歐陽慶似光祖

頃在里中，雖屢獲見，而常苦匆匆，不及盡所欲言，然已固知所志之不凡矣。今辱惠問，乃慨然有志於學，甚善甚善。抑嘗病今之學者不知古人爲己之意，不以讀書治己爲先而急於聞道，是以文勝其質，言浮於行，而終不知所底止。方竊以是反而求之，而未之有得也，愧辱下問之勤，無以稱塞，敢私布之，不識明者謂之然否？

答歐陽慶似

所需序文，迫歲冗甚，不暇執筆。然爲學治己之方，前此講之熟矣。當官之務，推此而達之，則奉法愛民，不求聞達，皆吾分内事耳。此固不待拙者之言，又況其外之文乎？呂氏童蒙訓下卷論守官之法，亦頗明備，暇日更試考之，當有益也。

答嚴居厚士敦

示喻進學加功處，甚善。觸事未能不爲事物所奪，只是未遇事時存養未熟，所以如此。然又别無他歧，不可欲速，但常存此心，勿令間斷，講明義理以栽培之，則久當純熟明快矣〔一〕。科舉之習，前賢所不免，但循理安命，不追時好，則心地恬愉，自無怵迫之累。昨見所論三子具體而微，似未免太徇時好。然務爲奇險，反使詞義俱不通暢。久欲奉告而未及也，因此布陳，僭易僭易。

别紙喻及養氣之説，足見講學不倦之意。但此章文義正自難明，且當虚心平氣，反復諷誦，久當有味。今以迫切之心求之，正猶治絲而棼之，雖欲彊爲之説，終非吾心所安，穿鑿支離，愈叛於道矣。今且據來喻而略言之：「縮」字訓「直」，禮書如此處多，先儒之言，似不可易。「壹」字非訓「一」，便只是「一」字，乃「專一」之意耳。記得程先生有説：「志專在淫僻，豈不動氣？氣專在喜怒，豈不動志？」試以是思之，知言則知義理之所在，無毫釐之差，故日用之間有以集義而生浩然之氣。「詖淫邪遁」四字有次序，而無彼此之分。如楊、墨、釋、老之言，無不具此四者，然今亦未易遽論也。請且如前説，反復玩味，要之以久，自當釋然有解悟處。不必廣求，徒勞日力，只二先生有説處，抄出同看可也。

答丘子野

示喻「觀」、「玩」之别，想已有成説。兹因下問之及，嘗竊思之，敢布左右。蓋易有象，八卦六爻。然後有辭；卦爻之辭。筮有變，老陰老陽。然後有占。變爻之辭。象之變也，在理而未形於事者也；辭則各因象而指其吉凶；占則又因吾之所值之辭而決焉，其示人也益以詳矣。故君子居而學易，則既觀象矣，又玩辭以考其所處之當否；動而諏筮，則既觀變矣，又玩占以考其所值之吉凶。善而吉者則行，否而凶者則止。是以動静之間，舉無違理，而「自天祐之，吉無不利」也。蓋「觀」者一見而決，「玩」者反復而不舍之辭也。

筮短龜長之説，惟見於左氏元凱之注，理固有之。但先王制卜筮之法至嚴至敬，虚其心以聽於鬼神，專一則應，疑貳則差。故禮曰「卜筮不相襲」，蓋爲此也。晉獻之欲立驪姬，以理觀之，不待卜而不吉可知。及其卜之不吉也，則亦深切著明已矣，乃不勝其私意而復筮之，是以私心爲主而取必於神明也，豈有感通之理哉？此所以筮之雖吉，而卒不免於凶也。今不推其所以聽於鬼神者之不專不一，而遽欲即此以校龜筮之短長，恐未免乎易其言之責也。

理則一而已矣，其形者則謂之器，其不形者則謂之道。然而道非器不形，器非道不立。蓋陰陽亦器也，而所以陰陽者道也。是以一陰一陽，往來不息，而聖人指是以明道之全體也。此「一陰一陽之謂道」之説也，不審高明以爲然否？

答丘子服膺

「寵辱若驚，貴大患若身」，貴猶重也，言寵辱細故，而得之猶若驚焉，若世之大患，則尤當貴重之而不可犯，如愛其身也。寵爲下者，寵人者上於人者也，寵於人者下於人者也，是辱固不待言，而寵亦未足尚。今乃得之而猶若驚，而況大患與身爲一，而可以不貴乎？若使人於大患皆若其將及於身而貴重之，則必不敢輕以其身深預天下之事矣。得如是之人而以天下托之，則其於天下必能謹守如愛其身，而豈有禍敗之及哉？老子言「道之真，以治身」，又言「身與名孰親」，而其言「外其身」、「後其身」者，其實乃所以先而存之也，其愛身也至矣。此其學之傳所以流而爲楊氏之「爲我」也。蘇子由乃以「忘身」爲言，是乃佛家夢幻泡影之遺意，而非老氏之本真矣。

答丘子服

兩日連得手示爲慰。「貴大患」，如此説固好，但後一「貴」字别爲一義，似未安耳。「出生入死」章，諸家説皆不愜人意，恐未必得老子本指。今只自「夫何故」以下看，則語意自分明。蓋言人所以自生而趨死者，以其生生之厚耳。聲色臭味、居處奉養、權勢利欲，皆所以生之者，惟於此太厚，所以物得而害之。善攝生者遠離此累，則無死地矣。此却只是目前日用事，便可受持，他既難明，似亦不必深究也，如何如何？

答李深卿 泳

昨擇之持示别紙，教告甚悉。時亦不暇奉報，然因其行，嘗口附區區，不知高明以爲然否？夫儒釋正邪之異，未易以口舌爭，但見得分明，則觸事可辨。今未暇遠引，且以來教所舉中庸首章論之，則吾之所謂一者彼以爲二，吾之所謂實者彼以爲虚，其邪正得失於此已判然矣。然世之學者於吾學初未嘗端的用功，而於彼説顧嘗著力研究，是以於彼説日見其高妙，而視吾學爲不足爲。陷溺益深，則遂不復自知其爲陷溺。是雖以孟子之辨守而告之，恐未易拔，而況今日才卑德薄之人乎？然有一於此，疑若可救：蓋天理人心，自有至當，我順彼逆，體勢不侔。是以爲吾學者深拒力排，未嘗求合於彼；而爲彼學者支辭蔓説，惟恐其見絶於我。是於其心疑亦有所不安矣。誠如是也，則莫若試於吾學，求其所以用力者，如往時之一意於彼而從事焉。假以歲時，不使間斷，則庶乎其可以得本心之正而悟前日之非矣。

所論不當啓後學輕視前輩之弊，此則至論，敢不承教。然觀聖賢議論，雖未嘗不推尊前輩，而其是是非非之際，亦未嘗有毫髪假借之私。若孟子之論伊尹、夷、惠，抑揚其辭，不一而足，亦可見矣。若吕氏之學，在近世則亦近正矣，然觀正獻對神祖空寂之問，則以堯舜所知所急爲兩途；觀原明述正獻學佛之事，則見正獻所學所言爲二致。諸若此類，不可殫舉。蓋猶未免於習俗之蔽，而以前輩之故一例推尊，禁不得復議其失，是孔子不當論臧文仲之不仁不智，且當直許子文、文子以仁然後爲可也。擇之講論精密，務求至當，似未爲過，但其間却實不免有輕視前輩之心，此則不可。去年因書蓋嘗箴之，正如老兄之意，但不敢謂緣此都不得別白是非也。

凡此二條，皆近世學者深錮之弊，是以因來喻之及而極論之。願試以愚言思之，一事正則其餘皆正矣。蓋理無二致，非如老兄所論中庸首章三句别爲兩事，與吕氏所知所急、所學所言有彼此之殊也。鄙見如此，或有未當，因來却望見教，勿憚反復。不有益於彼，則必有益於此矣。千萬，至懇至懇。

答胡寬夫

示喻疑義數條，足見别後進學之篤，甚慰甚慰。大概如此看，更須從淺近平易處理會、應用切身處體察，漸次接續，勿令間斷，久之自然意味浹洽，倫類貫通。切不可容易躁急，厭常喜新，專揀一等難理會、無形影底言語暗中想像，杜撰穿鑿，枉用心神，空費日力。更勿與人辨論釋氏長短，自家未有所見，判斷它不得，況廢却自家合做底緊切工夫，却與人爭一場閑口舌，有損無益，尤當深戒也。主一之功，學者用力切要處，承於此留意，甚善。但其它推説，似太汗漫，多病痛。以熹觀之，似不必如此。只就如今做書會處理會，便見漸次。大抵自家所看文字，及提督學生工夫，皆須立下一定格目，格目之内常切存心，格目之外不要妄想，如看論語，今日看到此段，即專心致意只看此段，後段雖好，且未要看。直待此段分曉，説得反復不差，仍且盡日玩味。明日却看後段。日用凡事皆如此，以類推之可見。不然，雖是好事，亦名妄想。此主一之漸也。若不如此，方寸之間，頃刻之際，千頭萬緒，卒然便要主一，如何按伏得下？試更思之。「我不欲人之加諸我，吾亦欲無加諸人」，與子思所謂「施諸己而不願，亦勿施於人」，此言且只各就本句中體味踐履，久之純熟，自見淺深〔二〕。今亦不須彊分别也。大抵學者之患在於好談高妙，而自己脚根却不點地，正所謂道在邇而求諸遠、事在易而求諸難也。大學解想亦看未到，四哥又自有日課，不欲妨它。教人者須常存此心。郭子和中庸，頃曾見之，切不可看，看著轉迷悶也。其它所欲文字，合用者前已附去，其他非所急者更不上内，想自曉此意。千萬息却此心，且就日課中逐些理會，慤實踐履，方有意味，千萬千萬。後生輩誦書，亦如吾人講學，只是量力，不要貪多。仍須反覆熟讀，時時温習，是要法耳。

答吴德夫獵

承喻「仁」字之説，足見用力之深。熹意不欲如此坐談，但直以孔子、程子所示求仁之方，擇其一二切於吾身者，篤志而力行之，於動静語默間，勿令間斷，則久久自當知味矣。去人欲，存天理，且據所見去之存之，功夫既深，則所謂似天理而實人欲者次第可見。今大體未正而便欲察及細微，恐有放飯流歠而問無齒決之譏也。如何如何？「易」之爲義，乃指流行變易之體而言。此體生生，元無間斷，但其間一動一静相爲始終耳。程子曰：「上天之載，無聲無臭，其體則謂之易，其理則謂之道，其用則謂之神。」正謂此也。此體在人，則心是已。其理則所謂性，其用則所謂情，其動靜則所謂未發已發之時也。此其爲天人之分雖殊，然靜而此理已具，動而此用實行，則其爲易一也。若其所具之理、所行之用合而言之，則是易之有太極者。昨來南軒嘗謂太極所以明動靜之蘊，蓋得之矣。來喻以不易變易爲未發已發，恐未安。試以此説推之，非惟見得「易」字意義分明，而求仁用力要處亦可得矣。

答楊子直方

承喻太極之説，足見用力之勤，深所歎仰。然鄙意多所未安，今且略論其一二大者，而其曲折則託季通言之。

蓋天地之間，只有動靜兩端，循環不已，更無餘事，此之謂易。而其動其靜，則必有所以動靜之理焉，是則所謂太極者也。聖人既指其實而名之，周子又爲之圖以象之，其所以發明表著，可謂無餘藴矣。原「極」之所以得名，蓋取樞極之義，聖人謂之「太極」者，所以指夫天地萬物之根也。周子因之而又謂之「無極」者，所以著夫無聲無臭之妙也。然曰無極而太極，太極本無極，則非無極之後別生太極，而太極之上先有無極也。又曰五行陰陽，陰陽太極，則非太極之後別生二五，而二五之上先有太極也。以至於成男成女，化生萬物，而無極之妙蓋未始不在是焉。此一圖之綱領，大易之遺意，與老子所謂物生於有，有生於無，而以造化爲真有始終者正南北矣。來喻乃欲一之，所以於此圖之説多所乖礙而不得其理也。

熹向以太極爲體、動靜爲用，其言固有病，後已改之曰「太極者，本然之妙也；動靜者，所乘之機也」，此則庶幾近之。來喻疑於體用之云甚當，但所以疑之之説，則與熹之所以改之之意，又若不相似然。蓋謂太極含動靜則可，以本體而言也。謂太極有動靜則可，以流行而言也。若謂太極便是動靜，則是形而上下者不可分，而「易有太極」之言亦贅矣。其它，則季通論之已極精詳，且當就此虚心求之，久當自明，不可別生疑慮，徒自繳繞也。

「持敬」之説，不必多言，但熟味「整齊嚴肅」、「嚴威儼恪」、「動容貌」、「整思慮」、「正衣冠」、「尊瞻視」此等數語而實加功焉，則所謂直内、所謂主一，自然不費安排而身心肅然，表裏如一矣。豈陸棠之謂哉？彼其挾詐欺人，是乃敬之賊耳。今反以敬之名歸之，而謂敬之實真有不足行者，豈不誤甚矣哉！大抵身心内外，初無間隔。所謂心者固主乎内，而凡視聽言動、出處語默之見於外者，亦即此心之用而未嘗離也。今於其空虚不用之處則操而存之，於其流行運用之實則棄而不省，此於心之全體雖得其半而失其半矣。然其所得之半，又必待有所安排布置然後能存，故存則有揠苗助長之患，否則有舍而不芸之失。是則其所得之半，又將不足以自存而失之。孰若一主於敬而此心卓然，内外動静之間，無一毫之隙、一息之停哉？叔京來書尚執前説，而來喻之云亦似未見内外無間之實，故爲此説，并以寄叔京，而所以答叔京者亦并寫呈。幸詳思之，却以見告也。

答楊子直

來書譙責不少置，不記前書云何，何所得罪，一味皇恐而已。但來書既云「鐫責諄切」，其後又謂「不教而棄之」，殊不可曉。如前書尚在，望令小吏録以見寄〔三〕，當一一供答，以聽裁處。熹却自覺尚且耐煩，不至如老兄激發怨懟之深也。且如向來出川時所予書，無非怨懟之語，此非怨熹之詞，想自記得。故竊疑之，以爲士君子去就離合之際不當如此，因答書中頗致寬解之詞，未有相貶外處。如後來見教政事條目，其間亦有一二心未安處，故因筆自解，即非相貶外。不知今來所謂「貶外」是指何語？恐實有之而熹不自覺者，即望一二疏示，容其改過，幸甚幸甚。

且如今書「四子」之説，極荷見教。然此書之目，只是一時偶見，大學太薄，裝不成册，難作標題，故如此寫，亦欲見得四書次第，免被後人移易顛倒。只如大學，據程先生説乃是孔氏遺書，而謂其他莫如論、孟，則其尊之固在論語之右，非熹之私説矣。今必欲抑之而尊論語，復何説乎？竊恐此意未必爲大學壓論語發，恐又只是景迂作祟，意欲擯斥孟子耳。萬一揣料失當，所言非是，亦告且爲平心息怒，子細見教，使得反復，以究實是之歸，幸甚幸甚。

平時與老兄講論，常是不曾合殺，只被中間一句不合尊意，便蒙見怒，更不暇復論前語之是非，而一向且爭閑氣。所以老兄見教之美意，與區區獻疑之誠懇，皆不見其有益，而反積爲後日無窮之怨隙。所謂「忠告善道，不可則止」者，豈若是乎？世衰道喪，吾黨日孤，見自無事，不要似此尋事廝炒，使旁觀指目，益爲道學之病，乃是助彼自攻，古人所謂將鬬而自斷一手以求必勝者也。願老兄自今或有異同之論，且耐煩息怒而極論理之是非，則理日益明，氣日益和，雖使十反，極其紛拏，亦自無忿懟之撓矣。老兄見責不能受人盡言，而前後怨忿之詞至於如此，請出兩家之書付之識者，使其審訂，則誰爲不能受言者，必有在矣。王肅方於事上而好人佞己，此不絜矩之過也，願更思之。下交淺劣，不勝至望。

答楊子直

學者墮在語言，心實無得，固爲大病，然於語言中罕見有究竟得徹頭徹尾者，蓋資質已是不及古人，而工夫又草草，所以終身於此若存若亡，未有卓然可恃之實。近因病後不敢極力讀書，閑中却覺有進步處，大抵孟子所論「求其放心」是要訣爾。

答楊子直

前日晦伯人還，已上狀矣。但忘記一事，欲煩爲作小楷四箴百十字。今納界行去，暇日得爲揮染，甚幸。此箴舊見只是平常説話，近乃覺其旨意之精密，真所謂「一棒一條痕〔四〕、一摑一掌血」者，故欲揭之座隅，使不失墜云耳。時節不是當，字學亦絶，故又欲得妙札，時以寓目，以祛病思，幸勿靳也。

答楊子直此庚申閏二月二十七日書，去夢奠十二日。

熹病日覺沉重，而醫者咸以爲可治，但服藥殊不見效，亦付之無可奈何，安坐拱手，以聽天命耳。曾光祖在此備見，當能道之也。此間諸況曲折，亦不暇詳布，渠亦可問也。

前書所求妙札，曾爲落筆否？便中早得寄示爲幸。近以書懇益公，求作先人墓碑，不知渠肯作否？若肯作又并書，即不敢奉浼，不然又當有請也。夏小正文已編入禮書，但所見數本率多舛誤，所示未暇參考，少俟功夫，子細校畢，即納還也。四民月令，亦見當時風俗及其治家齊整，即以嚴致平之意推尋也，亦俟抄了并納還。不知近日更得何異書？便中望見告。此却亦讀得舊書，但鍛鍊得愈純熟，亦頗有實用，不專是空言也。此間新定參同契，曾寄去否？如未有，可喻及，當續致也。此書理會他下手處不得，但愛其文古雅，因校此本，買櫝還珠，甚可笑也。

光祖家有泉石頗佳，已屬令去求詩，能爲出數語否？王才臣寄示所得諸圖，幽閒淡泊，彼間風俗嗜好不同，未必識此味也。

答呂季克

承示及環叟之書，粗釋所疑。此公舊亦聞之，平父、伯崇皆與之相識，然不聞其爲濂溪家子弟也。其所著書乃如此，若原説者，則可謂青過於藍矣。道學不明，異端競起，士雖有意於學，而浮沉世故，不能篤信聖言，躬行默體，以至不疑之地，鮮有不没溺者，甚可歎也。八桂久不得書，昨亦見其所與尊兄書論原説者，大意甚正，但似未究其巧譎之情耳。

答廖子晦德明

德明舊嘗極力尋究，於日用事上若有所感〔五〕，而知吾身之具有者，廣大虚靜，範圍天地，根本萬物，易所謂「寂然不動」〔六〕、中庸所謂「喜怒之未發」者是也〔七〕。德明將以此爲大本，漸加脩治之功，未知所見是否？

聖門之學，下學而上達，至於窮神知化，亦不過德盛仁熟而自至耳。若如釋氏理須頓悟，不假漸脩之云，則是上達而下學也，其與聖學亦不同矣。而近世學者每欲因其近似而説合之，是以爲説雖詳、用心雖苦而卒不近也。中庸所謂「喜怒哀樂之未發謂之中，發而皆中節謂之和」，只是説情之未發，無所偏倚。當此之時，萬理畢具，而天下萬物無不由是而出焉。故學者於此涵養栽培，而情之所發自然無不中節耳。故又曰「中者，天下之大本；和者，天下之達道」。此皆日用分明底事，不必待極力尋究，忽然有感，如來喻之云然後爲得也。必若此云，則是溺於佛氏之學而已。然爲彼學者自謂有見，而於四端五典、良知良能、天理人心之實然而不可易者，皆未嘗略見仿佛，甚者披根拔本，顛倒錯繆，無所不至。則夫所謂見者，殆亦用心太過〔八〕，意慮泯絶，恍惚之間，瞥見心性之影象耳。與聖門真實知見、端的踐履，徹上徹下一以貫之之學，豈可同年而語哉？

程子以敬教人，自言主一之謂敬，不之東又不之西，不之此又不之彼，如此則何時而不存？然欲到得此功夫，須如釋氏攝心坐禪始得。德明又慮至此成正與助長，故近日又稍體究「禮樂不可斯須去身」之説。蓋禮則嚴謹，樂則和樂，兩者相須而後能。故明道先生既以敬教人，又自謂於外事思慮儘悠悠。又曰：「既得後便須放開，不然却只是守。」故謝子因之爲「展托」之論。德明又恐初學勢須把持，未敢便習展托。於斯二者，孰從孰違？雖然，是固操存舍亡之意，而孔氏教人求仁爲先。竊謂仁，人心也。克己之私而循天之理，則本心之仁得矣，夫復何事？嘗試求之，覺得難甚。先難後獲，寧不信然？

二先生所論「敬」字，須該貫動靜看方得。夫方其無事而存主不懈者，固敬也；及其應物而酬酢不亂者，亦敬也。故曰：「毋不敬，儼若思。」又曰：「事思敬，執事敬。」豈必以攝心坐禪而謂之敬哉？禮樂固必相須，然所謂樂者，亦不過謂胸中無事而自和樂耳，非是著意放開一路而欲其和樂也。然欲胸中無事，非敬不能。故程子曰「敬則自然和樂」，而周子亦以爲禮先而樂後，此可見也。「既得後須放開，不然却只是守」者，此言既自得之後，則自然心與理會，不爲禮法所拘而自中節也。若未能如此，則是未有所自得，纔方是守禮法之人爾。亦非謂既自得之，又却須放教開也。克己復禮，固非易事，然顔子用力乃在於視聽言動、禮與非禮之間，未敢便道是得其本心而了無一事也。此其所以先難而後獲歟？今言之甚易，而苦其行之之難，亦不考諸此而已矣〔九〕。

明道先生云：「『鳶飛戾天，魚躍于淵』，言其上下察也，與『必有事焉而勿正心』同。」德明竊謂萬物在吾性分中，如鑑中之影，仰天而見鳶飛，俯淵而見魚躍，上下之見，無非道體之所在也。方其有事而勿正之時，必有參乎其前而不可致詰者。鳶飛魚躍，皆其分内耳。活潑潑地，智者當自知之。

鳶飛魚躍，道體無乎不在。當勿忘勿助之間，天理流行正如是爾。若謂萬物在吾性分中，如鑑之影，則性是一物，物是一物，以此照彼，以彼入此也。横渠先生所謂「若謂萬象爲太虚中所見，則物與虚不相資，形自形，性自性」者，正譏此爾。

夫子告子路曰：「未能事人，焉能事鬼？未知生，焉知死？」意若曰：知人之理則知鬼之理，知生之理則知死之理，存乎我者，無二物也。故正蒙謂「聚亦吾體，散亦吾體，知死而不亡者，可與言性矣。」竊謂死生鬼神之理，斯言盡之。君子之學，汲汲修治，澄其濁而求清者，蓋欲不失其本心，凝然而常存，不爲造化陰陽所累。如此，則死生鬼神之理將一於我，而天下之能事畢矣。彼釋氏輪回之説，安足以語此？

盡愛親、敬長、貴貴、尊賢之道，則事鬼之心不外乎此矣。知乾坤變化、萬物受命之理，則生之有死可得而推矣。夫子之言固所以深曉子路，然學不躐等，於此亦可見矣。近世説者多借先聖之言以文釋氏之旨，失其本意遠矣。

德明伏讀先生太極圖解義第二章曰：「動而生陽，誠之通也。繼之者善，萬物之所資始也。静而生陰，誠之復也。成之者性，萬物各正其性命也。」德明謂無極之真，誠也，動而生陽，静而生陰，動静不息，而萬物繼此以出，與因此而成者，皆誠之著。固無有不善者，亦無非性也，似不可分陰陽而爲辭。如以資始爲繫於陽，以正性命爲繫於陰，則若有獨陽而生、獨陰而成者矣。詳究先生之意，必謂陽根於陰、陰根於陽，陰陽元不相離。如此，則非得於言表者不能喻此也。

繼善、成性分屬陰陽，乃通書首章之意，但熟讀之，自可見矣。蓋天地變化不爲無陰，然物之未形則屬乎陽。物正其性不爲無陽，然形器已定則屬乎陰。嘗讀張忠定公語云：「公事未著字以前屬陽，著字以後屬陰。」似亦窺見此意。

答廖子晦

德明平日鄙見，未免以我爲主。蓋天地人物，統體只是一性。生有此性，死豈遽亡之？夫水有所激與所礙則成漚，正如二機闔闢不已，妙合而成人物。夫水固水也，漚亦不得不謂之水，特其形則漚，滅則還復是本水也。人物之生，雖一形具一性，及氣散而滅，還復統體是一而已，豈復分别是人是物之性？所未瑩者，正惟祭享一事推之未行。若以爲果饗耶，神不歆非類，大有界限，與統體還一之説不相似。若曰饗與不饗蓋不必問，但報本之道不得不然，而詩、書却明言「神嗜飲食」、「祖考來格」之類，則又極似有饗之者。竊謂人雖死無知覺，知覺之原仍在。此以誠感，彼以類應。若謂盡無知覺之原，只是一片太虛寂，則似斷滅無復實然之理，亦恐未安。君子曰終，小人曰死，則智愚於此亦各不同。故人不同於鳥獸草木，愚不同於聖，雖以爲公共道理，然人須全而歸之，然後足以安吾之死。不然，則人何用求至賢聖，何用與天地相似？倒行逆施，均於一死而不害其爲人，是直與鳥獸禽魚俱壞，懵不知其所存也。

死生之論，向來奉答所諭「知生事人」之問已發其端。而近答嵩卿書，論之尤詳。意明者一讀，當已洞然無疑矣。而來書之諭，尚復如此。雖其連類引義，若無津涯，然尋其大指，則皆不出前此兩書所論之中也。豈未嘗深以鄙説思之，而直以舊聞爲主乎？既承不鄙，又不得不有以奉報，幸試思之。

蓋賢者之見所以不能無失者，正坐以我爲主、以覺爲性爾。夫性者，理而已矣。乾坤變化，萬物受命，雖所禀之在我，然其理則非有我之所得私也。所謂「反身而誠」，蓋謂盡其所得乎己之理，則知天下萬物之理初不外此，非謂盡得我之知覺，則衆人之知覺皆是此物也。性只是理，不可以聚散言。其聚而生、散而死者，氣而已矣。所謂精神魂魄有知有覺者，皆氣之所爲也。故聚則有，散則無。若理則初不爲聚散而有無也。但有是理，則有是氣。苟氣聚乎此，則其理亦命乎此耳，不得以水漚比也。

鬼神便是精神魂魄。程子所謂「天地之功用、造化之迹」，張子所謂「二氣之良能」，皆非性之謂也。故祭祀之禮，以類而感，以類而應。若性則又豈有類之可言耶？然氣之已散者，既化而無有矣，其根於理而日生者，則固浩然而無窮也。故上蔡謂「我之精神，即祖考之精神」，蓋謂此也。

然聖人之制祭祀也，設主立尸，焫蕭灌鬯，或求之陰，或求之陽，無所不用其極，而猶止曰「庶或享之」而已。其至誠惻怛、精微恍惚之意，蓋有聖人所不欲言者，非可以世俗粗淺知見執一而求也。豈曰一受其成形，則此性遂爲吾有，雖死而猶不滅，截然自爲一物，藏乎寂然一體之中，以俟夫子孫之求而時出以饗之耶？必如此說，則其界限之廣狹、安頓之處所，必有可指言者。且自開闢以來，積至于今，其重併積疊，計已無地之可容矣。是又安有此理耶？且乾坤造化，如大洪爐，人物生生，無少休息，是乃所謂實然之理，不憂其斷滅也。今乃以一片大虚寂目之，而反認人物已死之知覺，謂之實然之理，豈不誤哉？

又聖賢所謂歸全安死者，亦曰無失其所受乎天之理，則可以無愧而死耳。非以爲實有一物可奉持而歸之，然後吾之不斷不滅者得以晏然安處乎冥漠之中也。夭壽不貳，脩身以俟之，是乃無所爲而然者。與異端爲生死事大、無常迅速然後學者，正不可同日而語。今乃混而言之，以彼之見爲此之說，所以爲説愈多而愈不合也。

凡此皆亦粗舉其端，其曲折則有非筆舌所能盡者。幸併前兩説參考而熟思之，其必有得矣。若未能遽通，即且置之，姑即夫理之切近而平易者，實下窮格工夫，使其積累而貫通焉，則於此自當曉解，不必別作一道理求也。但恐固守舊説，不肯如此下工，則拙者雖復多言，終亦無所補耳。

答廖子晦

德明自得賜誨，日夕不去手，紬繹玩味，未能盡究，亦嘗隨所知而爲之説。蓋天人無二理，本末無二致，盡人道即天道亦盡，得於末則本亦未離。雖謂之聖人，亦曰人倫之至而已。佛氏離人而言天，歧本末而有所擇，四端、五常之有於性者，以爲理障；父子、君臣、夫婦、長幼所不能無者，以爲緣合；甚則以天地、陰陽、人物爲幻化，未嘗或過而問焉，而直語太虚之性。夫天下無二理，豈有天人本末輒生取舍而可以爲道乎？夫其所見如此，則亦偏小而不全矣，豈所謂徹上徹下、一以貫之之學哉？聖門下學而上達，由灑掃、應對、進退而往，雖飲食男女，無所不用其敬。蓋「君子之道費而隱」，費即日用也，隱即天理也。即日用而有天理，則於君臣、父子、夫婦、長幼之間，應對、酬酢、食息、視聽之頃，無一而非理者，亦無一之可紊。一有所紊，天理喪矣。故君子無所不用其敬。由是而操之固、習之熟，則隱顯混融、内外合一而道在我矣。佛者烏足以語是哉！佛氏之所謂悟，亦瞥見端倪而已。天理人心，實然而不可易者，則未嘗見也。其所謂脩，亦攝心寂坐而已。棄人倫，滅天理，未見其有得也。此先生所以謂其卒不近也。

喜怒哀樂之未發，即寂然不動者是也。即此爲天地之心，即此爲天地之本。天下無二本，故乾坤變化，萬類紛揉，無不由是而出。而形形生生，各有天性，此本末之所以不可分也。得其靈而爲人，而於四者之際淵然而虛靜，若不可以名言者。而子思以其無所偏倚而謂之中，孟子以其純粹而謂之善，夫子即謂生生之體而言之以仁，名不同而體一，亦未嘗離於日用之間。此先生所以謂其分明不待尋究者也。

某昔者讀紛然不一之書而不得其要領，泛觀乎天地陰陽、人物鬼神而不能一，在邇求遠，未免有極力尋究之過。亦嘗聞於龜山先生之説曰：「未言盡心，先須理會心是何物。若體得了然分明，然後可以言盡。」某前日之説，正坐是也。然道無須臾可離，日用昭昭，奚俟於尋究？此先生所爲丁寧開諭，某敢不敬承。

至於鑑影之惑，非先生之教幾殆也。某昔者閒居默坐，見夫所謂充周而洞達者，萬物在其中，各各呈露，遂以鑑影之譬爲近，故推之而爲鳶魚之説，竊以爲似之。先生以太虛萬象而闢其失，某讀之久，始大悟其非。若爾，則鳶魚、吾性分爲二物矣。詳究先生之意，蓋鳶魚之生，必有所以爲鳶魚者，此道體之所在也。其飛其躍，豈鳶魚之私，蓋天理發越而不可已也。「勿忘」、「勿助長」之間，天理流行，無纖毫之私，正類是，此明道先生所以謂之同。某鄙見如此，未知合於先生之意否乎？其它死生鬼神之說，須俟面求教誨。

來喻一一皆契鄙懷，足見精敏，固知前此心期之不謬也。其間尚一二未合，亦非大故。屬此客中冗冗，未及一二條對。更願益加辨學之功，所見當漸真實也。

答廖子晦〔一〇〕

所諭詩說，先儒本謂周公制作時所定者爲正風、雅，其後以類附見者爲變風、雅耳，固不謂變者皆非美詩也。大序之文，亦有可疑處，而小雅篇次尤多不可曉者，此未易考。但聖人之意，使人法其善、戒其惡，此則炳如日星耳。今亦不須問其篇章次序、事實是非之如何，但玩味得聖人垂示勸戒之意，則詩之用在我矣。鄭、衛之詩，篇篇如此，乃見其風俗之甚不美。若止載一兩篇，則人以爲是適然耳。大抵聖人之心寬大平夷，與今人小小見識、遮前掩後底意思不同。此語亦卒乍與人説不得，且徐思之，俟它日面講也。

答廖子晦

乾之四德，以貞配冬，無可疑。人之四德，以智配冬，猶未瑩。豈以一歲之功、萬物之成畢見於此，如智之明辨者乎？

智主含藏分别，有知覺而無運用，冬之象也。

以五常之道配五典之倫，則仁行於父子，義行於君臣，禮行於長幼，智行於夫婦，智所以别。信行於朋友，皆不易之定理。中庸或問首章不以禮主長幼、智主夫婦，何也？豈以禮與智通行無間，不當指定分配也歟？

智字分配，似稍費力，正不必如此牽合也。

「一陰一陽之謂道」，其在人者不越仁義兩端而已。陽爲仁，陰爲義，自此推之四端。竊謂禮亦陽德，仁之屬也；智亦陰德，義之屬也。如火木皆陽、水金皆陰之類。不識然否？

此段無可疑者。

德明讀先生詩傳，極有感發，始知詩真可以興也。所疑正變風雅，已荷開曉，又見教讀書之説，且云「聖人之心寬大平夷，與今人小小見識、遮前掩後底意不同」。夫温柔敦厚、寬大平夷，固詩之教，求諸緑衣、終風、柏舟、考槃，尤曉然可見。但所謂「小小見識、遮前掩後」者，不知所主何意？於詩何與？豈只以所載刺詩有淫褻不可告語者，聖人亦存而不删也耶？所疑未得，伏乞批誨。

鄙意初亦正謂如此，但寬大平夷，亦舉大體而言，不專指此一類也。

答廖子晦

熹頓首再拜：使至奉告，欣審比日秋清，尊履佳福。熹此諸況，已具平父書中矣。輕犯世禍，非欲如此，顧恐邂逅蹉跌，亦非所能避耳。要之惟是不出，可以無事。一行作吏，便如此計較不得，才涉計較回互，便是私意也。劉家大哥聞甚知好學，皆教導之力，感不可言。此衰拙之任，而老兄當之，其效又如此，爲幸甚矣。行期想有定論，渠家叔姪意甚拳拳也。

問及學舍次第，此間事既隔手，又生徒希少，殊不成次第，無可言者。然亦未嘗不告之以窮理脩身之事，但無緣朝夕與之親接，又其間知爲己求益者絶少，故亦無以用其力耳。論語集注已移文兩縣，并作書囑之矣。今人得書不讀，只要賣錢，是何見識？苦惱殺人，奈何奈何！余隱之所刊，聞之已久，亦未之見。此等文字不成器，將來亦自消滅，不能管得也。鄭台州奇禍可駭，天意殊不可曉，令人憂懼。人還草此，未暇它及。惟千萬自愛，不宣。

熹再拜上問，慈闈安問日至。作肅家事處置甚善，示及疑義，各以鄙見條析。但宗法從來理會不分明，此間又無文字檢閲，恐只依鄭氏舊説，亦自穩當也。

答廖子晦

所論易傳「無妄」之説，甚善，但所謂「雖無邪心而不合正理」者，實該動静而言，不專爲莊敬持養、此心既存設也。蓋如燕居獨處之時，物有來感，理所當應，而此心頑然固執不動，則此不動處便非正理。又如應事接物處理當如彼，而吾所以應之者乃如此，則雖未必出於血氣人欲之私，然只似此，亦是不合正理。既有不合正理，則非邪妄而何？恐不必言未免紛擾，敬不得行，然後爲有妄之邪心也。

所論近世識心之弊，則深中其失。古人之學所貴於存心者，蓋將即此而窮天下之理；今之所謂存心者，乃欲恃此而外天下之理。其得失之端，於此亦可見矣。故近日之弊，無不流於狂妄恣肆而不自知其非也。

答廖子晦

守官得上官相知，可以行志，然獲上有道，自守亦不可失也。獄事人命所繫，尤當盡心。近世流俗惑於陰德之論，多以縱出有罪爲能，而不思善良之無告，此最弊事，不可不戒。然哀矜勿喜之心，則不可無也。所示疑義甚善，但一二處小未圓備，別紙具去。職事之餘，更能玩意於此，固佳，然觀書亦須從頭循序而進，不以淺深難易有所取舍，自然意味詳密。至於浹洽貫通，則無緊要處所下功夫亦不落空矣。今人多是揀難底好底看，非惟聖賢之言不可如此間別，且是只此心意便不定叠，縱然用心探索得到，亦與自家這裏不相干，突兀聱牙，無田地可安頓，此病不可不知也。

子晦所論「始終條理」，甚善。然去歲見三山上游諸論皆不可曉，何耶？豈同官所見不同，難力爭耶？至中固不當以始終言，然射之所以中者，亦是其未用力時眼中見得親切，故其發而能中耳，發處方用得力也。其它則所論皆善矣。

國材以仁喻心之説，恐渠記之誤，不應如此謬妄也。「理一分殊」，便是仁義之理，不待行之而後爲義也。以行之爲義，乃是告子「義外」之説，自韓子失之矣。大抵仁、義、禮、智皆心之理，而仁在其中又無所不包，故孟子以人心言之。如四端皆心之用，而惻隱之心無所不貫，亦可見也。「信近於義，言可復也」，未可便説言不必信，蓋言欲其信，然須是近義，然後言可復而能全其信，此正言慮所終之意也。「竭力」，非不敢有其身之謂。「卒至於不敢慢」，語尤無序。皆不必如此説。四端一段甚好，此義理之綱領，能如此推明，甚慰所望也。「説大人」之義，熹嘗説孟子不是教人去藐大人，但教人勿視其巍巍然者而已。今人不是畏大人，只是畏其巍巍然者而已，如蘇秦嫂所謂「見季子位高金多」，正是此見識也。若能勿視其巍巍然而不失夫畏大人之心，則是乃真能畏大人者矣。「萬物皆備於我」，下文「反身」、「彊恕」皆蒙此句爲義，不可只説一截。所謂「反身而誠」，乃窮理力行、功夫成就之效，貫通純熟，與理爲一處，不可只以「敬」字盡之也。

答廖子晦

「巧言令色爲失其本心」，此語非不是，但近時説者多因孟子之言，遂以「心」字替却「仁」字，此則不可。當更於此思之，得其説，則凡言仁者皆可默識，不但此章之義而已。且巧言亦不專爲譽人過實，大凡辭色之間務爲華飾以悦人之觀聽者皆是。上蔡語録中説寫柬請客之類皆是。

「察私心所從起」，亦不記當時如何説。然亦非謂平居無事而伺其所起，但操存有功，即念慮之萌無不知覺。未能如此，即此心應物之際，不可不審其邪正公私，而施克復之功也。

曾子易簀非記者之誤，所論得之。

「千乘」之説，未有端的證據。司馬法説雖占地太廣，然以周禮考之，又不止此。如云「九夫爲井，四井爲邑，四邑爲丘，四丘爲甸」，鄭氏讀「甸」爲「乘」，云四丘之地出車一乘，乃是十六井也。所云未聞七家出一人之役，後來宇文周制府衛法，乃是七家共出一兵，疑於古制亦有所考，然今不可知矣。此類恐當細考而兼存之，以俟知者決焉，不必自爲之説也。

答廖子晦

所喻已悉，但事已如此，不若且静以聽之。吾人所學，正要此處呈驗。若看些利害〔一一〕，便不免開口告人，却與不學之人何異？向見李先生説，若大段排遣不去，只思古人所遭患難有大不可堪者，持以自比，則亦可以少安矣。始者甚卑其説，以爲何至如此，後來臨事，却覺有得力處，不可忽也。若閤中不快，亦無可奈何，事已至此，已展不縮，已進不退，只得硬著脊梁與它厮崖，看他如何，自家決定，不肯開口告他。若到任滿，便作對移批書離任，則它許多威風都無使處矣，豈不快哉！東坡在湖州被逮時，面無人色，兩足俱軟，幾不能行，求入與家人訣，而使者不聽。雖伊川先生謫涪陵時，亦欲入告叔母而不可得。惟陳了翁被逮，聞命即行，使人駭之。請其入治行裝，而翁反不聽。奇哉奇哉！願子晦勉旃，毋爲後人羞也。

此間有吴伯起者，不曾講學，後聞陸子靜門人説話，自謂有所解悟，便能不顧利害。及其作令，纔被對移它邑主簿，却不肯行，而百方求免。熹嘗笑之，以爲何至如此。若對移作指使，即逐日執杖子去知府廳前唱喏；若對移做押録，即逐日抱文案去知縣案前呈覆。更做者長壯丁，亦不妨與它去做，況主簿乎？吴不能用，竟至憤鬱成疾而死。當時若放得下，却未必死。今不免死，而枉陪了許多下情，所失愈多。雖其臨機失於斷決，亦是平日欠了持論也。

「志士不忘在溝壑，勇士不忘喪其元」，此夫子所以有取於虞人，而孟子亦發明之。李先生説「不忘」二字是活句，須向這裏參取。愚謂若果識得此意、辨得此心，則無入而不自得，而彼之權勢威力亦皆無所施矣。前幅未盡鄙意，故復布此。試反復之，當自有判決處。

答廖子晦

唐臣問：中孚傳曰：「中虚爲中孚之象，中實亦爲孚義。」又曰：「中虚信之本，中實信之質。」又曰：「中虛爲誠之象，中實爲孚之象。」夫有本則有質，有誠則有孚，蓋即質生於本，而孚出於誠也。似有終始，似有先後，然不可得指而名之，以爲終始先後也。故分而言之則曰中實，合而言之則曰中虛。分謂二體，兑與巽也；合謂全體，中孚是也。二體以剛而得上下之中，雖曰實矣，及其成體，則二柔在中而又生於虛焉。蓋虛中未嘗無實，而中實未嘗不虛也。以虛爲實之體，而實爲虛之用，雖曰體曰用，又不可歧而爲二也。大抵虛根於實，實出於虛。及其虛也，實之理未嘗不在焉；於其實也，虛之義未嘗不存焉。但不可執其虛而忘其實，忘其實則無質也，無信也；又不可泥其實而失其虛，失其虛則無本也，不誠也。是猶陰根於陽，陽根於陰，靜無而動有，道並行而不相悖者也。今夫天地之間，一元之氣杳冥無迹，豈非虛耶？萬物生成，各具形器，豈非實耶？然物雖成形，豈能離於一元之氣？豈能捨於物而自用哉？在今學者，體天地之化，盡形色之則，中不可不虛，亦不可不實。存養在我，則中心廣大，纖毫不留，不失於信之本，不忘於誠之象，豈非虛耶？應接於外，則必矜細行，克勤小物，不失於信之質，不忘於孚之象，豈非實耶？此亦伊川先生所謂「由乎中以應乎外，制於外所以養其中」之義也。如是，則體用一源，内外交養，豈不美哉！某讀易傳而有此疑義，萬望詳教。

德明答云：中孚之義微奥，豈德明所能識？嘗試考諸卦體，二五皆陽而中實者，中心純實而有信之義也；內外皆實而中虛者，中心虛明而能信之義也。就所主而言，則中實爲信之質；就所感而言，則中虛爲信之本。又以澤、風二象言之，則水以虛而受風之入，下以虛而受上之感，皆所以爲信也。其體、其實、其虛，一歸於信，此易之所以變易而無不各極其道，而中孚之義著矣。來説謂「虛中未嘗無實，實中未嘗無虛」，固善。又謂「虛根於實，實根於虛」；又以一元之氣爲虛、萬物生成爲實，其言竊恐有病。精義云：「沖漠無朕，而萬象森然已具。」其曰萬象已具，則雖沖漠無朕之際已不爲虛矣，況於一元之氣所既有者，得爲虛乎？此幾於老氏「有生於無」之論，見闢於正蒙之書者也。又以存養於中、應接於外爲兩截，恐失程子「由乎中以應乎外」之本意。不審高明以爲如何？

唐臣問：「吕與叔嘗言思慮多，不能驅除。曰：此正如破屋中禦寇，東面人來未逐得，西面又一人至矣。左右前後，驅逐不暇。蓋四面空疏，盜固易入，無緣作得主定。又如虛器入水，水自然入。若以一器實之以水，置之水中，水何能入來？蓋中有主則實，實則外患不能入，自然無事。」「學者先務，固在心志，然有謂欲屏去聞見知思，則是絶聖棄智。有欲屏去思慮，患其紛亂，則須坐禪入定。如明鑑在此，萬物畢照，是鑑之常，難爲使之不照。人心不能不交感萬物，難爲使之不思慮。若欲免此，唯是心有主。如何爲主？敬而已矣。有主則虛，虛謂邪不能入；無主則實，實謂物來奪之。大凡人心不可二用，用於一事，則它事更不能入者，事爲之主也。事爲之主，尚無思慮紛擾之患，若主於敬，又焉有此患乎？所謂敬者，主一之謂敬；所謂一者，無適之謂一。且欲涵泳主一之意，不一則二三矣。至於不敢欺，不敢慢，尚不愧於屋漏〔一二〕，皆是敬之事也。」此二條一以實爲主，一以虛爲主，而皆收入近思録。唐臣以愚意度之，虛以敬言，實以事言。以敬爲之主則虛，虛則邪不能入；以事爲之主則實，實則外患不能入。故程先生於「有主則實」下云「自然無事」，於「無主則實」下云「實謂物來奪之」。詳此二條之意，各有所在，不可併作一意看，未知是否？

德明答云：有主則實、有主則虛，虛實二説雖不同，然意自相通，皆謂以敬爲主也。敬則其心操存而不亂，虛靜而能照。操存不亂，外患自不能入；虛靜而能照，外物自不能干，無有二事。程子曰：「主一之謂敬。」又曰：「敬則自虛靜。」又曰：「敬勝百邪。」意亦可見。只緣呂氏患思慮多，程子謂其中心無主，所致如虛器入水、破室致寇，故言有主則實，實則外患不能入。後來學者又欲盡屏見聞知思，程子以爲人心不能無感，如鑑不能不照，但涵養清明，則自無紛擾，不待屏除也，故言「有主則虛，虛謂邪不能入」，各有攸當，皆是以敬爲主。若歧而爲二，恐非程子本意。又前言「有主則實」，則是心有主也。後言「無主則實」，則是物來奪之，中心昏塞也，辭雖同而意則異。所言虛者亦然。

李君二説亦佳，但太支蔓作病耳。「有本則有質，有誠則有孚，蓋質生於本，而孚出於誠」，此四句自好。「似有始終」以下則贅矣。分合則是論卦體，非爲不可以先後指名而言也。「虛中未嘗無實」以下，亦是衍説，與此義初不相干。所云「實出於虛」，此尤無理。至謂「執虛忘實，泥實失虛」，皆極有害。大抵如今一念之間，中無私主，便謂之虛；事皆不妄，便謂之實，不是兩件事也。其説又以存養於中爲虛，應接於外爲實，亦誤矣。子晦之言大抵近之，但語有未親切處耳。後段虛實之説亦類此。子晦之説甚善，但敬則内欲不萌、外誘不入。自其内欲不萌而言則曰虛，自其外誘不入而言故曰實，只是一時事，不可作兩截看也。

答廖子晦

所喻禮文，此等事平昔不曾講究，一旦荒迷，又不暇問，所以例多苟簡，不滿人意。然「喪與其易也寧戚」，但存其大節，使不失吾哀痛之誠心爲急。此等雖小不備，亦不得已也。禮服制度見於儀禮爲詳，諸家皆祖之而有更變爾。若必欲致詳，可細考也。據今所急，卜葬爲先，葬後三虞，卒哭而祔。祔畢，主復于寢，以俟三年而後撤几筵。此禮經皆有明文，不必用它説改易也。

答廖子晦

廟議當時只用荆公之説，蓋伊川先生之意也。所謂不備九廟之制，蓋議者欲并祧僖、宣二祖而祔孝宗一室，則自太祖而至孝宗纔八世耳。兄弟共爲一世。正使荆公之説未必當理，宣祖亦未合在祧毁之限也。此事不當私議，然蒙見問，故謾及之，不必爲它人言也。所問葬法，大概得之。但後來講究木椁瀝青，似亦無益。但於穴底先鋪炭屑築之，厚一寸許，其上之中即鋪沙灰，四傍即用炭屑，側厚寸許，下與先所鋪者相接。築之既平，然後安石椁於其上，四傍又下三物如前。椁底及棺四傍〔一三〕、上面，復用沙灰實之。俟滿，加蓋，復布沙灰，而加炭屑於其上，然後以土築之〔一四〕，盈坎而止。蓋沙灰以隔螻蟻，愈厚愈佳。頃嘗見籍溪先生説，嘗見用灰葬者，後因遷葬，則見灰已化爲石矣。炭屑則以隔木根之自外入者，亦里人改葬者所親見。故須令嘗在沙灰之外，四面周密，都無縫罅，然後可以爲固。但法中不許用石椁，故此不敢用全石，只以數片合成，庶幾不戾法意耳。

答廖子晦

德明向者侍坐，嘗問降衷之性具有五典之彝，既已知之，而行之或有未至，只是爲私欲所撓耳，其要在窒欲。先生賜教云：「一分私欲〔一五〕，便有一分見不盡。」時道中妄陳所見，以及無極太極、動靜陰陽、五氣五性與夫萬事善惡之出，因言：「大端人倫，似只如此，不審如何著工夫方見得盡？」先生云：「據説，亦只是如此，無可思索。此乃『雖欲從之，末由也已』處，只要時習，常讀書，令常在目前，久之自然見得。」某佩服至訓，罔敢失墜。兹者辱書，又蒙誨以「離羣索居之際自能提撕，不廢講習體驗之功，則與同堂合席、朝夕講磨無以異矣」。某執書三復，不勝感發。生我者父也，教我者夫子也。俛焉孳孳，斃而後已。因念顔子鑽仰堅高，恍惚前後，喟然發歎，既知道體之無窮，又無所用其力，將欲罷之，而此理已躍如于中，有不容已者。而夫子循循善誘，復示以用力之方，博之以文，約之以禮。顔子窮格克復，既竭吾才，日新不息，於是實見此理卓然，若有所立，昭昭而不可欺。且又非力行之所能至，故曰「雖欲從之，末由也已」。如顔子者，可謂真知者哉！夫博文約禮，先生所謂講習體驗之功也。所立卓爾，亦豈離降衷之性、固有之彝哉？而顔氏之真知如彼，後人之不能及又如此，進寸退尺，每誦師言，惕然警懼。輒敢推廣先生之説，復以求教，詳賜開曉，幸甚。

所論顔子之歎，大概得之，然亦覺有太煩雜處。約而言之，則高堅前後者，顔子始時之所見也；博文約禮者，中間用力之方也；欲罷不能以後者，後來得力之效驗也。中庸所謂「得一善，則拳拳服膺而不失」者，正謂此博文約禮工夫不可間斷耳。若能如此實用其力，久之自然見得此箇道理無處不在，不是塊然徒守一物而硬定差排，唤作心性也。若不如此，政使思索勞苦，説得相似，亦恐隨手消散，不爲吾有，況欲望其融會貫通而與己爲一耶？舊見李先生常説少從師友，幸有所聞，中間無講習之助，幾成廢墮。然賴天之靈，此箇道理時常只在心目間，未嘗敢忘。此可見其持守之功矣，然則所見安得而不精、所養安得而不熟邪？近時朋友漫説爲學，然讀書尚不能記得本文，講説尚不能通得訓詁，因循苟且，一暴十寒，日往月來，漸次老大，則遂漠然忘之，更無頭緒可以接續，至有不獲講學之利而徒取廢錮之禍者，甚可歎也。來喻蓋已得此大意，然持之以久，全在日用工夫勿令間斷，久當自有真實見處也。

「班朝治軍，蒞官行法，非禮威嚴不行；禱祠祭祀，非禮不誠不莊。」先生謂古人以誠莊對威嚴，蓋爲政以嚴爲本，寬以濟嚴之太過也。某向聞其語，猶未深訂。近讀蒙卦初六曰：「發蒙，利用刑人，用脱桎梏。」而程氏傳曰：「聖王設刑罰以齊其衆，明教化以善其俗，刑罰立而後教化行。治蒙之功，若非威之以刑，使之脱去昏蒙之桎梏，則善教無由而入。」某反覆深思，若威信不立，誠不足以立政，然猶有疑焉。孔子曰：「居上不寬，吾何以觀之哉？」竊謂居上以寬爲本，寬則得衆，嚴以濟寬之不及耳。若一意任威，是蒙爻所謂「以往吝」也，其弊將有至於法令如牛毛者。抑又聞之：四德之元，猶五常之仁。故元爲善之長，仁包義、禮、智三者，先之以仁，裁之以義。三代得天下以仁，莫不有慘怛之愛、忠利之教，所以不免於刑者，亦好仁惡不仁耳。今之爲州縣者，不念民生之艱，刑罰失平，征取無藝，箠楚流血，苟以逃上官之責；而過於寬者，又一切廢弛不立，所在有之。此固不足道，然先王爲政之本，寬嚴先後之異施者，不敢不詳講。伏乞賜誨。

爲政以寬爲本者，謂其大體規模意思當如此耳。古人察理精密，持身整肅，無偷惰戲豫之時，故其政不待作威而自嚴，但其意則以愛人爲本耳。及其施之於政事，便須有綱紀文章、關防禁約，截然而不可犯。然後吾之所謂寬者得以隨事及人，而無頹弊不舉之處；人之蒙惠於我者亦得以通達明白，實受其賜，而無間隔欺蔽之患。聖人說政以寬爲本，而今反欲其嚴，正如古樂以和爲主，而周子反欲其淡。蓋今之所謂寬者，乃縱弛；所謂和者，乃哇淫，非古之所謂寬與和者，故必以是矯之，乃得其平耳。如其不然，則雖有愛人之心，而事無統紀，緩急先後、可否與奪之權皆不在己，於是姦豪得志而善良之民反不被其澤矣。此事利害只在目前，不必引書傳、考古今然後知也。緩急、可否是兩事，無程限則緩急不在己，不親臨則可否不在己。今見爭訟人到官，常苦不得呈覆，須當計會案吏，然後得之，便可見其無政事，不待可否失當然後知其繆矣。又如縣道送兩税簿上州磨審，皆有日限，有違失則糾正之，無即簽押用印給還。今有數月不還者，守倅漫不加省。如此之類，不可勝數。以此爲寬，不知孔子意裏道如何也。但爲政必有規矩，使姦民猾吏不得行其私，然後刑罰可省、賦斂可薄。所謂以寬爲本，體仁長人，孰有大於此者乎？

河出圖，洛出書，而起八卦九疇之數；聽鳴鳳而生六律六吕之聲。因思黄帝造律一事，與伏羲畫卦、大禹錫疇同功。況度量權衡皆起於律，而衡運生規，規生圓，圓生矩，繩直準平，至於定四時、興六樂，悉由是出。故曰「律者萬事之根本」，學者詎可廢而不講哉！夫黄鍾之管九寸，三分損一，下生林鍾。林鍾之管六寸，三分益一，上生太蔟。周旋十二律，復生黄鍾而還相爲宫之義。又一宫各生五聲，總十二律，凡生六十聲〔一六〕。如八卦重而爲六十四，皆自然之理也。然司馬遷律數與班固志不同者多未曉，考其實亦無不同，但司馬曆書微隱，此等尤費思索耳。如黄鍾長八寸七分，或謂「七」字是誤，蓋十分也，是爲九寸。此等不審然否？十二律還相爲宫，今考禮運疏義，黄鍾爲第一宫，下生林鍾，爲徵；上生太蔟，爲商；下生南吕，爲羽；上生姑洗，爲角。林鍾爲第二宫，終於中吕，爲第十二宫，各有上生下生所管之聲。此數蓋本於司馬遷曆書，然與黄鍾爲宫、太蔟爲商、姑洗爲羽、林鍾爲徵、南吕爲羽、應鍾爲變宫、蕤賓爲變徵者不同。其次大吕、太蔟，終於無射、應鍾，凡十二律，迭相爲宫，其下各有商、角、羽、徵、變宫、變徵之聲。向見書堂七絃琴準用此法以定清濁高下之聲，但不知疏義各爲一說，孰是孰否？其必各有所主也。變宮、變徵，其聲清耶？不知古律已用之否，或後來增加之也？至於埋律候氣一事，尤所未曉。書傳所載候氣之法，置十二律於密室，實葭灰管埋之地中，一氣至則一律飛灰。或疑所置諸律方不踰數尺，氣至，獨本律應之，何也？此必有造化密相感召之理。或又按隋志之說曰：「律之長短不同，各齊其上，隨深淺入地中。冬至陽氣距地面九寸而止，惟黄鍾之管九寸，故達。」此說似爲有理。今因其說而推之：十一月，黄鍾，管長九寸；十二月，大吕，八寸四分；正月，太蔟，管長八寸；二月，夾鍾，長七寸。推而下之，其長者遞減，至九月，無射，五寸；十月，應鍾，四寸五分。雖埋律之地方不踰數尺，氣至無有不達，然候管長短不同，管長者氣必先達，灰亦先動；管短者氣達在後，亦如所謂南枝春先到，北枝差遲耳。不審然否？

律吕之說，今有新書并辨證各一册，及向時所撰序一篇并往，可細考之，當得其說。凡十二律，各以本律爲宫而生四律。如黄鍾爲宫，則太蔟爲商，姑洗爲羽，林鍾爲徵，南吕爲角，是黄鍾一均之聲也。若林鍾爲宫，則南吕爲商，應鍾爲角，太蔟爲徵，姑洗爲羽，是林鍾一均之聲也。各就其宫以起四聲，而後六十律之聲備。非以黄鍾定爲宫、太蔟定爲商、姑洗定爲羽、林鍾定爲徵、南吕定爲角也。但黄、大、太、夾、姑、中、蕤、林、夷、南、無、應爲十二律長短之次，宮、商、角、徵、羽爲五聲長短之次。黄鍾一均，上生下生長短皆順，故得各用其全律之正聲。十二律名，今俗樂亦用之。合字即是黄鍾，但其律差高耳。筆談言之甚詳，可呼俗工問之。

自林鍾之宮而生太蔟之祉，則林鍾六寸而太蔟八寸，祉反長於宮而聲失其序矣。故以十二律而言，雖當爲林鍾上生太蔟，而以五聲而言，則當爲宮下生祉，而得太蔟半律四寸之管，其聲方順。又自太蔟半律四寸之祉而生南吕五寸有奇之商，則於律雖本爲下生，而於聲反爲上生矣。自南吕五寸有奇之商而生姑洗七寸有奇之羽，則於律雖本爲上生，而於聲則又當用其半而爲下生矣。自姑洗半律三寸有奇之羽而生應鍾四寸有奇之角，則於律雖爲下生，而於聲反爲上生矣。其餘十律皆然。孔疏蓋知此法，但言之不詳耳。半律，杜佑通典謂之子聲者是也。此是古法，但後人失之，而唯存黄鍾、大吕、太蔟、夾鍾四律，有四清聲，即此半聲是也。變宮、變祉始見於國語注中及後漢樂志，乃十二律之本聲，自宮而下，六變七變而得之者，非清聲也。如黄鍾爲宮，則第六變得應鍾，爲變宮；第七變得蕤賓，爲變祉。如林鍾爲宮，則第六變得蕤賓，爲變宮；第七變得大吕，爲變祉是也。凡十二律，皆有二變，一律之内，通前五聲合爲七均。祖孝孫、王朴之樂皆同。所以有八十四調者，蓋每律各添此二聲而得之也。新書此説甚詳。

候氣之說，其中亦已論之。蓋埋管雖相近，而其管之長短、入地深淺有不同，故氣之應有先後耳，非以方位而爲先後也。但畫一圖，朝夕看誦，仍於指掌間輪之，久久自熟，乃見其妙。此又可驗凡事皆然，别無奇巧，只是久而習熟，便是妙處也。禮書有此一卷，比新書差約。偶在他處，俟取到寄去看也。

天有黄、赤二道，沈存中云非天實有之，特曆家設色以記日月之行耳。夫日之所由，謂之黄道。史家又謂月有九行：黑道二，出黄道北；赤道二，出黄道南；白道二，出黄道西；青道二，出黄道東；并黄道而九。如此即日月之行，其道各異。况陽用事則日進而北，晝進而長；陰用事則日退而南，晝退而短。月行則春東，從青道；夏南，從赤道；秋西，從白道；冬北，從黑道。日月之行，其不同道又如此。然每月合朔，不知何以同度？而會於所會之辰，又有或蝕或不蝕，悉未能曉。向承指喻，其行或高而出黄道之上，或低而出黄道之下，或相近而偪，或差遠而不相值，則皆不蝕。是時不能反覆，今望賜誨。

日月道之説，所引皆是。日之南北雖不同，然皆隨黄道而行耳。月道雖不同，然亦常隨黄道而出其旁耳。其合朔時，日月同在一度；其望日，則日月極遠而相對；其上下弦，則日月近一而遠三。如日在午，則月或在卯、或在酉之類是也。故合朔之時，日月之東西雖同在一度，而月道之南北或差遠，於日則不蝕。或南北雖亦相近，而日在内，月在外，則不蝕。此正如一人秉燭，一人執扇，相交而過。一人自内觀之，其兩人相去差遠，則雖扇在内，燭在外，而扇不能掩燭。或秉燭者在内，而執扇者在外，則雖近而扇亦不能掩燭。以此推之，大略可見。此説在詩十月之交篇，孔疏説得甚詳。李迂仲引證亦博，可并檢看，當得其説。

易啓蒙曰：「圓者河圖之數，方者洛書之文。」夫河圖無四隅之位，截然四正而方，謂之圓，何也？又曰：「圓者，星也，曆紀之數，其肇於此乎？」注云：「曆法合二始以定剛柔，二中以定律曆，二終以紀閏餘。」今考班固志，天數始於一，中於三，終於二十五。地數始於二，中於六，終於三十。夫始、中、終蓋如此，推之於剛柔、律曆、閏餘，却有未深瑩者。抑亦「履端於始，舉正於中，歸餘於終」之義乎？然亦不合。願求其説。

河圖既無四隅，則比之洛書固爲圓矣。注中三句，本唐書曆志一行之説。二始者，一、二也。一奇，故爲剛；二耦，故爲柔。二中者，五、六也。五者，十日；六者，十二辰也。二終者，十與九也。閏餘之法，以十九歲爲一章，故其言如此。然一章之數，似亦附會，當時姑借其説以明十數之爲河圖耳。

「甯武子邦有道則智，邦無道則愚。其智可及也，其愚不可及也。」此章一句，初理會不得。今讀集注，參考左氏傳，乃知武子當衛成公無道失國之時，周旋其間，盡心竭力而不去。及成公囚京師，武子求掌橐饘，賂醫薄酖，免衛侯於死，終以復國。及元咺之訟，武子又獨以忠而獲免。其能保身以濟其君如此，雖謂之智可也。而夫子曰「其愚不可及」。夫子嘗曰：「君子哉蘧伯玉！邦有道則仕；邦無道則可卷而懷之。」以伯玉之事責武子，雖謂之愚不識時，亦可也。然武子惓惓忠君，不避險艱，能爲人所不能爲，抑亦難矣。故夫子曰「其愚不可及」，蓋閔之也。今觀論語一書，於有道無道之世屢致意焉。其稱南容曰，「邦有道則仕；邦無道則免於刑戮」。武子之免者，亦幸矣。然武子仕衛兩世，其君信任之，義不可棄之而去，其幾於東漢王允乎？允又不免被害。嘗聞先生誦周子之言曰：「學顏子之學，志伊尹之志。」夫伊尹以天下爲己任者也，治亦進，亂亦進。然使成湯不興，聘幣不至，雖五就桀，其志曷施？陳蕃，漢代人豪，驅馳險阨之中，與刑人腐夫同朝爭衡，屢退而不去者，以仁而爲己任，非人倫莫相恤也。卒以謀疏見殺，亦昧於夫子免刑戮之戒矣。然陳蕃、王允猶是當時朝廷倚任，身居鼎軸，義當與國存亡。故程子曰，「亦有不當愚者，比干是也。」若無言責官守，則如東海逢萌，當先漢之亂，憤三綱之既絶，挂冠東都門，浮海而去，惟恐其或緩也。君子之道，或出或處，或默或語，詎可不識時幾？聊發狂言，以驗中否。

所疑甯武子事，大概得之。但爲蘧伯玉、南容之愚則易，而爲武子之愚則難。所以聖人有「不可及」之歎也。陳蕃、王允固不得爲伯玉、南容之愚，然蕃事未成而謀已泄，允功未就而志已驕，則又不能爲甯武子之愚矣。此其所以取禍也。然爲逢萌則甚易，爲二公則甚難，又不可以彼而責此，但當問其時義之如何與其所處之當否耳。

答廖子晦

陳君全未有用心處，相見殊未有益。近時後生多只如此，難可以向上事期望之。只如老蘇，但爲學做些小語言文字，直將聖賢之言兀然端坐終日讀了七八年。今人說要學道，乃不曾略拚得旬月工夫讀一卷書，不曾成行記得。如此，而望有成，吁，亦難矣！

答廖子晦

顏淵之歎一段，是顏子見處，今無的慤證驗之可言。但以義理推之，且得如諸先生及集註之說，庶幾少病。「如有所立卓爾」，只是見得比之舊時愈見親切，不似鄉來無捉摸處，但亦未有道理便得入於其間，據爲己物耳。今此謂在顏子心目之間，則是先來所見者不在顏子心目之間；又以爲方是實見，則前此非是實見矣，恐不然也。大抵此等處，吾輩既未到彼地位，臆度而言，只可大概實說，却於其中反覆涵泳，認取它做工夫處，做自己分上工夫，久之自當心融神會，默與契合。若只似此直以今日所見附會穿鑿，只要説得成就，正使全無一字之差，亦未有益。況以近觀遠，以小觀大，又自不能無所失乎？

心性一段，大概則然。但中間方説心爲之主，不知從前説太極、二五、四端之未發時，此心却在甚處？可更思之。

實見一段，大意極善，然非熹之説也，程先生遺書中自有一段説得極分明。章首云「皆實理也，人知而信者爲難」云云，即此意也。大學誠意章説「如惡惡臭，如好好色」，亦是此意，可并詳之。

曾點一段，集註中所引諸先生説已極詳明。蓋以其所見而言，則自源徂流、由本制末，堯舜事業，何難之有？若以事實言之，則既曰行有不揜，便是曾點實未做得，又何疑哉？聖人與之，蓋取其所見之高、所存之廣耳，非謂學問之道只到此處便爲至極而無以加也。上蔡所記伊川先生與之答問「天下何思何慮」一段，語意亦正類此。見於外書，可并檢看。然則學者觀此，要當反之於身，須是見得曾點之所見、存得曾點之所存，而日用克己復禮之功却以顔子爲師，庶幾足目俱到、無所欠闕。横渠先生所謂心要弘放，文要密察，亦謂此也。來喻大概得之，然其間言語亦多有病〔一七〕，其分根原、學問爲兩節者，尤不可曉，恐當更入思慮也。

禮書中青史氏之記，見大戴禮。

經世紀年，其論甚正，然古人已嘗言之。如漢高后之年，則唐人已於武后、中宗紀發之；蜀漢之統，則習鑿齒晉春秋已有此論矣。堯以甲辰年即位，乃邵康節皇極經世説，諸家之説亦有同者。此則荒忽，不可究知。敬夫所説牴牾處，必是謂武王克商之年，泰誓序作十一年，經作十三年，而編年之書乃定從序説。鄉見柯國材説，以洪範考之，訪于箕子是十三年事，必是當年初克商時便釋其囚而問之，不應十一年已克商，至兩年後乃問之也。其説似有理。亦嘗以告敬夫，敬夫大以爲然。其書已嘗刊行，至是遂止。敬夫之服善如此，亦難及也。

潮州王尚書舊嘗識之，其人勁正，忠實有餘，在言路嘗論湯思退之姦而逐之。但爲人頗疏率，學問偏任己見，諸經極有怪説，立朝議論亦有不到頭處，然不害爲一代正人。今所得奏議，煩録一本見寄。傅景初是其婿，恐必有本，旦夕當寄書問之也。

樂記圖譜，甚荷録示，但尚未曉用律次第。此間有人頗知俗樂，方欲問之，偶以事冗未暇。此固未必盡合古制，然未及百年而淪廢已如此，是可歎也。

韓文考異，袁子質、鄭文振欲寫本就彼刻版，恐其間頗有僞氣，引惹生事，然當一面録付之。但開版事，須更斟酌耳。若欲開版，須依此本別刊一本韓文方得，又恐枉複勞費工力耳。

禮書入疏者，此間已校定得聘禮以前二十餘篇，今録其目附去。彼中所編，早得爲佳。此間者已送福州，令直卿與劉履之兄弟參校，寫成定本，尚未寄來。若有可增益處，自不妨添入也。然因此得看禮疏一番，亦非小補。不然，此等如嚼木札，定無功夫看得也。

答廖子晦

來書疑著生死鬼神之説，此無可説。只緣有個「私」字分了界至，故放不下耳。除了此字，只看太極兩儀、乾父坤母體性之本然，還有此間隔否耶？

答廖子晦

前此屢辱貽書，有所講論，每竊怪其語之不倫，而未能深曉其故，只據一時鄙見所未安處，草草奉答，往往只是説得皮膚，不能切中其病，所以賢者亦未深悉，而猶有今日之論也。此雖微陋疏率之罪，然因此却得左右明辨力扣，敷述詳明，然後乃能識得前後所説之本意，而區區愚見，亦因得以自竭，非小補也。

蓋詳來喻，正謂日用之間别有一物光輝閃爍，動蕩流轉，是即所謂「無極之真」、所謂「谷神不死」。二語皆來書所引。所謂無位真人，此釋氏語，正谷神之酋長也。學者合下便要識得此物，而後將心想象照管，要得常在目前，乃爲根本功夫。至於學問踐履，零碎湊合，則自是下一截事，與此粗細迥然不同。雖以顔子之初鑽高仰堅、瞻前忽後，亦是未見此物，故不得爲實見耳。此其意則善矣，然若果是如此，則聖人設教，首先便合痛下言語，直指此物，教人著緊體察，要令實見，著緊把捉，要常在目前，以爲直截根原之計。而却都無此說，但只教人格物致知、克己復禮，一向就枝葉上零碎處做工夫，豈不誤人枉費日力耶？論、孟之言平易明白，固無此等玄妙之談。雖以子思、周子喫緊爲人，特著中庸、太極之書以明道體之極致，而其所説用功夫處，只説擇善固執、學問思辨而篤行之，只説「定之以中正仁義而主靜」、「君子修之吉」而已。未嘗使人日用之間，必求見此天命之性、無極之真而固守之也。蓋原此理之所自來，雖極微妙，然其實只是人心之中許多合當做底道理而已。但推其本，則見其出於人心，而非人力之所能爲，故曰天命。雖萬事萬化，皆自此中流出，而實無形象之可指，故曰無極耳。若論功夫，則只擇善固執、中正仁義便是理會此事處，非是别有一段根原功夫又在講學應事之外也。如説求其放心，亦只是説日用之間收斂整齊，不使心念向外走作，庶幾其中許多合做底道理漸次分明，可以體察，亦非捉取此物藏在胸中，然後别分一心出外以應事接物也。

來書又云，事事物物皆有實理，如仁義禮智之性，視聽言動之則，皆從天命中來，須如顏、曾洞見全體，即無一不善。此説雖似無病，然詳其語脈，究其意指，亦是以天命全體者爲一物之渾然，而仁義禮智之性、視聽言動之則，皆是其中零碎查滓之物，初不異於前説也。至論所以爲學，則又不在乎事事物物之實理，而特以洞見全體爲功。凡此似亦只是舊病也。且曰洞見全體而後事無不善，則是未見以前未嘗一一窮格以待其貫通，而直以意識想象之耳。是與程子所訶對塔而説相輪者何以異哉？

來喻又疑考異中説韓公見道之用而未得其體，以爲亦若自謂根原、學問各有一種功夫者，此亦不然。前日鄙意正爲韓公只於治國平天下處用功，而未嘗就其身心上講究持守耳，非病其不曾捉得此物藏在懷袖間也。此是學問功夫徹上徹下細密緊切處，向使不因來喻之詳，終亦未覺其病之在是。今幸見得，不是小事。千萬詳看此説，子細尋繹，更推其類，盡將平生所認有相關處一一勘驗，當自見得。如有未契，更宜反覆，不可容易放過也。安卿之病正亦坐此，向來至此，説得既不相合，渠便藏了，更不説著，遂無由與之極論，至今以爲恨。或因與書，幸亦以此曉之，勿令久自拘繫也。

大顛問答，初疑只是其徒僞作，後細思之，想亦有些仿佛。計其爲人山野質樸，雖不會説，而於修行地位做得功夫著實，故其言語有力，感動得人。又是韓公所未嘗聞，而亦切中其病，故公既聞其語，而不覺遂悦之也。然亦只此便見得韓公本體功夫有欠闕處，如其不然，豈其自無主宰，只被朝廷一貶、異教一言而便如此失其常度哉？此等處極不可草草看過，更宜深體之也。其餘已具見於考異外集卷中者，今不復論。然若不得此碑，亦無由見得許多曲折也。

坡公海外意況，深可歎息。近見其晚年所作小詞，有「新恩雖可冀，舊學終難改」之句，每諷詠之，亦足令人慨然也。二詩亦未甚曉，不敢又便率然奉答。然恐亦只是舊來意思，但請只就前説觀之，恐亦可自見得矣。蓋性命之理雖微，然就博文約禮實事上看，亦甚明白，正不須向無形象處東撈西摸，如捕風繫影，用意愈深而去道愈遠也。

校勘記

〔一〕則久當純熟明快矣　「快」，浙本作「決」。

〔二〕自見淺深　「淺深」，浙本、天順本均作「深淺」。

〔三〕望令小吏録以見寄　「吏」，浙本、天順本均作「史」。

〔四〕真所謂一棒一條痕　「棒」原作「捧」，據閩本、浙本、天順本改。

〔五〕德明至若有所感　淳熙本作「某竊嘗體究此理若有所感」。

〔六〕易所謂寂然不動 此句下，淳熙本、浙本均有「感而遂通天下之故」八字。
〔七〕喜怒之未發者是也至所見是否 淳熙本作「喜怒哀樂之未發謂之中，發而皆中節謂之和者是也。人惟習而不察，故不知有貴於己者爲何物。君子知夫此，復加脩治之功，庶幾於本歟」五十四字。
〔八〕殆亦用心太過 「太」原作「大」，據浙本、天順本改。
〔九〕二先生所論敬字至亦不考諸此而已矣 按此段，又見卷六四答或人之三。
〔一〇〕答廖子晦 「子晦」，淳熙本作「教授」。
〔一一〕若看些利害 「看」，閩本、浙本均作「着」。
〔一二〕尚不愧於屋漏 「漏」，原作「陋」，據閩本、浙本改。
〔一三〕椁底及棺四傍 「椁」，正訛據家禮改作「棺」。
〔一四〕然後以土築之 「土」原作「上」，據浙本及上下文改。
〔一五〕一分私欲 「一」上，正訛增「有」字。
〔一六〕凡生六十聲 「六十」，原作「十六」，據上下文意乙。
〔一七〕然其間言語亦多有病 「間」，原作「門」，據浙本改。

晦庵先生朱文公文集卷第四十六

書知舊門人問答

答李濱老呂

熹愚陋，無聞於世，足下不鄙，辱貺以書，甚盛禮也。熹少好讀程氏書，年二十許時，始得西山先生所著論、孟諸説讀之，又知龜山之學橫出此枝，而恨不及見也。既而得從何兄叔京遊，乃知足下蓋得其家傳者。是時家居，西距高隱不能甚遠，而以事牽，不得一往質其所疑，徒日往來於心不忘也。不謂此來各去其家數百里之外，乃承惠音，許以臨辱，奉讀驚喜不可言。既又聞以微疾東轅，爲之悵然累日也。

示喻向來爲學之意，有以知家庭授受之要，感歎無已。蓋竊嘗病今世學者幸得諸老先生爲之先唱，指示要途，以趣聖賢之域，而不能自淺及深、自近及遠，循序以進。或乃探測幽微，馳騖於言意之表，以是徒爲談説之資，而卒無所得於造理行事之實。其幸不至於中道而廢者，則必流於老、佛之歸而不悟。今足下之學之傳遠有端緒，其必有以異於此者，顧恨未得面扣其詳耳。

通鑑之書，頃嘗觀考，病其於正閏之際、名分之實有未安者。因嘗竊取春秋條例，稍加隱括，别爲一書。而未及就，衰眊浸劇，草藁如山，大懼不能卒業，以爲終身之恨。今聞足下亦嘗有所論著，又恨其未得就正，以資博約之誨也。

廬阜固爲東南雄麗奇特之觀，而又有陶靖節祖孫、劉西澗父子之遺風，濂溪暮年嘗守其地，而西山舅氏陳忠肅公亦嘗謫居焉，今老儒生猶有及見之者。然前此未嘗有留意者。區區此來，適會學官楊君訪得西澗遺象，與元祐李公擇尚書並祠於學，因與復議，并取靖節、忠肅及西澗之子秘丞公合而祠之，更立濂溪之祠於其右，配以程氏二夫子焉。陶公有醉石，在郡西北數十里所謂栗里者也。劉公之墓在西門外荒草中，幾無復知其處者。今皆作亭以表之。以來教之語及之，知足下之有意乎此也，故并以告，想聞之亦爲一太息也。

叔京進德未已，遂爲古人，每一念之，潸然出涕。往時見其遺藁有與足下往來詩句，竊計傷惜之懷不減於此，不獨爲姻戚之好也。端明黄公盛德高年，中間一病，亦甚可駭，今聞其已能步履，豈弟君子，神明所扶，固當如此，抑亦見其平日持養之功矣。凡此皆因來教之及，所欲爲足下言者，蓋不止此也。來使還自九江，撥冗脩復，草草，幸察。不宣。

與汪伯虞

正月十一日，同郡朱熹頓首復書伯虞茂才鄉丈執事：熹之外家於門下有姻婭之好，而執事，丈人行也，久客閩中，未獲一見，獨幸從親故間講聞聲譽之美，差以自慰。兹承不鄙，遠致長書，禮意既隆，而所以稱道期許之者又過其實，熹不敢當也。

示諭尚書金公名堂之意，俾得贊一詞焉，幸甚幸甚。金公亦先友也，熹頃歲嘗獲拜之臨安，俯仰十有七年矣。三復來誨，若復得望見其衣冠而聞其謦欬者。甚矣金公之厚於執事而所以相告者之切而當也！邕州使君往見張荆州、吕著作，皆稱其才。今讀記文，又有以見其所存者，益恨未得一聽議論之餘也。顧二公之意，所以望於執事者皆非他人所能與，獨在明者精擇而力行之耳。況如熹之淺陋，其又將何以辱禮命之勤哉？加以拙疏，乍親吏事，公私倥偬，日不暇給，尤覺荒澀，不能一吐胸中所欲言者，因風敬謝先辱〔一〕。旦夕儻得脱此羈馽，歸卧田間，呻吟之暇，乃當有報執事耳。

惠墨甚富且珍，未有以報，此間石刻各往一通，幸視至。未有承晤之日，正惟進德自重，慰此願言。不宣。

答汪太初

四月八日，同郡朱熹頓首復書汪君太初茂材足下：熹於足下雖得幸同土壤，而自先世流落閩中，以故少得從故里之賢人君子遊，顧其心未嘗一日而忘父母之邦也。屬隨宦牒來官廬阜，同郡諸生間有肯相過者，而足下乃以手書先之，三復誨諭，喜幸無窮。又承示以文編，益欽德學之盛而恨其未得少奉從容也。

然間嘗竊病近世學者不知聖門實學之根本次第，而溺於老、佛之說，無致知之功，無力行之實，而常妄意天地萬物、人倫日用之外別有一物空虛玄妙、不可測度，其心懸懸然惟徼幸於一見此物，以爲極致；而視天地萬物本然之理、人倫日用當然之事皆以爲是非要妙，特可以姑存而無害云爾。蓋天下之士不志於學，則泛然無所執持而徇於物欲，幸而知志於學，則未有不墮於此者也。熹之病此久矣，而未知所以反之。蓋嘗深爲康、胡二君言之，而復敢以爲左右之獻，不識高明以爲然否？

抑嘗聞之，學之雜者似博〔二〕，其約者似陋。惟先博而後約，然後能不流於雜而不揜於陋也。故中庸明善居誠身之前，而大學誠意在格物之後，此聖賢之言可考者然也，足下其試思之。未即會晤，惟進學自愛爲禱。匆匆，不宣。熹再拜。

答方耕道耒

開喻詳悉，足見進學不倦之意。以左右明敏彊毅之資，厲志於此，何患於不得？然以愚見論之，詞氣之間，似猶未免迫急之病，於所謂平心和氣、寬以居之者，恐未有得力處也。願更於日用、語默、動靜之間自立規程[三]，深務涵養，毋急近效，要以氣質變化爲功。若程夫子所謂敬者，亦不過曰「正衣冠、一思慮、莊整齊肅、不慢不欺」而已。但實下功夫，時習不懈，自見意味。不必懸加揣料、著語形容，亦不可近捨顯然悔尤、預憂微細差忒也。其他尚多有可論處，來書偶留墳庵，不能盡記曲折，然其大概亦具此矣。大抵學問之道，不敢自是，虛以受人，乃能有益。若一有所聞，便著言語撑拄過去，則終無實得矣。

答方耕道

示問詳複，具審比日進學不倦之志，甚善甚善。顧淺陋何足以及此？然荷意之厚，不敢虛也。向者妄謂自立規程，正謂「正衣冠、一思慮、莊整齊肅、不慢不欺」之類耳。此等雖是細微，然人有是身，內外動息不過是此數事。其根於秉彝，各有自然之則。若不於此一一理會，常切操持，則雖理窮玄奥、論極幽微，於我亦有何干涉乎？「弘毅」之云，雖聖賢所示之要，然恐其間更須細密，方有實用功處。不然，則所謂只作一場話説，務高而已者，不可以不戒也。若必謂有所見然後有所主，則程子所謂「未有致知而不在敬」者，是爲敬有待於見乎？見有待於敬乎？果以徒然之敬爲不足事，而必待其自然乎？長沙有二先生文集，朋友間亦必有遺書本子，暇日更求此二書，反覆熟讀，不計近功，則智當益明而有以審乎此矣。前書所謂捨顯過、憂小失，正謂放飯流歠而問無齒決之類。舍此憂彼，則爲失其序耳。若日用功夫果能謹之於微，不使至於形顯，則善何以加？但恐言太高而難踐，則非所謂「切問而近思」耳。

答方耕道

老兄以明敏果決之資，挾淩高厲遠之志，士友間所難得。今兹需次，暫得閑日，所宜潛心味道，益進所學，以副區區期望之意。向來所探似亦太高，所存似亦太簡，又每有自喜己材、獨任己見之意。今當小立課程而守之以篤，博窮物理而進之以漸，常存百不能、百不解之心，而取諸人以爲善，則德之進也不可禦矣。愛慕之深，不覺縷縷，幸恕僭易也。

答曾節夫 槫

所喻夷狄之云，恐不當以此爲比。只此一語，便是十數年汹汹之根。願平心定氣，徐以疇昔所聞於湖湘者考校此語所從來，則於此其必有處矣。不然，平日之言却似與此心此事不相入，恐非亡友所望於賢者也。

答吕士瞻〔四〕 逮

道一遠來，甚慰孤陋。天資明敏，極不易得。到此數日，適值小冗，撥置與語，令人不倦。觀其意趣，事事通曉，但於爲己一著未有肯心，此區區所深惜。故其告歸，再三留之，今日乃言有信得及處。此事體大，日月長遠，政使實得，亦須接續功夫常不間斷，方可保任。況一時意思，未知果如何，須更於過庭之際，入大鑪鞴，與之鍛鍊，始可放行耳。

示喻艮背之説，周、程先生意是如此，尋常亦只如此曉會，於道理功夫無不是處。但近讀易，見得彖辭解云：「艮其止，止其所也。」正説此句之意。則所謂艮乃止也，背乃當止之所也。程先生於此句下亦作此説，却不本上文卦辭之義。蓋理自兩通，但文王意則只當依孔子所解爲是〔五〕，不須更引不見之説以雜之也。不審尊意以爲如何？

南軒辨呂與叔中庸，其間病多，後本已爲刪去矣。但程先生云「涵養於未發之前則可，求中於未發之前則不可」，此語切當，不可移易。李先生當日用功，未知其於此兩句爲如何，後學未敢輕議。但今當只以程先生之語爲正，則欽夫之説亦未爲非。但其意一切要於鬧處承當，更無程子涵養之意，則又自爲大病耳。渠後來此意亦改，晚年説話儘不干事也。

答呂道一

三復來示，詞義通暢，爲之爽然。但其所論有於鄙意未安者。大凡論學，當先辨其所趨之邪正，然後可察其所用之能否。苟正矣，雖其人或不能用，然不害其道之爲可用也；如其不正，則雖有管仲、晏子之功，亦何足以稱於聖賢之門哉？且古之君子所以汲汲於學者，不爲其終有異於物而勸，故亦不爲其終無異於物而肆也；不爲其有名而勸，故亦不爲其無名而沮也；不爲其有利而爲，故亦不爲其無利而止也。是其設心蓋儻然一無有所爲者，獨以天理當然而吾不得不然耳。

若夫萬物散爲太虛之説，則雖若有以小異於輪回之陋，然於天地之化育，蓋未得爲深知之者也。此未易言，今且當熟讀聖賢之書而以漸求之耳。

答呂道一

示喻已悉。但爲學之功且要行其所知，行之既久，覺有窒礙，方好商量。今未嘗舉足而坐談遠想，非惟無益，竊恐徒長浮薄之氣，非所以變化舊習而趨於誠實也。

答詹兼善

示喻儒、釋之分，益見潛心之力。所謂「釋氏一覺之外更無分別，不復事事，而吾儒事事無非天理」，此語是也。然吾儒亦非覺外有此分別，只此覺處便自天高地下，萬物散殊，毫髮不可移易。所謂天叙、天秩、天命、天討，正在是耳。所論孟子甚善，其大概不外此矣。更於其間子細研窮，見得曲折處，方有意味。願益勉旃，以慰所望。

答曾致虚

所論誠敬之説，甚善。但欽夫之意，亦非直謂學者可以不誠。蓋以爲既曰持敬，便合實有持敬之心，不容更有不誠之敬，必待别著誠字，然後爲誠也。大抵「誠」字在道則爲實有之理，在人則爲實然之心，而其維持主宰，全在「敬」字。今但實然用力於敬，則日用工夫自然有總會處，而道體之中名實異同、先後本末皆不相礙。若不以敬爲事而徒曰誠，則所謂誠者，不知其將何所錯？且五常百行，無非可願，雜然心目之間，又將何所擇而可乎？鄙意如此，不審高明以爲如何？願於日用間一驗其實，因風語其可否焉。

答曾致虛乙卯二月一日。

南康從祀畫象，乃取法監學，已詳報吳廣文矣。白鹿當時與錢子言商量，只作禮殿，不爲象設，只依開元禮臨祭設席，最爲得禮之正。不然，則只用燕居之服，以石爲席而坐於地，亦適古今之宜，免有匍匐就食之誚。子言皆不謂然。但今已成，恐毁之又似非禮，此更在尊意斟酌報之也。蓋幼年聞先君言〔六〕，嘗過鄭圃，謁列子廟，見其塑象地坐，則此不爲無據也。

答朱魯叔

劉守請祠未報，計須且留。知早晚得親炙，又與程弟講學，甚善甚善。風俗不好，直道而行便有窒礙。然在吾人分上，只論得一個是與不是，此外利害得喪有所不足言也。爲學之要，先須持己，然後分別義利兩字，令趣向不差，是大節目。其它隨力所及爲之，務在精審而不貴於泛濫涉獵也。

答黄商伯灝

「心喪」問大意甚善，但云本生之服視其屬之親疏，却似不然。蓋不問其親疏，而概以齊衰不杖期服之也。本生繼母，蓋以名服。如伯、叔父之妻，於己有何撫育之恩？但其夫屬乎父道，則妻皆母道，况本生之父所再娶之妻乎？此兩節幸更考之。「恕」説亦佳，但大學絜矩常在格物之後，蓋須理明心正，則吾之所欲、所不欲，莫不皆得其正，然後推以及物，則其處物亦莫不皆得其正，而無物我之間。如其不然，而以私己自便之心爲主，又欲以是而及人，則人道不立而驅一世以爲姑息苟且之場矣。此處亦幸更思之也。熹嘗於大學「治國平天下」或問中極論此事，此便遽，未及奉寄，旦夕别附致也。

答黄商伯

熹請祠人未還，計亦不出數日。蓋其去已餘兩旬，計程當歸已久，必是已如所請，等候出敕留滯耳。萬一未遂，愚計所處正如來喻之云也。年來衰病，支離日甚，今無他望，但願殘年飽喫飯耳。往年遊豫章，每至東湖之上，未嘗不慨然有懷陳仲舉、徐孺子之高風。出處之間，禍福不同，然亦各行其志。未知此漂漂者竟如何耳。示喻向來喪服制度，私固疑之。幞頭四脚，所喻得之矣。但後來報狀中有幞頭，又有四脚，各爲一物，與此注文又不同。不知當日都下百官如何奉行，固無一人來問，以書扣禮官，竟亦未報也。至於直領襴衫上領不盤，此間無人曉得，遂有爲之説者云，但用布夾縫繞頸直過，略作盤領之狀，而不用斜帛接續盤繞。州縣多用此制。詳此只是杜撰，但禮官之意却未必不是如此。然想官人亦未必曉，只是手分世界中化現出來耳。

竊疑直領者，古禮也；檢三禮圖可見。襴衫者，今禮也。如公服之狀，乃有横襴。必是故事中曾有兩説，各用一説，而今遂合爲一。既矛盾而不合，於是爲此杜撰之説以文之耳。更以報中第一項證之，既有斜巾，又有帽，又有四脚，又有冠，一日之中，一元之上并加四服，此亦并合古今之誤。蓋斜巾本未成服之冠，如古之免帽，却與四裰衫爲稱；四脚即與襴衫爲稱。冠即見三禮圖者，當與直領衫裙爲稱。今則并加四者，而下服有襴有裙，亦是重複，而真直領之衣遂廢。只此一事，便令人氣悶。今幸有討論之命，然亦未見訪尋士大夫之好古知禮者，次第又只是茅纏紙裹，不成頭緒。

近報作百日禮數，此亦不經之甚。且唐制本爲王公以下，豈國家所宜用邪？禮器之失，不但一爵。今朝廷所用宣和禮制局樣度，雖未必皆合古，然庶幾近之。不知當時禮部印本何故只用舊制？向來南康，亦無力，但以爵形太醜，而句容有新鑄者，故易之耳。其實皆當遣人問於禮寺而盡易之，乃爲盡善。但恐其費不貲，州郡之力不能辦耳。福州余丞相家有當時所賜甚精，然今亦莫能用也。

濂溪之祠，郡將乃能留意如此，并及陶、劉，亦甚善。此等事自世俗言之似無緊要，然自今觀之，於人心政體所繫亦不輕。如今日荒政，便與此事相表裏。若如庚子年中守令見識，彼安肯作此事邪？

答黄商伯

方喪無禫，見於通典，云是鄭康成説。而遍檢諸篇，未見其文，不敢輕爲之説。但今日不可謂之方喪，則禮律甚明，不可誣耳。儀禮喪服傳「爲君之祖父母、父母」條下疏中趙商問答極詳，分明是畫出今日事。往時妄論，亦未見此，歸乃得之，始知學之不可不博如此，非細事也。左、杜所記，多非先王禮法之正，不可依憑。要之，三代之禮，吉凶輕重之間，須自有互相降厭處。如顧命、康王之誥之類，自有此等權制，禮畢却反喪服，不可爲此便謂一向釋服也。

心喪無禫，亦見通典，乃是六朝時太子爲母服期已除，而以心喪終三年。當時議者以爲無禫，亦非今日之比也。此事本不欲言，以自是講學一事，故及之，切勿爲外人道也。跪坐近得楊子美書，引僧人禮懺、道士宣科爲比，彼蓋未嘗以爲難，只是慣耳。其説亦爲得之。皇祐祭式却未之見，如有本，幸因的便借及。彼時所用，只是開寶通禮。此有其書〔七〕，欲一參校也。開寶與開元大概相襲，開元只有先師二位，無諸從祀，或是開寶所增也。位牌於法亦只卧之於地，與獻官位版相似，非此爲神位也。今獻官位版亦有植之以趺而立之者，皆誤也。塑象如開元禮則無之，想當時初加夫子王號，即内出衮冕以被之，則爲有象。不知何故牴牾如此。豈所修禮書亦姑以存古而實未必行邪？而韓退之、劉禹錫諸廟學碑，亦皆言有象，本朝則固有之久矣。可更試考之也。

答黄商伯

大學「知止能得」，或問云：「知止云者，物格知至而於天下之事皆有以知其至善之所在。」又曰：「能知止，則事事物物皆有定理。」至「能慮」，則又曰：「隨事觀理，極深研幾，無不各得其所止之地而止之。」程子則曰：「格物，非欲盡窮天下之物。」又曰：「今日格一件，明日格一件，積習多後，脱然有貫通處。」妄謂一物既格，則能知一物至善之所在，而亦可得其所止。然猶有定、静、安、慮之四節，學者必知止而用其力，然後求得所止也。今或問以爲必盡窮天下之理，然後可以知至善所在而得所止，與程子所言格物工夫似若不同，得非或問所指是舉大學之全體極致而言之歟〔八〕？

經文「物格」，猶可以一事言；「知至」，則指吾心所可知處，不容更有未盡矣。程子一日一件者，格物工夫次第也；脱然貫通者，知至效驗極致也。不循其序而遽責其全，則爲自罔；但求粗曉而不期貫通，則爲自畫。故古經、程子之言未見其有不同也。

中庸章句言：「人物之生，各得其所賦之理，以爲健順五常之德，所謂性也。」竊謂二五之精，妙合而凝，則賦健順五常之德，理無可疑。然自昔衹言五常而不及健順，體之於心，得非敏於爲善者是其健、循其自然者是其順乎？然自昔衹言五常而不及健順，何邪？

陰陽之爲五行，有分而言之者，如木火陽而金水陰也；有合而言之者，如木之甲、火之丙、土之戊、金之庚、水之壬皆陽，而乙、丁、己、辛、癸皆陰也。以此推之，健順五常之理可見。

中庸章句謂：「人物之生各得其所賦之理，以爲健順五常之德〔九〕。」或問亦言：「人物雖有氣稟之異〔一〇〕，而理則未嘗不同〔一一〕。」孟子集注謂〔一二〕：「以氣言之，則知覺運動人與物若不異〔一三〕；以理言之，則仁義禮智之稟，豈物之所得而全哉？」二説似不同，豈者，粹駁之不齊；理之異者，偏全之或異。幸更詳之，自當無可疑也。

氣既不齊，則所賦之理亦隨以異歟〔一四〕？論萬物之一原，則理同而氣異；觀萬物之異體，則氣猶相近而理絶不同也。氣之異者，粹駁之不齊；理之異者，偏全之或異。幸更詳之，自當無可疑也。

石氏集解引「生之謂性，性即氣，氣即性」一章，竊謂此章先明理與氣不相離，遂言氣質之性雖有善惡，然性中元無此兩物相對而生，其初只是善而已。由氣禀有昏濁，又私欲污染，其善者遂變而爲惡。當爲惡時，非别有一善性也。故有惡不可不謂之性、濁不可不謂之水之説，似指「成之者性」以後而言，與孟子拔本窮源性善之論不同。然惡或不萌，則本體亦有時發見。若能澄治，則復其初矣。至於水流而就下，以爲「繼之者善」，則是以喜怒哀樂已發之後皆指爲繼。竊謂須如易解之説，在「成之者性」以前，方是本旨。以濁比惡，亦是專指「欲動情流」之後〔一五〕。竊謂須如大學集解之説，因氣禀之不齊，而又私欲生其間，分此兩節，然後精盡也。未審是否？

「繼之者善」，易中本是就造化上説；到下句「成之者性」，方以人物而言。程子所引，乃借上一句，便就人性上説，而指其已發動之所爲也。不容説處，即性之本體。如水則只是水，别著一字不得。至謂之善，則性之發如水之下矣。清濁之喻，又是一節，來喻已得之矣。大抵此一條説「性」字最多，須分别得甚句是本來之性、甚句是氣質之性，即語脈自分明矣。

「未發之前，唯當敬以持養；既發之後，又當敬以察之。未發之中，不待推求而已瞭然於心目。一有求之之心，則其未發者固已不得而見矣」。剖析可謂明白。吕氏欲求中於未發之前而執之，誠無是理。然既發之情是心之用，審察於此，未免以心觀心。前章或問謂別以一心求此一心、見此一心爲甚誤，論語或問「觀過知仁」章亦有此説。豈非學者不能居敬以持養、格物以致知，專務反求於心，迫急危殆，無科級依據，或流入於異端，與始終持敬、體用相涵、意味接續者爲不同也？

已發之處，以心之本體權度，審其心之所發，恐有輕重長短之差耳，所謂「物皆然，心爲甚」是也。若欲以所發之心別求心之本體，則無此理矣。此胡氏「觀過知仁」之説所以爲不可行也。

中庸第二十章之問語「誠」始詳。明善、擇善所以爲誠之基本者，亦始於此章併言之。舊嘗觀乾九三、九四與坤六二，覺聖人説乾之脩爲易，而坤則工夫緊實，似有聖賢之分。大學初説致知格物，中庸首章惟言戒懼謹獨，工夫規模覺得似比大學爲高遠。直至二十章，始言明善、擇善，與大學所以教者同。亦似二書隨學者器質爲教也〔一六〕。

大學是通言學之初終，中庸是直指本原極致處，巨細相涵，精粗相貫，皆不可闕，非有彼此之異也。

五行各一其性，宜五行亦各一其德。舊聞先生説義理分界至處須要截然，要貫通處又自貫通。竊謂仁發而爲愛，愛而得宜便是義，有品節便是禮之類，則體雖各立，而亦相貫通。竊恐五行亦如此。嘗見人言五行之體質〔一七〕，便是土如木之堅，則亦有金；金之從革，亦有曲直之性也。未審是否？理有未明。雖於事非急，亦不可終於不知。略乞賜教。

曲直、稼穡各是兩事，餘亦合準此例。潤下者，潤而下也；炎上者，炎而上也；從革者，一從一革，互相變而體不變也。

一曰水，二曰火，三曰木，四曰金，五曰土。竊謂氣之初，温而已，温則蒸溽，蒸溽則條達，條達則堅凝，堅凝則有形質。五者雖一有俱有，然推其先後之序，理或如此。向見吴斗南説五事庶證皆當依此爲序，其言似有理〔一八〕，幸試推之。

鬼神之理，未易測識，然學者亦欲隨所見決其是非。祀先之義，向來因聖人不言有無之説，竊謂氣散而非無，苟誠以格之，則有感通之理。況子孫又其血氣之所傳，則其感格尤速也。未審是否？

三條皆善。横渠説五行數段甚精，可并考之。

陳勝私嘗説雷霆震擊，真有鬼物，先生不答。次日乃言：「學者當於正理上立得見識，然後理之變者可次第而通。若將理之變者先入於心，立爲定見，則正理終不能曉矣。」竊嘗服膺。妄謂夫子所言與答宰我之問，程子、張子之論，無非正理。但張子「神與性乃氣所固有」之語，似主氣而言，却恐學者疑性出於氣，而不悟理先於氣，語似未瑩。未審然否？上蔡之説，或問以爲善。竊疑石氏所集其言有及於理之變者，如「自家要有便有，要無便無，始得」，又似以心起滅，不問有無之正理。上蔡之意必不如是。某因「致死不仁，致生不智」之訓思之，恐宗廟祭祀，不致死之也；葬埋壇墠，不致生之也。理之有者，聖人制禮，使人誠意以感通。其間曲折精微，莫非仁智之盡。若理所無者，聖人不道也。至於理之變者，竊謂皆氣之所爲而皆因於人，雖復多端，似可以次第而曉。所謂天地之妙用，豈非造化陰陽之理、人心精神之聚、上下感化之所自歟？妄意如此，殊未明徹，乞指教。

此論甚善，但張子語不記子細。然論鬼神，則氣爲近，未至遽有先於理之嫌也。上蔡論語爲政卒篇論鬼神甚詳，大概亦如來喻，恐可參考也。

答黄商伯

熹自少日幸蒙師友之訓，得窺聖學門户。退與朋友講之，聞而信者固多，然能終始用力而不爲中道之廢者甚少。況年大官達〔一九〕，則其怱然忘之者益以速矣。區區以此每深憂之，恐先師傳付之旨至此而遂絶也。今得來問，每以此事爲念，而其論説亦多與鄙意合，乃知此道猶有望也，幸甚幸甚。如前時所論仁義禮智之説、此是去年信州發來書。今者所論讀易之説、真無欲之説，皆平正精切，非一概悠悠之論。且年亦過中，而更閲世故又已多矣，乃能切切用力於此，愈於年少新學之爲者，是可尚已。更願勉旃，有以卒副所望，則又大幸之甚也。熹再拜。

答詹元善體仁

雅聞左右才雋行馴，好學不倦，私竊歎慕，以爲天之賦予如是，其不苟然矣。獨恨未獲從容，未知所學者果何學耳。世衰道喪，俗學多歧，天理不明，人心頗僻，未有甚於此時者。熹竊不自知其淺陋，方以其所聞於師友者夙夜勉焉，而志力不强，未知攸濟，是以樂聞賢者之風而有望於切磨之助。伏惟益厲初心，求知所至而用力焉，有以慰此懷也。僭易，皇恐皇恐。

承喻請祠之意，深所未曉。然元履已歸，不知曾爲辦此事否？若熹之意，則以爲政煩民困，正有官君子盡心竭力之時，若人人内顧其私，各爲自逸之計，則分義廢矣。至於盜賊公行，善良蒙害，尉捕之職也，何不忍之有？若以爲實有可哀矜者，則當明言於上，而求所以振業之，使不至於爲盜，雖以獲戾，所不辭也。又何避此而求去之亟乎？若夫祠官，無事之禄，本非義理所安，前輩蓋非辭尊辭富，則莫之肯爲。熹之不肖，固不足言，然居此官最久，前後三請，亦皆有故，非以辭難就逸而爲之也。故區區之意，願左右少俟終更而後求之。未去之前，盡心所職，思其出於分義之所當爲而無敢有厭斁之心焉，則庶乎其可以自安矣。慕用之深，不覺覼縷，伏惟有以亮之。

元履一出，未能有爲。然士大夫始復知天下之有正論，廉貪激懦，所助多矣。熹官期已及，坐此未敢遽出，然亦不敢有忘當世之意，賢者當有以識此心耳。未由面論，臨風耿耿。

答詹元善

昨致書後，宋臣見過，能道比來賢者所誦書，若將應科目之爲者，已竊憂之。又於元履處見所著書及孟子説，然後慨然發歎，不意賢者用心之差乃至於此！便欲致書相曉，而久不值便，以至于今，蓋未嘗一日不往來于懷也。

夫義利之間，所差毫末，而舜、跖之歸異焉。是以在昔君子之爲學也，莊敬涵養以立其本，而講於義理以發明之，則其口之所誦也有正業，而心之所處也有常分矣。至於希世取寵之事，不惟有所愧而不敢，實亦有所急而不暇焉。今左右乃方讀本經而治詞業〔二〇〕，是何外慕之重而自待之輕邪？竊謂此心不除，決無入道之理。至於談經之際，則又專以人欲之私妄意聖賢，其言險譎乖戾，不近人理，聞之使人耳聾心悸，不謂斯言一旦而出於賢者之口也！養氣之說，雖不至是，然掇拾老莊荒誕之餘，以求入乎聖賢敬義之實，亦非熹之所敢聞也。前書所謂儒名而釋學，潘、張特其小小者耳。蘇氏兄弟乃以儀、秦、老、佛合爲一人，其爲學者心術之禍最爲酷烈，而世莫之知也。前書微發其端，蓋預憂左右之將陷焉，而不知其深入之久已如此矣。感下問之勤，不忍隱嘿，不識能聽之否？

答詹元善

歸宗之請，計已報可。此於人情恩義之間有難處者，而輕重本末事理甚明，自見賢者之不安於此者有年矣。今追贈之榮既及泉壤，則於恩意已爲曲盡，但異時所以益致其惓惓不忘之意，如范公之於朱氏者，此論想已素定也。但近至城中，見羅養蒙之孫示及其祖事狀有此一條，事與今日極相類。今謹録去，恐更合稽參禮律，以盡情文之變，乃爲盡善。此非小節，不可草草耳。

近日大除拜，一番紛紜，雖公議幸伸，然自此中外之責愈重，而其人之才智局度猶昔人也，不知何以處此乎？ 來書所賦蕩之卒章，真可爲流涕痛哭也。 進對之際，言之不切不足以盡吾心，而吾言雖切，度亦未有轉移之勢，不知明者又將何以處此也？ 偶得黄子由奏疏，謾録去。 其言至此，不爲不切，蓋已下到大承氣湯矣，而略無動意，奈何？ 境外之事，彼若爲萬全之計，固不輕發，但恐萬一狂謀輕襲，而我之邊障未有以當之，此則慮外之慮，而所繫亦不小也。 故都之事不成，乃是天幸。 如其不然，趙豹無故之疑、梁武金甌之戒直可爲寒心，不知今日諸公何以處之？ 大抵近年風俗浮淺，士大夫之賢者不過守文墨、按故事，説得幾句好話而已。 如狄梁公、寇萊公、杜、范、富、韓諸公規模事業，固未嘗有講之者，下至王介甫做處，亦摸索不著。 其有讀得楚漢、孫劉、楊李間數十卷書者，則又便有不作士大夫之意，善人君子莫能抗也。 端居深念，爲之永慨，未知天意竟如何耳。

季通一出，飽觀江湖表裏形勢，不爲無補。 甚恨匏繫，不能與之俱行。 其律書法度甚精，近世諸儒皆莫能及。 但吹律未諧，歸來更須細尋訂耳。 此行所資，亦足爲晚年休息之計。 元善篤於友誼，固自不薄，而張帥之傾蓋勝流，今之君子亦鮮能及也。 子靜旅櫬經由，聞甚周旋之，此殊可傷。 見其平日大拍頭、胡叫喚，豈謂遽至此哉！ 然其説頗行於江湖間，損賢者之志而益愚者之過，不知此禍又何時而已耳。 許教似亦小中毒也。 如何如何？

答潘叔度

邵子文記明道先立標準之言，深中近日朋友之病，且孟子亦有「襲而取之」之戒，尤當深念也。

答潘叔度

所論標準襲取之戒，極爲精密。然所謂「有爲若是，如舜而已」者，必自有的實平穩下功夫處，非是徒然晝思夜度，以己所爲校舜所爲，而切切然惟恐不如舜也。譬如病人，正當循序服藥，積漸將理，使氣體浸充，可及平人而後已，豈可責效於一丸一散、一朝一夕之間，而遽怪其不及平人哉？默誦中庸一卷於寐覺之時，此亦甚善。然與其必誦一過，不若虚心玩理之從容而有味也。

答潘叔度

來喻縷縷，備見立志之遠，歎服良深。但所謂「敬之爲言，所以名持存之理」者，於鄙意似未安。蓋人心至靈，主宰萬變，而非物所能宰，故纔有執持之意，即是此心先自動了。此程夫子所以每言坐忘即是坐馳，又因默數倉柱發明其說，而其指示學者操存之道，則必曰「敬以直内」，而又有「以敬直内，便不直矣」之云也。蓋惟整齊嚴肅，則中有主而心自存，非是别有以操存乎此而後以敬名其理也。此類初若名言小失，不足深辨，然欲放過，則恐於日用之功不能無害，故輒言之。子約書中有所反覆，亦是此意。幸參考而互評之，則其辨益明，而儒、釋之殊亦可因以判矣。横渠集云云，大凡作事匆匆，不能博盡異同，便有遺恨，前輩所謂「甚事不因忙後錯了」者，誠有味也。

答潘叔度

所喻「敬者，存在之謂」，此語固好，然乃指敬之成功而言。若只論敬字下功夫處，蓋所以持守此心而欲其存在之術耳。只著一「畏」字形容，亦自見得。故和靖尹公只以收斂身心言之，此理至約。若如來喻，却似太瀾翻也。大抵諸所誨諭，似皆傷於語言道理頭緒多云云。愚意且欲賢者於此稍加屏置，而虚心觀理於平易專一之地，不審於意果如何也？

答潘叔度

熹衰病，今歲幸不至劇，但精力益衰，目力全短，看文字不得。瞑目閒坐，却得收拾放心，覺得日前外面走作不少，頗恨盲廢之不早也。

看書鮮識之喻誠然，然嚴霜大凍之中，豈無些小風和日暖意思？要是多者勝耳。江南之業，恐自是慶曆、元祐之功，不當以此論也。此語甚長，非面莫既。大抵鄙見與彼中議論不同處非一，而此爲其最，是乃天理人欲之分，直截剖判，不相交雜處，安得相與極論以會至當之歸乎？忿疾之意，發於羞惡之端，固有不可已者。然至於加一「忿」字，便和自家這裏有病了。此亦深欲面論之尤緊切者，恨未有其便耳。醍醐毒藥之喻，恐亦過當。聖賢只得立言垂世，從違真僞却在他人，如何必得？況吾輩所急在於自明，正不當常以此念横在胸中也。

陳膚仲近得書，云欲旦夕過此。此等人未欠講論，却是欠收斂。此又是别一個話頭，要之須面論乃究耳。吾人無用於世，只自己身心一段事，又不曾講究得徹，衆盲摸象，各説異端，不知却如何收殺？可慮可慮，奈何奈何？

答潘叔昌

熹講聞雋譽，爲日蓋久，每恨未及際晤，以慰所懷。兹承不鄙，遠貽誨帖，傾倒甚至。自顧涼薄，何以堪之？反復再三，有愧而已。即日冬寒，伏惟進德日新，尊履多福。

熹蚤獲執侍先生君子之側，粗知以問學爲事，而躬行不力，老大無聞，顧省平生第有愧恨。左右才高識明，所以自期蓋已不淺，乃不知其如此而辱垂問焉，則已誤矣。況所謂日用之間不放不亂者，又熹之所以早夜竭力而未能仿佛者，其何以有助於高明之萬一乎？然先其所難而不計其獲，聖賢所以示人爲仁之方也。熹雖不敏，願與賢者共勉焉。因風脩報，未究所懷。繼此有可以開警者，願日聞之，幸甚幸甚。

答潘叔昌

細讀來喻，足見爲己之力。但學者先須置身於法度規矩中，使持於此者足以勝乎彼，則自然有進步處。如孔子之告顔淵，以非禮勿視、聽、言、動爲克己之目，亦可見矣。若自無措足之地，而欲搜羅抉剔於思慮隱微之中，以求所謂人欲之難克者而克之，則亦代翕代張，没世窮年而不能有以立矣。躬所未逮，姑誦所聞，已深愧靦，惟明者有以裁之。

答潘叔昌

示喻讀史曲折，鄙意以爲，看此等文字但欲通知古今之變，又以觀其所處義理之得失耳，初不必於玩味究索以求變化氣質之功也。若慮其感動不平，遂廢不讀，則進退之間，又恐皆失之太過而兩無所據也。

昨聞叔度兄頗爲佛學，因獻所疑，大蒙峻却，愧悚深矣。今不敢復言，而其未已之意不免因子約達之。恐其過江未還，煩爲略道鄙意。大抵近世儒者，於聖賢之言未嘗深求其義理之極致，而惟以多求劇讀爲功，故往往遂以吾學爲容易之空言，而求所以進實功、除實病者，皆必求之於彼。殊不知將適千里而迷於所向，吾恐其進步之日遠而税駕之日賒也。今若未能決意自拔，得且姑置其説，而專意於吾學，捐去雜博，專讀一書，虛心游意，以求夫義理之所在。如此三年，不得而後改圖，則朋友之心無所復恨，而於其所以進功除病之實，亦未爲晚也，如何如何？

答潘叔昌

承喻讀李、陸、孫氏之書，慨然有感，此見進學不倦之意。然熹愚意，學者當且就聖門文字中研究，得個入頭處，却看此等，其合者固所不遺，而其不合者亦易看破，自然不費功力也。嘗竊私怪彼中朋友不肯於論語、孟子、中庸、大學深下功夫，而泛觀博取於一時議論之間，所以頭緒多而眼目少、規模廣而意味不長。試以孟子論子路、管仲處觀之，可見其得失矣。不審明者以爲如何？沈叔晦章疏出於何人？大抵世俗近年一種議論愈見卑狹，令人擡頭不起、轉身不得。看此頭勢，只有山林是安樂處，别無可商量也。

答潘叔昌

示喻天上無不識字底神仙，此論甚中一偏之弊，然亦恐只學得識字，却不曾學得上天，即不如且學上天耳。上得天了，却旋學「上大人」亦不妨也。中年以後，氣血精神能有幾何？不是記故事時節。熹以目昏，不敢著力讀書，閒中靜坐，收斂身心，頗覺得力。間起看書，聊復遮眼。遇有會心處，時一喟然耳。蜀學之弊，誠如所喻，唐論却未暇細看也。六國表議論，乃是衰世一種卑陋之説，吾輩平日講誦聖賢，何爲却取此等議論以爲標的？殊不可曉。建州有徐柟者，常言秦始皇賢於湯武，管仲賢於夫子，朋友間每每傳以爲笑，不謂來説亦頗似之也。此恐是日前於根本上不曾大段用功，而便於討論世變處著力太深，所以不免此弊。向答子約一書，亦極言之，正恐赤幟已立，未必以爲然耳。熹老矣，不復有意於此世，區區鄙懷，猶欲勉率同志之士熟講勤行，以趣聖賢之域。不謂近年異論蠭起，高者溺於虛無，下者淪於卑陋，各執己見，不合不公，使人憂歎，不知所以爲計。而今而後，亦不復敢以此望於今世之人，姑抱遺經以待後之學者而已。不審明者以爲如何？

答潘叔昌

示諭漢、唐初事，以兩家論優劣則然，以三代之天吏言之，則其本領恐不但如此。若子房、孔明之所黽勉，亦正是渠欠闕處。吾輩正當以聖賢爲師，取其是而監其非，不當以彼爲準則也。今人只爲不見天理本原，而有汲汲以就功名之心，故其議論見識往往卑陋，多方遷就，下梢頭只是成就一個私意，更有甚好事？若必以爲然，即程正叔寧可終身只作國子祭酒，却讓他陳正己作宰相也。可怪可怪！

答潘叔昌

前書示及易傳二義，陰陽交和，恐非是指君子小人而言。君子之於小人，固不當過爲忿疾，然無交和之理。韓、富當時事力蓋不足以勝二姦，非固欲與之和也。元祐誠有過甚處，然當時事勢，恐不如此亦不免禍。要當有以開悟人主之心，乃絶後患耳。東漢誅宦官事，前輩多論之，大略皆如來喻。然嘗細考其事，恐禍根不除，終無可安之理。後人據紙上語指點前人，甚易爲力，不知事到手頭實要處斷，毫髮之間便有成敗，不是容易事。若使陳、竇只誅得首惡一二人，後來未必不取王允、五王之禍也。

答潘叔昌

向來鄙論初無深旨，來書誦及，足見不遺一善之意。然所謂有主於中者，亦只是此持守之意耳。遺書首篇答李端伯之問者，正是此意，不可離此持守，別想像一物以主乎中也。

答潘叔昌書杜生二論後

荀彧之死，胡文定引宋景文説，以爲劉穆之、宋齊丘之比，最爲得其情狀之實，無復改評矣。考其議論本末，未見其有扶漢之心也，其死亦何足悲？又據本傳，彧乃唐衡之婿，則彧之失其本心久矣。顏公之智，誠有所不足，非獨棄平原一事也。但仁、義、禮、智、信列於五常，聖人皆顯之以爲教，未嘗偏有所隱也。今曰「聖人獨顯仁、義、忠、信以爲教，而神智以爲幾」，不知何據而言？若其果然，則是仁、義、忠、信乃無用之樸，而智乃仁、義、忠、信之賊矣。學術不正，使人心頗僻如此，甚可憂懼。不知老兄曾見此論否？聞其託於賓館，必嘗相與講學者，幸有以警之，毋使東萊宗旨轉而爲權謀機變之學也。

答潘叔昌

所示「内外交養，勿使偏枯；聞斯行之，不必猶豫」，此正今日應病良藥也。薛氏書已領，觀其用功纖密，良可歎服。而昨得其論語及春秋，却有難曉解處。豈其用力於彼者深，固所謂藝之至者不兩能邪？學者於此要當知所擇耳。仁傳正類南軒所爲，鄙意亦所未安。伯恭昨補外書震澤語録「問聖賢之言要切處思」一段，意思却極好也。陳齊之文乃如此，尤所不解，亦嘗究其失否？微言既絶，大義益乖，甚可悼懼，不覺傾倒至此。此紙不可以示人也，只欲賢者知之，不枉用心耳。

答劉叔文

所謂理與氣，此決是二物。但在物上看，則二物渾淪，不可分開各在一處，然不害二物之各爲一物也；若在理上看，則雖未有物而已有物之理，然亦但有其理而已，未嘗實有是物也。大凡看此等處須認得分明，又兼始終，方是不錯。只看太極圖熹所解第一段，便見意思矣。若未會得，且虚心平看，未要硬便主張，久之自有見處，不費許多閑説話也。如此虚心理會不得時，却守取舊來所見，亦未爲晚耳。如或未然，且放下此一説，别看他處，道理尚多，或恐别因一事透著此理，亦不可知，不必守此膠漆之盆枉費心力也。

答劉叔文

細詳來喻，依舊辨别「性氣」兩字不出。須知未有此氣已有此性，氣有不存，性却常在。雖其方在氣中，然氣自氣，性自性，亦自不相夾雜。至論其偏體於物，無處不在，則又不論氣之精粗而莫不有是理焉。不當以氣之精者爲性、性之粗者爲氣也。來説雖多，只以此意思之，便見得失。如云精而又精，不可名狀，所以不得已而强名之曰「太極」，又曰氣愈精而理存焉，皆是指氣爲性之誤。又引通書解云云，亦是不察陰陽二字是形而下者，便指爲誠。不知此是誠之流行歸宿處，不可便指爲誠也。又引無極之真，以爲真固是理，然必有其氣，是以可與二五妙合而凝，此尤無理矣。夫真者理也，精者氣也，理與氣合，故能成形。豈有理自有氣，又與氣合之理乎？其間瑣細，不暇一一辨論，但更看太極圖解第一段初兩三行，便見理之與氣各有去著，不待如此紛紜矣。

答王子充

老兄深靜篤實，天資甚美，平時於輩流中心所敬仰。顧恨相從日淺，未得深扣所存，以自警策。今讀來教，乃有懶弱自安之語，何邪？大抵今日之弊，務講學者多闕於踐履，而專踐履者又遂以講學爲無益，殊不知因踐履之實以致講學之功，使所知益明則所守日固，與彼區區口耳之間者固不可同日而語矣。不然，所存雖正，所發雖審，竊恐終未免於私意之累，徒爲拘滯而卒無所發明也。愚意如此，不審高明以爲如何？

答胡伯逢

赤子之心，固無巧僞，但於理義未能知覺，渾然赤子之心而已。大人則有知覺擴充之功，而無巧僞安排之鑿，故曰不失赤子之心。著個「不失」字，便是不同處。南軒所説固善，然必謂從初不失，此恐太拘。既失而反之，却到此地位，亦何害其爲不失乎？

答胡伯逢

男女居室，人事之至近，而道行乎其間，此君子之道所以費而隱也。然幽闇之中、衽席之上，人或褻而慢之，則天命有所不行矣。此君子之道所以造端乎夫婦之微密，而語其極則察乎天地之高深也。然非知幾、慎獨之君子，其孰能體之？易首於乾、坤而中於咸、恒，禮謹大昏，而詩以二南爲正始之道，其以此歟？知言亦曰「道存乎飲食男女之事，而溺於流者不知其精」，又曰「接而知有禮焉，交而知有道焉，惟敬者能守而不失耳」，亦此意也。

答胡伯逢

昨承喻及「知仁」之説，極荷開曉之詳。然愚意終覺未安。來諭大抵專以自知自治爲説，此誠是也。然聖人之言有近有遠、有緩有急，論語一書，言知人處亦豈少耶？大抵讀書須是虚心平氣，優游玩味，徐觀聖賢立言本意所向如何，然後隨其遠近淺深、輕重緩急而爲之説。如孟子所謂「以意逆志」者，庶乎可以得之。若便以吾先入之説横於胸次，而驅率聖賢之言以從己意，設使義理可通，已涉私意穿鑿而不免於郢書燕説之誚，況又義理窒礙，亦有所不可行者乎？

竊觀來教，所謂「苟能自省其偏，則善端已萌，此聖人指示其方，使人自得，必有所覺知，然後有地可以施功而爲仁」者，亦可謂非聖賢之本意，而義理亦有不通矣。熹於晦叔、廣仲書中論之已詳者，今不復論，請因來教之言而有以明其必不然者。

昔明道先生嘗言，凡人之情易發而難制者，惟怒爲甚。能於怒時遽忘其怒而觀理之是非，亦可以見外誘之不足惡，而於道亦思過半矣。若如來教之云，則自不必忘其怒而觀理之是非，第即夫怒而觀夫怒，則吾之善端固已萌焉而可以自得矣。若使聖賢之門已有此法，則明道豈故欲捨夫徑捷之塗而使學者支離迂緩以求之哉？亦以其本無是理故爾。且孟子所謂「君子深造之以道，欲其自得之」者，正謂精思力行，從容涵泳之久，而一日有以泮然於中，此其地位亦已高矣。今未加克復爲仁之功，但觀宿昔未改之過，宜其方且悔懼愧赧之不暇，不知若何而遽能有以自得之邪？「有所知覺然後有地以施其功」者，此則是矣。然「覺知」二字所指自有淺深，若淺言之，則所謂覺知者，亦曰覺夫天理人欲之分而已。夫有覺於天理人欲之分，然後可以克己復禮而施爲仁之功，此則是也。今連上文讀之而求來意之所在，則所謂覺知者乃自得於仁之謂矣。如此，則「覺」字之所指者已深，非用力於仁之久不足以得之，不應無故而先能自覺，却於既覺之後方始有地以施功也。觀孔子所以告門弟子，莫非用力於仁之實事，而無一言如來諭所云「指示其方，使之自得」者。豈子貢、子張、樊遲之流皆已自得於仁，而既有地以施其功邪？其亦必不然矣。

然熹前説其間亦不能無病，如云爲仁淺深之驗、觀人觀己之説，皆有病。以今觀之，自不必更爲之説。但以伊川、和靖之説明之，則聖人之意坦然明白，更無可疑處矣。

答胡伯逢

知言之書，用意深遠，析理精微，豈末學所敢輕議？向輒疑之，自知已犯不韙之罪矣。

兹承誨喻，尤切愧悚。但鄙意終有未釋然者，知行先後，已具所答晦叔書中，其説詳矣，乞試取觀，可見得失也。至於性無善惡之説，則前後論辨不爲不詳，近又有一書與廣仲丈論此〔二二〕，尤詳於前。因龜山中庸首章而發，及引易傳大有卦及遺書第二十二卷者。此外蓋已無復可言者矣。然既蒙垂諭，反復思之，似亦尚有一説，今請言之。

蓋孟子所謂性善者，以其本體言之，仁、義、禮、智之未發者是也。程子曰「『止於至善』，『不明乎善』，此言善者義理之精微，無可得而名，姑以至善目之」是也。又曰「人之生也，其本真而靜。其未發也，五性具焉，曰仁、義、禮、智、信」。所謂可以爲善者，以其用處言之，四端之情發而中節者是也。程子曰「『繼之者善』，此言善却言得輕，但謂繼斯道者莫非善也，不可謂惡」是也。蓋性之與情，雖有未發已發之不同，然其所謂善者，則血脈貫通，初未嘗有不同也。程子曰「喜怒哀樂未發，何嘗不善？發而中節，則無往而不善」是也。此孟子道性善之本意，伊洛諸君子之所傳而未之有改者也。知言固非以性爲不善者，竊原其意，蓋欲極其高遠以言性，而不知名言之失反陷性於摇蕩恣睢、駁雜不純之地也。所謂極其高遠以言性者，以性爲未發，以善爲已發，而惟恐夫已發者之混夫未發者也。所謂「名言之失」者，不察乎至善之本然，而概謂善爲已發也。所謂「反陷性於摇蕩恣睢、駁雜不純之地」者，既於未發之前除却「善」字，即此「性」字便無著實道理，只成一個空虛底物，隨善隨惡，無所不爲。所以有「發而中節，然後爲善；發不中節，然後爲惡」之説。又有「好惡性也，君子好惡以道，小人好惡以己」之説。是皆公都子所問、告子所言而孟子所闢者，已非所以言性矣。又其甚者，至謂天理人欲同體異用，則是謂本性之中已有此人欲也，尤爲害理，不可不察。竊意此等偶出於前輩一時之言，非其終身所守不可易之定論。今既未敢遽改，則與其爭之而愈失聖賢之意、違義理之實，似不若存而不論之爲愈也。

「知仁」之説，亦已累辨之矣。大抵如尊兄之説，則所以知之者甚難而未必是，而又以知仁、爲仁爲兩事也。所謂「觀過知仁」，因過而觀，因觀而知，然後即夫知者而謂之仁，其求之也崎嶇切促，不勝其勞，而其所謂仁者乃智之端也，非仁之體也。且雖如此，而亦曠然未有可行之實，又須别求爲仁之方，然後可以守之。此所謂「知之甚難而未必是，又以知與爲爲兩事」者也。如熹之言，則所以知之者雖淺而便可行，而又以知仁、爲仁爲一事也。以名義言之，仁特愛之未發者而已。程子所謂「仁，性也；愛，情也」。又謂「仁，性也；孝弟，用也」。此可見矣。其所謂「豈可專以愛爲仁」者，特謂不可指情爲性耳，非謂仁之與愛了無交涉，如天地、冠屨之不相近也。而或者因此求之太過，便作無限玄妙奇特商量。此所以求之愈工，而失之愈遠。如或以覺言仁，是以知之端爲仁也；或以是言仁，是以義之用爲仁也。夫與其外引智之端、義之用而指以爲仁之體，則孰若以愛言仁，猶不失爲表裏之相須而可以類求也哉？故愚謂欲求仁者，先當大概且識此名義氣象之仿佛與其爲之之方，然後就此慤實下功，尊聞行知以踐其實，則所知愈深而所存益熟矣。此所謂「知之甚淺而便可行，又以知與爲爲一事」者也。不知今將從其難而二者乎，將從其易而一者乎？以此言之，則兩家之得失可一言而决矣。

來教又謂方論知仁，不當兼及不仁。夫觀人之過而知其愛與厚者之不失爲仁，則知彼忍而薄者之決不仁，如明暗黑白之相形，一舉目而兩得之矣。今乃以爲節外生枝，則夫告往知來、舉一反三、聞一知十者，皆適所以重得罪於聖人矣。竊謂此章只合依程子、尹氏之説，不須別求玄妙，反失本指也。直敘胸臆，不覺言之太繁，伏惟高明財擇其中，幸甚幸甚。

答黄仁卿東

所示春秋大旨，甚善。此經固當以類例相通，然亦先須隨事觀理，反復涵泳，令胸次開闊，義理貫通，方有意味。若便一向如此排定説殺，正使在彼分上斷得十分的當，却於自己分上都不見得箇從容活絡受用，則亦何益於事邪？大抵不論看書與日用功夫，皆要放開心胸，令其平易廣闊，方可徐徐旋看道理，浸灌培養。切忌合下便立己意，把捉得太緊了，即氣象急迫，田地狹隘，無處著功夫也。此非獨是讀書法，亦是仁卿分上變化氣質底道理也。然看春秋外，更誦論、孟，及看近思録等書，以助其趣乃佳。若只如此，實恐枯燥，難見功耳。

答黃仁卿

示諭食貧之狀，深爲歎息。向見擬此闕，意官期必甚近，不謂尚許久也。然從官兩世，清貧如此，益見家法之有傳，足使貪濁知所愧矣。所恨自困涸轍，不能少致濡沫之助，但有歎恨耳。改葬之議，既非人謀所及，假卜筮以決之，亦古人所不廢，更詳思之，如何？熹自劾之章已批，上旨喻以事不相關，則是已經進呈矣。遜詞避寵，亦事之宜，紛紛不已，又似過甚。今已幸得請矣，只用省劄令還故官，更不再出敕牒，亦甚省事。位高言廢，又是上一等人。今人則位未高時已無及物之志矣，可爲深太息也。此間親知有仕於汀者，書來說彼民望行經界尤切，韜仲歸，說趙書亦請行之，當軸頗難之。彼於汀無利害，只恐牽連，并及泉、漳耳。□□之政且得如此亦善，人固難得每事皆善也。漳人亦淳，但淳者太淳，故其有勢力者得肆殘暴，爲可憐耳。向來繆政撫其淳者甚至，而治其豪猾不少貸，亦有精力不及而誤縱舍者，然或者至今以爲嚴，殊不可曉。深自愧恨，不得如仁卿者爲寮友而規正之也。

答黃直卿榦

別紙之喻，如此處心甚善，然亦似有先立標準之病。武侯所謂「鞠躬盡力，死而後已」，成敗利鈍，非能逆睹者，非獨建立事功爲然也。如此，則知處不期寬而自寬、行處不期遠而自遠矣。試更思之。

答黄直卿〔二二〕

子春聞時相過，甚善。爲學直是先要立本，文義却可且與説出正意，令其寬心玩味，未可便令考校同異、研究纖悉，恐其意思促迫，難得長進。將來見得大意，略舉一二節目，漸次理會，蓋未晚也。此是向來差誤，今幸得見，却須勇革，不可苟避譏笑，却誤人也。

答黄直卿

前書所論先天、太極二圖，久無好況，不暇奉報。先天乃伏羲本圖，非康節所自作，雖無言語，而所該甚廣。凡今易中一字一義，無不自其中流出者。太極却是濂溪自作，發明易中大概綱領意思而已。故論其格局，則太極不如先天之大而詳；論其義理，則先天不如太極之精而約。蓋合下規模不同，而太極終在先天範圍之内，又不若彼之自然，不假思慮安排也。若以數言之，則先天之數自一而二，自二而四，自四而八，以爲八卦；太極之數亦自一而二，剛柔。自二而四，剛善、剛惡、柔善、柔惡。遂加其一，中。以爲五行，而遂下及於萬物。蓋物理本同而象數亦無二致，但推得有大小詳略耳。近日講論及脩改文字頗多，當俟相見面言之。

答黄直卿〔二三〕

示喻讀書次第，甚善。但所諭先天、太極之義，覺得大段局促。日用之間，只教此心常明，而隨事觀理以培養之，自當有進。才覺如此狹隘拘迫，却恐不能得展拓也。子細已別録去，可更詳之。

答黄直卿

所論太極散爲萬物，而萬物各具太極，見得道不可須臾離之意，而與一貫之指、川上之歎、萬物皆備之説相合，學者當體此意，造次顛沛不可間斷，此説大概得之。但周子之意若只如此，則當時只説此一句足矣，何用更説許多陰陽、五行、中正、仁義及通書一部種種諸説邪？通書中所謂「誠無爲」者，太極也；「幾善惡」者，陰陽也；德曰仁、義、禮、智、信者，五行也，皆就圖上説出。其餘如静虚動直、禮先樂後、淡且和、果而確之類，亦是圖中陰陽動静之意。蓋既曰各具太極，則此處便又有陰陽、五行許多道理，須要隨處一一盡得。如先天之説，亦是太極散爲六十四卦，三百八十四爻。而一卦一爻莫不具一太極，其各具一太極處，又便有許多道理，須要隨處盡得，皆不但爲塊然自守之計而已也。然此亦只是大概法象，若論日用功夫，則所守須先有個自家親切要約處〔二四〕，不可必待見圖而後逐旋安排。其隨處運用，亦須虚心平氣，徐觀事理，不可只就圖上想像思惟也。既先有個立脚處，又能由此推考證驗，則其胸中萬理洞然，通透活絡，而其立處自不費力而愈堅牢開闊矣。若但寸寸銖銖比量凑合，逐旋將來做工夫，則亦何由有進步處邪？

答黄直卿

前書所論大學兩條似未然，如此則是「明德」、「新民」其初且苟簡做一截，到「止於至善」處又子細做一截也。「知至」之「至」，向來却是誤作「切至」之「至」，只合依舊爲「極至」之「至」。然此「至」字雖與「至善」之「至」皆訓「極」字〔二五〕，而用處不同。至善是自然極至之至，知至是功夫極至之至，難作一例説也，可試思之。此義非獨熹不謂然，以示季通諸人，亦皆疑直卿不知何故作此見也。病中看得孟子要略數章分明，覺得從前多是衍説，已略脩正寫去。此書似有益於學者，但不合顛倒却聖賢成書，此爲未安耳。大學諸生看者多無入處，不如看語、孟者漸見次第，不知病在甚處？似是規模太廣，令人心量包羅不得也〔二六〕。

答黄直卿

喪服篇。所説析出經傳，破碎重複，不相連屬，不可行也。

此篇已略脩定，似有條理。且其間有「見上條」、「見本條」之類，尚涉重複。然去之又似太疏略，可更裁之。或於本條下依重出例注之，而逐條之下却皆削去，亦自簡便。後有通例一條，甚好，恐更有可入者，當補之。

喪服義。

此篇都未編，可更考之。恐當以「三年問」一篇爲首，蓋其言所以制服行喪，出於人情之實，最爲明切，又包三年期功以下皆盡。其後乃取諸篇中論喪輕重意義者附之。若此類不多，即不若依舊只附前篇作傳記，亦得。

士喪禮上下。

兩卷略定，更詳之。

士虞禮。

當以士卒哭、祥、禫之禮附其後，而於篇目下注云：「祔、卒哭、祥、禫禮附。」

喪大記上下。

自天子達於庶人者，居喪之禮也。若其送死之節、禮文制數，則貴賤之等固不同矣。今以天子、諸侯、大夫之禮附於士禮之篇，殊不相入，自合採集別爲一篇。但以世俗拘忌，不敢別立篇名，故欲只因喪大記篇包舉王侯士庶之禮，而放士禮次第分其章段。凡言禮之法而似經者，則依經例雜法，與此篇相表裏。凡記事實有議論者，則依記例，似稍明白。但恐其間尚有脱漏差舛，可更詳之。其虞禮以下尚闕，如「天子九月而卒哭」及「九虞」、「七虞」等語，當別爲下篇，依士禮次第編集，却於見編卒哭等禮篇内删出。三傳作主等說，亦當附入。其杜預邪說，前輩已有掊擊之者，亦當載。王侯、大夫制度，皆入此篇。其書、禮、論語内說諒陰制度及左傳說天子、諸侯喪事，亦皆依記例，隨事附於章目之後。如諒陰及后、世子皆爲三年之類，即附祥禫章後。譏華元、樂舉及仲幾對宋公楄柎藉幹語之屬，即附棺椁、窆葬等章。楚恭王能知其過之類，即入誄謚章。如此類更推廣求之，可附即附。但顧命、康王之誥，恐尤不可遺，然又不可分，只於篇末附入，如何？

奔喪。

道喪附此篇之目下，依虞禮例。並喪恐更有說，此所取似疏略，可更考之。

居喪記。

弔喪附此篇之目下，依虞禮例。

喪義。

以檀弓「哀戚之至」一條爲首，此條甚長，今注疏皆誤分斷了，今當合之。其餘有通説喪禮或沿喪事，如「孔子早作」、「子張庶幾」等語，皆合附入。別紙更有説。又剪下碎段一束，恐亦可附。邾婁復以矢、天生地藏、子羔之襲、喪不剝奠之類已削去，皆可入。

以上共十篇。

重出例不須如來喻，但於初見處注尾著圈而注其下曰「後某章某章放此」。喪服篇説中亦有一例依此，可并詳之。士虞禮記「既封」至「除之」，此一項不入例，可更詳之。

「上大夫之虞」，此條當入大記下篇。

周禮喪車更詳之，若是上下通用，即入喪服通例經中；若是王禮，即入大記初用車處。

凡已剪下重複碎段，恐有漏落或當載者，可更詳之。所寄數卷，若前此旋次得之，即可子細看。今并寄來，又值事冗目痛，只看得一兩卷子細。自「既夕」以後，多不及詳，可更加功，脩此數卷也。卒哭篇附虞禮後，以本記補經。

「始死三日而殯」止「遂卒哭」注。「用剛日，曰哀薦成事」節注。「將旦而附」止「辭一也」注，末云：「『哀薦成事』一句，未知當附何處。」「饗辭」止「之饗」注。

右卒哭。○記云云。

「明日以其班祔」止「尚饗」。

右祔。○云云。○祔杖不上於堂。

「期而小祥，曰薦此常事。」

右小祥。○記云云。

「又期而大祥，曰薦此祥事。」

右大祥。○記云云。

「中月而禫」止「未配」。

右禫。○記云云。

注中云「見某篇云云」者，更契勘今所定本，恐已删去，隨事改正。

所論士廟之制，雖未能深考，然所論堂上前爲三間、後爲二間者，似有證據。但假設尺寸大小，無以見其深廣之實，須稍展樣，以四五尺以上爲一架，方可分畫許多地頭、安頓許多物色。而中間更容升降、坐立、拜起之處，淨掃一片空地，以灰畫定，而實周旋俯仰於其間，庶幾見得通與不通，有端的之驗耳。

若如此圖，則堂基之上便分前段三間、後段四間及兩邊夾室之位矣，即不見得殿屋横棟從甚處斷、兩霤之分從甚處起，又不見厦屋兩翼如何似今之門廡，又不見兩夾堂外既無墉，亦合有柱與否？云有柱，則於經無文；云無柱，則兩屋角懸空，無寄託處。又恐間架次第雖如所說，其殿屋分四霤處亦合如前來寄去之說，但移得洗更稍向東，當簷滴水處耳。夏屋亦須作次棟以覆兩夾，但設搏風版於兩夾之外，次棟盡頭，而設洗於其南，如此乃有門廡之狀。先之說福州人所謂君臣門也。蓋屋之前後皆爲五間，而中三間爲直棟，旁兩間爲兩夾。其上椽瓦或爲東西霤之上流，或爲次棟而設搏風於其外也。若不如此，則殿屋直棟反短於夏屋之棟，等殺不應爾也。古者降殺以兩，恐士廟深廣，當自天子制度三降而得之。又於其間細分間架，乃見其實也。

適又思之，恐只是作三大間，旁兩間之中爲牆，以分房室兩夾之界，略如趙子欽說，但「門廡」二字未合耳。可更考之。

校勘記

〔一〕因風敬謝先辱　淳熙本作「因風先此致敬以謝」。

〔二〕學之雜者似博　「雜」、「博」二字，正訛互乙。
〔三〕自立規程　「自」原作「日」，據浙本、天順本改。
〔四〕答呂士瞻　「士瞻」，浙本作「知録」。
〔五〕但文王意則只當依孔子所解爲是　「王」下，浙本有「本」字。
〔六〕蓋幼年聞先君言　「聞」，原作「間」，據浙本、天順本改。
〔七〕此有其書　「此」上，浙本有「見」字。
〔八〕今或問以爲至言之歟　浙本作：「今或問云『天下之事皆有以知其至善之所在』，其釋知止之本文全體可謂當矣。然恐學者見其有『天下』字、有『皆』字，以爲必盡窮天下之理然後可以知至善所在而得所止。如程子所言格物工夫未足以知至善，必待物盡格、知盡至，始爲知至。身脩以至天下平，皆得所止之效歟？所以繼綱目三語之後言之，蓋舉大學之全體極致歟？乞賜指教。」
〔九〕以爲健順五常之德　此句下，浙本有「所謂性也」四字。
〔一〇〕或問亦言人物雖有氣稟之異　「言」下、「人」下，閩本、浙本均有「在」字。
〔一一〕而理則未嘗不同　「而」下，浙本有「其」字。
〔一二〕孟子集注謂　「注」下，閩本、浙本均有「生之」二字；「謂」下，均有「性章」二字。
〔一三〕則知覺運動人與物若不異　「異」下，閩本、浙本均有「也」字。

〔一四〕二説似不同至亦隨以異歟　浙本作：「告子徒知知覺運動之蠢然者人與物同，而不知仁義禮智之粹然者人與物異。某舊□論性不論氣之説，置器日中之喻與章句、或問同，而集注仁義禮智之禀非物所得而全，則以所賦之理亦異矣。乞賜開示，以啓愚蔽。」

〔一五〕亦是專指欲動情流之後　「情」，原作「静」，據正訛改。

〔一六〕亦似二書隨學者器質爲教也　此句下，浙本有「未審是否」四字。

〔一七〕嘗見人言五行之體質　「嘗見」，浙本作「舊聞」。

〔一八〕其言似有理　「似」，浙本、天順本均作「亦」。

〔一九〕況年大官達　「官」，浙本作「宦」。

〔二〇〕今左右乃方讀本經而治詞業　「本」，原作「水」，據正訛改。

〔二一〕近又有一書與廣仲丈論此　「丈」，原作「文」，據浙本、天順本改。

〔二二〕答黄直卿　此書又見續集卷一。

〔二三〕答黄直卿　此書又見續集卷一。

〔二四〕則所守須先有個自家親切要約處　「則」下，浙本有「所見」二字。

〔二五〕然此至字雖與至善之至皆訓極字　「之至」，原作「之善」，據正訛改。

〔二六〕病中看得孟子要略至包羅不得也　按此段又見續集卷一答黄直卿。

晦庵先生朱文公文集卷第四十七

書 知舊門人問答(一)

答吕子約 祖儉

示喻縷縷，足見力學之志，然所讀書似亦太多矣。大抵今人讀書務廣而不求精，是以刻苦者迫切而無從容之樂，平易者泛濫而無精約之功，兩者之病雖殊，然其所以受病之源則一而已。今觀來喻，雖云數書之外有所未暇，然只此已是多少功夫！又論、孟、中庸、大學乃學問根本，尤當專一致思，以求其指意之所在。今乃或此或彼，泛然讀之，此則尤非所以審思明辨而究聖學之淵源也。愚意此四書者當以序進，每畢一書，首尾通貫，意味浹洽，然後又易一書，乃能有益。其餘亦損其半，然後可以研味從容，深探其立言之旨而無迫切泛濫之累。不審賢者以爲如何？

答吕子約

喻及日來進學之功，尤慰孤陋，且深有助於警省，爲惠厚矣。氣質未化，偏重難反，學者之通病。今亦但當用力於恭敬持養之地，而玩意義理以培養之，不必反復較計、悔咎剋責，如此太深，却恐有害清明和樂之氣象，亦足以妨日新之益也。

答吕子約

示諭縷縷，備見篤學力行之意，然未免較計務獲之病，著此意思横在方寸間，日夕紛擾，非所以進於日新也。所讀書亦太多，如人大病在床，而衆醫雜進，百藥交下，決無見效之理。不若盡力一書，令其反復通透而復易一書之爲愈。蓋不惟專力易見功夫，且是心定不雜，於涵養之功亦有助也。又謂不欲但爲聞見之知，此固當然，然聞見之知要得正當〔二〕，亦非易事，誠未可輕厭而躐等也。

答呂子約

時習之義，程子云「習，重習，時復思繹，浹洽於中則説」，此恐是學原於思之意。凡所當事者皆學也，不致其思繹以通之，則無自而進。苟苦思力索，則淺迫無味，亦失所謂「説」矣。惟學焉而時復思繹，勿忘勿助，積累停蓄，浹洽涵養，杜元凱所謂「如江海之浸，如膏澤之潤，涣然冰釋，怡然理順，然後爲得」。此即時習而説之注釋也。張先生所云似與程子之意未合。

此説甚佳。南軒解義爲人借去，不盡記其説，然覺得儘有未安處也。

「巧言令色，鮮矣仁」，恐止當從尹氏説。

尹説固好，然其間曲折恐亦不可不講。若有人引上蔡所引許多同異問之尹公，他必有説，不只如此打過也。

「傳不習乎」，恐止當從明道説。蓋恐不習而傳之，則在己審問明辨之功有加無已，篤於自反而懼於傳之或差〔三〕。上蔡之説，恐與章指未合。

如明道説，文勢似不甚順。若從上蔡之説，則先忠信後講學，乃與上下章意思相似，又文勢安帖，不煩多訓，似亦有理。試更思之。

「父在觀其志」一章，恐指意在下。又志，所存也；行，所爲也。有父兄在，安得聞斯行之？雖欲成父之美，而親心未順焉；雖欲爲不善，而莫得肆焉，止觀志之所存可也。若親没矣，吾之所欲爲者遂矣，故必觀其所爲之專與不專而後可。蓋雖爲之善，然不能忍而遽改，則亦謂之死其親可也。至於三年之間，事死如事生而無伸己之意，迺謂之孝。「可謂孝矣」云者，深嘉之辭。若曰如其非道，則何待三年，是未深體觀其行之意也。夫不幸而有所當改，是乃吾平日之拳拳而未能孚於吾親者，今也哀痛之深，固有所斡旋改移於不動聲氣之中者矣，苟有決厲之意，則縱有丘山之善，然此心不幾於息乎？

此説甚好。但謂「固有斡旋改移於不動聲氣之中者」，此句未安。熹舊來亦嘗有此意，後看史書，見有居官不改前人之政，但因事遷就，使人不見其迹者，必大悦之，以爲代人居官，猶有能如此者，況於所天乎？因以此問於李先生，先生曰：「此意雖好，但每事用心如此，恐駸駸然所失却多。聖人所謂『無改』者，亦謂尚可通行者耳，若不幸而有必不可行者，則至誠哀痛而改之，亦無可奈何，不必如此回互也。」此意竊謂學者不可不知，恐當更思之也。又有謂「其志」、「其行」皆指父而言，意亦自好。試並思之，如何？

日月，謂一日一箇亦得，論氣之感也；謂古今一箇亦得，論氣之本也。

「感」字未安。李文饒謂「日月終古常見，而光景常新」，此亦善言天者。

季路問事鬼神，告以「事人」；問死，告以「知生」。欲令子路原始觀終，聚而通之也。「未知生，焉知死」，是固然矣。「未能事人，焉能事鬼」，恐救子路忽於近之病。蓋在目今雖曰未能事人，然隱微之間，如執虛奉盈，所以事之者，自當深用其力。苟於此知所事，則事人之道亦可進。但闕略於事人，則益不能事鬼矣。

熹嘗謂知乾坤變化、萬物受命之理，則知生而知死矣；盡親親、長長、貴貴、尊賢之道，則能事人而能事鬼矣。只如此看，意味自長。戒慎隱微，又別是一事，不必牽合作一串也。

「體物而不可遺」之義，蓋物是形而下者。物其物則息生不窮，是所謂體物而不可遺也，即形於上者也。苟物而不物，則死矣。「體」云者，其流行發見非物自爾，而必有體之者也。

體物之意，剖析得甚好。但本是鬼神之德爲此萬物之體，非是先有是物而鬼神之德又從而體之也。「物而不物，則死矣」，此句有病。須知若初無體之者，則亦無是物矣。

「游魂爲變」之義，如何？

精，魄也；耳目之精明爲魄。氣，魂也，口鼻之嘘吸爲魂。二者合而成物。精虛魄降，則氣散魂遊而無不之矣。魄爲鬼，魂爲神。禮記有孔子答宰我之問，正説此理甚詳。雜書云：「魂，人陽神也；魄，人陰神也。」亦可取。横渠、上蔡論此亦詳。

「誰毁誰譽」一章，恐當看「誰」字，此正見聖人大公無我之心。「如有所譽者，其有所試矣」，此又聖人無所私好，而於善善之意亦不侵過分毫。來誨所謂但有先褒之善而無預詆之惡，似恐於公平之意思未完。

熹昨來之説善善速、惡惡緩，正書所謂「與其殺不辜，寧失不經」、「罪疑惟輕，功疑惟重」，春秋傳所謂「善善長、惡惡短」，孔子「樂道人之善，惡稱人之惡」之意，而仁包五常、元包四德之發見證驗也。聖人之心雖至公至平，無私好惡，然此個意思常在，便是天地生物之心。若但一向켜然無情，則恐或有流於申商慘覈之科矣。試更思之。洪範、皇極亦有此意。

答呂子約

所喻日用工夫，足見爲己之意，甚善。然别紙所論論語首章，便是讀書玩理之樣轍，更無别塗。請只如此用功，不必切切論功計獲也。

答呂子約

示喻日用功夫有未到處，此見省身克己用力之深，不勝歎仰。然前後已屢奉聞，不必如此計較迫切，但措其心於中和平正之地，而深以義理灌溉培養之，自然日有進益。如其不然，則存養講習之功未及一二，而疑悔勞殆之病已奪其千百矣。試更思之。至如讀書，只且立下一個簡易可常底程課，日日依此，積累功夫。不要就生疑慮，既要如此，又要如彼，枉費思慮言語，下梢無到頭處。昔人所謂多歧亡羊者，不可不戒也。

答吕子約

「巧言令色，鮮矣仁」，論章旨則尹氏之説爲完。若旁通其義，如「辭欲巧」之類，是迺脩省細密工夫，其發原自别。然脩辭之功，亦易得入於安排計較，而不自知其所發之偏者，亦爲「鮮矣仁」也。

「發原自别」之説甚好。修辭之功，固易入於安排計校，然亦只得就發原處謹之耳。若捨此而别生疑慮，則又轉見繳繞，不得剖決也。

曾子之三省，爲人謀、與朋友交、傳諸人，惟恐應物之或不如己而篤於自反也。尹子言：「諸公遠來，依先生之門，某豈敢輒爲他説？萬一有少差，豈不誤他一生？」恐正是「傳不習」之意。先忠信，後講學，固是如此，但忠因謀言，信因交言，恐與「行有餘力，則以學文」之意未類。上蔡之説，竟未敢安〔四〕。

所引尹公語甚好。然於此文句中，似覺少兩三字，聖賢立言不如是之巧而晦也。謀不忠則欺於人，交不信則欺於友，傳不習則欺於己、欺於師，是亦忠信之類耳。更思之。

「其志」、「其行」，皆指父而言，意亦好，但於本章之旨恐未安。「父在觀其志」，觀其所志之善惡也；「父没觀其行」，觀其所行之肆與否也。「三年無改於父之道」，則事亡如事存而不忍死其親焉，故曰「可謂孝矣」。斡旋改移，其始止於隱惡諱過，本在於愛親。駸駸而往，易入於私，其病固不細，然彌縫調停之工又不可廢。所謂「度不可行，至誠哀痛而改之」，固不必回互，但弗知所以改之之方，則或傷於張皇驟快而無遲遲浸漸之意味，亦非篤於愛親者也。謝方明事，祖儉舊看得甚可爲法，然李先生之言，亦要於此致察。

先生之言，恐更當思之。「至誠哀痛」四字儘有意思，存得此心，自不至張皇也。據今日病證，似當且服此藥，便自胸次開闊，黑白分明。若更主張「調停」兩字，正是以水濟水，竊恐昏昧隘促，轉見無進步處。父没觀行，必如舊説，亦爲是非邪正之類，所包甚廣。今只云「肆與否」，却覺拘滯。兼又與上句參差，下句重併，尤未穩當。

「日月終古常見而光景常新」，其理固如此。然所謂常見、所謂常新，必有科別。

日月，陰陽之精，終古不易。然非以今日已昳之光復爲來日將升之光也，故常見而常新。

未能事人而欲事鬼，未能知生而欲知死，是猶未知其首而欲知其尾也。知首之旨，當如來教。又思事人之旨，恐止是不敢欺、不敢慢，出門如賓之類皆是。如此而致敬密察，庶幾可以交神明矣。「事」如「祇事」之「事」，所謂盡親親、長長、貴貴、尊賢之道，恐於「事」字未叶。

此説甚好，比熹説尤親切。蓋親親、長長、貴貴、尊賢之道固不外乎愛敬，但如此説方親切耳。然四者之目亦不可廢，請更思之。

「視之不見，聽之不聞，體物而不遺」，此三句乃指鬼神之德而言。視不見、聽不聞，無形聲臭味之可聞可見也，然却體物而不遺，則甚昭然而不可揜也。所謂體物者，固非先有是物而後體之，亦非有體之者而後有是物。萬物之體即鬼神之德，猶云氣即性、性即氣而不可離也，可離則無物矣。所謂不可遺者，猶言無遺闕滲漏，蓋常自洋洋生活，不間乎晦明代謝也。

物之聚散始終，無非二氣之往來伸屈，是鬼神之德爲物之體，而無物能遺之者也。所謂「非有體之者而後有是物」與所謂「無遺闕滲漏」者，皆非是。

「魂者其氣也，氣散魂遊而無不之」，所謂「無不之」者，已屈之氣尚有在於天地之間邪，抑否也？然氣聚則生，氣盡則死，何者爲遊魂？玩「遊」之一字，謂其即便消散，又似未盡也。體魄藏於地，恐指成質而言。如月魄以無光明者言。謂耳目之聰明爲魄，有所未曉。合耳目之聰明而言，則魂不離魄；聰明即氣之運，乃是魂也。失其耳目之聰明而言，則魂去魄存，恐難以耳目聰明命之爲魄也。

程子曰：「魂氣歸于天，消散之意，遊魂亦是此意。」蓋離是體魄，則無所不之而消散矣。雖未必皆即時消散，要必終歸於消散也。魂魄之分，更當熟究陰陽之分。體、魄自是二物，魄之降乎地，猶今人言眼光落地云爾。體即所謂「精氣爲物」，蓋必合精與氣，然後能成物也。

洙泗言仁及契丈仁説，竊得諷味。復之六二「休復之吉〔五〕，以下仁也」，謂初九也。易傳云：「一陽復於下，乃天地之心。」此正與「元者，善之長」同理。竊謂五常之仁猶四時之春，至善醇醲不雜。孟子指乍見之心爲仁之端，下即論非内交要譽而然，蓋因乍見之真而可知其有仁也。「端」云者，苗裔端倪之謂也。覺痛癢則非不仁，則覺者所以驗乎仁。有彼我心則爲不仁，則公者是仁之意思。愛是仁之用，恕是仁之施。而樂山靜壽，又乃形容仁之體段也。程子「氣類相合」之言，殊覺有味。要須先以萬善之先名仁，而後可以用工致力。若所謂克己復禮、如見如承之類，皆用工致力之道也。要皆當一一剖析，又不敢太成支離，失其全體。

「以萬善之先名仁」，殊不親切，且以所引易傳及四時之春者體之即見。熹前所論統仁、義、禮、智及四端而言者，其分界限明而血脈通貫，不必別立名字。但要用工致力，使真不失此心，然後爲得耳。

答吕子約

承喻專看論語，浸覺滯固，因復看易傳及繫辭，此愚意所未喻。蓋前書布此曲折已再三矣，似已略蒙聽察，不知何爲而復蹈舊轍也？夫論語所記，皆聖人言行之要，果能專意玩索，其味無窮，豈有滯固之理？竊恐却是不曾專一，故不見其味而反以爲滯固耳。至如讀易，亦當遵用程子之言，卦、爻、繫辭自有先後。今亦何所迫切而手忙脚亂一至於此邪？所論主一、主事之不同，恐亦未然。主一只是專一，蓋無事則湛然安靜而不騖於動，有事則隨事應變而不及乎他。是所謂主事者，乃所以爲主一者也。觀程子書中所論敬處，類集而考之，亦可見矣。若是有所係戀，却是私意。雖似專一不舍，然既有係戀，則必有事已過而心未忘、身在此而心在彼者。此其支離畔援，與主一無適非但不同，直是相反。今比而論之，亦可謂不察矣。惟其不察於此，是以未能專一，而已有固必矜持之戒，身心彼此實有係戀支離之病，而反不自知其非。又凡前後所言，類皆瞻前顧後、一前一却之論，不曾坦然驀直行得數步，此亦一個大病根株，恐當痛下功夫刊削，不可悠悠又只如此説來説去，久之看得只似尋常也。

答呂子約

脩省言辭，誠所以立也；脩飾言辭，僞所以增也。發原處甚不同。夫子所謂巧令鮮仁，推原辭意而察巧令之病所從來，止是有所爲而然。如未同而言、以言餂人、脅肩諂笑、以喜隨人之類，皆有所爲也。曰「鮮矣仁」云者，獨言巧令之人於仁或幾乎息而不敢謂之全無也〔六〕。

「有所爲」之説，甚善。但「不敢謂之全無」，指意畢竟如何，幸更喻及。伊川先生解中却云「謂非仁也」，便如此直截説破，意又如何？

曾子之三省，忠信而已，則程子包「傳不習乎」一語解之矣。所謂欺於己、欺於師，想是程子之意。但祖儉竊謂「傳不習乎」亦須兼就不習而傳於人上説。蓋不習而傳，則是中有未盡而與欺人無異也，與上文同旨。而傳習又所當省者，故專言之。如子夏後爲莊周之類，皆由傳之有所未習，故流傳之久，不能無弊。觀「老於西河之上」氣味，謂之講習之功全盡，未可也。惟曾子謹其所傳，故至今無弊。然「彼以其富」之言、「摽使者出大門」之義、「說大人，則藐之」之訓，其血脈貫通，皆似有少傷和粹處。信乎，傳而習之爲難也！所謂傳，非如釋氏半夜傳法之謂。蓋在己有所未克，則其動止之間不能無失，苟時習之功有所未至，流傳於後，豈不有害？

所論甚善，末後注脚尤好，但恐文意未如此耳。恐當放下許多道理，且平心看他文義向甚處去，都不要將道理向前牽拽他。待他文義有歸著去處，穩帖分明後，却有個自然底道理出來，不容毫髮有所增損抑揚，此處正好玩味也。大抵先要虚心爲要耳。如「禹無間然」一段，五峯説得甚好。然近日細看，恐聖人當日贊歎之時未有此意。他似此者甚多。

李先生之論，蓋欲拯世人計較之病，大要恐人思前算後、遷就回互，入於不誠不直而弗自覺知。然人之資稟剛柔不齊，則藥其所偏者，又恐難一概論。止是要認得此意旨所發，而於計較思算時常常點檢也。

日用功夫固當縝密，然覺得如此煩碎繳繞，又似自縛殺了。故先生之意大抵且要簡節疏目，先整頓得大體是當，然後却就上面子細點檢，是亦學不躐等之意也。

坎、離，陰陽之成質，故爲上篇之終。既濟，坎、離之合；未濟，坎、離之交，故爲下篇之終。五行之運，獨言水火，又謂爲成質，何也？

陰陽成質，水火爲先，故洪範一曰水，二曰火。正蒙中亦有一段論五行次序，説得分明，可更檢看。數學有乾、坤付正性於離、坎之説，似亦有理。

日月，陰陽之精氣，向時所問殊覺草草。所謂「終古不易」與「光景常新」者，其判别如何？非以今日已昳之光復爲來日將升之光，固可略見大化無息而不資於已散之氣也。然竊嘗觀之，日月虧食，隨所食分數，則光没而魄存，則是魄常在而光有聚散也。所謂魄者在天，豈有形質邪？或乃氣之所聚而所謂「終古不易」者邪？

日月之説，沈存中筆談中説得好，日食時亦非光散，但爲物掩耳。若論其實，須以終古不易者爲體，但其光氣常新耳。然亦非但一日一箇，蓋頃刻不停也。

二氣五行，造化萬物，一闔一闢，萬變是生。所謂五行之氣，即雷、風、水、火之運邪？又即二氣之參差散殊者邪？先儒謂物物皆具，則人之氣禀有偏重者，謂之皆具可乎？或謂雖物皆具，而就五行之中，有得其多者，有得其少者。於此思之，殊茫然未曉。

五行之氣，如温凉、寒暑、燥濕、剛柔之類，盈天地之間者，皆是舉一物無不具此五者，但其間有多少分數耳。五音、五色、五味之類皆是也。

鬼神之德，蓋甚難知，於此粗入思慮，竟於體物不遺上看得未極分明。於此不透，故不自知而溺於釋氏處多。明道答上蔡語謂：「向你道有來，又恐賢問某討；向你道無來，你又恁生信得及？」每每於此思量，乍得乍失。近因相識有饋生鵝者，欲殺之，則甚不忍；欲貨之，則取其利而殺其身，恐有冤之之意，常感於中。此病不已，便入因果上去。又因夜夢，疑若有世間所謂鬼者欲出，雖未睡覺，然心知其無，以理却之，竟無有也。雖曰以理却之，然中心不無驚悸。若此類，則釋氏之説，久久極易惑人，但先入者爲主，可以主張，然非實曉，亦安能保也？

鬼神只是氣之屈伸，其德則天命之實理，所謂誠也。天下豈有一物不以此爲體而後有物者邪？以此推之，則體物而不可遺者見矣。著實見得此理，則聖賢所論一一分明。不然，且虚心向平易分明處别理會個題目，勿久留情於此，却生别種怪異底病痛也。生鵝之論，只以「子釣而不綱，弋不射宿」、孟子「遠庖厨」之義斷之，便自直截。

吴才老之論亦是一意，然覺得未完。「吾必謂之學」云者，謂夫世人不知以是爲學而專以講論爲學也。「則以學文」者，謂夫世人不知脩其當位之職而徒欲學文也。意各有當，言各有指，似難以未該偏論之。

伯恭論得此意甚好，謂才老之論不可謂不然，但其發處有病耳。誠然誠然。今日兩端之論，恐亦正坐此也。但若論文義，子夏所説終是倚著一邊，豈亦矯枉過直而然邪？

「乾知大始」，程子云：「乾當始物，乾以易知。」程子又云：「乾，始物之道易。」似不以此「知」字爲知崇及極高明之意。「當」字如何形容？

乾便是物之太始，故以「當」字言之，最爲密切。

魂，陽也，屬天；魄，陰也，屬地。魂氣歸于天，體魄藏于地是也。聚而復散者爲魂，聚而不散者爲魄。魄，非氣也。精氣爲物者，合氣之聚而復散與夫聚而不散言也。遊魂者，專指聚而復散言也。來教謂體、魄自是兩物，未能深曉，更願詳賜批誨。

魂陽而魄陰，故魂之盡曰散，散而上也。魄之盡曰降。降而下也。古人謂之徂落，亦是此義。林少穎云然。今以聚而不散者爲魄，恐未然。體、魄是二物，「精氣爲物」，猶言魂魄爲體爾。以此推之，更有曲折。

「仁者，天下之正理」，此一語與「仁」意義如何？

此是對下文禮樂而言，非專以訓仁之名義也。大率前賢語意寬廣，不若今人之急迫。今人見得些道理，便要鐫鑿開却，正是心量小，不耐煩耳。近日甚覺前日說得惡模樣也。然說得如此，人尚不會，況不說乎？此又不可廢也。

答吕子約

程氏葬說：「父祖子孫同氣，彼安則此安，彼危則此危。」墓以藏體魄也，所謂「安」者，何所指邪？

正指體魄而言耳〔七〕。程子論此意思甚詳，讀之使人惻然感動。有此疑者，豈非惑於莊生「愛其使形者」之論邪？此異端之言，賊恩之大者，不可以不辨。

上蔡「以我視我聽」等言，以「子絶四」之旨觀之，終未免有「我」底意思。雖與放而不知求者遠甚，然其究極似未平正也。見於文句者，每每有「我」底意思。

五峯作復齋記云：「知自反而以理視。」此語無病。如此所引，非惟有「我」不平於下學切己功夫，亦有任意而失理之病。其流弊之甚，多至於妄作。

「主忠信」之言後於「不重則不威」，其意如何？

聖賢所言爲學之序例如此，須先自外面分明有形象處把捉扶竪起來，不如今人動便説正心誠意，却打入無形影、無稽考處去也。

「傳不習乎」，據文勢意脈，當以明道言爲正。

此等處義理亦兩通，存之可也。

程子「知周乎萬物而道濟天下，故不過」，釋之曰「義之所包，知也」，文意如何？

程子説「易」字，皆爲易之書而言，故其説如此，但鄙意似覺未安。蓋易與天地準，故能彌綸天地之道，此固指書而言。自「仰觀俯察」以下，須是有人始得。蓋聖人因易之書而窮理盡性之事也。近讀此書，方見得一端緒，非面論不能既也。

夏、商損益，繼周者亦必有損益。蓋氣運升降，不容不爾。特聖人能因時而不逆之耳。

理大概如此，然非夫子告子張之意，請更詳之。

「林放問禮之本」，歷考程子之言，有曰「飾過則失實〔八〕，故寧儉」，又曰「儉則實所出」，又曰「節文太過，則和那些誠意都不見」，則儉近本，而不可正名曰本也。

禮正在恰好處。泝而上之則儉爲本，沿而下之則奢爲末，當以易傳之言爲正。龜山發明得亦佳。

生死者，氣運往來之常也。異端以有生爲幻而謂之無常，是不明乎天地之性、陰陽之本也。

此説固然，程子蓋言之矣。

「每事問」，程子謂：「雖知亦問，欽慎之至。」問者，問所未知也。問所知焉，似於未誠。謝氏之説，聖人之心恐不如是。程子之意，雖知其意味甚深，然看得未分明。

以石慶數馬與張湯陽驚事相對觀之可見。雖知亦問，自有誠僞之别。兼或人謂夫子爲鄹人之子，則亦夫子始仕，初入太廟時事。雖平日知其説，然未必身親行之而識其物也，故問以審之。理當如此，必不每入而每問也。然大綱節目與其變異處，亦須問也。

不以其道得去貧賤，當如明道說。若曰「不以其道得貧賤則不去」，恐君子之心不如是也。

明道說意甚密，但文義似費力耳。

近看得忠恕只是體用，其體則純亦不已，其用則塞乎天地；其體則實然不易，其用則擴然大通。然體用一源而不可析也，故程子謂「看忠恕二字，自見相爲用處」，而夫子曰：「吾道一以貫之。」

此說甚善。

「出入無時，莫知其鄉」，只是大概言人之心如是，甚言此心無時不感而不可以不操也，不操則感動於不善而失其本心矣。雖曰失其本心，而感處即心也，故程子曰「感乃心也」。而程子答「心有亡也」之問，又曰：「纔主著事時，先生以目視地。便在這裏，纔過了便不見。」又云：「心豈有出入？亦以操舍而言。」蓋寂然常感者，心之本體。惟其操舍之不常，故其出入之無止耳；惟其常操而存，則動無不善，而瞬息頃刻之間亦無不在也。顔氏之子三月不違，其餘則日月至，政以此心之常感而易危故也。

寂然常感者，固心之本體也，然存者，此心之存也；亡者，此心之亡也。非操舍存亡之外別有心之本體也。然亦不須苦說到此，只到朱勾處便可且住也。

答吕子約

示喻讀書用力之意，甚善。所謂收拾向裏，固爲急務，但亦當虚以待之，則心體自存、善端自著，不可一向抑遏安排也。近作一文字，正述此意，録寄伯崇矣，亦屬轉以奉呈也。謝説未安者多此類，所論孝弟之説，蓋本有不屑卑近之意，故其言日用切身處往往多有此意思。且如此章不以事親從兄爲本分當然之事，而特藉之以爲知仁之資，則方其事親從兄之時，其心亦不專於所事，而又别起知仁之想矣。往年與正字兄論知言中病痛，亦多如此。蓋其所授受有自來也。却是吕與叔先生論「民可使由之」處意思極好。昔侍李先生論近世儒佛雜學之弊，因引其説，先生亦深然之。凡百但以此等意思存之，便自平實。至於近世專門之説，蓋亦不必深論其失，取其可取者焉可也。

答吕子約

「時復思繹」之義，如何？長沙説中謂紬繹其端緒，又何也？又「時習」專以思繹爲訓，又何也？

凡言學，多指講論誦讀言之，故以習爲思繹。長沙説不記云何，紬繹端緒亦苦無異義也。

學即行也，所謂「所以學者，將以行之也」，意必有在。中庸言博學，又言篤行，則學與行自是兩事。

「說」、「樂」之分如何？所謂「說」在心，政孟子「理義悅我心，猶芻豢悅我口」之意。但所謂「樂主發散在外」，朋友之樂，蓋亦實見其可樂，但比「說」爲發舒耳。謂之「主發散在外」，顧明其說。

謂之「發散在外」，即是由中而出，但「樂」字之義主於發散在外而得名耳。

謝氏「時習、朋來、不慍」一章，意脈似與本章之旨不貫，所謂「不必同堂合席謂之朋」，則於朋來而樂之意似不切。所謂「知我者希則我貴」，既以知者希爲貴〔九〕，則亦與人不知而慍者相去只一間耳，非所謂不見是而無悶者也。

謝氏說多類此，大抵過於高遠也。

「孝弟爲仁之本」，程子、謝氏之旨如何？程子謂孝弟行於家而後仁愛及於物，蓋以本立而道生也。謝氏謂知此心則知仁，蓋以自是而仁可見，是固然也，却恐非爲仁自孝弟始之意。

只當從程子說。近年論者多欲設爲機械，以求知仁，其原蓋出於謝氏。且若如其說，則其事親從兄之際，心亦不專於所事矣。

明道論「孝弟」，「本其所以生，乃爲仁之本」。而又論「守身，守之本」，「不失其身而能事其親，乃誠孝也，推此可以知爲仁之本」。此意如何？

明道因論事親，又推本守身之意，以明必如此，然後爲能事其親，乃所謂孝子成身之義。

「其爲人也孝弟，自然和順慈祥，豈復萌犯上之心？況於爲逆理亂常之事乎？」此蓋深言孝弟之爲順德而人道之根柢也。自是而積習著察，則爲仁之道自然周溥充大，所謂「老吾老以及人之老，幼吾幼以及人之幼」，而非過情違道之小仁也，故曰「本立而道生」。而又贊之曰「孝弟也者，其爲仁之本歟」。若夫仁民而推親親，固曰無本，然所謂仁民者，亦必有甚不仁者矣。

自仁民而推親親，本不足辨，然亦不必言必有甚不仁者。

巧令鮮仁，尹氏之説爲完。程子直指爲非仁，何也？詳考程子辭意，蓋直指脩飾之爲非仁，欲學者深知乎仁與不仁之分，故他有所未暇論也。昨領來喻，謂程子如此直截説破，恐是此意否？

程子固是直指脩飾之爲非仁，而聖人本意初亦不兼持養者而爲言也。但聖人辭氣舒緩，程子恐人不會，更向巧令中求其少有之仁，故如此直説破耳。

曾子之三省，忠信而已，而不及「傳不習乎」一語，何也？前雖求教，謂已兼釋之，今却未曉。程子説「傳不習乎」，是不習而傳與人，是亦欺人之事，故以忠信舉三省。此句須更思之，與謝氏孰長？

入孝出弟、謹行信言、泛愛親仁，蓋爲弟爲子日用出入之實職。曠此而徒區區於文義章句間，抑末也。程子謂非爲己之學，意蓋如此。然必曰學文者，誠以未能著察，而品節等差、重輕緩急不得其宜，則或有所害。以此見周伯忱之説甚當。謝氏盡孝盡弟以及乎親仁成己，至「行有餘力，則以學文」，則看得學文頗輕，而説得入孝出弟之類一節便做成德，似非本旨意。

脩弟子之職，固所以爲己，然博學於文以明義理之歸，亦爲己也。洪慶善説未有餘力而學文，則文滅其質；有餘力而不學文，則質勝而野。此意亦好。

「道千乘之國」，政與「道之以德」、「道之以政」之「道」同。道，猶導也，與齊治之義别。「敬事而信」以下，或以爲五者，或以爲三者，當從何説？程子釋此章謂「今之諸侯能如是，足以保其國矣」，非小乎此也，政以今之諸侯所以導其國者不能如是也。然否？

分別「道」、「齊」二字，甚善。此章當爲五事，然先後相因，不可相無，則亦一事而已。程子之言固非小此，蓋以其略，故其言之若不足耳。

程子謂論性則以仁爲孝弟之本，又謂仁是性也，孝弟是用也，因此得求仁之方，要須是從克己入。程子論季路、顔淵言志一段可見。蓋喜怒好惡之偏，頃刻胡、越霄壤之判，如何得氣脈通貫、本末連屬？每覺於至親上尚有物我處多，況於他人乎？直須是由身至家，由家至外，檢察消磨，漸漸融通，則庶乎仁矣。前輩謂公近仁，愛屬仁；而魯論所謂己欲立、達，而立人、達人爲仁之方；而孟子所謂「仁者如射，正己而發，發而不中，不怨勝己，反求諸己」，如此之類，皆是欲人之求仁當自克治己私而入，學者但當於此下手耳。向者所謂以萬善之先名仁，誠不親切。

論性則以仁爲本，此只是泛説。論義理則性中只有仁義禮智，而孝弟本出於仁。論爲仁之功夫，則孝弟是仁中之最緊切處，當務此以立本而仁道生也。來喻雖善，然非程子立言之本意也。

一心之謂誠，盡心之謂忠，其分如何？又謂忠，天道也，其與盡心之義同否？

一心之謂誠，專以體言。盡心之謂忠，是當體之用。忠，天道也，對恕推己而言，正指盡心之義。

答呂子約

所示心無形體之説，鄙意正謂如此，不謂賢者之偶同也。然所謂「寂然之本體殊未明白」之云者，此則未然。蓋操之而存，則只此便是本體，不待别求。惟其操之久而且熟，自然安於義理而不妄動，則所謂寂然者，當不待察識而自呈露矣。今乃欲於此頃刻之存遽加察識，以求其寂然者，則吾恐夫寂然之體未必可識，而所謂察識者，乃所以速其遷動，而流於紛擾急迫之中也。程夫子所論「纔思便是已發，故涵養於未發之前則可，而求中於未發之前則不可」，亦是此意。然心一而已，所謂操存者，亦豈以此一物操彼一物，如鬭者之相捽而不相舍哉？亦曰主一無適，非禮不動，則中有主而心自存耳。聖賢千言萬語，考其發端，要其歸宿，不過如此。子約既識其端，不必别生疑慮，但循此用功，久而不息，自當有所至矣。

答呂子約

向來所喻數條，亦皆窮理之要。今承喻及有不曉毫髮之語，此又范太史所謂小其所知以爲不知之弊。竊謂莫若因其所知者玩繹而推廣之，自當有味，不可捨此而别求，恐轉益荒遠而終無得也。此類猶是好高之病，不可不警。

答吕子約

示喻縷縷，具悉。但泛説尚多，皆委曲相合。恐更當放下，且玩索所讀書，依本分持養爲佳耳。陸子靜之賢，聞之蓋久，然似聞有脱略文字、直趨本根之意，不知其與中庸學問思辨然後篤行之旨又如何耳。

答吕子約

所喻日用功夫，甚善。然必謂博學詳説非初學事，則大不然。古人之學，固以致知格物爲先，然其始也，必養之於小學，則亦灑掃、應對、進退之節，禮、樂、射、御、書、數之習而已。是皆酬酢講量之事也，豈以此而害夫持養之功哉？必曰有害，則是判然以動靜爲兩物，而居敬窮理無相發之功矣。大抵聖賢開示後學進學門庭、先後次序極爲明備，今皆舍之，而自立一説以爲至當，殊非淺陋之所敢聞也〔一〇〕。

向示心説，初看頗合鄙意，細觀乃復有疑。亦嘗竊與朋友論之，而未及奉報。今得所論，益知向所疑者之不謬也。蓋操舍存亡雖是人心之危，然只操之而存，則道心之微便不外此。今必謂此四句非論人心，乃是直指動靜無端、無方、無體之妙，則失之矣。又謂「荒忽流轉，不知所止，雖非本心，而可見心體之無滯」，此亦非也。若心體本來只合如此，則又何惡其不知所止，而必曰主敬以止之歟？近與一朋友論此，録以奉呈，幸試思之，復以見告。昨日得欽夫書，亦論此，於鄙意亦尚有未盡者。異時相見面論之，筆札不能既其曲折也。

答吕子約

所示内外兩進之意，甚善。此是自古聖賢及近世諸老先生相傳進步直訣，但當篤信而力行之，不可又爲他説所摇，復爲省事欲速之計也。近聞陸子靜言論風旨之一二，全是禪學，但變其名號耳。競相祖習，恐誤後生。恨不識之，不得深扣其説，因獻所疑也。然想其説方行，亦未必肯聽此老生常談，徒竊憂歎而已。操舍存亡之説，諸人皆謂人心私欲之爲，乃舍之而亡所致，却不知所謂存者，亦操此而已矣。子約又謂存亡出入，皆神明不測之妙，而於其間區别真妄又不分明，兩者蓋胥失之。要之，存亡出入，固皆神明不測之所爲，而其真妄邪正、始終動靜，又不可不辨耳。

答吕子約

來書所喻程門議論，鄙意正謂如此，此或問之書所爲作也。但掎摭前賢，深負不韙之罪耳。管仲之喻甚正，但以夫子之言考之，恐無此意。程子之意，蓋欲主張名教，而以爲夫子許其不死，却不如以爲存而不論之可畏也。試更思之。

答吕子約

叔度忽爲佛學，私竊憂之。前嘗因書扣之，今此書來，不答所問，但云「實病難除，實功難進，不敢容易言之」而已。如此，則是以爲求進實功、除實病必求之釋氏然後可，而吾聖賢立言垂訓，與吾黨平日講學存養，皆容易之空言也。叔度所見不應如此，蓋不欲人之議己而設此以峻却之耳。區區雖欲再進其説，而已覺難於發口，然鄙意猶有未能已者。願子約從容自以己意言之，勸其且讀論語、看諸先生説而深思之，以求聖人之意。聖人之意即是天地之心，思而得之，則實理可見而實病可除、實功可進，初不待求之釋氏之言矣。且求之釋氏，却是適越北轅、却行求進，此區區所以深惜叔度平日之用心，而不欲其陷於此也。

頃在靜安，見其議論之間，每不欲人攻釋氏之非，私心固已疑之，今果如此。蓋本其平日用功只以博學力行爲事，而未嘗虚心平氣熟玩聖賢之言，以求至理之所在，故其弊至於如此。熹恐伯恭亦不得不任其責，不知其聞此消息以爲如何？然熹之愚，猶竊有疑於伯恭詞氣之間，恐其未免有陰主釋氏之意。但其德性深厚，能不發之於口耳。此非小病，吾輩於此若猶或有纖芥之疑，速須極力講究，以去其非而審其是，不可含胡隱忍，存而不決，以貽他日走作之患也。大抵彼中朋友立説過高、立心太迫，不肯相聚討論，只欲閉門劇讀，以必其自得，故人自爲學，而或不免蔽於一己之私見，此亦殊非小病耳。

答吕子約

所喻數條，足見玩理之深。然論、孟兩説恐看得太幽暗支離了，所謂欲密而反疏者。須更就明白簡約處看，一句只是一句，截斷兩頭，都無許多枝蔓，方是真實見處也。太極諸説，亦未見端的處。又所謂「萬化未嘗止息」者，是矣，然却爲甚於復然後見天地之心邪？請更下此一轉語，如何如何？

答吕子約

前書所喻原憲一條，似於鄙意有未安者。而來書云云，支蔓繳繞，只如舊日。更望詳細思繹，勇猛掃除，庶於正大光明之域有進步處也。

答吕子約

所論江西之弊，切中其病。然前書奉告者，非論其人也，乃論吾學自有未至，要在取彼之善以自益耳。謂彼全無本原根柢，則未知吾之所恃以爲本原根柢者果何在邪？幸更思之，復以見教。

答吕子約

熹衰病如昨，無足言者。暇日自力觀書，惟覺聖賢之言意味深長，儘有向來見不到處。若於子約所謂經史貫通之妙，則未有得也。然既曰千里一曲，則便不如且就不曲處理會之爲愈。且如史記禮書篇首四言，恐只是大概説道理如此，豈爲秦、漢把持天下而設？且既曰把持天下矣，則又豈有不由智力而致者邪？此等處，恐是舍却聖賢經指，而求理於史傳，故只見得他底高遠，便一向隨他脚跟轉，極力贊歎他。若看得聖賢説禮樂處有味，決定不作此見。兼謂其爲秦、漢而發此四言，亦恐反説低了他意思也。讀詩諸説，乃是詩小序説，非詩説，疑亦是從前太於世變一事留意得重，故只見得此意思。大率向外底意思多、切己底意思少，所以自己日用之間都不得力。前書因論陸子靜處及説韓岩時話，似已詳説此病，奈何都不見察，至今日然後始覺身心欠收拾乎？兼此語前此已屢聞之，恐今日所覺亦未必是真覺也。所謂秦、漢把持天下有不由智力者，乃是明招堂上陳同甫説底。平日正疑渠此論未安，不謂子約亦作此見，爲此論也。

大抵讀書寬平正大者，多失之不精；而精密詳審者，又有局促姦巧之病。雖云人之情僞有不得不察者，然此意偏勝，便覺自家心術亦染得不好了。近年此風頗盛，雖純誠厚德之君子，亦往往墮於其中而不自知，所以區區常竊憂之，而不願子約之爲之也。子約何不試取論語、孟子、中庸、大學等書讀之，觀其光明正大、簡易明白之氣象，又豈有如此之狡獪切害處邪？世路險窄，已無可言，吾人之學聖賢者，又將流而入於功利變詐之習〔一一〕，其勢不過一傳再傳，天下必有受其禍者，而吾道益以不振，此非細事也。子約思之，如何？

大事記尚有第十一卷半卷未寫，今附元册去，幸爲寫足附來。不須裁截裝背，却恐與前後册大小不同也。此書固佳，然昨看論張湯、公孫弘處，亦不能無疑也。

答呂子約

前書所喻正容謹節之功，比想加力。此本是小學事，然前此不曾做得工夫，今若更不補填，終成欠闕，却爲大學之病也。但後書又不免有輕内重外之意，氣象殊不能平，愚意竊所未安。大抵此學以尊德性、求放心爲本，而講於聖賢親切之訓以開明之，此爲要切之務。若通古今、考世變，則亦隨力所至，推廣增益，以爲補助耳。不當以彼爲重，而反輕凝定收斂之實、少聖賢親切之訓也。若如此説，則是學問之道不在於己而在於書，不在於經而在於史，爲子思、孟子則孤陋狹劣而不足觀，必爲司馬遷、班固、范曄、陳壽之徒，然後可以造於「高明正大、簡易明白」之域也。八字乃來書本語。

夫學者既學聖人，則當以聖人之教爲主。今六經、語、孟、中庸、大學之書具在，彼以了悟爲高者既病其障礙而以爲不可讀，此以記覽爲重者又病其狹小而以爲不足觀。如是，則是聖人所以立言垂訓者徒足以誤人而不足以開人，孔子不賢於堯舜，而達磨、遷、固賢於仲尼矣，無乃悖之甚邪！

前書所示中庸、詩頌、西銘等説，皆極精密，意者後書所謂「不能下心細意」，特一時憤激所發耳。如其不然，則不能下心細意於孔、孟，乃能下心細意於遷、固，何邪？此則尤非區區所素望於賢者，不敢不盡所懷也。禮樂之云，前此只恐未必史遷有此意耳。正使有之，乃是挾禮樂動化之權，以爲智力把持之用，學者所以謹於毫釐之差而懼其有千里之繆者，正爲此耳。今不之察，而遂指人欲爲天理，吾恐其不止於議論之小失，而且爲心術之大害也。

「阡陌」二字，熹前説亦未是，當如風俗通，後説乃爲得之，蓋「阡」之爲言「千」也，「陌」之爲言「百」也。遂人徑是百畝之界，涂是百夫之界，而二者皆從，即所謂南北之陌。畛是千畝之界，道是千夫之界，而二者皆横，即所謂東西之阡。蓋二字名義本以夫畝之數得之，決是井田舊制所本有。若曰秦始爲之，則決裂二字，牽彊説合，費氣力而無文理。且井田既有徑畛之制，而秦人去之，則又何必更取東西南北之正以爲阡陌，然後可以靜生民之業而一其俗哉？此細事，不足辨，或恐有助於古今事變之學耳。

徽録新書近方看得數卷，大抵是用長編添修，然亦有不盡處。長編亦據曾布、蔡絛爲多，此二書雖無狀，然亦見其不可掩者。禍敗之釁，豈偶然哉？讀之令人憤鬱，殊損道心也。

同父事解後得書，亦甚呶呶。前此蓋已作書慰勞之，勸其因此一洗舊轍，斂就繩墨。若能相信，失馬却未必不爲福耳。此事向來朋友畏其辯博，不究其是非而信奉其説，遂無一言及於儆戒切磋之意，所以使渠至此，蓋有不得不任其責者。子約既敬之，於此恐不可不盡情也。

叔晦必且家居待除，象先呈身之説，恐是且欲揚此虛聲，以避守高之嫌，然亦不必如此也。季和聞亦不爲久計，相見勸其早歸，亦是一事。渠却甚歸心恭兄教誨，與他人不同也。誠之恐難説話，蓋本是氣質有病，又被杜撰扛夯作壞了，論其好處，却自可惜也。

恭兄文字狀子已投之當路，如醉如夢，面前事尚不能管得，何可望以此等？但近日百怪競出，不可禁遏，又甚於前。此既無可奈何，但當脩其本以勝之，早爲收拾平生文字訓説之略成書而可傳者，著爲篇目而公傳道之，則彼託真售僞者將不禁而自息矣。若但築堤堙水，決無可救之理也。

答呂子約

熹再叨祠禄，遂爲希夷法眷，冒忝之多，不勝慚懼。今年病軀粗覺勝前時，但心目俱昏，不堪翻閲，深以爲撓耳。

所喻向來立論之偏、近日用功之實，甚慰所望。兩卷所論，皆精義也。其間亦有鄙意未合處，具之別紙，幸更思之；或猶未安，却更反復極論以歸至當乃佳耳。

同父後來又兩得書，已盡底裏答之。最後只問他三代因甚做得盡，漢、唐因甚做得不盡，見頓著聖賢在面前，因甚不學，而必論漢、唐，覓他好處，并文中子一併破除，一上似頗痛快著題，未知渠復如何做轉身一路也。可因書扣之，令録去，此無人寫得也。兩書皆引「惟精惟一」者是。

來書亦於「智力」二字畢竟看不破、放不下，殊不知此正是智力中之仁義，賓中之主，鐵中之金。若苦向這裏覓道理，便落在「五伯假之」以下規模裏，出身不得。孟子、董子所以拔本塞原，斬釘截鐵，便是正怕後人似此拖泥帶水也。熹嘗語此間朋友，孟子一生忍窮受餓，費盡心力，只破得「枉尺直尋」四字。今日諸賢苦心勞力，費盡言語，只成就「枉尺直尋」四字。不知淆訛在甚麽處？此話無告訴處，只得仰屋浩歎也。

史遷固非班、范之比，然便以爲學者於此不可有所未足，而欲專就此處尋討道理，則亦陋矣。公謹前日一二書來問所疑，覺得却似稍通曉，勝往時也。此一等人不能談王説霸，然終是慤實謹厚，是這一邊人。鄙意近來覺得只愛此等人也。

兩卷之説，今亦不能易紙。「仁」字固不可專以發用言，然却須識得此是個能發用底道理始得。不然，此字便無義理，訓釋不得矣。且如「元者善之長」，便是萬物資始之端，能發用底本體，不可將仁之本體做一物，又將發用底别做一物也。「平旦之氣」以下一節，譬喻得不甚相似。至以元氣淋漓、星斗清潤爲利貞之象，亦不可曉。「合而言之」一句，文意亦似未安。大抵仁之爲義，須以一意一理求得，方就上面説得無不通貫底道理。如其不然，即是所謂「儱侗真如、顢頇佛性」，而「仁」之一字遂無下落矣。向來鄙論之所以作，正爲如此。中間欽夫蓋亦不能無疑，後來辨析分明，方始無説。然其所以自爲之説者，終未免有未親切處。須知所謂純粹至善者，便指生物之心而言，方有著實處也。今欲改「性之德，愛之本」六字爲「心之德，善之本」，而天地萬物皆吾體也，但心之德可以通用，其他則尤不著題。更須細意玩索，庶幾可見耳。

「求其放心」與「克己復禮」，恐亦不可分爲兩事。蓋放却心，即視、聽、言、動皆非禮，非禮而視、聽、言、動，即是放却心，此處不容更作兩節。今所論却似太支離也。

「養氣」一節，只説得程子意。若論孟子門庭指意，又却不然。「至大至剛」，只合四字爲句。「以直養而無害」，此「直」字便是上文「縮」字、下文「義」字。孟子之意只是説每事做得是當，即自然無所愧怍，意象雄豪，所以雖當大任而無所畏懼耳。推其本原，固未有不立敬而能集義者，然此章之意則未及夫「敬」字也。此自程子門庭功夫，因此説出來耳。

易所謂「寂然不動，感而遂通天下之故」，乃指蓍卦而言之。推之天下萬物，無一不如此者。初不爲心而發，而遂不可以言性也。五峯議論，似此拘滯處多，惜乎不及其時而扣之，反復究窮，必有至當之論也。

「孝悌則心下，心下則此心溥」，此意甚巧，然却走了「孝弟」二字親切本意。若但如此，則只「卑巽」兩字亦得，不必云「孝弟」矣。此蓋本因立下「仁，人心也」四字，要得貫穿許多去處道理，又怕惹著「愛」字，故不免有此牽彊。似不必如此，却只成立議論做文字也。

「未知，焉得仁」，文義句讀恐亦不如此。若如此說，則前所謂「不知其仁」等句又作如何說耶？程子所謂「仁者，天下之公，善之本也」，止是贊歎「仁」字之言，非是直解字義。如云「仁者，天下之正理」，此亦只是包含在内，不可便以此爲盡得「仁」字之義也。

「正顔色，斯近信矣」，蓋謂學者平日心不誠實，則雖正顔色而不免於欺僞，如所謂「色取仁而行違」者，故以正顔色而能近信爲貴耳，亦非如來示注中所云也。

論語所記有失無失，須見到夫子地位，方判斷得。今此所論，亦侏儒之觀優耳。吾人但當玩索涵養，以到爲期，自不必如此預先安排，此等閑議論，無益於學也。

「所過者化」，程子於易傳中引之，革九五。及其語録中説，似皆以爲身所經歷處人化其德。此意平實，亦與上下文意相應，似不必更爲他説。若論人心本虛，事物過了便無朕迹，却自不妨有此理也。凡此數説，不知賢者以爲如何？如有未安，幸更反復也。

答呂子約

自頃承書，有專介存問之約，日望其至。忽得郭希呂書，聞嘗感疾不輕，甚以爲慮，而無從附問，但切懸情。前日使至，忽領手書，未及發視，亟問來人，知已無他，憂疑頓釋。既而細讀，乃審向來疾證誠亦可畏，今幸平復，而又自能過意調攝，尤副所望。比日竊惟體候益佳健矣。但來書以爲勞耗心力所致，而諸朋友書亦云讀書過苦使然，不知是讀何書？若是聖賢之遺言，無非存心養性之事，決不應反至生病，恐又只是太史公作祟耳。孟子言學問之道，惟在「求其放心」，而程子亦言「心要在腔子裏」。今一向耽著文字，令此心全體都奔在册子上，更不知有己，便是個無知覺、不識痛癢之人。雖讀得書，亦何益於吾事邪？況以子約平日氣體不甚壯實，豈可直以耽書之故遂忘飢渴寒暑，使外邪客氣得以乘吾之隙？是豈聖人謹疾、孝子守身之意哉？今既能以前事爲戒，凡百應酬，計亦例加節嗇，然區區之意，於此猶不能忘言，更祝深以門户道學之傳爲念，幸甚幸甚。

「枉尺直尋」，素未嘗以此奉疑也。但見頃來議論一變，如山移河決，使學者震蕩回撓，不問愚智，人人皆有趨時徇勢、馳騖功名之心，令人憂懼，故不得不極言之。蓋非獨爲子約惜，實爲伯恭惜，又重爲正獻、滎陽諸公惜也。

「漢、唐本體，只是智力，就中有暗合處，故能長久」，如此言之，却無過當。但若講得聖門學問分明，則此固無足言者。而王道正理未嘗一日而可無者，亦不待引此然後爲有徵也。設若接引下根，亦只須略與説破，仍是便須救拔得他跳出功利窠窟，方是聖賢立教本指。今乃深入其中，做造活計，不惟不能救得他人，乃并自己陷入其中而不能出，豈不誤哉？陳正己書來，説得更是怕人。今録所答渠書去，幸一觀，此尤可爲歎息也。

「仁」字之説，論之愈詳，愈覺迷昧。然竊恐所謂「祗就發用之端而言，則無由見仁之本體」，只此一句，便是病根也。蓋孟子論仁雖有惻隱人心之殊，程子於此亦有偏言專言之别，然若實於惻隱之偏言處識得此人心專言者，其全體便可見。今只爲於此認得不真，故不能有以識其全體，乃欲廣大其言，以想象而包籠之，不知言愈廣大而意愈不親切也。程子之言，惟「穀種」一條最爲親切，而「非以公便爲仁」者，亦甚縝密。今乃反皆不認，而必以易傳偏旁贊歎之言爲直解字義，則不惟不識仁，亦錯看了易傳矣。「克己復禮」〔一二〕，前説已得之，却是看得不子細，誤答了。今承再喻，愈詳密無疑矣。

「浩然之氣」一章，恐須先且虚心熟讀孟子本文，未可遽雜他説。俟看得孟子本意分明，却取諸先生説之通者錯綜於其間，方爲盡善。若合下便雜諸説混看，則下梢亦只得周旋人情，不成理會道理矣。近日經説多有此弊，蓋已是看得本指不曾分明，又著一尊畏前輩，不敢違異之心，便覺左右顧瞻，動皆窒礙，只得曲意周旋，更不復敢著實理會義理是非、文意當否矣。夫尊畏前輩，謙遜長厚，豈非美事？然此處纔有偏重，便成病痛，學者不可不知也。

又「非義襲而取之」句内，亦未見外面尋義理之意，請更詳之。横渠先生言「觀書有疑，當且濯去舊見，以來新意」，此法最妙。

凡言「易」者，多只是指蓍卦而言。蓍卦何嘗有思有爲？但只是扣著便應，無所不通，所以爲神耳，非是别有至神在蓍卦之外也。

曾子告孟敬子三句，不是説今日用功之法，乃言平日用功之效。如此看得，文義方通。來喻糾紛，殊不可曉也。

「不知其仁」之説，恐未安。且未論義理，只看文勢，已自不通。若更以義理推之，尤見乖戾矣。蓋知自是知，仁自是仁，孔門教人，先要學者知此道理，便就身上著實踐履。到得全無私心，渾是天理處，方唤作「仁」。如子路諸人，正爲未到此地，故夫子不以許之，非但欲其知之而已也。若謂未知者做得皆是，而未能察其理之所以然，則諸人者又恐未能所爲皆是，固未暇責其察夫理之所以然也。

答吕子約

日用功夫，比復何如？文字雖不可廢，然涵養本原而察於天理人欲之判，此是日用動静之間不可頃刻間斷底事。若於此處見得分明，自然不到得流入世俗功利權謀裏去矣。熹亦近日方實見得向日支離之病，雖與彼中證候不同，然其忘己逐物、貪外虚内之失則一而已。程子説「不得以天下萬物撓己，己立後，自能了得天下萬物」。今自家一個身心不知安頓去處，而談王説霸，將經世事業别作一個伎倆商量講究，不亦誤乎？相去遠，不得面論，書問間終説不盡，臨風歎息而已。

答吕子約

所論爲學之意，比向來儘正當矣。但所謂「省節視聽」及「閑得心地半時，便是半時功夫」者，却似微有趣静之偏。所謂「鬼神雖無形聲可求，而須著視聽」者，又似推求考索之過。由前之説，且可爲目前養病之計，而非所以爲學。由後之説，則不惟義理有差，而亦非所以休養已憊之精神也。

校勘記

〔一〕知舊門人問答　原作「問答」，據浙本補。以下「書」類諸卷皆同。

〔二〕然聞見之知要得正當　「然」字原缺，據淳熙本、浙本補。

〔三〕篤於自反而懼於傳之或差　原注云：「差」下，一本有「也」字。

〔四〕竟未敢安　「竟」，浙本作「意」。

〔五〕復之六二休復之吉　「六」，原作「九」，據易復卦改。

〔六〕獨言巧令之人於仁或幾乎息而不敢謂之全無也　「獨」，正訛改作「猶」。

〔七〕正指體魄而言耳　「正」，原作「王」，據閩本、天順本改。

〔八〕有曰飾過則失實　「過」，原作「實」，據正訛引二程集改。

〔九〕既以知者希爲貴　「以」下，原有「不」字，據浙本删。

〔一〇〕殊非淺陋之所敢聞也　「敢」字原缺，據浙本補。

〔一一〕又將流而入於功利變詐之習　「習」，原作「曾」，據閩本、浙本、天順本改。

〔一二〕克己復禮至篇末　按又見卷五三答沈叔晦之五。

晦庵先生朱文公文集卷第四十八

書知舊門人問答

答吕子約丁未五月十三日〔一〕

聞後來有來依講席者，斅學之功，交相爲助，政自不惡。但所論經指，頗覺支蔓，如云維清一篇，又周禮之所寓，此等議論，又支蔓之尤甚者，只似時文。如此，即我將亦周禮之所寓矣。太皞、臯陶之祀一旦廢絶，固足以見世衰道喪之徵，然其未泯，則於世道却未能大有所扶助。如胡致堂兄弟極論關雎專美后妃之不妬忌，而以獨孤亡隋爲證。熹嘗論之，以爲妬忌之禍固足以破家滅國，而不妬忌之美未足以建極興邦也。此等處，恐皆是道理太多，隨語生解。要須滌除，令胸次虚明直截，然後真箇道理方始流行，不至似此支蔓勞攘，徒爲心害，有損無益也。詩説鄙意雖未必是，然看子約議論如此，自是無緣得契合。更請打併了此一落索後看，却須有會心處也。

答吕子約丁未七月三日

示喻維清、須句二義，既是真實見得，足以自信，則亦何待他人之言？但鄙意覺得此般偏旁寄搭議論，無光明正大氣象，終不甚喜聞，故前此輒爾獻疑。而今雖承誨諭之悉，竟亦不能深曉也。戰國時，秦、趙出伯益，齊出舜，楚出祝融，魏出畢公，燕出召公，韓亦姬姓之國，此獨非聖賢之後邪？又有一事，向讀元城譚録論劉壯輿字畫處，嘗疑其言之過，以今觀之，則似信而有徵者，不審明者以爲如何？公謹之言，不記云何，來喻云云，得無有尤人之意邪？

答吕子約九月十三日

日用功夫不敢以老病而自懈，覺得此心操存舍亡，只在反掌之間，鄉來誠是太涉支離，蓋無本以自立，則事事皆病耳。來喻拈出劉康公語，甚善甚善。但上面蹉却話頭，恐亦是義理太多，費了精神，故向裏時少耳。

詩說久已成書，無人寫得，不能奉寄，亦見子約專治小序，而不讀詩，故自度其說未易合而不寄耳。謂變風止乎禮義，其失甚明。但若只以小序論之，則未見其失耳。讀古人書，直是要虛著心，大著肚，高著眼，方有少分相應。若左遮右攔，前拖後拽，隨語生解，節上生枝，則更讀萬卷書亦無用處也。易書似已納去，何爲未見？恐此誤記，後便喻及，却納去。此亦是見近日說者多端，都將自然底道理穿鑿壞了，固不得已而出之耳。聞子約教學者讀禮，甚善。然此書無一綱領，無下手處。頃年欲作一功夫，後覺精力向衰，遂不敢下手。近日潘恭叔討去整頓，未知做得如何。但禮文今日只憑注疏，不過鄭氏一家之說，此更合商量耳。

齋中見作如何理會？必有一規模樣轍，因風幸示一二也。又聞講授亦頗勤勞，此恐或有未便。今日正要清源正本，以察事變之幾微，豈可一向汩溺於故紙堆中，使精神昏弊，失後忘前，而可以謂之學乎？

答呂子約

聞欲與二友俱來，而復不果，深以爲恨。年來覺得日前爲學不得要領，自做身主不起，反爲文字奪却精神，不是小病。每一念之，惕然自懼，且爲朋友憂之。而每得子約書，輒復恍然，尤不知所以爲賢者謀也。且如臨事遲回，瞻前顧後，只此亦可見得心術影子。當時若得相聚一番，彼此極論，庶幾或有判決之助。今又失此幾會，極令人悵恨也。訓導後生，若說得是當，極有可自警省處，不會減人氣力。若只如此支離，漫無統紀，則雖不教後生，亦只見得展轉迷惑，無出頭處也。

答吕子約

示喻授學之意，甚善。但更須小作課程，責其精熟，乃爲有益。若只似日前大餐長啜，貪多務速，即不濟事耳。灑掃應對，乃小子之學，今既失之於前矣，然既壯長，而專使用力於此，則恐亦無味而難入。要須有以使之内外本末兩進而不偏，乃爲佳耳。向見說書旁推曲說，蔓衍太多，此是大病。若是初學便遭如此纏繞，即展轉迷闇，無復超脱之期矣。要當且令看得大意正當精約，則其趣味自長，不在如此支離多說也。

答吕子約十一月二十七日

子合到此，亦略能言彼中相聚曲折，云子約頗訝熹書中語太峻。不記是何事？若只是說易處，則來書又有「權術」及「伯恭心迹未明」等語，殊不可曉。竊恐今亦不須如此支蔓，只且做一不知不會底人，虛心看聖賢所説言語，未要便將自家許多道理見識與之爭衡，退步久之，却須自有個融會處。蓋自家道理見識未必不是，只是覺得太多了，却似都不容他古人開口，不覺蹉過了他説底道理耳。至如前人議論得失，今亦何暇爲渠分疏？且救取自家目今見處，是要切事。若舍却自己，又救那一頭，則轉見多事，不能得了矣。前日借得荆公日録閑看，其論某人「但能若古、未能稽古」，此等説話，想平日已知其失而笑之。然不知其病所以至此者，亦只是道理太多，不得聖賢言語中下一兩個閑慢字，便著緊説出許多道理來，楦塞得更轉動不得。只此便是病根，未論所説之邪正得失也。

所論易是聖人模寫陰陽造化，此説甚善，但恐於盡其言處未免多著道理，説殺了耳。此非面論，未易究竟。然向於啓蒙後載所述四言數章，説得似已分明，卒章尤切，不知曾細看否？幸試考之，有所未安，却望見教也。

對班在何時？今日極難説話，而在疏遠爲尤難。看得且只收歛得人主心念，不至大段走作，是第一義。其他道理，非不可説，只恐説得未必應急救病耳。若此處不下功夫，便要翻騰拆洗了安靜和平底家計，做艱難辛苦底功夫，恐尤不相當耳。

禮書已領，但喪禮合在祭禮之前乃是。只恐不欲改動本書卷帙，則且如此亦不妨也。但士、庶人祭禮都無一字，豈脱漏邪？若其本無，則亦太草草矣。鄉人欲者甚多，便欲送書坊鏤版，以有此疑，更俟一報，幸早示及也。恰寫至此，忽報已有農簿之命，此亦可喜，但不知不蹉却對班否？又恐釋奠祭器等文字又因循也。然舊同官有可語者，得更叮囑之尤佳。幾道且得改秩，亦是一事。其弟在此亦佳。台州又有一師邦者在此，亦儘知用力，不易得也。子欽恨未識面，寄得禮圖來，甚精，未暇細考，此却好一員禮官也，但説易亦多瑣碎穿穴耳。十弟事，不知竟如何？今日一箇風俗如此，不知士大夫是何等見識也？别紙數事，皆切中其病，如偏執、闊疏、貴氣之云，尤是親切。一種樂因循者，已不足言，其有作爲之意，又有此病，豈天固不生材於今日邪？前日因饒廷老去，嘗寄聲痛箴之，不知能聽受否？奉常差彊人意，但覺亦欠子細商量，甚恨前此匆匆，不能甚款也。其可喜處，却是簡潔而不支蔓，故力專而勢不分，又沈靜而有思量，故機圓而語有力。若安排得在要地，須儘可望也。叔昌必已之官，同父爲況如何？頗亦謀所以善後之計否？因書幸痛箴之，此却是箇改過遷善底時節幾會，所謂乃今可爲者，正謂此耳，切告留念。

答吕子約

示喻日用功夫如此，甚善。然亦且要見得一大頭腦分明，便於操舍之間，有用力處。如實有一物，把住放行在自家手裏，不是謾説求其放心，實却茫茫無把捉處也。「公而以人體之」，只是無私心而此理自然流行耳，非是公後又將此意尋討他也。

答吕子約

所示日用功夫，大慰所望。舊讀胡子知言答或人以放心求放心之問，怪其覼縷散漫不切，嘗代之下語云：「知其放而欲求之，則不放矣。」嘗恨學者不領此意。今觀來論，庶幾得之矣。所論「必有事焉」、「鳶飛魚躍」，意亦甚當。孔子只説箇「先難後獲」一句，便是這話。後來子思、孟子、程子爲人之意轉切，故其語轉險，直説到活潑潑地處耳。知得如此，已是不易，更且虚心寬意，不要回頭轉腦，計較論量，却向外面博觀衆理，益自培殖，則根本愈固而枝葉愈茂矣。若只於此静坐處尋討，却恐不免正心助長之病，或又失之，則一蹴而墮於釋子之見矣，亦可戒也。

讀書如論、孟，是直説日用眼前事，文理無可疑。先儒説得雖淺，却别無穿鑿壞了處。如詩、易之類，則爲先儒穿鑿所壞，使人不見當來立言本意。此又是一種功夫，直是要人虚心平氣，本文之下打疊，交空蕩蕩地不要留一字，先儒舊説莫問他是何人所説，所尊所親、所憎所惡，一切莫問，而唯本文本意是求，則聖賢之指得矣。若於此處先有私主，便爲所蔽而不得其正，此夏蟲井蛙所以卒見笑於大方之家也。

且如向來主張史記時變之學，以近日「都人觀美，出涕沱若」之章觀之，亦可見其流弊之所極矣。此乃前人有醇德而無虛心之弊，反爲所誘，以墮一偏之見。今日子弟欲發其所長而覆其所短，正在專於自己分上公聽並觀，打破前來窠臼，乃可以發明前人本來心事之正，而使學者戒其所偏。此在子約，比之他人又有此一重擔負，尤不可以不勉也。

答吕子約

誨諭「工夫且要得見一個大頭腦，便於操舍間有用力處，如實有一物，把住放行在我手裏，不是漫説收其放心」，某蓋嘗深體之，此個大頭腦本非外面物事，是我元初本有底。其曰「人生而靜」，其曰「喜怒哀樂之未發」，其曰「寂然不動」，人汩汩地過了日月，不曾存息，不曾實見此體段，如何會有用力處？程子謂「這個義理，仁者又看做仁了，智者又看做智了，百姓日用而不知，此所以君子之道鮮」。此箇亦不少，亦不剩，只是人看他不見，不大段信得此話」。及其言「於勿忘、勿助長間認取」者，認乎此也。認得此，則一動一靜皆不昧矣。惻隱、羞惡、辭讓、是非，四端之著也，操存久則發見多；忿懥、憂患、好樂、恐懼，不得其正也，放舍甚則日滋長。記得南軒先生謂「驗厥操舍，乃知出入」，乃是見得主腦，於操舍間有用力處之實話。蓋苟知主腦，不放下，雖是未能常常操存，然語默應酬間，歷歷能自省驗〔二〕，雖非實有一物在我手裏，然可欲者是我底物，不可放失；不可欲者非是我物，不可留藏。雖謂之實有一物在我手裏，亦可也。若是謾説，既無歸宿，亦無依據，縱使彊把捉得住，亦止是襲取，夫豈是我元有底邪？愚見如此，敢望指教。

此段大概甚正當親切。「操存久則發見多，放舍甚則日滋長」，此二句甚好。

誨諭「胡子知言舉或人以放心求心之問，怪其覶縷散漫不切，嘗代之下語云：『知其放而欲求之，則不放矣』」。某竊謂或者之問元不識心體，所對雖欲使人察夫良心之苗裔，致操存之功，然説得驚惶不縝密，便是用功處未到。恐方説時，亦未免是放也。自家所知固有廣狹淺深處，然曾云省察，則是我元初者、非我元初者，真妄客主，亦豈不識個體段模樣？操存稍熟，則省察浸精；省察浸精，則操存愈固。昨之所謂非放者，今猶覺其爲放；昨之所謂相近者，今猶覺其尚遠。近看遺書説「修辭立其誠」，乃是體當自家「敬以直内，義以方外」之實事。又説「聖賢千言萬語，只是欲人將已放之心約之，使反復入身來，自能尋向上去」。

「下學而上達」，此語方是不覶縷散漫，自覺用力雖未能敏勇，然實欲從事於斯也。又嘗深自體驗，固是知其放而求之則不放，然其間幾多艱難曲巧：方其志不勝氣，其爲抑遏掩蔽，心固知之，如醉中知醉而未醒，夢中知夢而未覺，非澄治平帖，亦未易遽存；

及其身心向裏，有頓放處，非不是我來爲主，然浮念忽起，病根隱然，又思乎此也方有端緒，他思便來間之，展轉牽引，把捉不住。近得一法，於致思之時而思慮忽起，若所當思也，則便以筆識之，不使之累吾心。然亦難概論，蓋適有所感，當便尋繹，則只得放下元初所思，却致思乎此。若非所當思也，則當深省而消去之，亦頗有效驗。第於主一功夫未至，不能如程子所謂「使他思時方思」，然且得隨力量如此存察。更望指教。

此意大概亦好，但太支蔓，不直截，不覺却將此心放了。恐當一切掃去，且將所代五峯一語早晚提撕，令有箇要約處乃佳。不然，又似程子説温公爲「中」所亂矣。

誨諭謂「『必有事焉』、『鳶飛魚躍』，孔子只説個『先難後獲』一句，便是這話。後來子思、孟子、程子爲人之意轉切，故其語轉險，直説到活潑潑地」。某竊謂此個義理固是自家元有底，無少無剩，初無差異，然亦須實見到這裏，不可少有鶻突。聖賢設教，固不越於「下學而上達」，然著書立言必有不容已者。如「鳶飛魚躍」，子思雖以「上下察」爲言，固已示諸人，然非得伊洛諸君子再拈掇出來，如何理會得是子思喫緊爲人處？其曰「與『必有事焉而勿正』之意同」，既説得親切，與我相應，又曰「會得，活潑潑地；不會得時，只是弄精魂」，則又恐人將此玩弄走作，以爲神通妙用，却入私意，却成助長，却失了元初本有底，其爲害又不特入於語險而已。大抵窮理工夫，若不能認取，則非我所及者皆爲涉虛；若能認取，則一動一靜，天理流行，莫非無極之真也。程子又云：「勿忘勿助，只是養生之法。不識怎養生？」此語極善。蓋識個主腦，則勿忘勿助而養而無害，非勿忘勿助是本體，於勿忘勿助之間認取本體也。此全在學者於己分上實自體認，方信得聖賢之言、先儒之論都是將實得者說與人，不是說分外事，顧我之領略淺深何如耳。敢望誨示。

此段看得亦未親切。須知「必有事焉」，只此一句便合見得天理流行，活潑潑地。方要於此著意尋討，便窒礙了。如說「先難」，只此二字已見得爲仁工夫。然於此處才有計較，便夾雜了。故才說上句，便說下句以急救之，如方安頓一物在此，又便即時除却，是非教人先安排此有事勿正之兩端，而就其中以求之也。

誨諭謂「只於靜坐處尋討，却恐不免助長之病，或又失之，則一蹴而墮於釋氏之見」。某自顧涣散之久，近稍收拾，粗有靜養工夫。然工夫淺薄，客慮猶多，雖未至便有此病，然亦豈敢不常自警省也。兼亦自覺未墮釋氏之見者，蓋釋氏是從空處求，吾儒是自實處見。喜怒哀樂之未發，初非空無；寂然不動，本皆完具。釋氏於此看得偏闕，所以隨在生病。又「元者善之長」底意思，釋氏既不識元，絶類離羣，以寂滅爲樂，反指天地之心爲幻妄，將四端苗裔遏絶閉塞，不容其流行。若儒者，則要於此發處認取也。近看周子「動而無動，靜而無靜」之語，頗有所省。夫動而無動，則喚不有止；靜而無靜，則喚不森然。

此雖非天下之至神不能與於此，然一動一靜之本體，蓋元如是。因此靜存動察，既無交互，亦不落空。今所慮者，非在於墮釋氏之見，乃在於日用之間主敬守義工夫自不接續而已。若於此能自力，則敬義夾持，此心少放，自不到得生病痛也。所見如此，更願指誨。

此正如明道所説扶醉人語，不溺於虛無空寂，即淪於紛擾支離矣。

誨諭「讀書如論語、孟子，是直説日用眼前事，文理無可疑。先儒説得雖淺，却別無穿鑿壞了處。如詩、易之類，則爲先儒穿鑿所壞，不見當來立言本意。此又是一種功夫，直是要人虛心平氣，本文之下打疊，交空蕩蕩地，不要留先儒一字舊説，莫問他是何人所説，所尊所親，所憎所惡，一切莫問，而唯本文本義是求，則聖賢之指得矣」。某深惟訓誨，真可謂直截指示，雖非某所及，未能言下即承，然敢不默會此意。第有所欲論辨當吐露者，亦不敢不詳陳之。某往者讀書，有時自驗於會心處，固有不待注釋訓説而見得明白，然此心稍有蔽虧，即便忘失。且又閲理不熟，大指精義弗能致察。若非自生意見，即便讀過不覺，終歸之因循鶻突而已。日來豈敢以爲能讀，然稍能收拾身心〔三〕，有個主腦，義理之實漸漸相親，玩索先覺所説，時時有契於心，反復讀之，其於本文本義固能打疊到空蕩蕩田地，然於用意深處，漸能進其所知，隨其文義，亦各略見所説著落。因此見得讀書之法固是要見得立言本意，不要繳繞支離，然須是自有工夫，使義理來相浹洽，方能與書相應。若與書相應，始能善思，通其精微而意味無窮。雖當讀時固不可先留舊説在胸中，然虛心平氣，待其自見，有意要掃去他亦不得。苟要掃去，則又是我底意見，亦未必是真實指義也。如讀易，只以程子易傳爲主，非不知象占爲不可廢，然文王、夫子作彖、象、文言、大傳，所發明者却不在於象上，直是要人得其辭以通其意。其曰「易，變易也，隨時變易以從道也」，其曰「吉凶消長之理〔四〕，進退存亡之道備於辭，推詞考卦，可以知變，象與占在其中」，其曰「至微者理，至著者象。體用一源，顯微無間」，其曰「乾、坤爲易知，諸卦爲難知」，今學者不求諸象占，固有所闕，然學有本末，若未能玩索乎此而欲求之於象占，則於程子「備於辭」、「在其中」之意不能無失也。又自孟子後，易書非不以象占而傳，然非所謂「自秦而下〔五〕，其學不傳」者，果何所指邪？雖所見如此，然先生謂又是一種工夫，則殊未詳。更望指教也。

大凡讀書，須是虛心以求本文之意爲先。若不得本文之意，即是任意穿鑿。如説會心處之類，正是大病根本。如易之詞，乃是象占之詞。若舍象占而曰有得於詞，吾未見其有得也。此皆過高之弊，所以不免勞動心氣，若只虛心以玩本文，自無勞心之害。

誨諭「公而以人體之，只是無私心，而此理自然流行耳，非是公後又將此意思尋討也」。某深味此語，固是恐人添個意思尋討，然覺得下語自傷於快。竊謂仁固難名，以覺名仁，而覺非仁也；以愛名仁，而愛則屬情也；以公名仁，特近仁耳，亦難指公爲仁也。先生謂「仁者愛之理」，別出性情，最爲明白。然程子「公而以人體之」，意則於「公」字上兼「愛之理」意思言之。蓋公雖近仁，然又須實下工夫，物物皆體。若有扞格，各不相貫屬，便有未仁。若只是説個「公」字，便此理自流行，却欠却體仁工夫也。又近看南軒先生復卦贊有云：「其在於人，純是惻隱。動匪以斯，則非天命。曰義禮智，位雖不同。揆厥所基，脈絡流通。」及近來玉山所刻先生講説，於程子所謂「偏言之則一事，專言之則包四者」，雖未能昭晰〔六〕，然却見得此意脈分明。其曰「偏言」，則本末次第不可以混言。其曰「專言」，則莫不始於此、本於此而皆一貫也。孟子論乍見孺子怵惕惻隱之心，便説由是觀之，無惻隱之心非仁，無羞惡之心非義，無辭讓之心非禮，無是非之心非智。其只舉惻隱一端發見處示人，餘三端更不一一拈出，夫豈有所略哉？蓋此乃良心苗裔發見最先處，乃天地之心、萬物之元，必自此而後流行不息，亨而利貞。則是章雖曰「偏言」，而所謂「專言」之者，亦不離此矣。

仁是本來固有之理，不因公而有，特因公而存爾。如溝渠窒塞，故水不通流，去其窒塞，則水流矣。水固不因去塞而有，然亦非既去其塞而又別有一段工夫使水流通也。以此推之，所論之得失自見矣。又論「偏言」、「專言」處，語意未瑩，使人難曉。

答吕子約

代語之喻，甚善。妄爲此語，今已是十餘年，每以告人，無領略者，今乃得子約書，知其爲切要之語，始有分付處也。但前日張富歸所惠書，所論或問中語，却似未安。請且自反於心，分别未發、已發界分令分明，却將册子上所説來合，看還是如此否？自心下看得未明，便將衆説回互，恐轉生迷惑，斷置不下也。且如子約平生還曾有耳無聞、目無見時節否？便是祭祀，若耳無聞、目無見，即其升降饋奠皆不能知其時節之所宜，雖有贊引之人，亦不聞其告語之聲矣。故前旒黈纊之説，亦只是説欲其專一於此而不雜他事之意，非謂奉祭祀時都無見聞也，所謂王乃在中，尤無交涉，讀書最忌如此支蔓。況又平居無事之時乎？故程子云：「若無事時，耳須聞，目須見。」既云耳須聞、目須見，則與前項所答已不同矣，又安得曲爲之説而强使爲一義乎？至静之時，但有能知能覺者，而無所知所覺之事，此於易卦爲純坤，不爲無陽之象。若論復卦，則須以有所知覺者當之，不得合爲一説矣。故康節亦云：「一陽初動處，萬物未生時。」此至微至妙處，須虚心静慮，方始見得。若懷一點偏主彊説意思，即方寸之中先自擾擾矣，何緣能察得彼之同異邪？

答吕子約

所示四條，其前二義雖有小差，然猶不至難辨，各已略報去矣。至於「未發」、「浩氣」二義，則皆雜亂膠轕，不可爬梳，恐非一朝之辨所能決。本欲置而不論，以俟賢者之自悟，又恐安於舊説，未肯致疑，不免略啓其端，千萬虚心垂聽，不可一向支蔓固執，只要彌縫前人闕誤，不知却礙自家端的見處也。

蓋今所論，雖累數百言之多，然於中庸，但欲守程門問者之説，謂未發時耳無聞、目無見而已。於「浩氣」之説，但欲謂此氣元是配合道義而成，無道義則氣爲之餒而已。其他援引之失，皆緣此文以生異義，自爲繁冗。若一一究析，往復不已，則其説愈繁，其義愈汩，而未必有益。故今奉勸，不若只取子思、孟子之言虚心平看，且勿遽增他説，只以訓詁字義隨句略解，然後反求諸心，以驗其本體之實爲如何，則其是非可以立判。若更疑著，則請復詳論之：

夫「未發」、「已發」，子思之言已自明白。程子數條引寂然感通者，皆與子思本指符合，更相發明。但答吕與叔之問，偶有「凡言心者，皆指已發」一言之失，而隨即自謂未當，亦無可疑。至遺書中「纔思即是已發」一句，則又能發明子思言外之意，蓋言不待喜怒哀樂之發，但有所思，即爲已發。此意已極精微，説到未發界至十分盡頭，不復可以有加矣。問者不能言下領略，切己思惟，只管要説向前去，遂有無聞無見之問。據此所問之不切，與程子平日接人之嚴，當時正合不答，不知何故却引惹他，致他如此記録，前後差舛，都無理會。後來讀者若未敢便以爲非，亦且合存而不論。今却據守其説，字字推詳，以爲定論，不信程子手書。此固未當之言，而寧信他人所記自相矛盾之説，彊以「已發」之名侵過「未發」之實，使人有生已後、未死已前更無一息未發時節，惟有爛熟睡著可爲未發，而又不可以立天下之大本。此其謬誤，又不難曉，故或問中粗發其端。今既不信，而復有此紛紛之論，則請更以心思、耳聞、目見三事校之，以見其地位時節之不同。

蓋心之有知與耳之有聞、目之有見爲一等時節，雖未發而未嘗無；心之有思乃與耳之有聽、目之有視爲一等時節，一有此則不得爲未發。故程子以有思爲已發則可，而記者以無見無聞爲未發則不可。若苦未信，則請更以程子之言證之。如稱許渤持敬，而注其下云：「曷嘗有如此聖人？」又每力詆坐禪入定之非，此言皆何謂邪？若必以未發之時無所見聞，則又安可譏許渤而非入定哉？此「未發」、「已發」之辨也。

若氣配道義，則孟子之意不過曰此氣能配道義，若無此氣，則其體有不充而餒然耳。此其賓主向背、條理分合，略無可疑，但粗通文理之人，無先入偏滯之説以亂其胸次，則虚心平氣而讀之，無不曉會。若反諸身而驗之，則氣主乎身者也，道義主乎心者也；氣形而下者也，道義形而上者也。雖其分之不同，然非謂氣在身中而道義在皮外也，又何嫌於以此配彼，而爲崎嶇詰曲以爲之説曰「道義本存乎血氣，但無道義，則此氣便餒而止爲血氣之私，故必配義與道，然後能浩然而無餒」乎？語勢不順，添字太多，不知有何憑據見得如此？若果如此，則孟子於此當別有穩字，以盡此意之曲折，不當下一「配」字，以離二者合一之本形，而又以氣爲主，以倒二者賓主之常勢也。且其上既言「其爲氣也」以發語，而其下復言「無是餒也」以承之，則所謂「是」者，固指此氣而言。若無此氣，則體有不充而餒然矣。

若如來喻，以「是」爲指道義而言，若無此道義，即氣爲之餒，則孟子於此亦當別下數語，以盡此意之曲折，又不當如此倒其文而反其義，以疑後之讀者，如今之云也。且若如此，則其上本未須説「以直養而無害」，其下亦不須更説「是集義所生矣」。今乃連排三句，只是一意，都無向背彼此之勢，則已甚重複而太繁冗矣。而其中間一句又如此其暗昧而不分明，如此其散緩而無筋骨，依以誦説，使人迷悶，如口含膠漆，不可吞吐。竊意孟子胸中明快灑落，其發於言語者必不至於如此之猥釀而紕繆也。又況來喻已指無是而餒者爲浩氣於前矣，其後又謂無道義則氣爲之餒而但爲血氣之私，不亦自相矛盾之甚邪？若程子之言，則如以金爲器、積土成山之喻，皆有不能使人無疑者。來喻雖亦不敢據以爲説，然其所慮恐爲二物者，亦程子之常言。今又不察其施安之所當，而冒取以置於此也。

其他分别血氣浩氣、小體大體，皆非孟子正意，而妄爲離合，却自墮於二物之嫌。原其所以，只因「配義與道」一句不肯依文解義，著實平説，故須從頭便作如此手勢翻弄，乃可以迤邐遷就，委曲附會而求其通耳。孟子言「毋暴其氣」，而釋之曰「氣體之充」，又言「其爲氣也」，而指之曰「無是餒也」。是數語者，首尾相應，表裏相發，其所指者正一物耳。今必以無暴者爲血氣而其爲氣者爲浩然，而又恐犯二物之戒，故又爲之説曰「浩氣不離乎血氣」，徒爲紛擾，增添冗長，皆非孟子之本意也。

今亦不暇悉數以陷於來喻之覆轍，然只如此説，已覺不勝其冗矣。幸深思之，且以自己分上明理致知爲急，不須汲汲以救護前輩爲事。蓋其言之得失，白黑判然，已不可揜，救之無及，又況自家身心義理不曾分明，正如方在水中，未能自拔，又何暇救他人之溺乎？

但所云未發不可比純坤而當爲太極，此却不是小失，不敢隨例放過。且試奉扣：若以未發爲太極，則已發爲無極邪？若謂純坤不得爲未發，則宜以何卦爲未發邪？竊恐更宜静坐，放教心胸虚明浄潔，却將太極圖及十二卦畫安排頓放，令有去著，方可下語。此張子所謂「濯去舊見，以來新意」者也。如決不以爲然，則熹不免爲失言者，不若權行倚閣之爲愈，不能如此紛拏彊聒，徒費心力，有損而無益也。

答吕子約

張元德訓「道」爲「行」，固爲疏闊，子約非之，是也。然其所說「行」字，亦不爲全無來歷。今不就此與之剖析，而别引程子「冲漠氣象」者以告之，故覺得有墮於窈冥恍惚之病。程子所説，乃因對義而言，故自有歸著而不爲病。而所以破其説者，又似彼東我西，不相領略。此乃吾之所見自未透徹，未免臆度籠罩而强言之，所以支離浮泛而不能有所發明也。若如鄙意，則道之得名，只是事物當然之理。元德直以訓「行」，則固不可。當時若但以「當行之路」答之，則因彼之説發吾之意，而「冲漠」之云亦自通貫矣。今且以來示所引一陰一陽、君臣父子、形而上下、冲漠氣象等説合而析之，則陰陽也，君臣父子也，皆事物也，人之所行也，形而下者也，萬象紛羅者也。是數者各有當然之理，即所謂道也，當行之路也，形而上者也，冲漠之無朕者也。若以形而上者言之，則冲漠者固爲體，而其發於事物之間者爲之用；若以形而下者言之，則事物又爲體，而其理之發見者爲之用。不可概謂形而上者爲道之體、天下達道五爲道之用也。元德所云「道不能以自行」以下自無病，而答語却説開了。其説自是好語，但答他不着爾。今更爲下一語云：「形而上者謂之道，物之理也；形而下者謂之器，物之物也。」且試屏去他説，而只以此二句推之，若果見得分明，則其他説亦自通貫而無所遺也。

答吕子約

所以不以元德以「道」訓「行」爲然者，蓋以「道」爲「行」，則「道」非「行」字所能盡，又須以所以行者言之，則毋乃欲一而反二乎？故以程子「道有冲漠氣象」告之，欲渠深探夫峻極之體，而默識夫無聲無臭之妙，則自知非「行」之一字所能盡。若謂「當行之路」，則恐祇可言達道耳，於論道之原，則恐難如此著語也。形而下即形而上者，易傳謂「至微者理」，即所謂形而上者也；「至著者象」，即所謂形而下者也。「體用一源，顯微無間」，則雖形而上、形而下，亦只是此箇義理也。

元德所説之病，前書盡之。如來喻之云，却攻他不著。恐是只見自家底是，於鄙論却未深考也。

謂當行之理爲達道，而冲漠無朕爲道之本原，此直是不成説話。不謂子約見處乃只如此，亦無怪他説之未契也。須看得只此當然之理冲漠無朕，非此理之外，别有一物冲漠無朕也。至於形而上下，却有分别。須分得此是體、彼是用，方説得一源；分得此是象、彼是理，方説得無間。若只是一物，却不須更説一源、無間也。

元德訓「道」爲「行」，便似來喻訓「學」爲「義理之藴」一般，一則以所能爲能，一則以能爲所能也。佛書有「能」與「所能」之説，能謂人所做作，所能謂人所做作底事，其分别文義亦甚密。如道則所能之謂，學即所謂能也。如今小兒屬對，「看花折柳」，「看」與「折」字是能，「花」與「柳」是所能，此不可亂也。此等倫類尚不能通，是乃心意大段粗在，豈能及其深微之奥邪？

答吕子約下論語雜論同戊午二月五日。

所謂五帝紀所取多古文尚書及大戴禮爲主，爲「知所考信」者〔七〕，然伏羲、神農見易大傳，乃孔聖之言，而八卦列於六經，爲萬世文字之祖，不知史遷何故乃獨遺而不録，遂使史記一書如人有身而無首，此尚爲知所考信者邪？「太史公之洋洋美德，即蘇黄門之騶虞竊脂」，觀其下文，全書不知還撑拄得此數句起否？學者於聖人之道徒習聞其外之文而不考其中之實者，往往類此。王介父所以惑主聽而誤蒼生，亦只是此等語耳，豈可以此便爲極摯之談而躋之聖賢之列、屬以斯道之傳哉？以此等議論爲極至，便是自家見得聖賢道理未曾分明，被他嚇倒也。

以史遷能貶卜式與桑羊爲伍，又能不與管仲、李克，爲深知功利之爲害，不知六國表所謂「世異變，成功大」、「議卑易行」、「不必上古」，貨殖傳譏長貧賤而好語仁義爲可羞者，又何謂邪？伯夷傳辨許由事固善，然其論伯夷之心，正與求仁得仁者相反。其視蘇氏之古史，孰爲能考信於孔子之言邪？

謂遷言公孫弘以儒顯爲譏弘之不足爲儒，不知果有此意否？彼固謂「儒者博而寡要，勞而少功，是以其事難盡從」，然則彼所謂儒者，其意果何如邪？

所示數條，不暇悉辨。若以馬遷與班固並論，則固不無優劣。而其書數十萬言，亦豈無好處？但論其大旨，則蘇氏兩語，恐史遷復生不能自解免也。今乃諱其所短、暴其所長，以爲無一不合聖人之意，推尊崇獎，至與六經比隆，聞有議其失者，則浡然見於詞色，奮拳攘臂，欲起而扔之，一何所見之低矮邪！此事不唯見偏識淺、去取差謬，爲明眼人所笑，亦正犯子惡苗碩之戒〔八〕，大爲心術之害，不可不知。

論語

學之爲言，蓋指義理之蘊。至於感孚而復有講習相滋之説，自夫始學而所願者外，則其本已虧矣〔九〕。謝氏「坐如尸，坐時習；立如齋，立時習」，觀聖人立言之旨，有不在彼者。尹氏「學在己，知不知在人」，微有立我之病。

以「義理之蘊」訓「學」字，恐非字義，不成文理。後「不重」章更有説。「感孚」之説與

「所願者外」意似相反。且程子於朋來之樂何故不如此説？恐更當細思之。尹氏説未見立我之病。此章是説初學入道之門，未須大段説得玄妙也。

鮮則和順積諸中者未厚，所積者既厚，其於逆理亂常之事，可以保其必無也。犯上之過小，作亂之罪大，故其言之序如此，非謂未厚已厚而然也。「務本」、「道生」是泛言，以起下句之實，集注之説，宜更詳之。

「巧言令色，鮮矣仁」，此章論明善之功。

此章只是戒人勿爲巧言令色，如何便説得明善之功？

有所未習，其傳或差，如師之過、商之不及，不能不生流弊。唯傳而習，習而傳，然後爲得其正傳。

「傳不習乎」，文勢恐不如此。曾子之學，其傳不差，乃是合下見得通透的確，非習之功也。若所見不是而徒習之，愈增其誤耳。讀書窮理，須認正意，切忌如此緣文生義、附會穿穴，只好做時文，不是講學也。

敬以事言，而信則無不盡也。

信是與民有信，期會賞罰，不欺其民。淺言之，則魏文侯之期獵，商君之徙木亦其類也。不須如此高説，失聖言之本意。

行有餘力而後學文，夫豈以講切爲可緩哉？書固不可不讀，但比之行實差緩耳。不然，則又何必言行有餘力而後學邪？

究義理之蘊，言學者不可不究夫義理之蘊也。因此語爲子夏之言，而遂致疑於其間。以子夏之言爲不如孔子，亦未爲貶，不必如此回護，但當虚心觀理而隨宜斟酌耳。義理之蘊，上著一「究」字，比首章稍成文理。然首章之義實當兼踐履而言，故謝説亦不可廢。若如所説，却只説得窮理一邊也。

「由乎中而應乎外，制乎外，所以養其中。」

「由乎中而應乎外」，是推本視、聽、言、動四者，皆是由中而出，泛言其理之如此耳，非謂從裏面做功夫出來也。「制乎外，所以養其中」，方是説做功夫處全是自外而内，自葉流根之意，非謂内外交相養，與此章之文本不相戾，不須如此分疏也。如視、聽二箴云：「心兮本虚，秉彝天性。」亦皆是推本而言〔一〇〕。若其功夫，則全在制之於外、閑邪勿聽處，可更詳之。向見叔昌之弟摹刻尹和靜所書四箴，作「由乎中，所以應乎外」，嘗辨其謬。後見尹書他本，却皆不錯。然既有此誤，則尹公想亦未免錯會其師之意也。

答呂子約

「戒懼於不睹不聞」者，乃謹獨之目，而謹獨者，乃戒懼於不睹不聞之總名，似未可分爲二事也。今曰「道固無適而不在，而其要切之處，尤在於隱微。雖無所不謹，而所謹者尤在於獨」，固欲學者用功轉加切近。云云。若末章「潛雖伏矣」、「不愧屋漏」分爲兩節，雖可以各相附屬，然前一節謂人所不見則屬乎人，後一節謂己之所有則猶有迹，比之已之不睹不聞，則又有間矣。今以人之所不見爲謹獨，意雖切而反輕，以不愧屋漏爲不睹不聞，則又幾於躐等。

來示所疑中庸首章數句，文義亦通，比之章句之説尤省力而有味。但以上文考之，既言「道不可須臾離」，即是無精粗隱顯之間，皆不可離，故言「戒謹乎不睹不聞」以該之。若曰「自其思慮未起之時早已戒懼，非謂不戒謹乎所睹所聞，而只戒謹乎不睹不聞也」。此兩句是結抹上文「不可須臾離」一節意思了。下文又提起説無不戒謹之中，隱微之間念慮之萌尤不可忽，故又欲於其獨而謹之，又别是結抹上文「隱微」兩句意思也。若如來説，則既言不可須臾離而當戒謹矣，下句却不更端，而偏言唯隱微爲顯見而不可不謹其獨，則是所睹所聞、不隱不微之處皆可忽而不謹。如此牽連，即將上句亦説偏了。只這些子意思，恐於理有礙，且於文勢亦似重複而繁冗耳。所謂「固欲學者用功轉加謹密」，熹之本意却不如此。蓋無所不戒謹者，通乎已發、未發而言，而謹其獨則專爲已發而設耳。卒章所引「潛雖伏矣」，猶是有此一物藏在隱微之中，「不愧屋漏」，則表裏洞然，更無纖芥查滓矣。蓋首章本靜以之動，卒章自淺以及深也。且所不見，非獨而何？不動而敬、不言而信，非戒謹乎其所不睹不聞而何？若首章不分别，即此等處皆散漫而無統矣。

答吕子約

不睹不聞既即是隱微之間，念慮之萌則所謂「莫見乎隱，莫顯乎微」者，蓋非别有一段工夫在戒懼不睹不聞之後明矣。

只爲「道不可須臾離」與「莫見乎隱，莫顯乎微」不同，「戒謹不睹，恐懼不聞」與「謹獨」不同，所以文意各别。今却硬説做一事，所以一向錯了也。

既以不睹不聞爲己所不知，若能於此致謹，則所謂隱微之間、念慮之萌，固已不能不謹。若果如此，則上段文意已足，不知何故又須再説必謹其獨邪？曷嘗有如此煩絮底聖賢？

不愧屋漏，亦未免於微有迹也。謂之表裏洞然、更無查滓，則恐幾於陵節矣。

若猶有迹，便是未能無愧於屋漏矣。此段説得愈更支離，若只管如此纏繞固執，則只己見便爲至當之論，亦不須更講論矣。前書寫去已極分明，只是不曾子細看，先横著一個人我之見在胸中，於己説則只尋是處，雖有不是，亦瞞過了；於人説則只尋不是處，吹毛求疵，多方駁難。如此，則只長得私見，豈有長進之理？此亦便是論司馬遷底心也。今更不能再説得，只請將舊本再看，將此兩節虚心體認，只求其分，勿求其合，認來認去，直到認得成兩段了，方是到頭。如其未然，更不須再見喻也。

來教又謂心之有思與耳之有聞、目之有見爲一等時節。

所圈出「思」字，初看即疑恐當作「知」字，而尋舊本未見，不知當時的是何字。又恐或是筆誤，方欲再請舊本來看，子細剖析奉報，偶復尋得舊本，果是「知」字。不知來喻何故如此錯誤？豈舊本脱漏此一節邪？如其不然，則此等處尚爾疏略，又安能得其精微之意邪？元本兩行，今再録去，可更詳之。舊本云：「心之有知與耳之有聞、目之有見爲一等時節，雖未發而未嘗無。心之有思乃與耳之有聽、目之有視爲一等時節。」云云。再看來書，他處所説已有「知」字，即是舊本元無脱漏，是直看得老草，將「知」字、「思」字作一樣看耳。

前書無聞無見之説，只做未有聞、未有見平看過。若看得過重，以爲無所聞、無所見，則誠近於異端矣。

未有聞見與無所聞見，平看、重看，不知如何分別？更請子細説。

謂未有聞、未有見爲未發，所謂冲漠無朕，萬象森然已具，不知衆人果能有此時乎？學者致知居敬之功積累涵養，而庶幾有此爾。

子思只説喜怒哀樂，今却轉向見聞上去，所以説得愈多，愈見支離紛冗，都無交涉。此乃程門請問記録者之罪，而後人亦不善讀也。不若放下，只白直看子思説底。須知上四句分别中和，不是説聖人事，只是泛説道理名色地頭如此。下面説「致中和」，方是説做功夫處，而唯聖人爲能盡之。若必以未有見聞爲未發處，則只是一種神識昏昧底人，睡未足時被人驚覺，頃刻之間，不識四到時節，有此氣象。聖賢之心湛然淵靜，聰明洞徹，決不如此。若必如此，則洪範五事當云貌曰僵，言曰啞，視曰盲，聽曰聾，思曰塞乃爲得其性，而致知居敬費盡工夫，却只養得成一枚癡獃罔兩漢矣〔一一〕。千不是萬不是，痛切奉告莫作此等見解。若信不及，一任狐疑，今後更不能説得也。詳看此段來意，更有一大病根，乃是不曾識得自家有見聞覺知而無喜怒哀樂時節。試更著精彩看，莫要只管等閑言語，失却真的主宰也。

以未發爲太極。

以未發爲太極，只此句便不是，所以下文一向差却。未發者太極之靜，已發者太極之動也。須如此看得，方無偏滯，而兩儀四象、八卦十二卦之説，皆不相礙矣。

太極動而生陽，動則爲已發矣。

以動而生陽爲已發，是也。即不知靜而生陰爲已發、爲未發邪？前日所禀，未嘗敢以已發爲無太極也。而又云已生兩儀四象八卦，難以爲未發。未嘗以已發爲無太極，是也。而又云已生兩儀四象八卦，難以爲未發，何邪？易之無思無爲比未發，猶是以心爲言，於性之體段已是猶欠拈出。以無思無爲爲説心而不及性，不知「心」、「性」兩字是一物邪？兩物邪？

來教謂有此氣來配道義，始能充其體而無餒，若無此氣來配，則雖有道義亦不能不餒矣。

孟子兩言「其爲氣也」云云，即當以「氣」字爲主，而以下文「天地道義」等字爲客，方是文意。今却硬將文義紐轉，以道義爲主而氣爲客，又將熹説亦添入一「來」字，則區區所見雖謬，決不至如此之顛倒也。前書之言已盡，今更不能説得。只請且依此意捩轉舊來話頭，依孟子本文主客形勢排齪教成行道，有歸著，直候將來見得舊説全然不是，方是究竟。如其不然，不若忘言之爲愈也。

答吕子約

所喻「前論未契，今且當以涵養本原、勉强實履爲事」，此又錯了也。此是見識大不分明，須痛下功夫鑽研勘覈教透徹了，方是了當。自此以後，方有下手涵養踐履處。如横渠先生所見，只是小小未瑩，伊川先生猶令其且涵泳義理，不只説完養思慮了便休也。如今乃是大段差舛，却不汲汲向此究竟，而去別處閑坐，道我涵養本原，勉强實履。又聞手寫六經，亦是無事費日，都不是長進底道理。要須勇猛捐棄舊習，以求新功，不可一向如此悠悠閑過歲月也。

本欲俟德華人回附書，今日偶有南豐便至道夫處，且先附此奉報。此事不比尋常，不可頃刻失其路脈也。大抵學問只有兩途，致知、力行而已。在人須是先依次第十分著力，節次見效了，向後又看甚處欠闕，即便於此更加功夫，乃是正理。今却不肯如此，見人説著自家見處未是，却不肯服，便云「且待我涵養本原，勉强實履」，此如小兒迷藏之戲，你東邊來，我即西邊去閃；你西邊來，我又東邊去避，如此出没，何時是了邪？區區本已不能説得，今更説此後番〔一二〕，若更不相領略，便且付之忘言矣。如人上山，各自努力，到此時節，豈更有心情管得他人邪？

答吕子約

兩書所喻，備見日來進學新功，甚慰牢落。兩卷悉已條對納呈，幸更詳之也。大抵爲學，只是博文、約禮兩端而已。博文之事，則講論思索要極精詳，然後見得道理，巨細精粗無所不盡，不可容易草略放過。約禮之事，則但知得合要如此用功，即便著實如此下手，更莫思前算後、計較商量。所以程子論中庸未發處答問之際，初甚詳密，而其究竟〔一三〕，只就「敬」之一字都收殺了。其所謂敬，又無其他玄妙奇特，止是教人每事習個專一而已，都無許多閑説話也。今詳來喻，於當博處既不能虚心觀理以求實是，如論易、詩處是也。於當約處乃以引證推説之多反致紛擾。如論「求其放心」，而援引論説數十百言，不能得了，只此便是放其心而不知求矣。凡此之類，皆於鄙意深所未安。竊謂莫若於此兩塗各致其極，無事則專一嚴整，以求自己之放心，讀書則虚心玩理，以求聖賢之本意，不須如此周遮勞攘，枉費心力，損氣生病而實無益於得也。

横渠謂：「心寧静，於此一向定叠，目前縱有何事，亦不恤也。休將閑細碎在思慮。」近雖見此漸明，然養得未熟，有時不好底意思上心來，則此見便若有物昏蔽。雖目前小小事，亦能來相礙，因是知得尚未屬己。

此理固然，然亦須是真實知至物格，方得自然如此。若但説時快活，間或又不如此，則只是想象摶量，不足恃也。

「子在川上」云云。觀諸天地古今事變，莫非逝者，然故故新新，相因不已，以何爲始？以何爲終？故周子發明太極之藴，則曰太極本無極云云。聖人之心純亦不已，此乃天德。有天德便可語王道，其要只在謹獨。終歸於謹獨者，莫見乎隱，莫顯乎微，不於獨而致謹，則天命流行遏于躬而不知矣。

理固如此，然援引太多，反汩没了正意。兼所引亦有不相似者。如周子無極之語。純亦不已，只是無間斷。於獨而不謹焉，則有間斷而與天地不相似矣。

太極動而生陽，以本體言之，即易所謂「繼之者善也」。以氣運言之，即易所謂「復其見天地之心」也。以卦言之，即震之「一索」、咸之「男下」「下」字疑。也。然易傳謂「動則終而復始，所以恒而不窮。雖物有終始，而此理無窮，則雖動極而靜，靜極復動也」云云。學者固當兼致靜存動察之功，然於動之端而有見乎天地之心，斯能窺乎太極之藴矣。其曰「元亨誠之通，利貞誠之復」，其曰「利貞者，乾之性情」，蓋以夫人徒見生意之發於春夏，而不知夫藏於根荄也。觀諸草木摇落之時，生意若息矣，而根荄膏潤，苞芽潛萌，是乃終而復始，蓋情性然也。有以明乾之性情，則知太極之性情矣；有以見天地之心，則知太極之動而生陽矣。

此段尤多可疑，請且就通書太極體認，令此數項歷落分明，未要添入復卦、震、咸、性情等説，夾雜得都不明，不濟事也。震、咸尤無干涉，性情之義亦非是，須各自看乃佳。

程子睽卦傳曰：「物雖異而理本同，故天下之大、羣生之衆，睽散萬殊，而聖人爲能同之。」某觀至此，於「不有兩，則無一」之義稍分明。但所謂理本同者，程子之説雖詳，終未能實見其理。

天施地生，男倡女隨，此感彼應，蓋不能以相無也。非理之本同，何以如此？

「其爲氣也」云云。某竊詳此段所言「其爲氣也」非有異義。上言此氣之浩然，體段本如是，養之之法，勿忘勿助，則無所耗傷，而此氣流行充塞，無所抑遏，蓋不待自反而縮也。故「直」之一字當因大、剛而爲三德，若坤之「直方」，即浩氣之剛直，其可虧欠乎？下言此氣合義與道而成，而血氣循乎軌轍，到此則血氣便是義道矣。非是養氣之後，又待此而爲助也。所以再言「其爲氣也，配義與道」，蓋深明夫此氣之發見本是義道，若識得此氣之本然，則知所養，而其動非血氣矣。其曰「無是餒也」，欲人知夫此身之所以爲主者苟或虧失，則便枵然也。愚見如此，不敢不竭言之。

「自反而縮」是本章上文，坤爻「直方」是他書異義，二者孰爲親疏？請試思之，得失可見。

氣是形而下者，道義是形而上者，如何合得？況配義與道，分明是將此氣配彼義道而爲之助，豈是養氣之後，又將此而爲助也？如此看得，全然不識文義，更宜深思，未易遽立説也。

此是胸中先有舊説，爲所牽制，不得虚平，故爾滯礙，枉費心力。可且將舊説權行倚閣，而只將本文反復玩味，久久自然漸虚漸平，則於此無疑矣。

「朝聞道，夕死可矣」，近看得程子所謂「除了身，只是理」之説，於此最親切。蓋私乎此身，則莫知主乎此身者爲何如，其生其死，真有同於醉夢矣。云云。故大程子謂：「動容周旋中禮者，盛德之至，君子行法以俟命而已，朝聞道，夕死可矣之意。」小程子既謂死得是，又謂：「苟有此志，則不肯一日安。於所不安，何止一日？須臾不能。」皆是發明「除了身，只是理」底意思。詳觀遺書，亦載大程子有云：「皆實理也，人知而信者爲難。死生亦大矣，非誠知道，豈以夕死爲可乎？」則雖概言之，而日月寒暑、屈伸往來之常理同乎晝夜死生者，皆可致察。小程子有云：「聞道者，知所以爲人也。夕死可矣，是不虚生也。」則又指切言之，以明實理所存。是亦「除了身，只是理」之意。至於小程子經解，乃親筆也，則止云：「人不可以不知道，苟得聞道，雖死可也。」雖不加一辭，而語意則甚不輕矣。今集注本大程子實理之説，而以「事物當然之理」名之，固不使人求之恍惚，然果足以究斯義乎？又大程子「非誠知道」之言，以尹氏所説考之，固爲切實，然恐所謂得者，或流於偏差，而未必得其總腦也。某據所曉者吐露，以求誨剖。

「道」字、「理」字、「禮」字、「法」字、「實理」字，「日月寒暑、往來屈伸之常理」，「事物當然之理」，此數説不知是同是别？「除了身，只是理」，只是不以血氣形骸爲主而一循此理耳，非謂身外别有一物而謂之理也。流於偏差，則非所謂得矣。

「一陰一陽之謂道」，天地絪緼也。「繼之者善」，物與無妄也。「成之者性」，各正性命也。各正性命，則屬乎氣禀矣。遺書言：「凡人説性，只是説繼之者善也，孟子言人性善是也。」又若先言氣禀而後及此。

周子以萬物資始爲善、各正性命爲性，此是就造化處説。今欲以「物與無妄」言之，則此句屬性，而以上句「天下雷行」爲善，方始相對得過。程子所云「今人説性，只是説繼之者善」，此又是近下就人性分上説。語各有當，更請詳之。只看本文，都不得引外來一字，方始見得。

向觀遺書所載：「人生而静，以上不容説，才説性時，便已不是性也。凡人説性，只是説繼之者善也，孟子言人性善是也。」茫然不曉所謂。今始粗曉此文義。「人生而静」，天之性也，周子所謂主静者，以此也。然所謂「不容説」者，是豈終不可得而説乎？周子不得已而言之曰「無極而太極」，則指不容説者以喻諸人耳。所謂「才説性時，便已不是性」，此却因上文而言之，或指太極爲性，則非矣。蓋天命之謂性，命之於人始謂之性也。

所謂「凡人説性，只是説繼之者善」，此説得性善最爲親切。若衹論成而不論繼，則有二本，非性之果善也。故孟子道性善，既因其繼而得其本源，其言惻隱仁之端、羞惡義之端，則又因其發見之苗裔而知其爲固有。學者於此，唯有操存之功不舍，使漸著察耳。此條尤覺紊亂，更請且以前段之説識認文義，令有條理，未可如此引援衮雜，轉見不分明也，所謂治絲而棼之也。

答吕子約

所喻博文約禮盡由操存中出，固是如此。但博文自是一事，若只務操存而坐待其中生出博文功夫，恐無是理。大抵學問功夫，看得規模定後，只一向著力，挨向前去，莫問如何若何，便是先難後獲之意。若方討得一個頭緒，不曾做得半月十日，又却計較，以爲未有效驗，遂欲别作調度，則恐一生只得如此移東换西，終是不成家計也。益公近亦收書，於歐集考訂益精，亦不易老來有許多心力也。需中庸、詩傳，此便未可寄。又恐且要操存，無暇看讀，更俟後便也。蘇黄門初不學佛，只因在筠州陷入此漩渦中，恐是彼中風土不好，一生出不得。今請著些精彩，莫只管回頭轉腦，忽然不知不覺也旋入去，即不相奈何也。風色愈勁，精舍諸生方幸各已散去〔一四〕。今日輔漢卿忽來，甚不易渠能自拔，向在臨安相聚，見伯恭舊徒無及之者，説話儘有頭緒，好商量，非德章諸人之比也。

答吕子約十一月十二日

前書所論四事，不審雅意云何？竊意賢者用力於此不爲不久、其切問近思之意不爲不篤，而比觀所講與累書自叙説處，覺得瞻前顧後，頭緒太多，所以胸次爲此等叢雜壅塞纏繞，不能得明快直截。反不得如新學後生聞一言且守一言、解一義且守一義，雖未能便有所得，亦且免得如此支離紛擾，狼狽道途，日暮程遥，無所歸宿也。

校勘記

〔一〕丁未五月十三日　此七字原脱，據閩本、浙本、天順本補。
〔二〕歷歷能自省驗　「省」，浙本作「有」。
〔三〕然稍能收拾身心　「然」字原脱，據浙本補。
〔四〕其曰吉凶消長之理　「曰」，原作「間」，據程頤易傳序及上下文意改。
〔五〕然非所謂自秦而下　「非」，正訛改作「其」。

〔六〕雖未能昭晰　「能」下，浙本有「十分」二字。
〔七〕所謂五帝紀　「謂」，閩本、浙本、天順本均作「論」。
〔八〕亦正犯子惡苗碩之戒　「正」，原作「至」，據閩本、浙本、天順本改。
〔九〕至於感乎而復有講習相滋之説自夫始學而所願者外則其本已虧矣　底本原注云：一本「復」下無「有」字，「外」下無「則」字。
〔一〇〕亦皆是推本而言　「本」，原作「木」，據閩本、浙本、天順本改。
〔一一〕却只養得成一枚痴獃罔兩漢矣　「罔兩漢」，浙本作「人」。
〔一二〕今更説此後番　「後番」，底本原注云：一本作「一番」。
〔一三〕而其究竟　「竟」，原作「意」，據閩本、浙本、天順本改。
〔一四〕精舍諸生方幸各已散去　「已」字原脱，據浙本補。

晦庵先生朱文公文集卷第四十九

書知舊門人問答

答王子合遇

前月末送伯恭至鵝湖〔一〕，陸子壽兄弟來會。講論之間，深覺有益。此月八日，方分手而歸也。伯恭奉祠已久，亦每談志行之美也。所諭變化氣質，方可言學，此意甚善，但如鄙意，則以爲惟學爲能變化氣質耳。若不讀書窮理，主敬存心，而徒切切計較於今昨是非之間，恐其勞而無補也。不審明者以爲如何〔二〕？

答王子合

向來觀「復其見天地之心乎」，易傳云「動之端，乃天地之心也」，未睹其旨。近思得之，敢質於先生。遇謂天地之心生生不已，太極一動，二氣運行，互爲其根，蓋未嘗或息，非可以動靜言也。其曰「動之端」云者，指流行之體示之，即生物之原者也。遺書云「天只是以生爲道」，天地之心固在於生物，然於生處觀之，則偏於動而不知動之所以然，非指其端無以見生生之理也。在人，則惻隱之心是也。乍見孺子將入井，必有怵惕惻隱，此心不遠，於此察之，庶可見矣。此心雖非心之本體，然始發見在是，故推此心則廓乎天地之間，無所不愛。人惟汩於欲而不知復，則是心泯然不見，猶窮陰沍蔽，萬物歸根，生生之理雖未嘗或息，何自見之？一陽微動，生意油然，此復所以見天地之心也。在學者工夫，則平日涵養，語默作止須要識得端倪，則心體昭然，可默識矣。故伊川云：「善學者，不若於已發之際觀之。」觀於已發，識其未發，克己不已，一旦復之，則造次顛沛皆見此心之妙，始可以言仁矣。

所喻復見天地心之説〔三〕，甚善。然此須通動靜陰陽善惡觀之，見得各是一理，而此意無所不通，始盡其曲折耳。學者工夫，則只如易傳所説，知其不善，則速改以從善，此是要約處。若説須要識得端倪而心體可識，則却是添却一事也。鄙見如此，或恐未然，更告諭及。子晦相見煩致意，未及奉書。歐陽慶嗣書云甚賴切磨之益，想日有至論也〔四〕。

答王子合

所喻「思慮不一，胸次凝滞」，此學者之通患，然難驟革。莫若移此心以窮理，使向於彼者專，則繫於此者不解而自釋矣。

答王子合

子晦所謂「使無童子之言，則曾子亦泊然委順，未足以病其死。唯童子之言一入其聽，而士死於大夫之簀，則有所不安，故必舉扶而易之，然後無一毫愧心而安其死」，此數句甚善。但謂大夫有賜於士之禮，則未知所據，似未安也。子合所謂「大夫之簀，季孫安得賜諸曾子？曾子亦安得受諸季孫？曾子固曰『我未之能易』，則其平日蓋欲易之矣」，此論亦善。但謂曾子辭季孫之仕，則亦無據。而曰「不欲爲已甚而黽勉以受其賜」，則又生於世俗委曲計較之私，而非聖賢之心矣。又云「死生之際則異於是，蓋有一毫不正，則有累於其生」〔五〕，如此則是人之生也可無不爲，必將死而後始爲計也，此亦必不然矣。

今但平心而論，則季孫之賜、曾子之受皆爲非禮。或者因仍習俗，嘗有是事而未能正耳。但及其疾病不可以變之時，一聞人言而必舉扶以易之，則非大賢不能矣。此事切要處只在此毫釐頃刻之間，固不必以其受之爲合禮而可安，亦不必以爲與世周旋，不得已而受之也。況善吾生乃所以善吾死，豈有平時黽勉徇情，安於僭禮，必俟將死而後不肯一毫之差而足以善其死耶？且若如此，則聖賢臨死之際，事緒紛然，亦不勝其改革矣。若曾子之事，計其未死之前有人言之，則必即時易之，而不俟將死之日矣。

然就二説論之，謂受簀合禮者，但失之輕易粗略，考之不精；而謂黽勉周旋者，其巧曲支離，所以爲心術之害者甚大，恐不止於此一事。要當推類究索，拔本塞源，然後心得其正，而可語聖賢之學也。鄙見如此，幸復相與考之，再以見喻〔六〕。

答王子合

昨承問及復卦之説，如所諭固善，然亦有説。蓋陰陽生殺，固無間斷，而亦不容並行。且如人方窮物欲，豈可便謂其間天理元不間斷而且肆其欲哉？要須窮欲之心滅息，然後天理乃得萌耳。程夫子所謂「天地間雖無截然爲陰爲陽之理，然其升降生殺之大分不可無也」，此語最爲完備。然陰陽動静是造化之機，不能相無者。若善惡，則有真妄之分，人當克彼以復此，然後可耳。

至所謂可識心體者，則終覺有病。蓋窮理之學，只是要識如何爲是、如何爲非，事物之來，無所疑惑耳，非以此心又識一心，然後得爲窮理也。

曾子受季孫之賜，無可緣飾，只得做不是，所以後來須要易了方死。只如此看，多少直截！若謂因仍習俗非曾子之爲，然則向所謂黽勉周旋者，又豈得爲曾子之爲邪？要之，一等是錯了，不若只如此看，猶不失爲仁者易辭之過也，如何如何？

答王子合

所問禮文曲折，此在經訓甚明，但今世人情有不能行者，且依温公書儀之説，亦不爲無據也。見成服及祥禫處。然今日月已久，計已如此行之矣。家祭一節，熹頃居喪不曾行，但至時節略具飯食，墨衰入廟，酌酒瞻拜而已。然亦卒哭後方如此，前此無衣服可入廟也。今服其喪未葬，亦不敢行祭，非略之，乃謹之也。不審明者以爲如何？

答王子合

前書所論實地功夫者，甚善。但常存此意，時復提撕，勿令墜墮乃佳。今時學者未論外誘，多只是因循怠惰，自放倒耳，真不可以不戒。至於「出門有礙」之説，則似未然。自家持守處固是不可放過，至於應世接物，同異淺深，豈容固必？但看得破、把得定，自不妨各隨分量應副將去，何必如此懷不平之心而浪自苦哉？纔有此等意思，恐亦便是本原有不察處，政不可作兩截看也。

今書所論中庸大旨，蓋多得之。但言「其上下察也」，「其」者指道體而言，「察」者昭著之義，言道體之流行發見昭著如此也。謝、楊之意，似皆以爲「觀察」之「察」。若如其言，則此「其」字應是指人而言，不知此時豈有人之可指，而亦豈上下文之意耶？呂氏以夫婦所知所能爲費，聖人所不知不能爲隱，此爲用横渠説而異乎伊川者。然伊川亦不説著「費隱」二字如何分畫，但想其意不如此耳。「天地閉爲不恕」一語雖有病，然大意取象是如此。如易之陰陽，以天地自然之氣論之，則不可相無；以君子小人之象言之，則聖人之意未嘗不欲天下之盡爲君子而無一小人也，豈相病哉？「其鬼不神」，是老子語，謝氏語解所引，正與其語録相表裏，不知如何見得優劣處？恐不必如此分別也。恐别有説，更煩詳喻。二十七章説，則所分畫似全未是，恐更當以章句之説考之。「乾知太始」，説者多爲主宰之論，似若微妙而反粗淺。蓋若如此，則乾與太始各是一物，而以此一物管彼一物，如今言某官知某州事也。故伊川先生只以「當」字釋之，則其言雖若淺近，却無二物之嫌，意自渾全也。

「不顯」二字，二十六章者别無他義，故只用詩意。卒章所引緣自章首「尚絅」之云，與章末「無聲無臭」皆有隱微深密之意，故知其當别爲一義，與詩不同也。「知遠之近，知風之自」，據表而知裏也。「知微之顯」，由内以達外也。

宗廟南向，堂室皆南向，但室户在室南壁之東偏而南向，牖在室南壁之西偏而南向，故以室西南隅爲奥而爲尊者之居，所謂「宗室牖下」也。既以西南爲尊者之位，則室中之位固以東鄉爲尊矣，非謂廟東鄉而太祖東向也。然亦非獨太祖也，凡廟皆南鄉，而本廟之主在其廟室中皆東鄉。但祫祭於太廟之時，則獨太祖不易其位，而羣廟之主合食於前者，皆南鄉、北鄉以叙昭穆耳。禘祭於太廟，則又以所出之帝爲東鄉，而太祖反居南鄉爲配位也。通典開元禮釋奠先聖東向，先師南向，乃古禮也。堂上之位，則以南向爲尊。如儀禮鄉飲酒，賓席牖前〔七〕，南向。今沈存中説祭禮朝踐於堂，亦以南向爲尊。而政和新儀亦有是説，但未見所據之本文。又秦、漢間廣武君、王陵母皆云東向坐，田蚡傳亦云「自坐東鄉，而坐其兄南鄉」，此則不知其爲室中、爲堂上，但猶以東鄉爲尊則可見矣。

答王子合

别紙所論甚悉，但如此講論，愈覺支離，勢須異時面見，口講指畫，乃可究見底藴。今且當就理義分明處理會，令徑路滑熟，庶於上達處有可漸進之階耳。祭禮廟室西上，證據甚多，但通典注中有「夫人之主處右」之說，而賈頊祭儀又云「夫人版皆設於府君之左」，韓魏公祭圖亦以妣位居考之東。詳此廟室，既以西爲上，則不應考東而妣西，恐通典或字誤耳。此書雖舊，杭本亦多舛誤〔八〕。孝子之稱，據禮亦有如此通稱者，如云「孝子某使介子某執其常事」之類。但今當各以其屬書之，似爲穩當耳。

答王子合丁未十二月二十五日

謝氏致生致死之説，亦是且借此字以明當祭與不當祭之意。致生之者，如事死如事生、事亡如事存是也。致死之者，如絶地天通、廢撤淫祀之類是也。若於所當祭者疑其有又疑其無，則誠意不至矣，是不得不致生之也。於所不當祭者，疑其無又疑其有，則不能無恐懼畏怯矣，是不得不致死之也。此意與檀弓論明器處自不相害。如「鬼神」二字，或以一氣消息而言，或以二氣陰陽而言，説處雖不同，然其理則一而已矣。人以爲神便是致生之，以爲不神便是致死之。然此兩句獨看却有病，須連上文看「可」與「不可」兩字，方見道理實處，不是私意造作。若不然，即是「應觀法界性，一切唯心造」之説矣。其他未暇詳論，蓋成伯告歸甚迫，故且附此，餘俟來春相見面論。大率尊德性一條，章句似已詳備，更熟玩之，自見功夫分別處。

日用間常切提撕，著實下手，方見得力處。若只解説，無有了期，不濟事也。

答王子合

細看前書諸説，謝氏之言大概得之。若以本文上下考之，即誠不免有病。乃若其意，則所謂致生之者即是人以爲神，致死之者即是人以爲不神之意耳。天神、地示、人鬼只是一理，亦只是一氣。中庸所云，未嘗分别人鬼不在内也。人鬼固是終歸於盡，然誠意所格，便如在其上下左右，豈可謂祀典所載不謂是耶？奇怪不測，皆人心自爲之，固是如此，然亦須辨得是合有合無。若都不分别，則又只是「一切唯心造」之説，而古今小説所載鬼怪事皆爲有實矣，此又不可不察也。

答王子合五月十七日〔九〕

動静無端，陰陽無始，本不可以先後言，然就中間截斷言之，則亦不害其有先後也。觀周子所言「太極動而生陽」，則其未動之前固已嘗静矣。又言「静極復動」，則已静之後固必有動矣。如春秋冬夏、元亨利貞，固不能無先後，然不冬則何以爲春？而不貞又何以爲元？就此看之，又自有先後也。又如克己復禮然後可以爲仁，固不可謂前此無仁，然必由靜而後動也；惟精惟一而後可以執中，固不可謂前此無中，然亦由靜而後動也。舉此類而推之，反復循環，無非至理。但看從甚處説起，則當處便自有先後也。

「性之善，猶水之下」，此「善」字却是就人物稟受以後而言。據其發用之初，對其成就之極，又自爲陰陽也。「念念相連〔一〇〕，事事相續，無頃刻不如此」，大意亦與前段相似，細推之可見。來喻所引乃舊本，後來思之，不能又生支節，轉費分疏，故嘗削去。然今得子合如此商量却好，不然，則此意終不分明也。

「愛人利物」等語亦不甚精，後已删去矣。「仁」字須是就一事上見統體之全，就統體處見一事之實，方始活絡無滯礙處。

此段甚好，如云「氣之所聚，理即在焉，然理終爲主，此即所謂妙合也」。又云「自其生化之所自出而言，故曰妙合」，此句却不甚親切。

鬼神第一段甚好。

二氣之分，即一氣之運，所謂「一動一靜，互爲其根，分陰分陽，兩儀立焉」者也。在人者以分言之，則精爲陰而氣爲陽，故魄爲鬼而魂爲神。以運言之，則消爲陰而息爲陽，故伸爲神而歸爲鬼。然魂性動，故當其伸時非無魄也，而必以魂爲主；魄性靜，故方其歸時非無魂也，而必以魄爲主，則亦初無二理矣。

幽滯之魄終歸於盡，以此論伯有爲厲之事則可矣，然亦須兼魂魄而言，不可專指幽陰也。若論魂魄之正，則便只是陰陽，元非他物。若天地之陰陽無窮，則人物之魂魄無盡。所以誠意所格，有感必通，尤不得專以「陰滯未散，終歸於盡」爲説矣。

大學直卿看過，有疑處已貼在内，可詳之。但「知止」則「止」字爲重，言知其所當止也。「知至」則「知」字爲重，言其知識到極處也。今曰「格物致知」，「格」是極乎知之至，其地位固如此，然其文意不同，亦不可以不察。

答王子合

陰陽之氣相勝而不能相無，其爲善惡之象則異乎此。蓋以氣言則動静無端、陰陽無始，其本固並立而無先後之序、善惡之分也。若以善惡之象而言，則人之性本獨有善而無惡，其爲學亦欲去惡而全善，不復得以不能相無者而爲言矣。今以陰陽爲善惡之象，而又曰不能相無，故必曰小人日爲不善，而善心未嘗不間見，以爲陰不能無陽之證。然則曷不曰君子日爲善而惡心亦未嘗不間見，以爲陽不能無陰之證耶？蓋亦知其無是理矣。且又曰克盡己私，純是義理，亦不離乎陰陽之正，則善固可以無惡矣。所謂不能相無者，又安在耶？大凡義理精微之際，合散交錯，其變無窮而不相違悖。且以陰陽善惡論之，則陰陽之正皆善也，其沴皆惡也；周子所謂「剛善剛惡，柔亦如之」者是也。以象類言，則陽善而陰惡；以動静言，則陽客而陰主。此類甚多，要當大其心以觀之，不可以一説拘也。

窮理之學，誠不可以頓進，然必窮之以漸，俟其積累之多而廓然貫通，乃爲識大體耳。今以窮理之學不可頓進，而欲先識夫大體，則未知所謂大體者果何物耶？

道即理也，以人所共由而言則謂之道，以其各有條理而言則謂之理。其目則不出乎君臣、父子、兄弟、夫婦、朋友之間，而其實無二物也。今曰子貢、曾點知道矣，而窮理未盡，則未知所謂道者又何物耶？

心猶鏡也，但無塵垢之蔽，則本體自明，物來能照。今欲自識此心，是猶欲以鏡自照而見夫鏡也。既無此理，則非別以一心又識一心而何？後書所論「欲識端倪，未免助長」者，得之矣；然猶曰「其體不可不識」，似亦未離前日窠臼也。細看後書，已改「識」字爲「知」字，又云「心體之知」，亦似已覺前弊，但未脱然耳。

答王子合

聖人以此洗心。

「聖人以此洗心」，「此」字指蓍卦之德、六爻之義而言。「洗心」言聖人玩此理而默契其妙也。「退藏於密」，但言未感物之時耳。「及其吉凶與民同患」，則所用者亦此理而已。其所以知來者，向之所謂員而神者也。其所以藏往者，向之所謂方以知者也。「神武不殺」，言聖人之不假卜筮而知吉凶也。「是以明於天之道」以下，乃言教民卜筮之事，而聖人亦未嘗不敬而信之，以神明其德也。此章文義只如此。程先生說或是一時意到而言，不暇考其文義。今但玩味其意，別看可也。若牽合經旨，則費力耳〔一二〕。

孟子言性善一章，伊川先生謂「性之本」，又謂「極本窮源之性」。明道先生則謂「人生而靜以上不容說，纔說性時便已不是性。凡人說性，只是說繼之者善也。」伊川以爲本而明道言其繼，何也？竊思伊川之言只謂性之本然耳，明道言「人生而靜以上不容說」，則周子之所謂無極也，不可容言也。若太極，則性之謂也。太極固純是善，自無極而言，則只可謂之繼。明道之言，所以發明周子之意也。伊川之意，只是說性之本然無不善耳，所以爲「極本窮源之性」，與明道之意不相妨。鄙見如此。

周子所謂無極而太極，非謂太極之上別有無極也，但言太極非有物耳。如云「上天之載，無聲無臭」，故下文云「無極之真，二五之精」。既言無極，則不復別舉太極也。若如今說，則此處豈不欠一「太極」字耶？「人生而靜」，靜者固是性，然只有「生」字便帶却氣質了。但「生」字已上又不容說，蓋此道理未有形見處，故今纔說性，便須帶著氣質，無能懸空説得性者。「繼之者善」，本是説造化發育之功，明道此處却是就人性發用處説。如孟子所謂「乃若其情，則可以爲善」之類是也。伊川所言「極本窮源之性」，乃是對氣質之性而言。言其氣質雖善惡不同，然極本窮源而論之，則性未嘗不善也。

「易，變易也，隨時變易以從道也。」易即道也，然以變易而得名。道者，自然不易之理也。從之者，亦適當之而已，非以此而從彼也。

易之所以變易者，固皆是理之當然。聖人作易，則因其爻象之變灼見理之所當然者，而繫之辭，教人以變易從道之方耳。如乾初則潛、二則見之類，皆隨時變易以從道之謂也。

乾，聖人之分也，可欲之善屬焉。坤，學者之分也，有諸己之信屬焉。云云。

此説大概得之，但乾坤皆以性情爲言，不當分無形有形，只可論自然與用力之異耳。

八卦之位如何？

康節説伏羲八卦乾位本在南，坤位本在北，文王重易時更定此位，其説甚長，大概近於附會穿鑿，故不曾深留意。然説卦所説卦位竟亦不能使人曉然，且當闕之，不必彊通也。

答王子合

竊謂聖人既已玩易而默契其妙，自然退藏於密，吉凶與民同患，更無先後之可言。

理固無先後，然時與事則不能無先後之殊矣。此等處須子細著實理會，不可一向掠空説向上去，無收殺也。

性之初只有善，本無惡之可言，乃四德之元、五常之仁也。孟子所謂性善者，此是也。明道言繼之者善，方言性之發用，則四端之心是也，烏得與情合而言之？

性之始終，一於善而已，不當云性之初只有善也。若如所云，則謂性之終爲有惡，可乎？性之發用，非情而何？情之初則可謂有善而無惡耳。「乃若其情」，「若」字恐亦未必訓「順」也。

答王子合己酉閏五月十八日

所喻祠記，前日之書似已奉報，不知後來頗見邸報否？語默隱顯，自有時節，前日膚仲亦以修學來求記，謹不敢作矣。今只有解釋經義，與時事無大相關，且流俗所不觀，故猶不免偷閑整頓。然亦凜凜不敢自保，況敢作文章、説道理，大書深刻，與人遮屋壁，使見其姓名，指瑕求釁，以重世俗之憎病乎？李伯諫初去時極要整頓學校，後來病痛多般，立脚不住，都放倒了。大抵吾輩於貨色兩關打不透，便更無話可説也。

大學解義平穩，但諸生聽者須時時抽摘問難，審其聽後果能反復尋繹與否。近覺講學之功不在向前，只在退後，若非温故，不能知新。蓋非惟不能知新，且并故者亦不記得，日用之間，便成相忘。雖欲不放其良心，不可得矣。此事切宜自警，并以提撕學者爲佳。如其不然，則呂藍田所謂無可講者真不虚矣。若得它就此得些滋味趣向，立得一個基址，即向後自住不得。若都茫然無本可據，徒然費人詞説，久遠成得甚事？切望於此留意，不須鐫碑立名，只爲一時觀美，無益於人，邂逅或能生事也。

答王子合

使天下皆知此理而求止焉，固是新民之事，然其所以使之如此者，必有道矣。示之表儀，固是所以新之之本，然已屬明明德之分矣。須知政教法度之施於民者，亦無不欲其止於至善也。

「定」、「静」、「安」、「慮」、「得」五字是功效次第，不是工夫節目。

興孝興弟，不倍上行下效之意，上章已言之矣。治國。此章再舉之者，平天下。乃欲引起下文「君子必須絜矩，然後可以平天下」之意。不然，則雖民化其上以興於善，而天下終不免於不平也。故此一章首尾皆以絜矩之意推之，而未嘗復言躬行化下之説。然則治國、平天下雖無二道，然其設施之際，不可謂無異術也。

意雖心之所發，然誠意工夫却只在致知上做來。若見得道理無纖毫不盡處，即意自無不誠矣。意誠然後心得其正，自有先後。今曰主於心而由中以出，安有不誠？正是顛倒說了。

以上四說，請詳之。横渠先生有言：「義理有疑，即濯去舊見，以來新意。」此言最有理。蓋舊見已是錯了，今又就上面更起意思，擘畫分疏，費力愈多，而於本經正文意思轉見昏了。須是一切放下，只將經文虛心涵泳，令其本意瞭然心目之間，無少差互，則却回頭來看舊來見處，其是非得失不崇朝而決矣。

答王子合

示喻曲折，具曉所謂。但區區之意，初見彼間風俗鄙陋汙濁，上不知有禮法，下不知有條禁。其細民無知猶或可憐，而號爲士子者，恃彊挾詐，靡所不爲，其可疾爲尤甚，故於此輩苟得其情，則必痛治之。蓋惟恐其不嚴，而無以警動於愚俗。至於廉退好脩之士、柔良鰥寡之民，則未嘗以此加之也。細民籍籍，不知此意，妄生恐懼，而彼爲士者亦何遽至畏縮而不敢來相見乎？若果有之，即是其見識不高、趨向凡下，無以異於愚民。爲政者亦安能每人而悦之哉？

至如經界一事，固知不能無小擾。蓋驅田里之民，使之隨官荷畚持鍤、揭竿引繩以犇走於山林田畝之間，豈若其杜門安坐、飽食而嬉之爲逸哉？但以爲若不爲此，則貧民受害無有已時。故忍而爲之，庶其一勞而永逸耳。若一一恤此，必待其人人情願而後行之，則無時而可行矣。且如此間紹興年間正施行時，人人嗟怨，如在湯火之中。是時固目見之，亦以爲非所當行。但訖事之後，田税均齊，里閭安靖，公私皆享其利，遂無一人以爲非者。凡事亦要其久遠如何耳。但惜乎此事未及下手，而上下共以私意壞之，使人預憂其擾而不見其利，此則非熹之罪，而當世自有任其責者，尚何言哉！然當時若更施行，則其擾不但土封而已，不知噂沓又復如何也。若便指土封爲擾而謂經界之不善，則如子合者亦未究此利害也。桂林之行，亦引此自列，然後得免，後世當有知此心者耳。

新學既成，氣象開豁，但願自今以往游其間者亦各放開心胸，莫作舊時卑汙暗昧見識，乃爲佳耳。

答王子合

所喻土封事，當時却無人來論訴，亦無人子細説及。熹又尋即去郡，故其事不及露而失於究治耳。但如來喻所云，所費不多，不能與之訟於官府，則其爲害應亦不至太甚。但今已不行，無可得說，便且借此爲話端而興謗議耳。若果盡行，則熹自料雖使更用嚴刑峻法，此等小擾亦恐終不能免，其謗必有大於此者。而如子合者，亦將有番悔青苗之議矣。此可付一笑也。少時見所在立土封，皆爲人題作「李椿年墓」，豈不知人之常情惡勞喜逸，顧以爲利害之實，有不得而避者耳。如禹治水、益焚山、周公驅猛獸，豈能不役人徒而坐致成功？想見當時亦必須有不樂者。但有見識人須自見得利害之實，知其勞我者乃所以逸我，自不怨耳。子合議漢事甚熟，亦曾看漢高初定天下，蕭何大治宮室，又從婁敬說，徙齊、楚大姓數十萬於長安，不知當時是費幾個土封底功夫？而不聞天下之不安，其於今日事勢何如也？

子餘留此久，適熹病，不得朝夕相聚。又見渠長上，不欲痛下鈐鎚〔一二〕。後來自覺如此含胡恐誤朋友，方著力催儹功夫，則渠已有行日矣。其有尚宿留者，用新法課程，近日却頗長進。信乎小仁者大仁之賊，而無面目者乃長久人情也。

答林伯和

示諭前此蓋嘗博求師友，而至今未能有得，足見求道懇切之意。以熹觀之，此殆師友之間所以相告者，未必盡循聖門學者入德之序，使賢者未有親切用力之處而然耳。大抵聖人之教，博之以文，然後約之以禮，而大學之道以明明德爲先、新民爲後。近世語道者，務爲高妙直截，既無博文之功，而所以約之者又非有復禮之實。其工於記誦文詞之習者，則又未嘗反求諸身，而囂然遽以判斷古今、高談治體自任。是皆使人迷於入德之序，而陷於空虚博雜之中，其資質敦篤慤實，可以爲善而智識或不逮人者，往往尤被其害。此不可不察也。

爲老兄今日之計，莫若且以持敬爲先，而加以講學省察之助。蓋人心之病，不放縱即昏惰。如賢者必無放縱之患，但恐不免有昏惰處。若日用之間務以整齊嚴肅自持，常加警策，即不至昏惰矣。講學莫先於語、孟，而讀論、孟者又須逐章熟讀，切己深思，不通然後考諸先儒之説以發明之。如二程先生説得親切處，直須看得爛熟，與經文一般成誦在心，乃可加省察之功。蓋與講學互相發明，但日用應接、思慮隱微之間每每加察：其善端之發，慊於吾心而合於聖賢之言，則勉厲而力行之；其邪志之萌，愧於吾心而戾於聖賢之訓，則果決而速去之。大抵見善必爲，聞惡必去，不使有頃刻悠悠意態，則爲學之本立矣。異時漸有餘力，然後以次漸讀諸書，旁通當世之務，蓋亦未晚。今不須預爲過計之憂，以失先後之序也。若不務此而但欲爲依本分、無過惡人，則不惟無以自進於日新，正恐無本可據，亦未必果能依本分、無過惡也。無由面諭，姑此布萬一，幸試留意焉。此紙勿以示人，但叔和、幾道及林兄昆仲諸人，亦不可不知耳。

答林叔和

示喻爲學本末，足見雅志。嘗觀當世儒先論學，初非甚異，止緣自視太過，必謂它人所論一無可取，遂致各立門庭，互相非毁，使學者觀聽惶惑，不知所從。竊意莫若平視彼己，公聽並觀，兼取衆長以爲己善，擇其切於己者先次用力，而於其所未及者姑置而兩存之，俟所用力果有一入頭處，然後以次推究，纖悉詳盡，不使或有一事之遺，然後可謂善學。不可遽是此而非彼、入主而出奴也。

答林叔和

襄事既在秋冬，日下想亦少寬。雖或紛冗，不得近書册，然此心此理隨處操存、隨處體察，亦無往而非學也。只在日間常切警省，勿令昏惰耳。

答林叔和

孟子、程子所説「才」字之意不同，既是聖賢之言，後學如何便敢判斷？但此事道理只就自己身上體認，便自見得。而其所以爲是非得失者，亦不容無分别也。如集注中以程子爲密，即是見得孟子所説未免少有疏處。今但以程子爲主而推其説，以陰補孟子之不足，則於理無遺，而兩書之説亦不至甚相妨矣。

答林熙之

易文言「德不孤」，正是發明「大」字意思。謂德盛者，得之矣。然「與物同」，亦是此意。試玩「敬義立而與物同」之意，當得之，恐不可云只是説與物同也。

答陳膚仲孔碩

所論詩序之疑，舊嘗有此論，而朋友多不謂然，亦不能與之力爭。姑著吾説，以俟後之知者而已。關雎序文之失固然，論語之意，亦謂其樂得淑女也不過而爲淫、其哀夫不得也不過而爲傷，正如詩文之謂耳。但序者不曉，乃析哀、樂、淫、傷爲四事，而所謂「傷善之心」者，尤爲無理。是則不可不察也〔一三〕。然此等處姑默識之，不須遽與人辨。今人耳學，都不將心究索，難與論是非也。大抵諸經文字有古今之殊，又爲傳注障礙，若非理明義精，卒難決擇。不如且讀論、孟、大學、中庸，平易明白而意自深遠。只要人玩味尋繹，目下便可踐履也。陸學固有似禪處，然鄙意近覺婺州朋友專事聞見，而於自己身心全無功夫，所以每勸學者兼取其善，要得身心稍稍端靜，方於義理知所決擇，非欲其兀然無作，以冀於一旦豁然大悟也。吾道之衰，正坐學者各守己偏，不能兼取衆善，所以終有不明不行之弊，非是細事。

答陳膚仲

來書云「今且反復諸書以收心，至涵養工夫，日有所奪，未見其效」，此又殊不可曉。夫讀書固收心之一助，然今只讀書時收得心，而不讀書時便爲事所奪，則是心之存也常少，而其放也常多矣。且胡爲而不移此讀書工夫向不讀書處用力，使動静兩得，而此心無時不存乎？然所謂涵養功夫，亦非是閉眉合眼如土偶人，然後謂之涵養也，只要應事接物處之不失此心，各得其理而已。諸書解偶未有定本，謾此奉報，可試思之。若於此得力，却遠勝看解也。

聞有用度不足之憂，何故如此？豈非意氣太豪，日用間羞言撙節計量之事，而又多徇人情，應副求假，不免有虚内事外之弊耶？此雖與吝嗇鄙細者相去懸隔，然其爲失中則均，恐亦當自省而改之也。

答陳膚仲

累書喻及教導曲折，甚善。此傅丞便來，雖不得書，傅亦具言近況，知人情頗相信，足以爲喜。但更須自家勉力，使義理精通，踐履牢實，足以應學者之求而服其心，則成己成物，兩無虧欠。如其不然，只靠些規矩賞罰以束縛之，則亦粗足以齊其外而已，究竟亦何益乎？

科舉文字固不可廢，然近年翻弄得鬼怪百出，都無誠實正當意思，一味穿穴，旁支曲徑，以爲新奇。最是永嘉浮僞纖巧，不美尤甚，而後生輩多宗師之，此是今日莫大之弊。向來知舉輩，蓋知惡之而不能識其病之所在，顧反抉摘一字一句以爲瑕疵，使人嗤笑。今欲革之〔一四〕，莫若取三十年前渾厚純正、明白俊偉之文誦以爲法，此亦正人心、作士氣之一事也。

大學說得如何？近得王子合書，彼亦說此，寄得講義來，頗詳悉。恨未見膚仲所講，有便幸録來也。「絜矩」文義更宜反復上下句意，未可容易立說。若如所喻，則「老老興孝」等句與絜矩之道有何交涉耶？

熹兩年擾擾，今幸粗定。辭職未允，已再請矣。此非欲爲高，自是義無可受之說，不得不力辭。世俗不解人意，尤悶人也。大學近脩得益精密平實，恨未有別本可寄去。易啓蒙、太極、西銘、通書解義、學記各一本謾往。四明頗通問否？曾見其讀西銘説否？全然不識文理，便敢妄議前輩，令人不平，然亦甚可笑也。向來辨論，理非不直，所自愧者初無懇惻之意，而以戲侮之心出之，所以召怨而起鬧也。

答陳膚仲

講説次第，且如此亦得，但終是平日不曾做得工夫，今旋捏合，恐未必能有益耳。又有本不欲爲而卒爲之、本欲爲而終不能爲者，此皆規模不定、持守不固之驗。凡事從今更宜審細，見得是當，便立定脚跟，斷不移易，如此方立得事。若只如此輕易浮泛，終何所成？不但教導一事也。

絜矩更無可疑〔一五〕，且更詳味，須破得舊説，方立得新説。不然，只是看得未透，未可容易下語也。近覺朋友讀書多是苟簡，未曾曉會得，便只如此打過。何況更要它更將已曉會得處反復玩味，言外別見新意，決是有所不能矣。以此理會文字，只是備禮，無一事做得到底，悠悠泛泛，半明半暗，都不成次第。如何得有一箇半箇發憤忘食、索性理會教十分透徹，少慰衰朽之望乎？

西銘後題，是去年未離家時所題，後來不能去得。然此是道理所繫，我且直之，固不容有所避也。仁仲所説，因書報及，謾欲知耳。所云「不必置辨」，今時流俗例爲此説。乃是自見道理不明，纔有此説，便有此説之害。如許行之並耕，白圭之治水，二十取一，若似今人所見，則孟子亦何用與之辨耶？

釋奠儀，政和五禮中陳設、行事兩條中，有自相牴牾處，著尊、犧尊、象尊酌獻先聖、先師。不知曾見此失否？向在南康，曾有申禮部狀，論之頗詳。今未必有本，但細考之可見。政和禮只首章仲王伯照本却未見，有便幸録寄，并所定須知見寄，更加參考，方可刊行也。秋下便疏脱，舊見申明中已改正。近寫得一本，却是此條。如有舊日頒降印本，可檢看，不然即託人於太常問之也。

學記本當作，但近日道學朋黨之論方起，著甚來由立此標榜，招拳惹踢耶？已展者不可縮，此却容斟酌耳。又況韓文公脚下不是做文章處，爲人指笑，却怪他不得也。

答陳膚仲

老老、長長、恤孤，正是治國之事，皆人君躬行以化其下者。至於有夫三者之效，則國治矣。故欲平天下者，必須先有此個本領效驗，然後有以爲地而致其絜矩之功，所謂「平天下在治其國」者也。文勢甚明，無可疑者。其不能絜矩之病，章句、或問三處説極分明。如來喻所謂奪其財力，使不得養其父母者，亦無疑矣。又何以更有「憤然不平，善心爲之不生」之説耶？凡此等處，皆是處心不寧静，看書不子細之病，與前日所論釋奠禮文疏略處大抵略相似，更宜深以爲戒。讀書别無法，只要耐煩子細是第一義也。

答陳膚仲

承以家務叢委，妨於學問爲憂，此固無可奈何者。然亦只此便是用功實地，但每事看得道理，不令容易放過，更於其間見得平日病痛，痛加翦除，則爲學之道何以加此？若起一脱去之心，生一排遣之念，則理事却成兩截，讀書亦無用處矣。但得少間隙時，不可閑坐説話過了時日，須偷些小工夫，看些小文字，窮究聖賢所説底道理，乃可以培植本原，庶幾枝葉自然張旺耳。

答滕德粹璘

僕與足下雖幸獲同土壤，而自先世已去鄉井，中間才得一歸埽丘墓、省族姻，今又二十餘年，以故於鄉里後來之秀少所接識，計其不相存録亦已久矣。而昆仲乃獨惠然枉書，道說過盛，非所敢當。然所論爲學之意，則正區區所望於鄉人者，甚幸甚幸。

夫學者患不知其所歸趣與其所以蔽害之者，是以徘徊歧路而不能得所從入。今足下既知程氏之學不異於孔孟之傳而讀其書矣，又知科舉之奪志、佛老之殊歸皆不足事，則亦循是而定取舍焉爾，復何疑而千里以問於僕之不能耶？意者於其所欲去者，既未能脱然於胸中，所欲就者又雜然並進，而不無貪多欲速之意，是以雖知其然而未免於茫然無得之歎耳。足下誠若有志，則願暫置於彼而致精於此，取其一書，自首而尾，日之所玩不使過一二章，心念躬行，若不知復有他書者。如是終篇，而後更受業焉，則漸涵之久，心定理明，而將有以自得之矣。論語一書，聖門親切之訓，程氏之所以教，尤以爲先。足下不以愚言爲不信，則願自此書始。因風寓謝，他未暇及。昆仲書無異指，故不復别致，幸察。

答滕德粹

所問禱祠之惑，此蓋燭理未明之故，又爲憂患所迫，故立不定。今雖未能遽明，但且謹守自家規矩，一面講學窮理。遇聖賢有説此事處，便更著力，加意理會。積累功夫，漸漬日久，一旦忽然有開明處，便自然不爲所惑矣。今未能然，且當謹守聖賢訓戒，以爲根脚，如程子所謂不敢自信而信其師者，始有寄足之地。不然，則飄摇没溺，終不能有以自立矣。

答滕德粹

補試得失如何？此不見補試牓，然計此亦分定矣。雖斷置不下，徒自紛紜，豈能移易毫髮於其間哉？而其所以害夫學問之道者，則爲不細。蓋物欲利害之私日交戰於胸中，亦何暇而及於玩索存養之功也耶？近思所疑，但熟玩之，自當漸見次第。但恐心不專一，則無由可通耳。

答滕德粹

到官既久，民情利病必已周知。更宜每事加意，使隨事有以及人，則亦可以充其職業而無愧於廩食矣。親炙諸賢，想亦有益。日用之間，常更加持守講習之功，以求其遠者大者，則區區之所願也。

答滕德粹

知官閑頗得讀書，不知做得何工夫？歲月如流，易得空過。彼中朋友書來，多稱德粹之賢。然鄙意所望者，則不止此，願更勉力，益加探討之功，勿令異時相見無疑可問，乃所望耳。谿堂雜文，久欲爲作序，但以當時收拾得太少，詩篇、四六之外，雜文僅有兩篇，想亦未是當時著力處，未有意思可以發明，又不成只做一篇通用不著題底文字，以故遲遲至今。欲留此人，等候草成附去，又此數日正爲諸處人督迫文字，困憊殊甚，不免且小須也。釋氏之說，易以惑人，誠如來喻。然如所謂若有所喜，則已是中其毒矣。恐須於吾學有進步處，庶幾可解，不然，雖欲如淫聲美色以遠之，恐已無及於事，而毒之浸淫侵蝕日以益深也。

答滕德粹

所示語說一條，甚善，但程先生說自不可廢。今作實事推說太廣，却恐又有礙也。兼看文字，且虛心體認實用工處，而就己分用力，方有實效。若一向只如此立說，却不濟事也。大抵學問以變化氣質爲功，不知向年遲緩悠悠意思頗能有所改革否？若猶未也，更須痛自鞭策，乃副所望耳。

答滕德粹

示喻讀莊周書，泛觀無害，但不必深留意耳。若謂已知爲學之大端，而自比於明道，則恐未然。明道乃是當時已見大意，而尚有疑其說之相似〔一六〕，故始雖博取而終卒棄之。向來相聚，見德粹似於此理見得未甚端的，且尚不能無疑於釋子之論。今若更以莊周之説助之，恐爲所漂蕩而無以自立也。況今日諸先生議論流傳於世，得失已分明，又非當日之比耶。若論泛觀，則世間文字皆須看過，又不特莊子也。承有意此來，不如乘間早決此計。流光易失，衰老尤不可恃。果欲究竟此事，似不宜太因循也。

答滕德粹

熹昨者再辭恩命，復叨祠禄，幸且杜門，無足言者。前書所喻，深悉學道愛人之志，然退藏之計已決，不獲奉以周旋。□鄉州絹税近遂有蠲減之命〔一七〕，亦足爲慶也。

答滕德粹

璘近讀論語「禮之用，和爲貴」，觀諸家解多以和爲樂。璘思之，和固是樂，然便以和爲樂，恐未穩當，須於禮中自求所謂和乃可。因問之長上，或設喻以見告曰：「所謂禮者，猶天尊地卑而乾坤定，卑高以陳而貴賤位，截然甚嚴也。及其用，則天道下濟而光明，地道卑而上行，此豈非和乎？」璘當時聽之，甚以爲然矣。已而思之，亦恐只是影説過，畢竟禮中之和不可見。望先生有以教之。如曲禮所陳禮之條目甚詳，不知何者爲和乎？

和固不可便指爲樂，然乃樂之所由生。所設喻亦甚當，如曲禮之目皆禮也，然皆理義所宜、人情所安，行之而上下親疏各得其所，豈非和乎？

舍弟珙近自太學附信歸，問仁知、動静之説，蓋學中近以爲論題也。然説者只云仁之静亦未嘗不動，而大體則静處是仁；知之動亦未嘗不静，而大體則動處是知。多是以文辭影説過，畢竟不明言動静如何。璘取精義讀之，亦未能曉。因子細玩味此兩句，乃若有所曉。蓋仁者静、知者動，仁、知非動、静也，乃仁知之人其性情或動或静耳〔一八〕。而説者只就仁知上求動静，所以多説不明。譬如圓者動、方者静，不可便指方圓爲動静也。然璘雖曉得如此，却未知仁者之所以静、知者之所以動如何形容，望先生詳賜指教。

仁者敦厚和粹，安於義理，故静；知者明徹疏通，達於事變，故動。但詳味「仁智」二字氣象，自見得動静處，非但可施於文字而已。

答滕德粹

示喻縷縷，備悉。但若果能真使私情不勝正理，便是確然可據之地，不必舍此而他求也，顧恐或未能耳。記序之作，或不免俯徇俗情，誠如來喻。然其間亦不敢甚遠其實，異時善讀者當自得之也。衰病日侵，求去未獲，便民之事，所不敢忘。然其可否，亦何可必，少須旬月，復申前請耳。淳叟、國正想時相見，有何講論？方丈計亦時會見也。因便附此，草草，惟千萬以時進學自重。

答滕德粹

示問曲折具悉。大抵守官且以廉勤愛民爲先，其它事難預論。幸四明多賢士，可以從遊，不惟可以咨決所疑，至於爲學脩身，亦皆可以取益。熹所識者楊敬仲簡、呂子約監米倉，所聞者沈國正煥、袁和叔燮，到彼皆可從游也。

答滕德粹

熹冬來却幸稍健，正思、叔重來，得數日之款，亦足少慰離索。但念吾友昆仲，不知近日功夫如何，切宜痛加矯厲，專一用功，庶幾不至悠悠虛度時日也。

答滕德章珙

知教授里門，來學者衆，甚善甚善。大抵今日後生輩以科舉爲急，不暇聽人説好話，此是大病。須先與説破此病，令其安心俟命，然後可教。告以收拾身心，討論義理，次第當有進耳。序文甚佳，文字只取達意而已，正不必過爲華靡辨巧也。

答滕德章

示喻大學之説，甚善。熹舊所爲書，近加修訂，稍有條理，補闕處，正如來喻矣，令人抄寫，未得奉寄也。所論義利之説，得之。「聽訟」之云，則不必如此説。「君止於仁」、以「體仁足以長人」、「居上不寬」等語觀之可見。蓋爲人上者無此意思，即上下乖睽壅隔而無以相有矣。所引淇澳詩，但以形容盛德至善之充盛宣著耳，其餘則舊解已詳，更熟考之，當自見也。

答滕德章

吾友秋試不利，士友所歎。然淹速有時，不足深計，且當力學脩己爲急耳。陸丈教人，於收斂學者散亂身心甚有功，然講學趣向亦不可緩，要當兩進乃佳耳。熹病餘衰耗，不敢看文字，恐勞心發病耳。後生精敏，且當勉學，未可以此爲例也。

答滕德章

熹衰病益侵，無足言者。南軒之文，近方爲編得一本，然尚有不敢盡載者。東萊文字，須其弟編定乃可行。然近日書坊皆已妄有流傳，不可得而禁戢矣。示諭溪堂序跋，此固所不忘。但年來病思昏憒，作文甚艱，又欠人債負頗多，須少暇乃可爲耳。聞德粹以新侯之來，頗不安迹，仕宦遭此，是亦命，但當以道自守，不可輕爲之屈也。

答滕德章

德粹之來，幸此款曲，所恨賢者在遠，未遂合并之願耳。廷對甚佳，三復增歎。然今既得脱去場屋，足以專意爲己之學，更望勉力，以慰平日期望之意。此間曲折，德粹歸，想能言之，不復縷縷也。

答滕德章

縣僻官卑，想亦少事。然勾銷簿鈔，所繫不輕，政自不可忽也。暇日讀何書？作何事業？學問别無他巧，只要持守純固、講誦精熟耳。兩事皆以專一悠久爲功，二三間斷爲敗，不可不深念也。安定詩舊所未見，温潤和平，真有德之言也。

答滕德章

到官既久，聞學政甚脩，想見橫經之暇，亦自不妨進脩之益也。熹衰病益侵，無足言者。鄉在彼刊得四經、四子，當時校勘自謂甚子細，今觀其間乃猶有誤字。如書禹貢「厥貢羽毛」之「羽」誤作「禹」字，詩下武「三后在天」之「三」誤作「王」字。今不能盡記，或因過目遇有此類，幸令匠人隨手改正也。古易音訓最後數版有欲改易處，今寫去。所欲全換者兩版，并第三十四版之末行五字。此已是依元版大小及行字疏密寫定，今但只令人依此寫過，看令不錯誤，然後分付匠人改之爲佳。此只是脩改舊版，但密爲之，勿以語人，使之如不聞者乃佳。若與人商量，必有以僞學相沮難，反致傳播者。此不可不戒也。

答林子玉 振

竊讀太極圖傳云：「陽之變也，陰之合也。」不知陽何以言變，陰何以言合？陽動而陰隨之，故云變合。

又「水陰盛，故居右；火陽盛，故居左」，不知陰盛何以居右，陽盛何以居左？

左右但以陰陽之分耳。

又「木陽穉，故次火；金陰穉，故次水」，豈以水生木、土生金耶？

以四時之序推之可見。

又「五殊二實，無餘欠也」，不知何以見得無餘欠？又云「陰陽一太極，精粗本末無彼此也」，不知何以見得無彼此？又云「五行之生也各一其性，無假借也」，不知何以謂之無假借？

此三段意已分明，更玩味之，當自見得。

又「乾男坤女，以氣化者言；萬物化生，以形化者言」，不知何以見得以氣化言？又何以見得以形化言？

天地生物，其序固如此。遺書中論氣化處可見。

又「分陰分陽，兩儀立焉，分之所以一定而不可移也」，不知謂「名分」之「分」、「性分」之「分」？

「分」，猶定位耳。

又「動靜者，所乘之機也」，此豈言其命之流行而不已者耶？

此句更連上句玩味之，可見其意。

又「以質而語其生之序，則曰水、火、木、金、土，而水、木，陽也；火、金，陰也」，此豈就圖而指其序耶？而水、木何以謂之陽？火、金何以謂之陰？

天一生水，地二生火，天三生木，地四生金。一、三，陽也；二、四，陰也。

又「以氣而語其生之序，則木、火、土、金、水，而木、火，陽也；金、水，陰也」，此豈即其運用處而言之耶？而木、火何以謂之陽？金、水何以謂之陰？

此以四時而言，春夏爲陽，秋冬爲陰。

又伊川先生解孟子云：「『不得於言，勿求於心』，此觀人之法。」擇之乃謂「不得於言」謂在己失之於言也，而孟子與公孫丑問答論知言，大概謂知人之言。不知擇之之説還可從否？

孟子文義正謂在己者失之於言耳。然言爲心聲，則在己在人皆如此也。

又伊川先生云：「志，氣之帥，不可小觀。」某竊謂以志帥氣，此爲養氣者而言。不知所謂「小觀」之意如何？

「不可小觀」，只是不可小看了之意，更熟味之。

又「切要之道，無如敬以直内」，又云「有主於内則虚」，不知直内還只是虚其内耶？

敬則無委曲，故直。直則無係累，故虚。不可便以直内爲虚其内也。

又云：「『德不孤，必有鄰』，到德盛後，自無窒礙，左右逢其原也。」某畢竟曉「不孤」之義未得。

不孤只是盛德意。

又云：「集義所生者，集衆義而生浩然之氣，非義外襲而取之也。」不知集義何以能生氣？而「生」之意義又如何義外襲我而取氣？

熹常謂孟子之意蓋謂此氣乃集義而生，事皆合義，則胸中浩然，俯仰無所愧怍矣，非行義而襲取此氣於外，如「掩襲」之「襲」，以此取彼也。

又見濟之兄云：「中和以性言，寂感以心言。」言伊川曾有此語，不知此語如何？

伊川無此語，只是此間朋友如此商量耳。

又見濟之兄云：「喜怒哀樂未發謂之中，此『中』是『在中之義』，猶言喜怒哀樂是在中底道理。」而伊川云：「中所以狀性之體段。」濟之云：「此與『在中之義』一般看。」某竊恐有異同。

頃見石兄論此，甚好，可更質問商量，當見異同之實。

又中庸言：「鳶飛戾天，魚躍于淵，上下察也。」某竊謂此「察」字是道理著見之義，不知如何？

「察」是著見之義，然須見其所著見者是何物始得。細觀所問，似思索未深，如此泛問，恐無所益。當更革去好高之弊，且就平易處深思，反復句讀，沉潛訓義，久之自然習氣消除，意思開闊也。

答廖季碩侯

久不聞動靜，正此馳情，漕臺使至，忽辱惠問。獲審比日熱暑，關決有相，台候萬福，爲慰爲感〔一九〕。誠齋薦語精當，真無愧詞。第顧衰蹤不足爲重，而恐或反爲累耳。西銘首論天地萬物與我同體之意，固極宏大，然其所論事天功夫，則自「于時保之」以下方極親切。承喻日誦此書，計必有以深得乎此矣。戴在伯向見朋友間多稱之，恨未之識也。

答廖季碩

比兩辱書，良以爲慰，又深愧感。尤異登聞，士友咸喜。脩塗逸駕，自此其可量耶！累書下問勤懇，顧何愛於一言？但欲以其所以自信自守者爲獻，則誤賢者於迂闊而不可行之地；欲舍其所以自信自守者爲説，則又不知所以言也。是以久而不知所以對。惟高明之有以擇焉，則於此二柄其必有所處矣。

答廖季碩

熹衰晚遭此大禍，痛苦不可爲懷。請祠得歸〔二〇〕，已及里門矣。去家益近，觸目傷感，尤不易堪也。見剛之詞，三復悚歎，足見厲志之篤。至於見屬之意，則有所不敢承也。誠齋直道孤立，不容於朝，然斂其惠於一路，猶足以及人也。知有講評之樂，尤以歆羡。越上親朋久不聞問，泰州計亦不久當受代，乃有悼亡之悲，人生信鮮歡也！

校勘記

〔一〕前月末送伯恭至鵝湖　此句上，淳熙本有「熹頓首再拜子合教授奉議賢友：久不聞問，方此鄉往，奉告，欣審比日尊履多福。熹杜門如昨，夏初伯恭見訪，因同入城。見候吏報丈丈府判經由，意可以一見。已而聞不入城，甚以爲恨。不知乃留居舊第也」七十九字。

〔二〕不審明者以爲如何　此句下，淳熙本有「昨來所附子晦書竟未之領，近至城中，問得下落，方托人督取也。未由晤見，惟以時珍重爲禱。不宣。熹頓首再拜」四十三字。

〔三〕所喻復見天地心之説　「所」上，淳熙本有「别紙」二字。

〔四〕想日有至論也　此句下，淳熙本有「熹再拜」三字。

〔五〕則有累於其生　「生」，正訛改作「死」。
〔六〕再以見喻　此句下，淳熙本有「熹上呈」三字。
〔七〕賓席牗前　「席」，原作「廣」，據閩本、浙本、天順本改。
〔八〕此書雖舊杭本亦多舛誤　「舊」、「舛」原互倒，據閩本、浙本、天順本改。
〔九〕五月十七日　原缺，據浙本補。
〔一〇〕念念相連　「連」，原作「逢」，據浙本、天順本改。
〔一一〕則費力耳　「耳」，閩本、浙本均作「矣」。
〔一二〕不欲痛下鈐鎚　「鈐」，正訛改作「鉗」。
〔一三〕是則不可不察也　「是」，閩本、浙本、天順本均作「此」。
〔一四〕今欲革之　「革」，浙本作「救」。
〔一五〕契矩更無可疑　「矩」，原作「短」，據閩本、浙本、天順本改。
〔一六〕而尚有疑其説之相似　「相」，原作「想」，據浙本改。
〔一七〕□鄉州絹税近遂有蠲減之命　「□」，正訛補作「仙」字。
〔一八〕乃仁知之人其性情或動或静耳　「性情」，閩本、浙本、天順本均作「情性」。
〔一九〕爲慰爲感　「爲感」原缺，據閩本、浙本、天順本補。
〔二〇〕請祠得歸　「祠」，原作「詞」，據浙本改。

晦庵先生朱文公文集卷第五十

書 知舊門人問答

答楊元範大瀍

承示及新著易説，開卷一讀，啓發已多。屬此數日諸處書問萃集，撥置不下，未及詳細。但所略看過處，其不能無疑者已兩三條。如「元亨利貞」，文王本意只是大亨而利於正耳，至彖傳、文言乃有四德之説。今若依而釋之，則此乾卦只合且以陽氣推説，不應於「利」字遽以陰氣佐陽爲言。且以一木言之，萌芽則元，華葉則亨，枝幹堅彊則利，子實成熟則貞。貞則所成之實又可種而爲元，循環蓋無窮也。若但謂歸根復命，則亦不見「貞」字之意矣。此須更於天地大化通體觀察，其曲折未易以尺紙言也。

又「大明終始」，乃言聖人大明乾道之終始，程先生説本如此，但傳中言之簡略，却是語録中有此意。若云乾道自能大明其終始，殊費言語，卒不成文義也。

大有卦「亨」、「享」二字，據説文本是一字，故易中多互用。如「王用亨于岐山」，亦當爲「享」，如「王用享于帝」之云也。字畫音韻是經中淺事，故先儒得其大者多不留意。然不知此等處不理會，却枉費了無限辭説牽補，而卒不得其本義，亦甚害事也。非但易學，凡經之説，無不如此。獨恨早衰，無精力整頓得耳。

大抵陰陽只是一氣，陰氣流行即爲陽，陽氣凝聚即爲陰，非直有二物相對也。此理甚明，周先生於太極圖中已言之矣。

答潘文叔友文〔一〕

所喻爲學利病，至纖至悉。既知如此，便當實下功夫，就其所是，去其所非，久之自然有得力處，正不必如此論量計較，却成空言，無益己事也。況其所説一前一却，纏綿繳繞，終日勞攘，更不曾得下功夫，只如此疑惑擔閣，過却日時，深爲可惜。向見子約書來，多是如此，嘗痛言之。近日方覺撒手向前行得數步，雖未必盡是，且免如此遲疑惶惑、首鼠兩端也。

「知行」之説，恐古人説「知」字不如此。大學所謂格物致知，乃是即事物上窮得本來自然當然之理，而本心知覺之體光明洞達、無所不照耳，非是回頭向壁隙間窺取一霎時間己心光影，便爲天命全體也。蘄輪、相馬之説，亦是此病。紙尾所謂壞證者，似已有之。切宜便就脚下一切掃去，而於日用之間稍立程課，著實下工夫，不要如此胡思亂量過却日子也。

答潘文叔

瞥然知見之説，前書似已奉聞矣。尚書亦無他説，只是虚心平氣，闕其所疑，隨力量看教浹洽，便自有得力處，不須預爲較計，必求赫赫之近功也。近亦整頓諸家説，欲放伯恭詩説作一書，但鄙性褊狹，不能兼容曲徇，恐又不免少紛紜耳。詩亦再看，舊説多所未安，見加删改，别作一小書，庶幾簡約易讀。若詳考，即自有伯恭之書矣。大學之格物、中庸之明善，近日方亦看得親切。恨相遠，無由面論耳。

答潘文叔

「命之以事」，與上文「謂之有」、「謂之無」一例，未是指殺之語。侯先生文字疏率，只可大概看，然此一節却無病也。

人之氣質不同，謀野而獲，亦是虚曠閒静處見事精審，無膠擾之患耳。固是質之所偏，然亦非大病也。

「左右」固非大臣，亦非閹宦弄臣，但謂親近之臣，如漢侍中、給事中，魏晉以來中書門下之比云耳。所謂「左右太親者身蔽」，正指劉放、孫資而言耳。大夫却是任政之臣，六卿官之長，亦上大夫也。孟子之意，但欲齊王審於擇人，未必以其信左右之言而發。所云「教之以不信大臣」，亦是推説之過。大抵讀書只合平心説理，不必如此過求，却失正意也。

答潘文叔

所喻讀書求道、深思力行之意，深慰所望，然殊未見常日端的用功及逐時漸次進步之處，而但説不敢向外馳求、不作空言解會，恐又只成悠悠度日，永不到真實地頭也。承許官滿見訪，會面非遠，當得細論。但歲月如流，光陰可惜，既以自歎，又不能不以人物世道爲憂也。

答潘端叔友端

示諭講學之意，甚善甚善。但此乃吾人本分事，只以平常意思密加愨實久遠功夫，而勿計其效，則從容之間日積月累，而忽不自知其益矣。近時學者求聞計獲之私勝，其於學問思辨之功未加毫末，而其分畫布置、準擬度量之意已譁然於其外矣。是以内實不足而游聲四馳，及其究也，非徒無益於己，而其爲此學之累，有不可勝言者。惟明者思有以反之，則友朋之望也。

答潘端叔

示喻子約曲折，甚當。渠所守固無可疑，但其論甚怪，教得學者相率而舍道義之塗以趨功利之域，充塞仁義，率獸食人，不是小病，故不免極力陳之。以其所守言之，固有過當，若據其議論，則亦不得不説到此地位也。承需論語或問，此書久無功夫脩得，只集注屢改不定，却與或問前後不相應矣。山間無人録得，不得奉寄，可只用舊本看，有不穩處子細喻及，却得評量也。今年諸書都脩得一過，大學所改尤多，比舊已極詳密，但未知將來看得又如何耳。義理無窮，精神有限，又不知當年聖賢如何説得如此穩當精密、無些滲漏也。

答潘端叔〔二〕

持守省察，不令間斷，則日用之間不覺自有得力處矣。禮記須與儀禮相參，通脩作一書方可觀。中間伯恭令門人爲之，近見路德章編得兩篇，頗有次第。然渠輩又苦盡力於此，反身都無自得處，亦覺枉費工夫爾。

答潘端叔

子曰：「回也其心三月不違仁，其餘則日月至焉而已矣。」友端竊謂仁，人心也，蓋非二物。曰心不違仁者，分而言之，則心猶言仁之形，仁猶言心之理也。顔子心不違仁，雖無時而或違，然視聖人則猶有以此合彼氣象〔三〕。聖人以三月言其久，蓋常而不變也。顔子未達一間者，政在不違處，以尚有些小思勉而已。或謂不違，則有時而或違，不違者三月，則或違於三月之外，非也〔四〕。

三月不違，則三月之外或有時而少違矣。以此合彼，亦恐説得心與仁真成二物了。所謂仁之形者亦然。此類更涵養意思看，不容如此太急迫也。

子曰〔五〕：「志於道，據於德，依於仁，游於藝。」友端竊謂事事物物皆有理也，志於道，則思以極之於涵泳之中也〔六〕。

志者，求知是理而期於必至之謂。

子曰〔七〕：「天生德於予，桓魋其如予何！」友端竊謂〔八〕：夫子之身，桓魋所能害也；夫子之德，桓魋其如之何哉！以畏匡之語參之，此聖人決知桓魋不能害己之詞。「之身」、「之德」，其說過矣。

「子與人歌而善，必使反之，而後和之。」伊川先生解，歌必全章也，與「割不正不食」、「席不正不坐」同也。未曉，乞開誨。

嘗謂此章見聖人謙退詳審，不掩人善之意，乃爲盡其曲折。伊川先生但言其不從中間一截和起耳，雖亦是一意思，然恐未盡。

子曰：「泰伯其可謂至德也已矣！三以天下讓，民無德而稱焉。」友端竊謂文王有聖德，蓋天命之所在也。泰伯知天命之所在，故其讓也純乎天下之公，而不係乎一己之私，雖斷髮文身，舉世不見知而不悔，止於至善而已，庸他計乎？非精於義、達於權者，其孰能與於此？至德云者，人心之安，天理之極，無過與不及，而不可一毫加損者也。

此段意思甚佳。

曾子曰：「可以託六尺之孤，可以寄百里之命，臨大節而不可奪也，君子人與？君子人也。」友端竊謂「臨大節而不可奪也」貫上二句，蓋惟臨大節而不可奪，方見得可以託、可以寄耳。夫託孤寄命，幸而無大變，未見其難也。唯其幾微之間，義理精明，危疑之時，志意堅定，雖國勢搶攘，人心摇兀，猶能保輔幼孤而安其社稷，維持百里而全其生靈，利害不能移其見，死生不能易其守，故曰「臨大節而不可奪」也。斯足以當夫所謂可以託、可以寄矣。

此段亦好，鄙意正如此説。然「可以」二字，蓋猶以其才言之；不可奪處，乃見其節，重處正在此也。

子曰：「如有周公之才之美，使驕且吝，其餘不足觀也矣。」友端竊謂驕則挾爲己有，專於夸己者也；吝則固爲己私，不肯舍己者也。二者皆生於有己而已。但驕者驕於人，吝者吝於己；驕則外若有餘，吝則内常不足耳。曰「其餘不足觀」者，「其餘」指才美而言。蓋善者，天下之公善也，人之有善，如才美在身，雖若周公之多，亦人之所當爲耳，夫何有於己？以爲己有，則所謂才美者，皆出於一己之私，雖善猶利也。故曰「有其善，喪厥善」，是以其餘不足觀也。二者之病，未易去也。自學者言之，以一能自居，以一知自喜，皆所謂驕也；善而不公於人，過而憚改於己，皆所謂吝也。惟深致其知而勇於克己者，始知二者之誠有害，而後能覺其起而化其萌矣。

此義亦善。

子曰：「三年學，不至於穀，不易得也。」友端竊謂三年之間，存察之功無斯須之忘也，則工夫亦熟矣，積累亦久矣，其必至於善矣。有不至焉者，難得也，則以夫所學之差謬、施工之斷續而然耳〔九〕。

此章文義難通，嘗意當從楊先生説，但「至」當作「志」乃通耳。考上下章意亦此類。

「子畏於匡」至「匡人其如予何」，友端竊謂堯、舜、禹、湯、武王、周公有其時而道行於世者也。文王，非其時而道傳之書者也。孔子，聖人之在下者，老而不遇，退而將傳之書，故此章以斯文爲言，而獨曰「文王既没」也。

此章意恐未然。文王道行於當時，澤及於後世矣〔一〇〕。

子曰「從我於陳蔡者」至「子游、子夏」。友端竊謂顔、閔、冉、雍稱其學，宰我、子貢以下稱其才。顔、閔四子非無才，才不足以名之，故所稱者學也；宰我以下非不學，學未至於成，故所稱者止於才也。皆舉其重者言之耳。然非由、賜、游、夏之徒終身之事而止於所稱者而已也。蓋才有不同，學則無不同，因其才之偏而抑揚進退之，教者之事也；因其才之偏而求有以化之，學者之事也。今程先生曰有以文學入者，有以政事入者，有以言語入者，有以德行入者，是學有多歧而所入之門各不同也。蓋恐記者之誤耳。

學不可以一事名，德行、言語、政事、文章，皆學也。今專以德行爲學，誤矣。伊川先生之言，恐當深味而以實事驗之。由、賜、游、夏之徒終身之事，孔子所稱蓋亦如此，不必過爲辭説，曲加尊奉也。

子曰：「君子耻其言而過其行。」友端竊謂過其行猶易所謂「行過乎恭，喪過乎哀，用過乎儉」之「過」，非言過其行也，以「而」字貫其中，可見矣。范氏以下之説，恐文勢不順。舊嘗疑此章當如此説，今得來喻，甚合鄙意也。

「子張問行」至「子張書諸紳」〔一一〕。友端竊謂言忠信〔一二〕，行篤敬，存養之工繼而不息，則事來知起，不爲物欲所昏，而理之所在，不能揜於省察之際矣〔一三〕。若如楊氏，「其」者指物之辭，所謂「其」者果何物？學者見此而後行，則「無入而不自得」之説置之胸中，則恐事物之來，反成疑貳，却反無下手處。

「其」字正指忠信、篤敬耳。「參前倚衡」謂言必欲其忠信，行必欲其篤敬，念念不忘，常如有此二物在目前也〔一四〕。

答潘恭叔友恭

友恭坐時亦間有虚静之象，此時却是無欲。而未能無欲也。此謂平時。所恨工夫未能接續，故憚煩失錯之處極多。惟其憚煩，愈多失錯。深知之而不能改〔一五〕，蓋欲静意勝也。

所論皆善，但不可如此迫切計功，非惟無益，反有所害，宜深戒之。

橫渠説「性命於氣」、「性命於德」之「命」〔一六〕，恐只是聽命之意。「性天德，命天理」，「天理」云者，亦曰聽命於德，無非天理之當然耳。不知是否？「性命於氣」，恐「性命」兩字須作一般看，言性命皆出於氣稟之偏也。「性天德，命天理」，即所謂「性命於德」。

「惟聖人可以踐形」云者，踐行當來吾身所具之理也。「可」云者，盡理而無餘欠也。

楊氏體性之説如何？

程先生以充人之名解「踐形」字，甚善。「踐」猶「踐言」、「踐約」之「踐」，非謂踐行所具之理也。楊氏體性之語不可曉〔一七〕。

太子蒯聵得罪靈公，出奔晉趙氏。靈公嘗遊於郊，謂公子郢曰：「我將立若爲後。」靈公卒，夫人奉遺命而立郢。郢以輒在爲辭，於是國人立輒。輒立十二年，輒出亡，蒯聵入，是爲莊公。莊公立三十年而出奔。友恭竊詳此事，妄意謂輒不顧其父而自立，固已失父子之義矣。蒯聵得罪於父而出奔，乃因豎良夫及孔悝母劫悝升臺而盟立之，是不用先君之遺命，父子、君臣之義俱失之矣。然則宗國所宜立者何人？其必郢乎？當郢辭國之日，國人立輒之時，輒能逃去，則郢無得而辭，蒯聵亦無復君衛之意。及夫蒯聵既入，良夫、悝母相與劫悝，是時悝能守之以死，則蒯聵安得而立哉？惜乎孔悝不知出此，一切付之無可奈何，此蒯聵所以立也。雖然，天下豈有無父子、君臣之國哉，宜乎蒯聵未幾而復奔也！

此論大概得之。但謂輒逃去，則蒯聵無復君衛之意，及蒯聵既立而復奔者，非是。蓋輒自當逃去，非欲爲是以拒蒯聵之來也。蒯聵脱或能守其國，亦不可知，但義理自不是耳，不必如此牽合也。

孔悝有母，不能禁而使之爲亂，及爲衛之臣，又不能有所立。以子路之賢，爲其家臣，其事如何？心甚疑之，亦何所見而如此？乞賜教。

聖人之門，不使人逃世避人以爲潔，故羣弟子多仕於亂邦。然若子路、冉有之徒，亦太不擇矣，此學者所當深戒也。

「仲尼元氣」段中「并」字，莫是包上兩句否？「時焉而已」，「時」字恐是戰國風氣所致。

「并秋殺盡見」，則以春生爲主而兼舉之也。「時焉而已」，語意不分明，未知端的指趣。如此所説亦通，或恐更有「時既無人，不得不自任」之意。或説秋殺氣象不常如此，蓋有時而或見之也。未知孰是，試并思之。

或謂游氏以「犯上作亂」爲兩節，據友恭所見，只是一節。遽説「不好犯上」處〔一八〕，亦貫忠順而言，則知其非兩節也。「作亂」以上，後説得之。「爲仁之本」一句，似皆未得其説。程説自與謝説不同，不可混爲一説也。看得程説分明，則自見謝説之非矣。

或謂「傳不習乎」是得於人而不習，友恭謂不習而傳與人。或謂忠信能相有而不能相無，故程先生以爲内外表裏。友恭謂盡己者自反而無慊於中，故曰内；以實者即此而施之於人，故曰外。或謂謝氏雖推廣見得不止踐言爲信，亦恐包括不盡。後結云「幾於無我則能之，莫傷易否？」友恭謂説信處却不少包總，只欠以踐言爲信作本意。幾於無我亦不爲過。

傳習，恐當如前説。忠信，後説近之，而亦未盡。蓋忠信一理，但以所從言之則異耳。所云「自反無慊」、「即此而施」之語，皆失之，更當別下語也。「踐言」後説得之，「無我」前説得之。大率前説看得文意平直而傷於草略，後説子細而失之支蔓，有回互遷就之意。不知前説誰所論，不罪輕率也。

閔子侍側。

舊説：「誾誾，和悦而諍也。侃侃，剛直之貌。」此訓得之，更宜詳味。「子樂」，但爲樂得英才而教育之之意。如云不害爲自得，皆其力分之所至，似皆衍説也。楊氏所引傷勇，亦非孟子之意。

「師過，商不及」，詳味此章，歷考二子言行之間，有以知其因氣禀之偏而失性情之正。

此説甚佳。二子晚年進德雖不可知，然子張之語終有慷慨激揚之氣，子夏終是謹守規矩也。所云「氣禀雖爲未化，亦不可謂全未化也」，此語亦是。但似此立語，微覺有病耳。楊、墨之説恐未然。楊氏之學出於老聃之書，墨子則晏子時已有其説也，非二子之流也。

屢空。

只是「空乏」之「空」。古人有「簞瓢屢空」之語是也。但言顏子數數空匱而不改其樂耳。下文以子貢貨殖爲言，正對此相反而言，以深明顏子之賢也。若曰心空，則聖人平日之言無若此者。且數數而空，亦不勝其間斷矣。此本何晏祖述老莊之言，諸先生蓋失不之正耳。

程子曰：「孔子弟子，顏淵而下有子貢。」夫子門人，要其歸而論之，則曾子、仲弓、閔子、冉子恐不在子貢之下，莫以其天資穎悟而言否？程子所指意果如何？

此等不須遥度，造理深後當自見得。

答潘恭叔

友恭竊謂性命主理而言，德氣主身而言。性命之理得之於身者，德也；而其梏亡陷溺之者，氣也。蓋德無不善，而氣則有偏。善所以成性立命，而氣偏則隔之耳。兩端之在身，相爲消長，隨其多寡，迭爲勝負。德不勝氣，是無以勝其偏，偏日以勝而善日以微，則是性命之理反亂於氣矣。故德不勝氣，性命於氣。德勝其氣，是有以勝其偏，善日以充而偏日以化，則是性命之理不外於德矣。故曰「德勝其氣，性命於德」。未知是否？

氣亦有純有駁，不得專以梏亡陷溺爲言。但德不勝氣，則其善者亦出於血氣之稟耳。

孟子曰：「形色，天性也，惟聖人可以踐形。」先生謂「踐言」、「踐約」之「踐」，反復紬繹，極覺有味。竊謂有是性則有是形色，單舉形色則天性固在其中矣，故曰「形色，天性」。故孟子言聖人，不曰盡性，而曰踐形也。「踐形」云者，猶言「爽厥子，不忝于素」云耳。曾子全而歸之，曰「啓予足，啓予手」，亦此意，蓋幾於踐矣。學者主忠信，所以求夫踐也，一息不存，則非踐矣。游氏之説比楊氏爲密，曰「形者，性之質」，曰「能盡其性，則踐形而無愧」，又曰「未能盡性，則於質有所不充」，如此發明固好，但終不若程先生充人之形爲的也。蓋盡性乃能踐形，在性則言盡，在形則言踐，其實一也。如引「反身而誠」

之説及「豈不慊於形哉」之論，則亦本程先生之意矣。楊氏指形色爲物，指天性爲則，固佳。如謂踐形體性，恐未善。尹氏引程先生之説，蓋亦充人之形之意也。不知此語見於何書？先生之説皆善，但其間微有疏密。妄意如此，乞賜批誨。

學者求至於可以踐形之功，非但主忠信一事而已。「非踐」語亦未瑩，蓋曰形有所不踐云耳。盡性然後可以踐形，今曰盡性乃能踐形，亦未瑩。

先生曰：「忠信一理，但所從言之異耳。」友恭竊謂忠信一理，而於己言忠、於物言信者，蓋己則主心而言〔一九〕，物則主理而言。故盡己之心爲忠、循物之理爲信，雖内外之不同，要之皆誠於我耳。

心、理不可以彼己分，以理爲事可也。「循物無違」，非謂循物之理，但言此物則循於此物之實而無所違，則是所謂信耳。

「冉有、子貢，侃侃如也」，先生曰：「侃侃，剛直之貌。」二子剛直之象，無顯言者。以論語考之，妄意冉有自謂「非不悦子之道，力不足也」，有以見其不肯掩覆、不敢欺隱。爲子華請粟，夫子與之釜；請益，與之庾；不滿其意，便往，自與粟五秉。至於子貢，因叔孫武叔毁夫子，便曰：「人雖欲自絶，其何傷於日月乎？多見其不知量也。」夫子答問友，曰：「不可即止，毋自辱焉。」意者子貢平日多直己見，因其質而語之。凡此，恐帶剛直之象，恐別有所據。

「侃侃」只是比之「誾誾」者微有發露顯著氣象，便是涵養未甚深厚處。先生所云「『子張、子貢氣質雖爲未化，亦不可謂全未化』」，此語亦是。似此立語，漸覺有病耳。」友恭竊謂學者氣質苟未至於聖人，皆不可以言化，以二子進工之久，殆曰變而未已者，然尚當用力，則未可謂之化也。

「變化氣質」之「化」，與「大而化之」之「化」不同。

或問「程子以薄昭之言證桓公之爲兄，信乎？」曰：「荀卿嘗謂桓公殺兄以爭國，而其言固在薄昭之前矣，蓋亦未有以知其必然。但孔子之於管仲，不復論其所處之義，而獨稱其所就之功耳。蓋管仲之爲人，以義責之，則有不可勝責者，亦不可以復立於名教之中。以功取之，則其功所以及人者未可以遽貶而絶之也。是以置其所不勝責者，而獨以其不可貶者稱之。稱之固若與之，而其所置而不論者，又若將有時而論之也。夫若將有時而論之，則其所以爲存萬世之防者，亦不可不謂之切至耳矣。蓋聖人之心至明至公，人之功罪得失固無所逃於其間，而其抑揚取舍之際，亦未嘗有所偏勝而相掩也。非可與權者，其孰能知之？」曰：「然則程子非與？」曰：「彼於聖人之所存而不論者曲加意焉，其所以微顯闡幽、建立民彝之意至深遠矣。學者當熟考而深求之，未可以率然議也。」

友恭竊詳二子之問，子路曰：「召忽死之，管仲不死，未仁乎？」以召忽對管仲言之，是以召忽之死爲是，以疑仲不死難爲非，故以爲未仁也。子貢曰：「不能死，又相之。」既言「不能死」，復繼以「又相之」，是疑仲不特不能死，而又事殺其主之人，故亦以爲非仁也。意者子路以仲爲當死而不當生，而子貢則并以爲設使可生，桓公亦不當事，而俱有未仁之問也。殊不知仲同糾謀，則雖有可死之道，而桓乃當立，則無不可事之理。蓋仲雖糾之傅，然非糾之臣，乃齊之臣也。桓公當立，則桓乃吾君，所當事也。但仲之罪乃在於不能諫糾之爭而反輔糾之爭耳。是其不死，殆知前日之爭爲不義〔二〇〕，而非求生之比也。桓公舍其罪而用之，則名不正而事正，亦非反覆不忠之比也。故夫子答子路爲未仁之問，則稱九合之功，曰「如其仁」，以爲不死之未仁不如九合之仁也。夫以九合之仁過於不死之未仁，則夫子之意未真以不死爲非可知矣〔二一〕。答子貢不死又相桓爲非仁之問，則復稱其功，又辨其不死，而曰：「豈若匹夫匹婦之爲諒，自經於溝瀆而莫之知。」曰「豈若」云者，是又以仲之不死過於死也。是夫子之意皆以不死相桓爲可，而不以其所處爲非也。故舊日讀此一章，以程先生之説爲正，以桓公爲兄、子糾爲弟，召忽之死爲守節、管仲不死爲改過。二子不仁之問，正疑其所處之非，而夫子答之乃論其所處之義，而非專取其所就之功也。今伏讀先生之説，恍然自失，玩味累日，迄未有得。區區之意，竊謂若從荀卿之説，則桓公爲殺兄，管仲爲事讎，是仲不可復立於名教之中，聖人當明辨之，以存萬世之防可也。舍二子之所問而旁及其所就之功，毋乃以功而揜義乎？使二子問仲之功，夫子置其所處之義，而以不可貶者稱之可也。今所問者不答，而所答者非問，則是略其義而取其功也。且不明以辨二子之問，而陰以存萬世之防，當其時而不論，而將有時而論之，幾於不切而謂之切至，何也？薄昭之言，雖未知其必然，然以聖人取之之意，則妄意謂桓公非殺兄、管仲非事讎可也。

此論甚善。向呂子約亦來辨之，然不若來喻之詳也。但管仲之意未必不出於求生，但其時義尚有可生之道，未至於害仁耳〔二二〕。

答潘恭叔

性固不能不動〔二三〕，然其無所不有，非爲其不能不動而後然也。雖不動，而其無所不有，亦曷嘗有虧欠哉？釋氏之病，乃爲錯認精神魂魄爲性，非爲不知性之不能不動而然也〔二四〕。使其果能識性，即不可謂之妄見。既曰妄見，則不可言見夫性之本空。此等處立語未瑩，恐亦是見得未分明也。

答潘恭叔

示喻爲學之意，甚善。然不須如此計較，但持守省察，不令間斷，則日用之間不覺自有得力處矣。讀詩之説甚善，頃見祁居之論語説，此一段亦好，大概如來喻之云也。其他各據偏見，便爲成説，殊不能有所發明，此固無足怪者。而伯恭集解首章便引謝氏之説，已落一邊。至桑中篇後爲説甚長，回護費力，尤不能使人無競。不審亦嘗致思否？近年讀書，頗覺平穩不費注解處，意味深長。脩得大學、中庸、語、孟諸書，頗勝舊本。禮記須與儀禮相參，通脩作一書乃可觀。中間伯恭欲令門人爲之，近見路德章編得兩篇，頗有次第。然渠輩又苦盡力於此，反身都無自得處，亦覺枉費功夫〔一二五〕。熹則精力已衰，決不敢自下功夫矣。恭叔暇日能爲成之，亦一段有利益事。但地遠，不得相聚評訂爲恨。如欲爲之，可見報，當寫樣子去也。今有篇目，先録去，此又是一例，與德章者不同也。綱目亦苦無心力了得，蓋心目俱昏，不耐勞苦，且更看幾時如何，如可勉强，或當以漸成之耳。

答潘恭叔

學問根本在日用間持敬集義工夫，直是要得念念省察，讀書求義，乃其間之一事耳。

舊來雖知此意，然於緩急先後之間，終是不覺有倒置處，誤人不少，今方自悔耳。詩説已注其下，亦未知是否，更告詳之。大抵近日學者之弊，苦其説之太高與太多耳。如此，只見意緒叢雜，都無玩味功夫，不惟失却聖賢本意，亦分却日用實功，不可不戒也。范公立子之説，誠有未盡，然太王之明、太伯之讓、王季之友，皆有非唐高祖父子所及者。蓋此意思不是一朝一夕捏合得成，故范公寧守經據正，而不敢遽以用權達節論之也。儀禮已附高要范令去，不知今已到否？此等功夫，度有餘力乃可爲，不可使勝却涵養省察之實也。

答潘恭叔

詩備六義之旨。

六義次序，孔氏得之。但六字之旨極爲明白，只因鄭氏不曉周禮籥章之文，妄以七月一詩分爲三體，故諸儒多從其説，牽合附會，紊亂顛錯，費盡安排，只符合得鄭氏曲解周禮一章，而於詩之文義意旨了無所益。故鄙意不敢從之，只且白直依文解義，既免得紛紜枉費心力，而六義又都有用處，不爲虚設。蓋使讀詩者知是此義，便作此義，推求極爲省力。今人説詩，空有無限道理，而無一點意味，只爲不曉此意耳。周禮以六詩教國子，亦是使之明此義例，推求詩意，庶乎易曉。若如今説，即是未通經時無所助於發明，既通經後徒然增此贅説。教國子者，何必以是爲先？而詩之爲義，又豈止於六而已耶？籥章之豳雅、豳頌，恐大田、良耜諸篇當之。不然，即是别有此詩而亡之，如王氏説。又不然，即是以此七月一篇吹成三調，詞同而音異耳。若如鄭説，即兩章爲豳風，猶或可成音節，至於四章半爲豳雅，三章半爲豳頌，不知成何曲拍耶？

關雎，疑周公所作。

凡言「風」者，皆民間歌謡，採詩者得之，而聖人因以爲樂，以見風化流行，淪肌浹髓，而發於聲氣者如此。其謂之風，正以其自然而然，如風之動物而成聲耳。如關雎之詩，正是當時之人被文王、太姒德化之深，心膽肺腸一時换了，自然不覺形於歌詠如此。故當作樂之時，列爲篇首，以見一時之盛，爲萬世之法，尤是感人妙處。若云周公所作，即國風、雅、頌無一篇是出於民言，只與後世差官撰樂章相似，都無些子自然發見活底意思，亦何以致移風易俗之效耶？

卷耳詩，疑文王征伐四方、朝會諸侯時后妃所作。

卷耳詩，恐是文王征伐四方、朝會諸侯時后妃所作。首章來喻得之；後三章疑承首章之意而言，欲登高望遠而往從之，則僕馬皆病而不得往，故欲酌酒以自解其憂傷耳。大意與草蟲等篇相似。又四愁詩云「我所思兮在太山，欲往從之梁父艱」，亦暗合此章耳。

樛木序文。有嫉妬之心，則必無逮下之思矣〔二六〕。此序却未有害也。

螽斯序文。

螽斯不妬忌，未有以察之。小序又非的確可信之書，詩中亦無不妬忌之意，但見其衆多和集之狀，如人之不妬忌耳。

桃夭詩曰華曰葉，自其生意之所及以至無所不及，言室家、家室、家人，亦其德之所及以至無所不及也。一則生意浸大，一則德意浸廣，宛轉取譬，此言意之所以無窮也。

桃夭序文首句恐已涉附會矣。他説得之。

羔羊之序與桃夭相似，二南篇中類多如此。「委蛇」，如毛氏説，即於「正直」二字意尤親切。然小序本未必能盡詩意，即鄭、張二説，意亦自佳，更須審擇取舍，或兼存而自爲一義不妨，不可彊合爲一説也。

「振振君子」，即是家室思念君子，不著其惡而著其善，蓋居者念行者，事之常也。

殷其雷本無著其惡之意，不必爲此説。但如死麕之「吉士」，日月之「德音」，則須説破耳。

摽有梅上三句，蓋言男女之念人皆有之，而若是者，皆女子之發乎情而不能以自達者也。下兩句蓋言必待媒妁之言、婚禮之備而後可行，亦止乎禮義之謂也。此詩即人情之近以感切當時之爲人父母者，使之婚姻之不失其時而已。或曰是皆當時女子自賦之辭，則不足以爲風之正經矣。

「發乎情，止乎禮義」之説，甚善。「感切人之父母」，却恐未必有此意。或是女子自作，亦不害，蓋里巷之詩但如此已爲不失正矣。

小星兼取程説，甚善。

「江沱」之序恐未安。又始則不能無悔，至「不我與」，則隨其所遇而安，終「不我過」，則處之已熟，知其無可奈何，無復憂慮。「嘯」，如淵明之「舒嘯」。

小序固不足信，然謂江沱之間，則未有以見其不然。蓋或因其所見山川以起興也。「其後也悔」、「其後也處」兩句，若如今説，以爲媵之自言，則「後」字不通。而三章「其」字皆指物之稱，亦非所以自命也。集傳「歗」字之義，向來伯恭深以爲然。野有死麕，言彊暴者欲以不備之禮爲侵凌之具者，得之。騶虞驅發之説，近亦疑之。楚詞云「君王親發兮憚青兕」，此爲發矢之義明矣。然舊説虞人翼五豝以待公射，中則殺一而已，恐文勢不順。疑此亦爲禽獸之多，見蒐田以時，不妄殺伐。至於當殺而殺，則所謂取之以時、用之以禮，固不病其殺之多也。蓋養之者仁也，殺之者義也，自不相妨，不必曲爲之説。兼文勢如此乃順，如杜詩「一箭正墜雙飛翼」之比。若如所解，即當先言「五豝」而後言「一發」，乃可通耳。

疑何彼襛矣〔二七〕。

何彼襛矣，此詩義疑，故兩存之。東遷之初，王室猶未甚卑也，王命諸侯固有不斥其名者，如微子、畢公之類。文侯當時既有大功，稱字或是禮秩當然，未可便爲王室衰弱之證。

答潘恭叔

讀詩諸説，前書已報去。近再看二南舊説，極有草草處，已略刊訂，别爲一書，以趨簡約，尚未能便就也。周禮恐五峯之論太偏，只如冢宰一官，兼領王之膳服嬪御，此最是設官者之深意。蓋天下之事無重於此，而胡氏乃痛詆之，以爲周公不當治成王燕私之事，其誤甚矣。胡氏大紀所論井田之屬，亦多出臆斷，不及注疏之精密。常恨不曾得見薛、陳諸人，不知其説又如何也。通鑑舉要詳不能備首尾，略不可供檢閲，此綱目之書所爲作也。但精力早衰，不能卒業，終爲千古之恨耳。小學未成，而爲子澄所刻。見此刊脩，旦夕可就，當送書市别刊，成當奉寄，此書甚有益也。

答潘恭叔

「敬」之一字，萬善根本，涵養省察、格物致知，種種功夫皆從此出，方有據依。平時講學非不知此，今乃覺得愈見親切端的耳。願益加功，以慰千里之望。

禮記如此編甚好，但去取太深，文字雖少而功力實多，恐難得就，又有擔負耳。留來人累日，欲逐一奉答所疑，以客冗不暇。昨夕方了得一篇，今別録去。册子必有別本可看，却且留此，俟畢附的便去也。儀禮附記，似合只依德章本子，蓋免得拆碎記文本篇。如要逐段參照，即於章末結云：「右第幾章。」儀禮即云：「記某篇第幾章當附此。」不必載其全文，只如此亦自便於檢閲。禮記即云：「當附儀禮某篇第幾章。」又如此大戴禮亦合收入，可附儀禮者附之，不可者分入五類。如管子弟子職篇，亦合附入曲禮類，其他經傳類書説禮文者并合編集，別爲一書。周禮即以祭禮、賓客、師田、喪紀之屬事別爲門，自爲一書。如此，即禮書大備。但功力不少，須得數人分手乃可成耳。

所論讀通鑑正史曲折，甚善。學不可不博，正須如此，然亦須量力，恐太拽出精神向外，減却内省功夫耳。

若作集注，即諸家説可附入。或有己見，亦可放温公揚子法言、太玄例也。若只用注疏，即不必然，亦悶人耳。

分爲五類，先儒未有此說。第一類皆上下大小通用之禮，第二類即國家之大制度，第三類乃禮樂之說，第四類皆論學之精語，第五類論學之粗者也。大戴禮亦可依此分之。卷數之說，須俟都畢，通計其多少而分之，今未可定也。其書則合爲一書者爲是，但通以禮書名之，而以儀禮附記爲先、禮記分類爲後。如附記初卷首即云「禮書第一」，本行下寫「儀禮附記一」五字。次行云「士冠禮第一」，本行下寫「儀禮一」三字；「冠義第二」，本行下寫「禮記一」三字。分類初卷首第一行云「禮書第幾」，本行下寫「禮記分類一」五字；次行云「曲禮上第一」，本行下寫「禮記幾」。通前篇數計之。其大戴、管子等書亦依此分題之。

首章言君子脩身，其要在此三者，而其效足以安民，乃禮之本，故以冠篇。「毋不敬」止「安民哉」。

「賢者」至「能遷」，此言賢者於其所狎能敬之，於其所畏能愛之，於其所愛能知其惡，於其所憎能知其善，雖積財而能散施，雖安安而能徙義，可以爲法，與上下文禁戒之辭不同，舊說非是。「安安而能遷」，來說得之，但辭太煩耳。「疑事勿質，直而勿有」兩句，連說爲是。「疑事毋質」，即少儀所謂「毋身質言語」是也。「直而勿有」，謂陳所見，聽彼決擇，不可據而有之，專務彊辨，不能如此，則是以身質言語矣。

「敖不可長」云云，此篇雜取諸書精要之語，集以成編，雖大意相似而文不連屬。如首章四句，乃曲禮古經之言，「敖不可長」以下四句，不知是何書語，又自爲一節，皆禁戒之辭也。「賢者」以下六句，又當别是一書。說見前段。「臨財毋苟得」以下六句，又是一書，亦禁戒之辭。若夫「坐如尸，立如齊」，劉原父以爲此乃大戴記曾子事父母篇之辭，曰：「孝子惟巧變，故父母安之。若夫坐如尸，立如齊，弗訊不言，言必齊色，此成人之善者也，未得爲人子之道也。」此篇蓋取彼文，而「若夫」二字失於删去。鄭氏不知其然，乃謂此二句爲丈夫之事，其說誤矣。此說得之。又「立如齊」，注疏所說立容甚詳，今皆不取，而所取者乃無所發明之剩語，此類恐更宜詳擇也。「禮從宜，使從俗」，當又是一書，其說舊注亦得之。劉氏七經小傳有儀禮等說，不可不看，「若夫」二字與中庸「好學近乎智」上「子曰」二字相似，皆失於删去者也。

「聖人作」絶句，舊見蜀中印本有如此點者，似亦有理。又「人生十年曰幼」亦爲絶句，「學」字自爲一句，下文至「百年曰期頤」皆然，似亦得之。「取於人」，此與孟子「治人」「治於人」、「食人」「食於人」語意相類。「於人」者，爲人所取法也。「取人」者，人不來而我引取之也。下文「來學往教」，即其事之實也。齋戒，儀禮雖無娶妻告廟之文，而左傳曰「圍布几筵，告於莊、共之廟而來」，是古人亦有告廟之禮，不知何故不同耳。

答潘恭叔

「成於樂」，如學樂誦詩，舞勺舞象，豈不是學者事？舜命夔典樂教胄子，豈不是學者事？但漸次見效，直至聖人地位，始可言成耳。

「敖惰」，讀者多以爲疑，嘗欲於或問中補數語以發之而未暇。大抵此本有一等人〔二八〕，上不至於可親愛畏敬，下不至於可賤惡哀矜，使人視之泛然，不入念慮者耳。然於此而猶以恐其有偏爲戒，則豈真敖忽而忘之哉？

「己欲立而立人，己欲達而達人」，欲立謂欲自立於世，立人謂扶持培植，使之有以自立也。欲達謂欲自遂其志，達人謂無遏塞沮抑，使之得以自達也。

此説是。

「隱居求志，行義達道」，集注謂伊尹、太公之流可當之，是也。顔子所造所得，二賢恐無以過之，而云「亦庶乎此」，下語輕重抑揚處，疑若於顔子少貶者。若云「古之人有行之者，伊尹、太公之流是也。若顔子，可以當之矣。然隱而未見，又不幸蚤死，故夫子言然」，不知可否？

當時正以事言，非論其德之淺深然也。語意之間，誠有如所論者，更俟詳之。

「驕吝」二字，平時作兩種看。然夫子「使驕且吝」之言，則若不分輕重者。程子「氣盈氣歉」之說亦然。今集注引程子之言而復有本根枝葉之論，此說雖甚精，但與程子說不同。而以鄙嗇訓釋「吝」字，若語意未足者，蓋先生將「吝」字看得重，直是說到蔽固自私、不肯放下處。故凡形於外者無非私己之發，此驕之所由有如此，則工夫全在「吝」上。此義亦因見人有如此之弊，故微發之。要是兩種病痛彼此相助，但細看得「吝」字是陰病裏證，尤可畏耳。

禮記言「鄙詐慢易之心入之」，則是内外有兩心。曰「入之」，則此心是在外矣。「鄙詐慢易」，似非所以言心。

「入」之一字，正是見得外誘使然，非本心實有此惡也。雖非本有，然既爲所奪而得以爲主於内，則非心而何？恐不必致疑也。

答鄭仲禮

一别二十餘年，不復聞動静。但中間得季隨所寄疑義，獨賢者之言偶合鄙意，而厄於衆口，不能自伸，初不知其爲誰何。既而乃知改名曲折，甚慰别後之思也。兹辱惠書，益以爲喜。比日春和，遠惟德履殊勝。

熹憂患衰朽，中間幾有浮湘之便，竟以病懶迂疏，不復敢出。今又紛紛，度其勢終亦難動。每念吾敬夫逝去之後，不知後來諸賢所講復如何。比得季隨書，又無復十年前意象矣。歲月易失，歧路易差，無由相聚，痛相切磨，千里相望，徒有慨歎耳。

示論讀易之説，甚善。向見敬夫及吕伯恭皆令學者專讀程傳，往往皆無所得。蓋程傳但觀其理而不考卦畫經文，則其意味無窮，各有用處，誠爲切於日用功夫，但以卦畫經文考之，則不免有可疑者。熹嘗以康節之言求之，而得其畫卦之次第，方知聖人只是見得陰陽自然生生之象而摹寫之，初未嘗有意安排也。至於經文，亦但虛心讀之，間略曉其一二。至有不可曉處，則便放下，不敢穿鑿以求必通。如此却似看得有些意思，亦嘗粗筆其説而未成也。至於畫卦揲蓍之法，則又嘗有一書模印以傳，名曰啓蒙，不知賢者曾見之否？今以奉寄，試詳考之，復以見喻，幸也。

來喻所謂隱者，豈非麻衣之流乎？此乃僞書，向來敬夫雖不以其説爲然，然亦誤以爲真希夷之師説也。其言專説卦畫，大概似是，而其所以爲説者則皆瑣碎支離、附會穿鑿，更無是處。如别紙所示數説，恐亦未免此病也。大學章句一本并往，其間雖無玄妙奇特之説，然皆是直説聖門著實用功處，亦幸細觀。如有所疑，并以見告，不敢不盡所懷也。

彼中朋友，今有幾人？其趣向成就，果能不失前人衣鉢之傳否？向來猶時有往來商訂之益，得以知其疏密。近年遂有不涉思慮言語之意，虛無象罔，不可捕詰，皆非平日所聞於吾亡友者，不知何故變得如此？甚可歎也。因便寓此，未能盡所欲言。正遠，千萬以時自愛。

答鄭仲禮

示喻爲學之意，甚善。讀書固不可廢，然亦須以主敬立志爲先，方可就此田地上推尋義理，見諸行事。若平居泛然，略無存養之功，又無實踐之志，而但欲曉解文義〔二九〕，說得分明，則雖盡通諸經，不錯一字，亦何所益？況又未必能通而不誤乎？近覺朋友讀書講論多不得力，其病皆出於此，不可不深戒也。季隨、季忱爲學如何？近來有何講論？因書幸致此意。

答余占之

試期不遠，且作舉子文固所當然，然義理意味亦不可遽斷絶耳。「思無邪」之說，伊川意已如此，氣味自長，不必牽合諸說，却味短也。仁者能好惡人，上蔡亦謂無私好惡耳，但語中少却一「私」字，便覺有病，不以辭害意可也。平易固疑於卑近，然却正是初學事，須從此去，漸次自到高遠處，乃是升高自下、陟遐自邇之義，未聞先高遠而後平易也。仁者愛之理，而直以愛爲仁則不可。此處且更潛心，久之有見，方信得及。今且當就此兩句裏面思量，不必向外頭走作也。周、張二書，恐未暇及，若欲便看過，熟讀深思，此外更無别巧。然亦不惟二書，凡讀書之法，皆不外此也。

答余占之

仁愛之説，大概近之，且更涵泳推廣，久之浹洽，自當信得及也。「井有仁焉」，謂赴井以救人爲仁耳。文義雖略迂晦，然大意當是如此。以下文「可逝不可陷」者觀之可見也。七月開冰之説，近亦有朋友如此致疑，但不如此説，則鑿冰踰月而後納之，又似太緩。恐此但先後相因之文，非實以爲今日明日也。經傳類此處多，但兼通衆説以俟講究，虚心以容之，不必遽爲一定之説也。

答余占之

熹此亦粗遣，但老衰殊甚，疾病益侵，仇怨交攻，蓋未知所稅駕也。今年絶無朋友相過，近日方有至者，只一二輩，猶未有害，若多，則恐生事矣。無由會面，遠書不能盡懷。不知冬間能枉路一顧否？

答余占之

直卿已歸在此。今年往來亦有一二十人，相過講習，其間豈無曉會得意思者？然未見大段斷然可負荷此事者，甚可慮也。

答汪清卿

所喻五常即是五行之性，初無異義。此性本善，但感動之後或失其正，則流於惡耳。此等處反之於身，便自見得，不必致疑。只是自家感動善惡之端，須常省察持守耳。

答程正思

設啓奠，祝詣殯前跪告，祝詞依高氏書，日内復具饌以辭訣。葬前數日啓殯前，未可謂之辭訣，恐是日但設奠而啓殯，至葬前一夕，乃設奠辭訣。啓喪遣奠，用高氏書祝文。高氏祝詞云「形神不留」者，非是。據開元禮，當作「靈辰不留」，「旋」亦當作「柩」。今雖不用此詞，亦謾及之。

按禮，既虞之後，以吉祭易喪祭。吉祭、喪祭何辨？未葬時奠而不祭，但酌酒陳饌再拜而已。虞始用祭禮，卒哭則又謂之吉祭，其説則高氏説已詳矣。但古禮於今既無所施，而其所制儀復無吉凶之辨，惟温公以虞祭讀祝於主人之右、卒哭讀祝於主人之左爲别，蓋得禮意。大抵高氏考古雖詳而制儀實疏，不若温公之慤實耳。

答程正思

示喻日用操存之意，甚善甚善。用功如此，所造豈易量？然亦須藉窮理功夫，令胸次灑落，始有進步處。大學所謂「知至而後意誠」者，正謂此也。讀禮之暇，宜取論語逐章細看，每日不過兩三段，先令盡通諸説異同，然後深求聖言本意，則久久自當見效矣。

答程正思

所示禮文考訂詳悉，上合禮意，下適時宜，甚善甚善。其間小未備處，已輒補之矣。幸詳擇而勉行之，使州里之間有所觀法，非細事也。

答程正思

承喻致知力行之意，甚善。然欲以「靜敬」二字該之，則恐未然。蓋聖賢之學，徹頭徹尾只是一「敬」字。致知者，以敬而致之也；力行者，以敬而行之也。「靜」之爲言，則亦理明心定，自無紛擾之效耳。今以靜爲致知之由，敬爲力行之準，則其功夫次序皆不得其當矣。中庸所謂「博學審問」、「謹思明辨」者，皆致知之事，而必以篤行終之，此可見也。苟不從事於學問思辨之間，但欲以靜爲主而待理之自明，則亦没世窮年而無所獲矣。

答程正思

葬地之訟，想已得直。凡百更宜審處，與其得直於有司，不若兩平於鄉曲之爲愈也。觀書以己體驗固爲親切，然亦須遍觀衆理而合其歸趣乃佳。若只據己見，却恐於事理有所不周，欲徑急而反疏緩也。

答程正思

論語舊嘗纂定諸説，近細考之，所當改易者什過五六。知近讀此書有緒，亦甚欲相與商訂耳。

答程正思

論語三篇説甚子細，衮衮未暇詳看。所訂集注中一二字，甚善。如「三事」之爲「三者」，當即改易也。此間講説不廢，能問者不過二三人耳。濂溪祠記刻成已久，何爲未見？今併新刻三種内去，先人小集一册併往。此間無他物可爲寄也。

答程正思

熹忽被改除之命，來日當往奏事。儻得遂瞻玉陛，不敢愛身以爲朋友羞，但恐疏拙，不能有以感動上意耳。致知力行，論其先後，固當以致知爲先，然論其輕重，則當以力行爲重。昨告擇之，正爲徒能知之、言之而不能行者設耳，於理固無大害也。

答程正思

諸書再看，義理未安處甚多，皆是要切大頭項處，令人恐懼不可言。

答程正思

熹病倦，不敢極力觀書，閑中玩養，頗覺粗有進處。恨相去遠，不得朝夕款聚。亦幸有一二朋友在此，不廢講論，因事提掇，不爲無助。不知正思能一來否？沙隨程丈聞亦欲入閩，不知何時定成行也？聞其制度之學甚精，亦見其一二文字，恨未得面扣之耳。清卿省處恐靠不得，不知他日來如何做功夫？離羣索居，易得鈍滯了人，甚可懼也。

答程正思

遷葬重事，似不宜容易舉動，凡百更切審細爲佳，若得已，不如且已也。異論紛紜，不必深辨，且於自家存養講學處朝夕點檢，是切身之急務。朋友相信得及者，密加評訂，自不可廢，切不可於稠人廣坐論説是非，著書立言，肆意排擊，徒爲競辨之端，無益於事。向來蓋嘗如此，今乃悔之，故不願賢者之爲之耳。

答程正思

且歸侍旁，日與諸弟姪講學，甚善。所謂聖賢大旨斷然無疑，久知賢者有此意思，但覺有枯燥生硬氣象，恐却有合疑處不知致疑耳。所示孟子數條，大概得之。但論心處以爲此非心之本體，若果如此，則是本體之外别有一副走作不定之心，而孔孟教人却舍其本體而就此指示，令做工夫，何耶？此等處非解釋之誤，乃是本原處見得未明，無箇涵泳存養田地，所以如此，更願察之也。世學不明，異端蜂起，大率皆便於私意人欲之實而可以不失道義問學之名，以故學者翕然趨之。然嘐有之：「是真難滅，是假易除。」但當力行吾道，使益光明，則彼之邪説如見晛耳〔三〇〕。故不必深與之辨。

答程正思

所論「放心」之説，甚善。且更如此存養體驗，久久純熟，又須見得存養、省察不是兩事也〔三一〕。

答程正思

向見印行王謝論，大意甚善。但論此兩人實事太草草，恐是看得史書未熟，亦不可不加意。今日正要見得此兩人功少罪多處，方見儒者大學功用之實耳。所喻心説，亦恐未精，大抵此心有正而無邪，故其存則正，而亡則邪耳。

答程正思

所喻孟子，前日因一二朋友看到此，疑其説之不明，方略改定，正與來喻合。叔重必自報去矣。答陳同父書，不知曾細看否？人皆以爲此不足深辨，此未察時學之弊者也。區區之意，豈爲一人發哉？鋟版乃此間吕沆州爲之，婺本初未有也。此等事當平心觀之，不必如此爲已甚也。

答程正思

所論皆正當確實，而衛道之意又甚嚴，深慰病中懷抱。省試得失，想不復置胸中也。告子「生之謂性」，集注雖改，細看終未分明。近日再改一過，此處覺得尚未有言語解析得出，更俟款曲細看。他時相見，却得面論。祝汀州見責之意，敢不敬承。蓋緣舊日曾學禪宗，故於彼説雖知其非，而不免有私嗜之意，亦是被渠説得遮前掩後，未盡見其底藴。譬如楊、墨，但能知其「爲我」、「兼愛」，而不知其至於「無父」、「無君」。雖知其無父無君，亦不知其便是「禽獸」也。去冬因其徒來此狂妄凶狠，手足盡露，自此乃始顯然鳴鼓攻之，不復爲前日之唯阿矣。浙學尤更醜陋，如潘叔昌、吕子約之徒，皆已深陷其中，不知當時傳授師説何故乖訛便至於此？深可痛恨！元善遂能辨此，深可歎賞！深慚老繆放過此著，今日徒勞頰舌，用力多而見功寡也。

「然則犬之性猶牛之性，牛之性猶人之性與？」犬、牛、人之形氣既具，而有知覺、能運動者生也。有生雖同，然形氣既異，則其生而有得乎天之理亦異。蓋在人則得其全而無有不善，在物則有所蔽而不得其全，是乃所謂性也。今告子曰生之謂性，如白之謂白，而凡白之白無異白焉，則是指形氣之生者以爲性，而謂人物之所得於天者亦無不同矣〔三二〕。故孟子以此詰之，而告子理屈詞窮，不能復對也。

右第三章乃告子迷繆之本根、孟子開示之要切。蓋知覺運動者，形氣之所爲；仁、義、禮、智者，天命之所賦。學者於此正當審其偏正全闕，而求知所以自貴於物，不可以有生之同，反自陷於禽獸，而不自知己性之大全也。「告子」一段，欲如此改定，仍删去舊論，似已簡徑。但恐於一原處未甚分明，請看詳之。

答程正思

所喻數説，皆善。孟子中間又改一過，不記曾録去否？今恐未曾，别寄一本。但初看甚分明，今讀之又似不分曉，試更爲思之。如來喻固佳，初欲取而用之，又覺太繁，注中著不得許多言語。今可更約其辭，爲下數語來。若發脱得意思分明，又當改却此説乃佳也。「致知」説及他數處近改者，德粹寫得。今有所改或問一二條，亦寫寄之，可就取看。「日新」一條，似比舊有功也。發見之説，已具叔重書中，可更相與詳之。此是日用功夫最精約處，與向來五峯、敬夫之説不同，可更思之，恐説未透，却又須别下語也。大學或問所引孟子，正是傳授血脈，與援引牽合者不同，試更詳之。人心、道心，近書雖云無疑，恐亦有未徹處，故猶有不善看之説，亦請更察之也。其他所論，大概皆正當，但於曲折處間有未察，則恐於所謂亭亭當當恰好處未免不子細也。大抵近日朋友例皆昏弱無志，散漫無主，鞭策不前，獨正思篤志勤懇，一有見聞，便肯窮究，此爲甚不易得。常與朋友言之，以爲爲學正須如此，方有可望。然亦覺得意思有粗疏處，辨論功夫勝却玩索意思，故氣象間有喧閙急迫之病，而少從容自得之意，此爲未滿人意耳。

答程正思

熹再辭之章并一疏上之，頗推夏間所言之未盡者，語似太訐，未知得免於戾否？所遣人以月初七八間行，至今未還，不知聖意定何如。自覺疏拙，無以堪此厚恩，冒昧而前，必取顛蹐。若得話行而身隱，乃爲莫大之幸耳。所示諸書，甚善甚善。但臨川之辨，當時似少商量，徒然合鬧，無益於事也。其書近日方答之，所說不過如所示者而稍加詳耳。此亦不獲已而答，恐後學不知爲惑耳，渠則必然不肯回也。此間書院近方結裹，江浙間有朋友在彼相聚。興國萬正淳不知舊在南康曾相識否？其間一二人亦儘可講論也。小學字訓甚佳，言語雖不多，却是一部大爾雅也。

答程正思

答子靜書無人寫得，聞其已謄本四出久矣。此正不欲暴其短，渠乃自如此，可歎可歎！然得渠如此，亦甚省力，且得四方學者略知前賢立言本旨，不爲無益。「不必深辨」之云，似未知聖賢任道之心也。

答程正思

所示策，甚佳。然詞氣之間，亦覺尚欠平和處，豈有所不能平於中耶？陳正己之論，何足深辨？杲老嘗說少時見張天覺，或告之曰：「蔡元長說相公極正當，只是少些機數。」張應之曰：「蔡京斫頭破肚漢，我若有機數，却與你一般也。」若待它說伊川用處不周，即伊川與你一般矣。此可付一笑也。通書注説善惡分明作兩節，何爲尚疑無先善後惡之意耶？「性」字之説亦無可疑，然得賢者如此發明，亦有助也。

答汪子文

似聞比來急於進取，遂爲神怪所惑，殊駭聞聽。於此等處把捉不定，則所講聞於簡册者將以何用耶？自此切須安常守正，以爲進學之地，不宜復徇前失，以陷於邪妄之域也。

答汪聖可

示喻讀書勵行之意，甚善甚善。然更願反躬務實，以充其言，使無浮行之愧，則區區之深望也。

答周舜弼謨

熹適承枉顧，示以長牋，稱道過實，決非淺陋所敢當，不敢自辨數也。至謂程氏二書出於記録之餘，不能無誤，誠如所論，向來所以各因本篇而存其姓號以相别者，正謂是爾。然言有似是而實非者，有似非而實是者，非好之篤、玩之深而辨之明者，或未能無誤也。暇日見過，得面叩其一二，幸甚幸甚。

答周舜弼

臨行所說「務實」一事，途中曾致思否？觀之今日學者不能進步，病痛全在此處。但就實做工夫，自然有得，未須遽責效驗也。「仁」字想別後所見尤親切，或有議論，因來不妨見寄。

答周舜弼

葬事不易，便能了辦；喪禮盡誠，不徇流俗，此尤所難。更宜深念閔、卜二子除喪而見之意，以終禮制，區區之望也。

彼中朋友用功爲學次第如何？便中喻及。向時每說持敬、窮理二事，今日所見，亦只是如此。但覺得先後緩急之處愈分明親切〔三三〕，直是先要於持守上著力，方有進步處也。孟子說「性善」及「求放心」處，最宜深玩之。

答周舜弼

前此所示别紙條目雖多，然其大概只是不曾實持得敬，不曾實窮得理，不曾實信得性善，不曾實求得放心，而乃緣文生義，虚費説詞，其説愈長，其失愈遠。此是莫大之病。只以其間所論曲折及後段克伐怨欲、鄉原、思學、瞻忽前後之類觀之，便自可見。若果是實曾下得工夫，即此等處自無可疑。縱有商量，亦須有著實病痛，不應如此泛泛矣。曾子一段，文意雖説得行，然似亦未是真見。似此等處，且須虚心涵泳，未要生説，却且就日用間實下持敬工夫，求取放心，然後却看自家本性元是善與不善，自家與堯舜元是同與不同。若信得及，意思自然開明，持守亦不費力矣。「君子而時中」，却是集注失於太簡，令人生疑，今已削去。只見存文義已自分明，若不爲此句所牽，則亦無可疑矣。恐枉費思索，故并及之。然其切要功夫，無如前件所説，千萬留意也。

答周舜弼

所論「仁」字殊未親切，而語意叢雜，尤覺有病。須知所謂心之德者，即程先生穀種之説。所謂愛之理者，則正所謂仁是未發之愛，愛是已發之仁耳。只以此意推之，更不須外邊添入道理，反混雜得無分曉處。若於此處認得「仁」字，即不妨與天地萬物同體。若不會得，而便將天地萬物同體爲仁，却轉見無交涉矣。仁、義、禮、智，便是性之大目，皆是形而上者，不可分爲兩事。顔子之勇，只以曾子所稱數事體之於身，非大勇者，其孰能之？克己之説，未爲不是，但如此言語上理會，恐無益耳。其他數條，似皆未切。大抵前後見，舜弼講論多是不切己，而止於文字上捏合，所以無意味，不得力。須更就此斡轉，方有實地功夫也。

答周舜弼

示及疑問，且當如此涵泳，甚善。致知工夫，亦只是且據所已知者玩索推廣將去，具於心者本自無不足也。敬子遠來不易，其志甚勇，而功夫未密，更宜相與切磋，更令精細平穩乃佳耳。觀其病痛，與長孺頗相似，所以做處一般，不知吾人所學且要切身，正不以此等爲高也。若親養未便，亦須委曲商量，不須如此躁迫也。伊川告詞如此，是亦紹興初年議論，未免一褒一貶之雜也。

答周舜弼

所論「敬」字工夫於應事處用力爲難，此亦常理。但看聖賢説「行篤敬」、「執事敬」，則敬字本不爲默然無爲時設，須向難處力加持守，庶幾動静如一耳。克己亦别無巧法，譬如孤軍猝遇彊敵，只得盡力舍死向前而已，尚何問哉？

答周舜弼

示喻爲學之意，大概不過如此。更在日用之間實用其力，念念相續，勿令間斷。

答周舜弼

來喻所云，皆學者不能無疑之處。然讀書則實究其理，行己則實踐其迹，念念鄉前，不輕自恕，則在我者雖甚孤高，然與他人元無干預，亦何必私憂過計而陷於同流合汙之地耶？

答周舜弼

講學持守不懈益勤，深慰所望。又聞頗有朋友之助，當此歲寒，不改其操，尤不易得也。更願相與磨厲，以造其極，毋使徒得虛名以取實禍，乃爲佳耳。前書「絜矩」之說，大概得之。二字文義，蓋謂度之以矩而取其方耳。今所示數條，各以鄙意附於其後，却以封還，幸試思之。來説大概明白詳細，但且於此更加反復，虛心靜慮，密切玩味，久之須自見得更有精微處，不但如此而已也。承欲見訪，固願一見，但遠來費力，不若如前所說，著實下功，果自得之，則與合堂同席亦無以異也。鄉來蔡君今安在？能不受變於俗否耶？

大學之道，莫切於致知，莫難於誠意。意有未誠，必當隨事即物，求其所以當然之理。然觀天下之事，其幾甚微，善惡邪正、是非得失未有不相揉雜乎芒芴之間者。靜而察之者精，則動而行之者善。聖賢之學，必以踐履爲言者，亦曰見諸行事，皆平日之所素定者耳。今先生之教，必曰知之者切而後意無不誠，蓋若泛論知至，如諸家所謂極盡而無餘，則遂與上文所謂致知者爲無別。況必待盡知萬物之理，而後别求誠意之功，則此意何時而可誠耶？此正學者緊切用功之地，而先生訓釋精明，誠有以發聖賢未發之藴。竊嘗體之於心，事物之來，必精察乎善惡之兩端，如是而爲善，則確守而不違；如是而爲惡，則深絶而勿近，先生勾去此并上二句〔三四〕。亦庶幾不苟於致知，而所知者非復泛然無切於事理，不苟於誠意，而好善惡惡，直欲無一毫自欺之意。敬守此心，無敢怠忽，課功計效，則不敢以爲意焉。如此用力，不知如何？

知至只是致知到處，非別有一事也。但見得本來合當如此之正理，自然發見透徹，則所知自切，不須更説確守深絶而意自無不誠矣。

傳之二章釋「自新新民」〔三五〕，而結之以「君子無所不用其極」者，言皆欲止於至善也。蓋自致知以至脩身，無非所以自新也；自齊家以至平天下，無非所以新民也。凡此八者，誠大學之條目。然必曰「止於至善」者，深言擇善不可以不精耳。夫善一也，有至善則有未善，先生改云：「善而未至。」所以言擇善之難如此，過則失中，不及則亦未至于中。宜其應事接物之際，固有欲爲公而反遂其私，欲爲義而乃徇乎利，厚薄輕重，泛然而應，不得其當，是皆知之有未切也。補亡之章謂用力之久而一旦廓然貫通焉，則理之表裏精粗無不盡，而心之分別取舍無不切。是必加之以積習之功，庶乎廓然貫通，然後可以言止於至善之事乎？苟未至此，則分別取舍於心當如何？

一事自有一事之至善，如仁、敬、孝、慈之類。

忿懥恐懼，好樂憂患，人之所不能無者。然有一于此，則心不得其正，何哉？蓋此心不可以頃刻而不存，苟喜怒憂懼一萌于中，則心有係累，不特不能帥乎氣，而氣反得以動其心矣。故當忿懥之時，唯有忿懥而已。既以忿懥爲主，尚何心之可存？恐懼之類，莫不皆然。聖人於此，深欲學者常存此心，無少間斷，喜怒哀懼猶不可有，而況於曠蕩外馳，邪辟妄念以爲此心之累者乎？故曰心有不存，則無以檢其身矣。以此意體之，如何？

有喜怒憂懼，則四者之發不得其正；無喜怒憂懼，則四者之發何不正之有？

絜矩之道，推己度物而求所以處之之方。故於上下、左右、前後之際，皆不以己之所不欲者施諸彼而已矣。然皆以敬老、事長、恤孤之三者推之，以見民心之同然。故下文極言好惡不可以異乎人，而財利不可以擅乎己，苟惟不然，皆取惡之道也。是則一章之意，無非發明「恕」之一字。上章既言所藏乎身，不恕則不能喻諸人矣，於此復推廣之，以極其所不通之意。恕之爲用，其大如此，求其指歸，則不過孝、弟、慈三者，行乎一家，推而至於治國平天下，同一機而已。孝、弟、慈，非恕也，自身而家，自家而國，自國而天下，推之者近，施之者廣，必與人同其欲而不拂乎人之性，兹其所以爲恕。以此觀之，是否？

此段説得條暢。

「致中和」注云：「自戒謹恐懼而守之，以至於無一息之不存，則極其中而天地位矣。

自必謹其獨而察之，以至於無一行之不慊，則極其和而萬物育矣。」夫喜、怒、哀、樂未發謂之中，戒謹恐懼，所以守之於未發之時，故無一息之不存而能極其中。發而皆中節謂之和，必謹其獨，所以察之於既發之際，故無一行之不慊而能極其和。天地之所以位者，不違乎中；萬物之所以育者，不失乎和。致中和而天地自位、萬物自育者蓋如此。學者於此，靜而不失其所操，動而不乖其所發，亦庶幾乎中和之在我而已。天地萬物之所以位且育焉，則不敢易而言之。未識是否？

其説只如此，不難曉，但用力爲不易耳，勉旃勉旃。

「凡事豫則立」一節，言與事、行與道皆欲先定於其初，則不跲不困、不疚不窮，斯有必然之驗。故下文自不獲乎上、不信乎朋友、不順乎親而推之，皆始於不誠乎身而已。然則先立乎誠爲此章之要旨，而不明乎善則不可以誠乎身也。今欲進乎明善之功，要必格物以窮其理，致知以處其義。夫然後真知善之爲可好而好之，則如好好色；真知惡之爲可惡而惡之，則如惡惡臭。明善如此，夫安得而不誠哉！以是觀之，則中庸所謂明善，即大學致知之事；中庸之所謂誠身，即大學意誠之功。要其指歸，其理則一而已，是否？

得之。

「費而隱」章引「鳶飛魚躍」之詩以明其旨。程夫子以爲：子思喫緊爲人，與「必有事焉而勿正」之意同，活潑潑地。竊以爲子思之言無非實理，而程夫子之説亦皆真見。今又得先生釐定此章，反復開曉，昭然義見。耽玩久之，心融意釋。夫形而下者，道之用矣，必有形而上者爲之體。其用廣，夫安得而不費？其體微，又安得而不隱？體用顯微，初無間絶。人惟睹其用之顯而不見其體之微也，是以終身由之而不知。子思於是託鳶魚以明此理之昭著，而其所以然之故，則亦可知其隱然爲難見也。夫見於鳶魚者尚爾，而況自夫婦隱微之間極而至於天地廣博之際，化育流行，洪纖高下，莫不皆然，此理固非偶然者，而亦孰與之哉？子思之言精密峻潔，而程子之論無纖毫凝滯倚著之意，非先生，其孰知之？大意如何？

只是如此，更宜詳味。

二十七章始言道之體極於至大而無外，道之用入於至小而無間。非至德之人，不足以凝之。中言至道之凝，非大小精粗舉而並行則不足以凝是道也。末言所處之無不宜，所以極言至道之凝其效如此。然大小精粗之旨，諸家所論不同。張子逐句爲義，吕氏因之，以一句自相反覆爲説，游氏以逐句相承接爲説，楊氏以逐句上一節承上節、下一節承下節爲説，却以温故知新爲道問學之事、敦厚崇禮爲道中庸之事。兼而讀之，亦足以發明大旨。然分比精密，條理該貫，終不若以尊德性爲存心之本，而極乎道體之大；以道問學爲致知之本，而盡乎道體之細。遂以廣大高明、温故敦厚爲存心之屬，以精微中庸、知新崇禮爲致知之屬，於是犁然各當於人心，使學者有用力之地而不悖乎名義之紛紜也。竊嘗玩索所謂不以一毫私意自蔽者，指致廣大而言也；不以一毫私欲而自累者，指極高明而言也。乍讀兩句，似若一意相同，然試體之，一以私意自蔽，則心不洪放而狹隘迫窄，何以致廣大乎？一以私欲自累，則此心沉溺而昏暗卑陋，何以極高明乎？此二句若相似而實不同者，妄意如此，是否？

得之。

末章八引詩，前五條論「始學」至「成德」疏密淺深之序，後三條皆所以贊不顯之德，前此蓋未有發明斯義若此昭著明白也。今觀「尚絅」一條，則知爲己之學不可以徇名，而入德之方皆由乎己而已。進而至於「亦孔之昭」，則謹獨之行已著。又進而至於「不愧屋漏」，則謹獨之效益彰。其曰「奏假無言」，所以言其德之已成。又曰「不顯惟德」，所以言其德之至盛。故先之以不賞不怒而民自畏勸，終之以篤恭而天下平也。夫自下學謹獨之事，積而至於篤恭而天下平，則其存心也愈謹而進德也彌盛。復三引詩，以歎詠不顯之德固不在乎聲色之末，亦非「德輶如毛」之可比。極論其妙，不若「無聲無臭」之詩爲可以形容其不顯之至耳。竊嘗謂此章之旨正與首章相應，首章論道體之大端，故以性、命、教之三者言之於始。然必戒謹恐懼而存其未發之中，必謹其獨而保其既發之和。中和之至，所以能位天地、育萬物者，蓋其德之盛同乎天而然也。中庸之書所以始於是者，其旨深哉！有志於學者，可不知天德之在聖人者爲如何，於此宜盡心焉爾。未審是否？

「亦孔之昭」是謹獨意；「不愧屋漏」是戒謹恐懼意〔三六〕。

「君子無終食之間違仁」，不但終食之間而已也，雖造次必於是。不但造次而已也，雖顛沛必於是。蓋欲此心無頃刻須臾之間斷也。及稱顏子，則曰「三月不違」，於衆人則曰「日月至焉」而已。今學者於日月至焉且茫然不知其所謂，況其上者乎？克己工夫要當自日月至焉推而上之，至終食之間，以至造次、至顛沛，一節密一節去，庶幾持養純熟，而三月不違可學而至。不學則已，欲學聖人，則「純亦不已」，此其進步之階歟？

下學之功，誠當如此。其資質之高明者，自應不在此限，但我未之見耳。

「不忮不求，何用不臧」，貧與富交，彊則忮，弱則求。人惟中無所養，而後飢渴得以害其心也。故不能自安於貧，而有慕乎彼之富。此心一動，物欲行焉，故雖可已而不已。由是以孟子所謂宮室之美、妻妾之奉、所識窮乏者得我而爲之類，蓋有不可勝窮之私。失其本心，而忌嫉忮害生焉。否則諂曲以求之，而不自知其爲卑汙淺陋之甚也。子路之志不牽乎外物之誘，夫子稱之，欲以進其德。惜乎不能充此而上之，至有終身誦之之蔽。不然，簞瓢陋巷之樂，當與顔子同之。日用功夫，信乎不可遽已也！是如是。

校勘記

〔一〕友文　「文」，原作「交」，據浙本、天順本、宋樓鑰攻媿集卷五四真州修城記改。

〔二〕答潘端叔　此又見本卷答潘恭叔書之四。

〔三〕然視聖人則猶有以此合彼氣象　此句下，浙本有「蓋聖人不勉而中，不思而得，從容中道，純乎天理，已則仁也。顔子必勉而中，必思而得，私欲不萌，天理常存，心不違仁也。然其用力也甚微，而其所存者無息，故」六十一字。

〔四〕非也　此句下，浙本有「其餘則日月至，日至謂一日無間斷，月至謂一月無間斷。雖不若顔子之常存，然亦必工夫純熟、積累深久者，始能至於此耳」四十八字。

〔五〕子曰　此二字原缺，據浙本補。

〔六〕則思以極之於涵泳之中也　此句下，浙本有「身者，理之所在也。據於德，則躬以踐之，敦篤於行也。心者，身之主也，依於仁，則體切於仁，全體此心也。若夫游於藝，則又所以防閑於外而涵養於中耳」五十八字。

〔七〕子曰　原缺，據浙本補。

〔八〕友端竊謂　此句下，浙本有「聖人素其位而行，無入而不自得也，豈若常人隕穫於患難，畔天之命哉」二十八字。「友端」，浙本作「某」，以下同。

〔九〕施工之斷續而然耳　此句下，浙本有「此章之意，竊恐聖人欲使人知夫善非作輟之可成，必積而後至。蓋不惟可以懲學者玩善之病，而又足以啓學者進善之心也」四十九字。

〔一〇〕澤及於後世矣　此句下，浙本有「『顔淵喟然歎曰』至『末由也已』。某竊謂自『仰之彌高』至『忽焉在後』，此顔子贊歎道體之大也。道無方也，非力之所能中，故雖仰之鑽之而益高堅也；道無形也，非見之所能及，故雖瞻之而在前在後也。蓋至理中著一物不得，只仰之、鑽之、瞻之處便已非中矣。恐須物格知至以上始能及此，而非學者知力之所能到也。然在學者，却當用力從事於致知主敬之功，所以求止乎中也。乃若知至格物，則聽夫工夫之自至，而非旦暮之可期也。所以夫子循循善誘，使學者循序以求，而不使之躐等以進，博文約禮，乃實下手處。張先生所謂『集衆義於聞見之間，宅至理於隱微之際』是也。『欲罷不能』，顔子無一息間斷而自不能已也。『既竭吾才』，工夫深而力到也。『如有所立卓爾』，誠之形而行之著也。『雖欲從之，末由也已』，雖見是而未能遂止乎是，非顔子未止於中，蓋未能從容中道，由中而行耳。故曰『末由也已』。未達一間者，其在茲歟」及換行「抹處皆有病，約禮當從侯先生說，『主敬』二字亦該未盡」共三百三十六字。

〔一一〕子張問行至子張書諸紳　「至」，浙本、天順本均作「止」。

〔一二〕友端竊謂言忠信　「謂」下，浙本有「此章謂」三字。

〔一三〕不能撿於省察之際矣　此句下，浙本有「夫然後可行也。參前倚衡云者，理之形，非實有物也。今以日用言之，以存主爲本，至事物之來，知之所覺，心之所慊，乃力行之，庶幾此意循循而有進焉」五十八字。

〔一四〕常如有此二物在目前也　此句下，浙本有「子曰：『不曰如之何、如之何者，吾末如之何也已矣。』某竊謂『如之何』猶言無可奈何也。天下無不可爲之事，聖人不曰如之何也。學未至而歸咎於質，事不成而歸咎於命，國不治而歸咎於時，皆付之無可奈何者。苟付之無可奈何則已矣，雖聖人亦無如之何矣」及換行「此章數說皆通，未知何者的爲正意。且存之可也」共一百十八字。又「子曰：『惟女子與小人爲難養也。近之則不遜，遠之則怨。』某竊謂此所謂小人，乃服役之人，僮僕之類。若泛言小人，則不應謂之養耳。女子小人近之則傷褻，遠之則寡恩，不遜與怨，皆感之之道有未至耳。其惟嚴於治己，恕以待人，則不遜與怨庶免乎」及換行「此章鄙意亦如此」共一百零二字。

〔一五〕深知之而不能改　「深」上，浙本有「雖」字。

〔一六〕橫渠說性命於氣性命於德之命　此句上，淳熙本有「橫渠先生曰：『德不勝氣，性命於氣；

德勝其氣，性命於德。窮理盡性則性天德、命天理。氣之不可變者，死生脩夭而已』」四十四字。

〔一七〕楊氏體性之語不可曉　底本原注云：「語」，一本作「説」。

〔一八〕遽説不好犯上處　「遽」，閩本、浙本、天順本作「據」。

〔一九〕蓋已則主心而言　「蓋」，原作「盡」，據閩本、浙本改。

〔二〇〕殆知前日之爭爲不義　「殆」，浙本作「乃」。

〔二一〕則夫子之意未真　底本原注云：「真」，一本作「直」。

〔二二〕此論甚善至未至於害仁耳　此四十八字原連上，今據浙本分行。

〔二三〕性固不能不動　此句上，淳熙本有「學佛之所以差者，蓋未嘗識心耳。夫性不能不動，心之所形，性之所有也。彼之所以不識心者，以不知夫性之不能不動，故離心以求性於『人生而靜』以上耳。夫是以四端之著，則以爲心之妄想而非性之本然，反用力以殄滅之。彼之無三綱五常，蓋原於此耳。云云」一百零一字，當爲潘恭叔之問語。

〔二四〕非爲不知性之不能不動而然也　「不動」，原作「動」，據淳熙本改。

〔二五〕禮記須與儀禮相參至亦覺枉費功夫　此段又見本卷答潘端叔書之三。

〔二六〕則必無逮下之思矣　底本原注云：「思」，疑「恩」字之誤。

〔二七〕疑何彼穠矣　此句下，浙本有「平王之爲文王、之爲宜臼」十字注。

〔二八〕大抵此本有一等人　底本原注云：「本」，一作「是」。

〔二九〕而但欲曉解文義　「而」，浙本作「却」。

〔三〇〕則彼之邪説如見晛耳　底本原注云：「如」下，一本空一字，疑是「雪」字。按浙本正空一字。

〔三一〕又須見得存養省察不是兩事也　此句下，浙本有「彦忠不能葬其親，遠承賻恤，足見朋友之義。渠甚感激，同舍亦無不動心也」一段二十九字。

〔三二〕而謂人物之所得於天者亦無不同矣　「人」，原作「之」，據正訛改。

〔三三〕但覺得先後緩急之處愈分明親切　「處」，浙本作「序」。

〔三四〕先生勾去此并上二句　「勾」，原作「勿」，據浙本改。

〔三五〕傳之二章釋自新新民　「章」，原作「年」，據閩本、浙本改。

〔三六〕不愧屋漏　「漏」，原作「陋」，據浙本、天順本改。

晦庵先生朱文公文集卷第五十一

書知舊門人問答

答董叔重銖

示喻日用功夫，更於收拾持守之中，就思慮萌處察其孰是天理、孰是人欲，取此舍彼，以致敬義夾持之功爲佳。讀書亦是如此，先自看大指，却究諸説，一一就自己分上體當出來，庶幾得力耳。易字之説，前累奉報，鄙意但不欲學者切切於此不急之外務耳。必欲與名相稱，則以「叔重」易之，蓋取通書「其重無加焉耳」之義，如何如何？

答董叔重

所論心之存亡，得之。前日得正思書，説得終未明了。適答之云：「此心有正而無邪，故存則正，不存則邪。」不知渠看得復如何也。但來喻所謂深體大原而涵養之，則又不必如此。正惟操則自存，動靜始終，不越「敬」之一字而已。近方見得伊洛拈出此字，真是聖學真的要妙功夫。學者只於此處著實用功，則不患不至聖賢之域矣。

答董叔重

書中所喻兩義，比皆改定。大學在德粹處，孟子似已寫去矣。但所疑搜尋急迫之病，恐是用心太過使然。所云發見之端，只平日省覺提撕處便是。只要人就此接續向下推究，令其開闊，即不曾説等待尋討將來做功夫也。今所改者，亦其詞有未瑩或重複處耳，大意只是如此也。

答董叔重

所喻數説，甚善，更宜加意涵養於日用動靜之間爲佳。不然，徒爲空言，無益而有害也。

答董叔重

「君子務本」一章，集注云：「本，猶根也。君子務本，本立而道生，言君子凡事專用力於根本，根本既立，其道自生。如孝弟則是行仁之本，不務乎此，則仁道無自而生也。」銖竊妄謂仁固孝弟之本，有仁而後有孝弟。伊川曰：「仁是性，孝弟是用。」然仁道生也，生莫先於孝弟。蓋其油然内發，至精實而無僞，自然不可已者，莫如愛親從兄之心。故伊川曰：「仁主於愛，愛莫大於愛親。愛則仁之施，仁則愛之理也。」仁者愛之理，而愛莫大於愛親，故推行仁道，自孝弟始。是乃行仁之根本也。根本既立，則親親而仁民，仁民而愛物，至於廓然大公，無所不愛，而有以全盡其仁道之大，則皆由此本既立而自生，生有不可遏者耳。此所謂本立而道自生也。生者，生生不窮之意，伊川所謂其道充大是也，非無本而漸生之謂。猶之木焉，根本既立，則枝葉生茂而不可已。苟無其本，枝葉安自而生哉？又程子曰，盡得孝弟便是仁。恐在「盡」字上是聖人人倫之至之意。蓋孝弟亦通上下而言，猶忠恕之爲道也。或人謂由孝弟可以至仁，則孝弟與仁是二本矣。妄意揣度如此，乞賜逐一垂誨。

大概且用此意涵泳，久之自見得失，後皆放此。

程子曰：「循物無違謂信。」竊謂物者，事物之物。有是事，則循是事而無所違；無是事，則不鑿空而爲之說。此與「以實之謂信」意相似。或者謂：物者，理也，實循是理而無所違，有反身而誠之意，蓋孟子「有諸己」之說。不知是否？又程子所謂「盡物之謂信」者，銖所未喻。豈盡己之謂忠者，處於己者無不盡，盡物之謂信者，施於物者必以實歟？則必以實施於物者亦無不盡矣。其所謂表裏内外者，蓋惟其存於己者必盡，則其施於物也必實。在己自盡之謂忠，推是忠而行之之謂信。雖然，曾子之三省必亦各致其功，未必恃此而責彼也。乞賜逐一垂誨。

或者之說，非是。

程子曰：「公而以人體之，故爲仁。」銖昔嘗問此語於先生，先生曰：「體猶體物之體，猶易所謂幹事。」其意若謂人之生具此形，即有此性，有此性則有此理〔一〕，與生俱生，完具無欠。只爲蔽於私，所以不行。若能公，則此理便自周流充足，不假於外。此理即所謂仁也，仁者愛之理。故程子曰：「仁之道，只消道一公字。」然伊川又恐人將公便唤作仁，故曰：「公須以人體之。」體猶主也。銖當時雖省記先生是此意，恐記得差誤，乞賜垂誨。

此下數說，大概皆近之，更宜涵泳而實履之，不可只如此說過，無益於事也。

「賢賢易色」一章，竊謂上蔡所謂「如惡惡臭、如好好色，天下之誠意無以加此。好德如好色，亦可謂好德之至也」，此語似甚精。而或者乃謂不若張子韶曰「學所以明人倫也，好德不好色，則夫婦之倫正」，似恐不必推説至此。然上蔡之説，與伊川所謂「見賢則變易顔色，愈加恭敬，好善而誠也」，二説孰精？又子夏之意以謂人能如此，則雖人以爲未嘗學，子夏必以爲已學也。玩其語意，則子夏未嘗不欲人學，然其語不無病，不若夫子所謂「行有餘力，則可以學文」者爲有本末先後。故集注特著吴氏之説，所以垂訓者精矣。乞賜垂誨。

當從謝氏説。

「夫子温、良、恭、儉、讓以得之」一章，竊謂程子之意固已明白，謝氏曰：「學者觀於聖人威儀之間，亦可以進德矣。」此語似甚精。而或者乃謂不若張子韶曰：「温、良、恭、儉、讓固不可以不學，要當學聖人之道，以求其自然發見者。若乃矯僞其行、粉飾其容，此又聖門所誅也。」銖竊謂夫子德容至於如是，固有德盛仁熟，而其自然之光輝著見於外。學者之學聖人，固不當矯情飾貌，徒見其外而不養其中也。然容色辭氣之間，亦學者所當用功之地而致知力行之原。今不於此等處存養涵蓄，學聖人氣象，不知復於何者爲學聖人之道乎？竊謂學者内外交相養之功，正當熟玩，此等氣象自别。不知是否？又儉，節制也，節制莫是自然有法度繩約之意否？温、良、讓有和易氣象，恭、儉有儼恪氣象，謝氏所謂「泰然如春，儼然如秋」是也。併乞逐一垂誨。

如張氏說，則鄉黨篇可廢矣。

「三年無改於父之道」一章，銖自幼年則見先生與程先生反復論此一段，當時固莫能曉。近來思之，竊謂程子所謂「孝子居喪，志存守父在之道，不必主事而言」者，頗爲的當。請試言其所思而得之者以求教。志者，志趣，其心之所趣者是也。行者，行實，行其志而有成也。父在，子不得專於行事，而其志之趣向可知，故觀其志。父没，則子可以行其志矣，其行實暴白，故觀其行。然三年之間，疾痛哀慕，其心方皇皇然、望望然，若父之存而庶幾於親之復見，豈忍以爲可以得行己志，而遽改以從己志哉？存得此心，則於事有不得不改者，吾迫於公議，不得已而改之，亦無害其爲孝矣。若夫其心自幸，以爲於是可以行己之志，而於前事不如己意者則遂遽改以從己之志，則不孝亦大矣，豈復論其改之當與不當哉？蓋孝子處心，親雖有存没之間，而其心一如父在，不敢自專。況謂之父道，則亦在所當改而可以未改者。三年之間，如白駒過隙，此心尚不能存，而一不如志，率然而改，則孝子之心安在哉？故夫子直指孝子之心，推見至隱，而言不必主事言也。若乃外迫公議，内懷欲改，而方且隱忍遷就，以俟三年而後改焉，則但不失經文而已，大非聖人之意矣。妄論如此，不知稍不畔否？乞賜垂誨。

此說得之，然前輩已嘗有此意矣。更須子細體認，不可只如此說過。

「君子不重則不威」一章，程子曰：「人安重則學堅固。」范氏、游氏推明其說精矣，然味其經文，竊謂恐不若吕氏曰「學則知類通達，故不至於蔽固」。蓋若作一事說，則曷不曰「君子不重則不威，而學不固」乎？不重則不威，有篤敬意；學則不固，有致知意。學固兼知與行而言，而夫子言之於此，則學又自有專說知意。「主忠信」，竊謂忠信蓋誠實之意。蓋自理而言，則謂之誠實；自人所行而言，則謂之忠信，其實一也。故伊川曰：「忠信者，以人言之，要之則實理也。」「無友不如己者」，程先生以謂上蔡云「與不勝己者友，鈍滯了人」，此語誠是。然人之求友，固不可無此心，而亦不可必也。必欲求勝己者而後友，則勝己者亦不與我友矣。聖人用心不如是。子夏教其門人以擇交之道，曰：「可者與之，其不可者拒之。」此未爲過也。而子張猶以爲不可，則不勝己者不與之友，聖人氣象恐不如是。楊氏所謂「如己者，合志同方而已，不必勝己也」，似以此言爲當。銖嘗問之曰：「恐如此其弊或至於無責善輔仁之益。」先生曰：「道不同，不相爲謀。」然銖思之，終恐未安。蓋味聖人語意，正謂人好與不己若者處，故爲此言以戒之。「無」與「毋」通，禁止之辭。聞之李氏曰：「人皆求勝己者友，則愚與魯幾於無友矣。然世人知與賢己處者常少，而輒己者常多，此學所以不進。有志於學，則不如己者宜非所友。」此意不知近是否？乞賜垂誨。

「學則不固」，程、范、游説是。「毋友不如己者」，李説是。

「顔子不改其樂」章，程子嘗曰：「昔受學於周茂叔，每令尋仲尼、顔子樂處，所樂何事。」銖豈當躐等妄論及此？但近見一朋友講論次説及此，覺得説入玄妙，且又拘牽於鮮于侁之問，使「顔子樂道，則不爲顔子之説」説入空寂去，因試妄意揣度，以謂聖賢所以皇皇汲汲者，正謂欲求得本心而已。苟得其本心以制萬事，則天下之樂何以加此？區區貧寠，豈足以累其心？顔子在陋巷，人不堪憂，而顔子獨樂者，正樂此而已。此與「求仁而得仁，又何怨」之意近似。孟子曰：「君子所性，雖大行不加，窮居不損。」所性，謂所得於性者。君子所得於性分之内，雖大行窮居不爲加損，樂莫大焉。不知如此揣度，不至大段礙理否？乞賜垂誨。

此等處不可彊説。且只看顔子如何做功夫，若學得它功夫，便見得它樂處，非思慮之所能及也。

書金縢曰「我之弗辟，我無以告我先王」一段，按馬、鄭氏皆音「辟」爲「避」，其意蓋謂管、蔡流言，成王既疑周公，公乃避居東都二年之久，以待成王之察。及成王遭風雷之變，啓金縢之書，迎公來返，乃攝政，方始東征。所謂「罪人斯得」者，成王得其流言之罪人也。陳少南、吳才老從之，而詆先儒誅辟之説。銖竊謂周公之誅管、蔡，與伊尹之放太甲，皆聖人之變。唯二公至誠無愧、正大明白，故行之不疑，未可以淺俗之心窺之也。此「辟」字與蔡仲之命所謂「致辟」之「辟」同，安得以「辟」爲「避」？且使周公委政而去二年之久，不幸成王終不悟，而小人得以乘間而入，則周家之禍可勝言哉！周公是時不知何以告我先王也。觀公之告二公曰：「我之弗辟，我無以告我先王。」其言正大明白、至誠惻怛，則區區嫌疑有所不敢避矣。惟有此心無愧而先王可告也，自潔其身而爲匹夫之諒，周公豈爲之哉？妄意如此，乞賜垂誨。

「辟」字當從古注説。

微子篇曰「詔王子出迪，我舊云刻子」一段，銖於三仁之去就死生，未知其所以當留、當去、當死之切當不可易處。嘗讀微子書，見其所以深憂宗國之將亡，至於成疾爲狂、瞶耄無所置身，其心切矣。然終不言於紂，以庶幾萬一感悟，而遽爲之去，是必有深意者。東坡則曰，箕子在帝乙時，以微子長且賢，欲立之，而帝乙不可，卒立紂。紂忌此兩人，故箕子曰：「子之出，固其道也。我舊所云者害子，子若不出，則我與子皆危矣。」微子之告箕子，若欲與之俱去，然箕子曰[二]：「吾三人者各行其志，自用其心之所安者而已，人各自以其意貢于先王[三]。」微子去之，以續先王之國；箕子爲之奴，以全先王之祀；比干以諫而死，爲不負先王也。而林少穎亦從其説，以爲二人處危疑之地，身居嫌隙，不可彊諫，徒死又無益，故微子雖欲謀於箕子以救紂之顛隮，然箕子以謂「我興受其敗」，猶言我起而諫，則受其禍。不可以復諫，又不可居位，故微子遁逃以避禍，而箕子隱晦以自存。惟比干不處嫌疑，故彊諫而死。三人所處之勢不同，故各行其志，以自達于先王而已。審如是説，則微子、箕子皆未嘗諫，無乃屑屑然避嫌遠禍以苟存乎？唐孔氏曰：「『我興受其敗』者，我適起而受其禍敗，不可逃免。然殷滅之後，我不事異姓，不能與人爲臣僕，示必欲以死諫紂。但箕子之諫，適值紂怒未甚，故得不死耳。微子告二人而獨箕子答者，比干與箕子意同，經省文也。」竊謂孔氏去古未遠，唐孔氏蓋推本安國之意。其言必有所據。

蓋嘗因是妄謂微子以宗國將亡，不勝其憂愁無聊之心，而謀出處於箕子、比干，故箕子爲言「我興受其敗」，不可逃免，當與宗國俱爲存亡。故雖商祀或至淪亡，我亦誓不臣屬他人。蓋將諫紂，紂不聽，亦不敢苟全逃死。而比干無一言者，孔氏所謂心同，不復重言是也。其後比干果以諫死，而箕子乃不死者，比干初心豈欲徒死以沽名哉？所以諫者，庶幾吾言得行而紂改焉耳。紂既不改，而言益切，故紂遂殺之，則比干亦不得而逃死耳。箕子初心，亦豈欲隱晦自存、苟全其生哉？亦猶比干之諫，冀吾言得行而紂改焉耳。紂既不改而囚之，偶不死耳。紂因之而不置之死，則箕子豈固欲自經於溝瀆而爲匹夫之諒哉！故因遂佯狂而爲奴，蓋亦未欲即死，庶幾彌縫其失，而冀其萬有一開悟耳。蓋諫行而紂改過者，二子之本心也；諫不行而或死或囚者，二子所遇之不同爾。使紂而囚比干，意比干亦未敢即死也；使紂而殺箕子，箕子敢求全哉？二子易地則皆然矣。至於箕子爲微子之計，則其意豈不以謂吾二人者皆宗國之臣，利害休戚，事體一同，皆當與社稷俱爲存亡，不可復顧明哲保身之義？然而微子，國之元子也。往者紂未立，吾嘗言於帝乙而立子，帝乙不從而立紂，是以紂卒疑吾兩人。故吾舊所云者足以害于子，若起諫紂，則紂益生疑，非惟不從，害必先及子而併我危矣。死，分也，不足惜，而未有毫髮益於紂而遽死，可惜也。東萊所謂人先有疑心，則雖盡忠與言，而未必不疑。蓋疑心先入而爲之主是也。故微子不可留，但當遯逃而出，乃合於道。又況我與比干既留諫以事紂，則存亡未可知。萬一不死，罔爲人臣僕。此心已堅定，則亦不可使成湯以來廟不血食。況汝爲元子，又居危疑之地，義當逃去，萬有一全宗祀可也。此三子者，其制行不同，各出於至誠惻怛之心，無所爲而爲之，故孔子並稱「三仁」，或以此歟？妄意如此，乞賜諄切垂誨。

此說得之，史記亦說箕子諫而被囚也。

「咸有一德」，竊謂一者，其純一而不雜。德至於純一不雜，所謂至德也。所謂純一不雜者，蓋歸於至當無二之地，無纖毫私意人欲間雜之，猶易之常、中庸之誠也。説者多以「咸有一德」爲君臣同德。「咸有一德」固有同德意，而一非同也，言君臣皆有此一德而已。蘇氏曰：「聖人如天，時殺時生。君子如水，因物賦形。天不違仁，水不失平。惟一故新，惟新故一。一故不流，新故無斁。」此語似是，不知可以作如此看否？乞賜垂誨。

此篇先言常德、庸德，後言一德，則一者，常一之謂。終始惟一，時乃日新。蘇氏説未的當，可更退步就實做工夫處看。

盤庚言其先王與其羣臣之祖父，若有真物在其上，降災降罰，與之周旋從事於日用之間者。銖竊謂此亦大概言理之所在，質諸鬼神而無疑爾〔四〕。而殷俗尚鬼，故以其深信者導之，夫豈亦真有一物耶？乞賜垂誨。

鬼神之理，聖人蓋難言之。謂真有一物固不可，謂非真有一物亦不可。若未能曉然見得，且闕之可也。

銖竊謂書序之作出於聖人無疑。學者觀書，得其序則思過半矣。班固言書之所起遠矣，至孔子纂時，上斷於堯，下訖于周，凡百篇，而爲之序，言其作意。而林少穎乃謂書序乃歷代史官轉相授受，以書爲之總目者，非孔子所作。今玩其語意，非聖人，其孰能與於此哉？書序言：「成湯既没，太甲元年。」玩其語意，則是成湯没而太甲立。「太甲既立，不明，伊尹放諸桐三年」，則是太甲服湯之喪，既不明，伊尹遂使居於湯之墓廬，三年而克終允德也。或者乃曰，孟子曰：「湯崩，太丁未立，外丙二年，仲壬四年。湯没六年而太甲立，太甲服仲壬之喪。」夫服仲壬之喪而廬於乃祖之墓，恐非人情。伊川謂太丁未立而死，外丙方二歲，仲壬方四歲，乃立太丁之子太甲〔五〕。而或者又謂商人以甲乙爲兄弟之名，則丙當爲兄而壬當爲弟。豈有兄二歲，弟乃四歲乎？按皇極經世圖紀年之次，則太甲實繼成湯而立無疑。不知外丙二年、仲壬四年之説當作如何訓釋？乞賜垂誨。

書序恐只是經師所作，然亦無證可考，但決非夫子之言耳。成湯、太甲年次尤不可考，不必妄爲之説。讀書且求義理，以爲反身自脩之具，此等殊非所急也。

西伯戡黎，舊説多指文王，惟陳少南、吕伯恭、薛季隆以爲武王。吴才老亦曰：「乘黎，恐是伐紂時事。」武王未稱王，亦只稱西伯而已。銖按書序言「殷始咎周，周人乘黎」，則殷自此以前未嘗惡周也。殷始有惡周之心，而周又乘襲戡勝近畿之黎國，迫於王都，且見征伐，黎在漢上黨郡壺關。紂都朝歌，上黨在朝歌之西。此祖伊所以恐而奔告於受，曰：「天既訖我殷命。」曰「恐」，曰「奔告」，曰「訖我殷命」，則其事勢亦且迫矣，恐非文王時事也。文王率殷之叛國以事紂，而孔子亦稱其三分天下有其二以服事殷爲至德，所謂「有事君之小心」者，正文王之事，孔子所以謂之至德也。當時征伐雖或有之，未必迫於畿甸。然史記又謂文王伐犬戎、密須，敗耆國。耆即黎也。史記文王得專征伐，故伐之。二説未知孰是？乞賜垂誨。

此等無證據，可且闕之。

服父母之喪而祭祀祖先，當衣何服？與居母喪而見父，居父母喪而見祖父母，其朔旦歲節上壽爲禮，各衣何服？父母在而遭所生喪，謂所出母。不知合衣何服？合與不合設几筵、出聲哭？舅姑俱存，而子婦丁其父母憂，雖合奔喪，然卒哭後必當復歸，恐三年之服自不可改。遇節序變遷，不審可以發哀出聲否？見舅姑及從舅姑以祭，不知所易當何服？乞賜垂誨。

古者居喪，三年不祭。見曾子問。其見祖父母之屬，古人亦有節文，不盡記。然上壽之禮，自不合與所生母喪，禮律亦有明文，更宜詳考，亦當稍避尊者乃爲安耳。如女已適人，爲父母服期，禮律亦甚明。若有舅姑，難以發哀，於其側從祭，但略去華盛之服可也〔六〕。

答董叔重

人心之體，虚明知覺而已。但知覺從義理上去則爲道心，知覺從利欲上去則爲人心，此人心、道心之别也。所謂利欲如口之於味、目之於色之類，非遽不好，但不從義理上去，則墮於人欲而不自知矣。

亦是。

「中庸」之「中」字，本是指「時中」之「中」而言。然所以能時中者，以其有是不偏倚者爲本，故「中庸」之「中」實兼二義，非如「中和」之「中」專指性也。致中者，如立乎天地四方之中，未感者，無一息之不然。致和者，如處一堂一室之中，隨處得宜，無少乖戾，無時而不然也。或者有疑於「中庸」、「中和」二「中」字不同，故妄論如此，不知於章句意無大悖否？

「無一息之不然」，當改云「無一息之少差」。

曾點言志，氣象固是從容灑落，然其所以至此，則亦必嘗有所用力矣。知其所用力處，則知堯舜事業點優爲之。然堯舜事業亦非一事，要必如點用力，則不難爲。但道理自有淺深，所至亦有高下。點資質高，合下見得聖人大本如此，故其平日用力之妙，必有超乎事物之外而爲應事物之本者。其視三子規規於事爲之末者，固有間矣。然一事一物亦各有一事一物之理，學者大本功夫固當篤至，亦必循下學上達之序，逐件逐事理會到底，乃能内外縝密、親切不差。點言志甚高而行不掩焉，觀其舍瑟倚門，亦可見矣。蓋道理無纖毫空闕不周滿處，外面纔有罅漏，則於道體爲有虧矣。或謂曾點只是天資見得大頭腦如此，元不曾用力。又謂點已見到如此，天下萬事皆無不了者，恐皆一偏之論也。未知是否？

此條大概近似，而語意不密。且看它見得道理分明、觸處通貫處是個甚底可也。

答董叔重

或曰：「天地之數五十有五，而大衍之數五十，何也？」銖竊謂天地之所以爲數，不過五而已。五者，數之祖也。蓋參天兩地，三陽而二陰，三、二各陰陽錯而數之，所以爲數五也。是故三其三、三其二而爲老陽、老陰之數，兩其三、一其二而爲少陰之數，兩其二、一其三而爲少陽之數，皆五數也。河圖自天一至地十，積數凡五十有五，而其五十者，皆因五而後得。故五虛中若無所爲，而實迺五十之所以爲五十也。一得五而成六，二得五而成七，三得五而成八，四得五而成九，五得五而成十。無此定數，則五十者何自來耶？洛書自一五行至九五福，積數凡四十有五，而其四十者，亦皆因五而後得。故五亦虛中若無所爲，而實乃四十之所以爲四十也。一六共宗而爲太陽之位數，二七共朋而爲少陰之位數，三八成友而爲少陽之位數，四九同道而爲太陰之位數。不得此五數，何以成此四十耶？即是觀之，河圖、洛書皆五居中而爲數宗祖。大衍之數五十者，即此五數衍而乘之，各極其十，則合爲五十也。是故五數散布於外爲五十而爲河圖之數，散布於外爲四十而爲洛書之數，衍而極之爲五十而爲大衍之數，皆自此五數始耳。是以於五行爲土，於五常爲信。水、火、木、金不得土不能各成一氣，仁、義、禮、智不實有之，亦不能各爲一德。此所以爲數之宗，而揲蓍之法必衍而極於五十以見於用也。不知是否？

此説是。

變者化之漸，化者變之盡。蓋化無痕迹，而變有頭面。逐漸消縮以至於無者，化也。陽化爲陰、剛化爲柔〔七〕、暖化爲寒是也。其勢浸長，突然改换者，變也。陰變爲陽、柔變爲剛、寒變爲暖是也。陽化爲陰，是進極而回，故爲退；陰變爲陽，則退極而上，故爲進。故曰變化者，進退之象也。陽化爲陰、陰變爲陽者，變化也。所以變化者，道也。道者，本然之妙，變化者所乘之機。故陰變陽化而道無不在，兩在故不測。故曰：「知變化之道者，其知神之所爲乎？」不審可作如此看否？

亦得之。

陰陽若以推行言之，不過一氣之運而已，所謂「一動一静，互爲其根」也。以闔闢言之，則有兩物，所謂「分陰分陽，兩儀立焉」也。既曰陰陽，又曰柔剛者，陰陽以氣言，剛柔則有形質矣。此猶四象之有老少，亦如以子、午、卯、酉分言陰陽也。不知是否？

闔闢與動靜無異，易中以對待言者自多，不必引此也。

「在天成象，在地成形，變化見矣」。變化非因形象而後有也，變化流行非形象則無以見，故因形象而變化之迹可見也。日月星辰，象也；山川動植，形也。象，陽氣所爲；形，陰氣所爲。然陽中有陰，則日星陽也，月辰陰也。陰中有陽，則山陰而川陽，然陰陽又未嘗不相錯而各自爲陰陽，細推之可見矣。不知是否？

亦是。

「乾以易知」與「易則易知」之「知」字不同。「乾以易知」，「知」猶主也，「知」如「知郡縣」之「知」。蓋乾健不息，惟主於生物，如瓶施水，無他艱阻，故以易知太始也。「易則易知」，言人體乾之易，故白直無艱阻而人易知之也〔八〕。

文義亦得之。

孟子曰：「口之於味也，目之於色也，耳之於聲也，鼻之於臭也，四肢之於安佚也，性也，此「性」字專指氣而言，如「性相近」之「性」。有命焉。此「命」字兼理與氣而言，如「貧賤之安分，富貴之有節」是也。仁之於父子也，義之於君臣也，禮之於賓主也，智之於賢者也，聖人之於天道也，命也。此「命」字專指氣而言，所遇應不應，所造有淺深厚薄清濁之分，皆係乎氣稟也。有性焉。」此「性」字專指理而言，如「天地之性」之「性」。不知可作如此看否？

此説分得好。

中和者，性情之德也。寂感者，此心之體用也。此心存，則寂然時皆未發之中，感通時皆中節之和。心有不存，則寂然者木石而已，大本有所不立也；感通者馳肆而已，達道有所不行也。故夫動静一主於敬，戒謹恐懼而謹之於獨焉，則此心存而所寂感無非性情之德也。不知是否？

亦是。

「極」之爲言究竟至極，不可有加之謂，以狀此理之名義，則舉天下無以加此之稱也。故常在物之中，爲物之的，物無之則無以爲根主而不能以有立。故以爲在中之義則可，而便訓「極」爲中則不可。以有形者論之，則如屋之有脊棟，囷廩之有通天柱，常在此物之中央，四面八方望之以取正，千條萬别本之以有生。禮所謂「民極」，詩所謂「四方之極」，其義一也。未知推説如此是否？

是。

近見一書，名廣川家學，蓋董逌彦遠所爲。所論亦稍正，不知有傳授否？其爲人如何？如曰：「心者，性之所寓也。所貴於養心者，以性之在心也。」又曰：「形之靈者曰魄，氣之神者曰魂。既生魄矣，魄内自有陽氣。氣之神者，名之曰魂。附形之靈者，謂初生時耳、目、手、足運動，啼呼爲聲，此則魄之爲靈也。附氣之神者，謂精神性識漸有所知，此則附氣之神也。魂在魄先，附魄以神。」此等説得亦無甚病否？

既生魄，陽曰魂，謂纔有魄便有魂，自初受胞胎時已具足矣，不可言漸有所知，然後爲魂也。董氏有詩解，自謂其論關雎之義暗與程先生合，但其它文澀難曉。集傳中論京師之屬，頗祖其説。又據黄端明行狀説，圍城中作祭酒，嘗以僞楚之命慰諭諸生。它事不能盡知也。

近見曾彦和論「彭蠡既豬」，引漢志豫章九水合于湖漢，東至彭澤入江；禹貢漢水入江而湖漢九水見遏於江北，於是自匯爲彭蠡。則彭蠡之水本受湖漢之水，欲入江而爲江、漢所遏，因却而自豬。蓋漢水未入江之前，則彭蠡未豬，故曰東匯澤爲彭蠡，此説自當。但又有曰彭蠡之豬以受其江、漢，而不能紬蘇氏味別之説，則非也。又言九江即是洞庭，引漢志沅水、漸水、元水、底水、叙水、酉水、澧水、湘水、資水皆合洞庭中，東入于江，江則過之而已，九水合于洞庭澤，故洞庭亦可名九江。若謂江分九道，則經當曰「九江既道」而不曰「孔殷」，當曰「播爲九江」而不曰「過九江」矣。然林少穎辨其不然，不知洞庭之澤果是受此水之入否？然彭蠡自有源，而非受江、漢而成，九江爲洞庭，而不在潯陽南，則無可疑矣。若彦和之於禹貢，雖未盡善，亦考索精詳，勝它人也。

曾彦和説書精博，舊看得不子細，不知其已有此説。但漢志不知湖漢即是彭蠡，而曰源出雩都，至彭蠡入江，此爲大謬，恐彦和亦不能正也。九江之説，今亦只可大概而言。恐當時地入三苗，禹亦不能細考。若論小水，則湖南尚有蒸、瀟之屬，況兼湖北諸水上流，其數不止於九。若實計入湖之水，只是湘、沅、澧之屬三四而已，又不能及九也。漢水未入江之前，彭蠡未瀦，此亦未是。江流甚大，漢水入之未必能有所增益也。大率今人不敢説經文有誤，故如此多方回互耳。

孟子集注「古公亶甫」下注云：「太王，公劉九世孫。」「五世而斬」下，注云：「父子相繼爲一世。」按史記自公劉至古公凡十世，今謂九世，豈不數古公己身耶？然按豳詩集傳云：「公劉復脩后稷之業，十世而太王徙居岐山之陽。」則疑孟子集注或錯「九」字否？又按明道行狀云：「先生五世而上居中山之博野，高祖始賜第京師。」則高祖，五世祖也，「而上」即爲六世，是通己身數矣。伏乞垂誨。

通數即計己身爲數，曰祖曰孫，則不當計己身。蓋謂之祖孫，則是指它人而言矣。史傳及今人文字以高祖之父爲五世祖甚多，無可疑也。

答董叔重

程先生論中庸「鳶飛魚躍」處曰：「與必有事焉而勿正心之意同，活潑潑地。」銖詳先生舊説，蓋謂程子所引「必有事焉」與「活潑潑地」兩語皆是指其實體，而形容其流行發見無所滯礙倚着之意。其曰「必」者，非有人以必之，曰「勿」者，非有人以勿之者，蓋謂有主張是者而實未嘗有所爲耳。今説則謂「必有事焉而勿正心」者，乃指此心之存主處；「活潑潑地」云者，方是形容天理流行，無所滯礙之妙。蓋以道之體用流行發見雖無間息，然在人而見諸日用者，初不外乎此心，故必此心之存，然後方見得其全體呈露，妙用顯行，活潑潑地，略無滯礙耳。所謂「必有事而勿正心」者，若有所事而不爲所累云爾，此存主之要法。蓋必是如此，方得見此理流行無礙耳。銖見得此説似無可疑，而朋友間多主舊説，蓋以程子文義觀之，其曰「與」曰「同」，而又以「活潑潑地」四字爲注云，則若此兩句皆是形容道體之語。然舊説誠不若今説之實。舊説讀之不精，未免使人眩瞀迷惑。學者能實用力於今説，則於道之體用流行當自有見。然又恐非程子當日之本意，伏乞明賜垂誨。

舊説固好，似涉安排。今説若見得破，則即此須臾之頃，此體便已洞然，不待説盡下句矣。可更猛著精彩，稍似遲慢便蹉過也。

性與氣雖不相離，元不相雜。孟子論性，獨指其不雜者言之，其論情、才亦如此。要必如程、張二先生之說，乃爲備耳。不知是否？

甚善。集注中似已有此意矣。

吕芸閣云：「性，一也。流形之分有剛柔昏明者，非性也。有三人焉，皆一目而别乎色，一居乎密室，一居乎帷箔之下，一居乎廣廷之中。三人所見昏明各異，豈目不同乎？隨其所居，蔽有厚薄爾。」銖竊謂此言分别得性氣甚明，若移此語以喻人物之性亦好。銖頃嘗以日爲喻，以爲大明當天，萬物咸睹，亦此日耳。蔀屋之下，容光必照，亦此日耳。日之全體未嘗有小大，只爲隨其所居而小大不同耳。不知亦可如此諭人物之性否？伏乞指誨。

亦善。

「周霄問君子仕乎」一段，霄意蓋以孟子不見諸侯爲難仕，故舉此問以諷切之。孟子所言，皆告以君子急仕之意。所引「禮曰諸侯耕助以供粢盛」一段，疑指爲貧而仕者言。蓋仕非爲貧也，然有爲貧而仕者，則君子於仕亦可謂急矣。然仕之心未嘗不急，仕之道則不可以急而不由其道也。蓋欲急仕者，君子之仁；不由其道不敢仕者，君子之義。義行則仁存，未有違義而可以爲仁也。大率孟子教人多因人情而制之以義，此所以卓乎！

非異端之説所能知也。伏乞垂誨。

此章但言不仕無義，未見爲貧而仕之意。

禮曰：「別子爲祖，繼別爲宗，繼禰者爲小宗。有百世不遷之宗，有五世則遷之宗。」竊謂君適長爲世子，繼先君正統。自母弟以下，皆不得宗。其次適爲別子，不得禰其父，則不可宗嗣君，又不可無統屬，故立爲先君之族，大宗之祖，所謂別子爲祖也。其適子繼之，則爲大宗。凡先君所出之子孫皆宗之，百世不遷。故曰大宗者，繼別子之所自出也。呂氏言別子所自出者，謂別子所出之先君也。如魯季友，乃桓公別子所自出，故爲桓公一族之大宗。不知是否？百世不遷者，以其統先君之子孫，而非統別之子孫也〔九〕。別子之庶長，義不禰別子〔一〇〕，而自爲五世小宗之祖。其適子繼之，則爲小宗。小宗者，繼別子庶子之所自出也。故惟及五世，五世之外則無服。蓋以其統別之子孫而非統先君之子孫也。不知是否？伏乞垂誨。

宗子有公子之宗，有大宗，有小宗。國家之衆子不繼世者〔一一〕，若其間有適子，則衆兄弟宗之爲大宗；若皆庶子，則兄弟宗其長者爲小宗。此所謂公子之宗者也。別子即是此衆子既没之後，其適長者各自繼此別子，即是大宗。直下相傳，百世不遷。別子之衆子既没之後，其適長子又宗之，即爲繼禰之小宗。每一易世，高祖廟毀，則同此廟者是爲祖免之親，不復相宗矣。所謂五世而遷也。

孟子集注序説言，史記言孟子受業子思之門人，注云：「趙氏注及孔叢子亦皆云孟子親受業於子思。」銖謂趙岐所注必有所考，孔叢子恐是僞書，似不必引此書。如何？

孔叢子雖僞書，然與趙岐亦未知其孰先後也，姑存亦無害。

史記謂孟子之書孟子自作，趙岐謂其徒所記。今觀七篇文字筆勢如此，決是一手所成，非魯論比也。然其間有如云「孟子道性善，言必稱堯舜」，亦恐是其徒所記，孟子必曾略加删定也。此非甚緊切，以朋友間或有疑此者，嘗以此答之，恐未是也。伏乞垂誨。

或恐是如此。

答董叔重

「參天兩地倚數」，天之象圓，圓者，徑一而圍三。參天者，參其一也。地之象方，方者，徑一而圍四。兩地者，兩其二也。故參其一而爲三者，因圓象而有三數也；兩其二而爲四者，因方象而爲四數也。參天兩地，則爲數者五，故天地之數皆五也。三三爲六〔一二〕，則爲老陽、老陰之數；兩其三、一其二，則爲少陰之數；兩其二、一其三，則爲少陽之數。故參天兩地者，數之祖也。未知是否？

圍四者，以二爲一，故其一陰而爲二〔一三〕，故曰「參天兩地」。今曰兩其二而爲四，則不得爲參天兩地矣。天一而圍三，地一而圍四，然天全用而地半用，故參天爲三而兩地爲二也。今曰二二爲四，非是。

揲蓍之數，以四爲主。蓋四者，數之用也。太陽一，少陰二，少陽三，太陰四，其位四也。分揲掛歸必四營也，揲之亦必以四，故皆以四爲主。故老陽三十六，少陰三十二，少陽二十八，太陰二十四，皆四約之也。及其扐也，五四爲奇，五除掛一，四不除掛一，皆爲四者一，所謂奇也。九八爲偶，九除掛一，八不除掛一，則爲四者二，所謂偶也。是皆以四數爲主。不知是否？

四營恐與四揲不相關。

河圖之數，不過一奇一偶相錯而已。故太陽之位即太陰之數，少陰之位即少陽之數，少陽之位即少陰之數，太陰之位即太陽之數。見其迭陰迭陽，陰陽相錯，所以爲生成也。天五地十居中者，地十亦天五之成數。蓋一、二、三、四已含六、七、八、九者，以五乘之故也。蓋數不過五也。洛書之數，因一、二、三、四以對九、八、七、六，其數亦不過十。蓋太陽占第一位，已含太陽之數；少陰占第二位，已含少陰之數；少陽占第三位，已含少陽之數；太陰占第四位，已含太陰之數。雖其陰陽各自爲數，然五數居中，太陽得五而成六，少陰得五而成七，少陽得五而成八，太陰得五而成九，則與河圖一陰一陽相錯而爲生成之數者，亦無以異也。不知可如此看否？啓蒙言其數與位皆三同而二異：三同謂一、三、五。二異謂河圖之二，在洛書則爲九；河圖之四，在洛書則爲七也。蓋一、三、五，陽也；二、四，陰也。陽不可易而陰可易，陽全陰半，陰常從陽也。然七、九特成數之陽，所以成二、四生數之陰，則雖陽而實陰，雖易而實未嘗易也。不知是否？

所論甚當，河圖相錯之説尤佳。

陰陽以氣言，剛柔則有形質可見矣。至仁與義，則又合氣與形而理具焉〔一四〕。然仁爲陽剛，義爲陰柔，仁主發生，義主收斂，故其分屬如此。或謂楊子雲「君子於仁也柔，於義也剛」，蓋取其相濟而相爲用之意。

仁體剛而用柔，義體柔而用剛。

「艮其背，不獲其身」者，止而止也，所謂「靜而止其所」也。「行其庭，不見其人」者，行而止也，所謂「動而止其所」也〔一五〕。靜而止其所者，是只見道理所當止處，不見己身之有利害禍福也。動而止其所者，只見道理所當行處，不見在人之有彊弱貴賤也。古人所以舍生取義、殺身成仁者，不獲其身也。所以不侮鰥寡、不畏彊禦者，不見其人也。然惟不獲其身者，乃能不見其人〔一六〕。故曰動靜各止其所，而必以主夫靜者爲本焉，所以自源而徂流也。程先生所謂「止於所不見，則無以亂其心，而止乃安」，是又就做工夫上言〔一七〕。「不獲其身」、「不見其人」，推説甚善。然亦不專在此，日用精粗，蓋無不然也。程先生説自是其所見，如夫子彖傳、文言，未必文王之本意也〔一八〕。

答董叔重

辱惠問，并以長牋喻及銘墓之意，尤以愧仄〔一九〕。今年多病異於常時，又以築室遷居之擾，殊無好況。文字本不能作，前後所辭甚多，但以叔重如此見屬，獨不可辭，因留來人。累日不得功夫，此三數日又覺傷冷，時作寒熱，意緒尤不佳。今日小定，方能力疾草定奉寄。又更與允夫訂之，或有疑則見告，可改也。但此間辭人之多，幸且勿廣爲佳。今所作先丈誌文易就，亦因得好行狀，故不費力。數年前，有相屬作一大誌銘者，事緒既多，而狀文全類新唐書體，至今整頓不得也。允夫所作令祖墓表尤佳，近歲難得此文也。

與黄子耕

祭禮極難處，竊意神主唯長子得奉祀，之官則以自隨，影像則諸子各傳一本自隨無害也。支子之祭，先儒雖有是言，然竟未安。向見范丈兄弟所定，支子當祭，旋設紙牓於位，祭訖而焚之，不得已此或可采用。然禮文品物亦當少損於長子，或但一獻無祝亦可也。

答黄子耕

熹數年來疾病日侵，患難交至，氣血凋瘁，大非往時之比。來日無幾，甚思與四方士友并力切磋，以求無負師傅之託而不可得。每一念之，徒增永歎而已。子耕近日所用工處頗得力否？向時説得「致知」兩字亦頗散漫，望更思之，復以見諭也。

答黄子耕

新除甚佳，闕亦不遠否？但聲利海中溺人可畏耳。前書所謂格物主敬者，甚善。但主敬方是小學存養之事，未可便謂篤行。須脩身齊家以下，乃可謂之篤行耳。日用之間，且更力加持守，而體察事理，勿使虚度光陰，乃是爲學表裏之實。近至浙中，見學者工夫議論多靠一邊，殊可慮耳。

答黄子耕

時事傳聞不一，然亦未知是否。衰病閑散，既無所效其區區，亦不敢深問也。

示諭且看大學，俟見大指，乃及它書，此意甚善。但看時須是更將大段分作小段，字字句句不可容易放過，常時暗誦默思，反覆研究，未上口時須教上口，未通透時須教通透，已通透後便要純熟，直得不思索時此意常在心胸之間驅遣不去，方是此一段了。又換一段看，令如此，數段之後，心安理熟，覺得工夫省力時，便漸得力也。近日看得朋友間病痛尤更親切，都是貪多務廣，匆遽涉獵，所以凡事草率粗淺，本欲多知多能，下稍一事不知、一事不能；本欲速成，反成虛度歲月。但能反此，如前所云，試用歲月之功，當自見其益矣。

至於作無益語，以本心正理揆之誠是，何補於事？但人不作自己功夫，向外馳走，便見得此等事重。若果見得自己分上合做底事千條萬端，有終身勉勉而不能盡者，則亦自當不暇及此矣。

答黄子耕

示喻爲學之意，甚善。但恐更須看令簡潔明白親切，令下功夫處約而易守乃佳耳。別紙兩條，亦覺繁雜。本末始終之説，只是要人先其本後其末、先其始後其終耳，不必如此多説也。格物只是就一物上窮盡一物之理，致知便只是窮得物理盡後，我之知識亦無不盡處，若推此知識而致之也。此其文義只是如此纔認得定，便請依此用功。但能格物，則知自至，不是别一事也。

格物致知只是窮理，聖賢欲爲學者説盡曲折，故又立此名字。今人反爲名字所惑，生出重重障礙，添枝接葉，無有了期。要須認取本意，而就中看得許多曲折分明，便依此實下功夫，方見許多名字並皆脱離，而其功夫實處却無欠闕耳。

答黄子耕

示及疑義，比舊益明潔矣。但尚有繁雜處，且就正經平白玩味，久當自見親切處，自然直截簡易也。正淳、伯豐近皆得書，學皆進益可喜。泉、漳之間亦得一二學者，將來可望不虚爲此行也。但經界一事，恐未有人承當，而豪右不樂，異論蜂起，遂且悠悠耳。在官一年，不能爲民興利，而除害亦未能盡，此爲可恨也。長孺之去甚勇，但曾守解事，何乃至此？昨晚得趙帥書亦云然，甚可怪也。

答黄子耕

熹憂悴無憀，無足言者。治葬、結廬二事，皆在來年。今且造一小書院，以爲往來幹事休息之處，它時亦可藏書宴坐。然已不勝其勞費，未知來年復如何也。來喻云云，足見講學自脩之力，甚慰所望。所謂動上求靜，亦只是各止其所，皆中其節，則其動者乃理之當然而不害其本心之正耳。近脩大學此章或問頗詳，今謾録去，可以示斯遠也。

或問喜、怒、憂、懼，人心之所不能無也。而曰有是一者，則心不得正而身不可脩，何哉？人之心湛然虚明，以爲一身之主者，固其本體。而喜、怒、憂、懼隨感而應者，亦其用之所不能無者也。然必知至意誠，無所私係，然後物之未感，則此心之體寂然不動，如鑑之空、如衡之平；物之既感，則其妍媸高下隨物以應，皆因彼之自爾而我無所與。此心之體用所以常得其正，而能爲一身之主也。以此而視，其視必明；以此而聽，其聽必聰；以此而食，食必知味，身有不脩者哉？苟其胸中一有不誠，則物之未感而四者之私已主於内，事之已至而四者之動常失其節，甚則暴於其氣而反動其心，此所以反覆循環常失其正而無以主於身也。以無主之身應無窮之物，其不爲「仰面貪看鳥，回頭錯應人」者幾希。孟子所論平旦之氣與先立乎其大者，正謂此耳。

答黄子耕

熹湘中之行，初但以私計不便懇辭，然愚意尚無固必。既而乃有決不可行者，遂至投劾。諸公蓋已厭之，然猶不肯以此爲名，又以病辭，然後得免。世途艱險，乃至如此，本非欲以是爲高也。歸來已一年矣，而卜葬未遂，築室未成。自春來無日不病，見苦脚氣寒熱，伏枕已兩日矣。大抵血氣日衰雖是舊病，亦如新證，未知能復得幾時也。示諭爲學之意及中庸疑義，皆比舊儘詳密矣。病中看得恐不子細，略疏一二在別紙，餘俟旦夕附便奉報也。

別紙

所論二先生説中庸，以體用言之，甚善。

呂氏「詭激」之説，本亦無病。聖人之道，廣大寬平，豈以詭激爲事？但世之狃常習故者，借之以成其私，則不可不察耳。不可以此而廢彼也。

呂氏「盡心以知性」，此語有病。「躬行以盡性」，此却得之。蓋孟子言盡其心者，知其性也，則是人之所以能盡其心者，以其能知性故也。大學所謂知至而後意誠是也。

「民受天地之中以生」，是「始生」之「生」，義與「産」字相似。

「忠信所以進德」，此段初只是解「終日乾乾」，是「終日對越在天」之義，下文因而説「天」字道理，其間有許多分別。如説「如在其上」、「如在其下」，亦只是實有此理，自然昭著，形而上爲道，形而下爲器。如今事物莫非天理之所在，然一物之中，其可見之形即所謂器，其不可見之理即所謂道。然兩者未嘗相離，故曰道亦器、器亦道。於此見得透徹，則亦豈有今與後、已與人之間哉！

「率性之謂道」，非是人有此性而能率之乃謂之道，但説自然之理循將去，即是道耳。「道」與「性」字，其實無甚異，但「性」字是渾然全體，「道」字便有條理分別之殊耳。脩道之謂教，乃是聖人脩此道以爲教於天下，如禮樂刑政之類是也。諸説多端，然細考程先生説，其要不過如此。其間亦有説得不相似處，恐是當時論亦未定也。

人心、道心之説，甚善。蓋以道心爲主，則人心亦化而爲道心矣。如鄉黨所記飲食衣服，本是人心之發，然在聖人分上，則渾是道心也。

答黄子耕

病中不宜思慮，凡百可且一切放下，專以存心養氣爲務。但加趺静坐，目視鼻端，注心臍腹之下，久自温暖，即漸見功效矣。

答黄子耕

熹初意到此即遣人招正淳、伯豐及余正叔，而此間事繁財匱，時論又方擾擾，令人憂懼，不知所以爲計，遂未能及。幸因書爲致此意，徐觀事勢如何，乃敢議此也。

答黄子耕

兩書皆領，所云云，何不安之甚？今日仕宦只是如此，既未免出來，只得忍耐，勉其力之所及而已。日用之間，更看自家分内許多道理甚底是欠闕底，隨處操存，隨處玩索，不妨自有餘樂，何至如此焦躁耶？所聞豈有是事？政使有，便遭貶責，亦是臣子之常分，但恨力不及耳。

答黄子耕

伏枕月餘，已分必死，自入夏以來，却稍輕減。但今餘證狂來〔二〇〕，頗亦廢事。明年便當七十，據禮而論，亦合衰殘，無足深歎也。但此道衰微，方賴朋友潛思固守，以庶幾於久遠。年來僅得伯豐最爲可望，乃復盛年奄至大故，聞之傷悼，不能爲懷，非獨以平日往來遊好之情而已。聞其親年高，遭此何以堪處！江西朋友書來，却皆言其子曉事，此則猶爲不幸之幸。欲遣一人持書致奠，并弔其家，而力不能辦。今有書信，不免奉煩爲尋的便附往。若相去不遠，更得專人取其回書以來，尤所望也。所喻職事縷縷備悉，既是出來仕宦，此等自不能免。耗金文字，以目昏未能盡讀，然其大概已可見矣。改秩後，授一湖北、淮南僻縣，優哉悠哉，聊以卒歲，此乃今日最上策也。

答黄子耕

兩辱手示，得詳近况，良以爲慰。竟從銓部調遠邑而歸，既無冒進之嫌，又絶矯亢之累，所處甚精，吾黨足以增氣矣。甚幸甚賀！聞湖北深僻，民少事稀，無迎送督促之煩，以優游讀書，此今日仕宦之最佳處。想歲下了却令兄位下一二事，便可行矣。自分寧取道，應亦不遠，但恨相望益遠，衰晚沈痼，無復相見之期，此爲恨耳。伯豐子弟如何？自其云亡，念之不能已。蓋朋友中敏悟未有其比，意其它日可以任傳付之責者，非獨爲遊好之私情也。

答黄子耕

知赴官有期，僻遠之鄉，官事簡少，可以讀書進學。若如此實做得三年功夫，比之奔走塵埃、俯仰應接，殊未爲失計也。來喻更欲於經史中求簡易用功處，此亦别無它巧，只是且將所已學者反復玩味，不厭重複，久之當覺意味愈深遠、理致愈明白耳。此外，昔所未學亦有切於脩己治人之實者，更以暇時量力探討，使其表裏精粗通貫浹洽，則於本原之地亦將打成一片，無處不得力矣。有如衰朽，百病交攻，常時氣滿心腹，今日乍寒，痛甚幾不能起。觀此氣象，餘日幾何？然每開卷，及與朋友講論，未嘗不覺其有起予之益。況如賢者，春秋尚富、精力尚彊，其可不自勉乎？

安仁經界文字，其畫一中所言户部行下者，即是李仲永所行〔一二〕。其言本縣措置者，即是當來邑中推廣。其説雖未及一一細觀，然亦可以見其不苟之意。鄉在臨漳，訪問打量算法，得書數種，比此加詳。然鄉民卒乍不能通曉，反成費力。後得一法，只於田段中間先取正方步數，却計其外尖斜屈曲處，約湊成方，却自省事。恨爲私意浮議所揺，不得盡力其間，以見均田平賦之效。今讀所示，尤使人悵然也。

答曹立之

伊川先生帖摹勒甚精，石已謹具，但工力未至，更旬日亦當可成。或即去此，亦可屬同官畢其事也。范詩無甚發明，不知前輩讀書何故却只如此苟簡？不可曉也。熹近得蜀本吕與叔先生易説，却精約好看。方此傳寫，或未見，當轉寄也。録示陸兄書意甚佳，近大冶萬正淳來訪，亦能言彼講論曲折，大概比舊有間矣，但覺得尚有兼主舊説，以爲隨時立教、不得不然之意。似此意思，却似漸有擣覆不明白處。以故包顯道輩仍主先入，尚以讀書講學爲充塞仁義之禍。此語楊子直在南豐親聞其說。而南軒頃亦云傅夢泉者揚眉瞬目云云，恐不若直截剖判，便令今是昨非平白分明，使學者各洗舊習，以進於日新之功，不宜尚復疑貳祕藏以滋其惑也。旦夕亦有人去臨川，自當作書更扣陸兄也。進賢宰昨日亦得書，論易數條，已據鄙見報之，未知以爲如何耳。

答曹立之

所録示二書，甚善。但所謂不可以一説片言立定門户，則聖賢之教，未嘗不有一定之門户以示衆人。至於逐人分上，各隨其病痛而箴藥之，則又自有曲折，然亦分明直截，無所隱祕回互，令人理會不得也。隨己分修習、隨己見觀書，學者只得如此。其至不至，明道與不明道，則在其人功力淺深，恐亦不可謂此爲雖不中不遠者，而别求顔、曾明道，見古人用心底奇特工夫也。極欲一見渠兄弟，更深究此，而未可得。向許此來，今賤迹既不定，想其聞此旱暵，又未必成來，深以爲恨也。程丈諸説，亦有鄙意所未安者，以未參識，不欲劇論。但未知立之見得「宥辟未發」等語如何？若已無疑，即不須論矣。立之所疑太極之説甚當，此恐未易以口舌爭也。

輔養人主心術與開陳善道、排抑佞邪，正是相資爲用，不可作兩事看。如公仲之事，則人主本有畏相畏義之心，而近習之智尚淺，故其爲蔽也未深，是以幸而有濟。若使趙侯之歌者先覺其所薦之能害己，而有以間之，則公仲者又如何而爲計邪？元祐諸公不能開導君心，固爲有罪，然謂不當斥逐小人，使至相激，則亦未通。但當時施行有過當處，此則不可不監耳。陳太丘亦是不當權位，故可以逶迤亂世而免於小人之禍。若以其道施之朝廷而無所變通，則亦何望其能有益於人之國哉？然此恐亦姑論其理之當然，若熹自爲之，則必有甚於元祐諸公之所爲，而陷於范滂、陽球之禍必矣。氣質一定，不能自易，奈何奈何？近得程丈文字，論及黍尺制度，此中無人及文字可討論，尚未及報。但告羅進賢，甚蒙其留意，亦以此取怒於府帥，使人不自安也。立之所與趙子直論事甚佳，如熹自度，必不能濟當世之務。然渠輩作此議論見識，亦適可保身，不犯世患耳，其不能濟世，恐亦無以異也。

答萬正淳

心生道之説，恐未安。大抵此段是張思叔所記，多以己意文先生之辭，恐不能無少失真也〔二二〕。「繼之者善」，「繼」之爲義，「接續」之意。言既有此道理，其接續此道理以生萬物者莫非善，而物之成形即各具此理而爲性也。試以此意推之，當得其旨也。

答萬正淳

所論大概只是如此〔一三〕，但日用間須有個欛柄，方有執捉，不至走失。若只如此空蕩蕩地，恐無撈摸也。「中」，只是應事接物無過不及，中間恰好處。閱理之精，涵養之久，則自然見得矣。

答萬正淳

人傑昨答伯豐書云：「示及浩氣説，所謂『浩然之氣，集義所生，既與道義渾然而無間，然道義則實助之，以達其用。是氣雖生於集，而其充也却能爲道義之助』。此數語發明集注之説甚佳。子約以爲未安，乃是大綱上看得不分明。但上蔡語，子約辨之似當。然上蔡本因孟子『鄉爲』、『今爲』之言而生血氣盛衰之論，則上蔡之論亦未可專以爲非也。」觀子約之論，誠可見其用功實處，但鄙見竊謂界分有未甚明，故其論辨多疵病，不審先生以爲如何？

子約之病，乃賓主不明，非界分不明也。不知論「集義所生」則義爲主，論「配義與道」則氣爲主，一向都欲以義爲主，故失之。若如其言，則孟子數語之中兩句已相複矣，天下豈有如此絜底聖賢耶？子約見得道理大段支離，又且固執己見，不能虛心擇善，所論不同處極多，不但此一義也。伯豐說得極分明，朋友間極不易得，因來喻及此，爲之感歎不能已。然子約之老成質實，今尤難得，但恨未有道理喚得他醒耳〔二四〕。

人傑昨得伯豐書云：「必大向以鳶魚之說請益于紫陽，尚未得報。近得直卿書，與鄙見合。試商確之，却以見教。」直卿書云：「『浴沂』一章，終是看不出。喟然而歎，夫子與點之意深矣。集注云：『日用之間，無非天理流行之妙，曾皙有見於此，故欲樂此以終身。』如此，却是樂此天理之流行，而於本文曾皙意旨恐不相似。幹竊意恐須是如此，天理方流行，中心斯須不和不樂，則與道不相似，而計較係戀之私入之矣。夫子無意必固我，老者安之，朋友信之，少者懷之，政是此意，直是與天地相似。易曰『貞吉悔亡，憧憧往來，朋從爾思』，夫子傳之曰：『天下何思何慮？』聖人豈教人如死灰槁木，曠蕩其心、徜徉其志也哉〔二五〕？張子曰：『湛一氣之本，攻取氣之欲。』物各付物，而無一毫計較係戀之私，則致廣大而極高明，雖堯舜事業，亦不能一毫加益於此矣。後來邵康節先生全是見得此意思，明道先生詩中亦多此意。此是一大節目，望詳以見教。」人傑竊謂「浴沂」一章，集注甚分明，無可疑者。其說曰：「曾點之學，有以見夫天理本然之全體，無時而不發見於日用之間，故其胸中灑落，無所滯礙，而動靜之際從容如此。及其言志，則又不過樂此以終身焉，無他作爲之念也。」乃是曾點見得天理之發見，故欲樂此以終身。今直卿所云，固是道理高處，然其本意却謂須是如此，天理方流行，則是先有曾點之所樂，方得天理之流行也。人傑竊恐全體大用未能瞭然於心目間，而欲遽求曾點之所樂，則夫事物未接之時，此心平靜，胸中之樂固或有時而發見。然本根不立，憑虚亡實，亦易至消鑠矣。蓋與集注之意未免有差也。伯豐所見與之相合，鄙意却未敢以爲然。伏乞賜教。

集注誠有病語，中間嘗改定，亦未愜意。今復改數句，似頗無病，試更詳之。直卿之説，却是做工夫底事，非曾點所以答「如或知爾，則何以哉」之問也。況論實做工夫，又却只是操之而存是要的處，不在如此曠蕩茫洋無收接處也。甘節吉甫亦來問此事，并以示之。

曾點之學，蓋有以見夫人欲盡處天理渾然，日用之間隨處發見，故其動靜之際從容如此。而其言志，則又不過即其所居之位，適其所履之常，而天下之樂無以加焉。用之而行，則雖堯舜事業亦不外此，不待更有所爲也。但夷考其行，或不揜焉，故不免爲狂士。然其視三子者規規於事爲之末，則不可同年而語矣。所以夫子歎息而深許之。

答萬正淳

謝氏曰：「義重於生，則舍生取義；生重於義，則當舍義取生。最要臨時權輕重以取中。」愚謂舍義取生之説未當。所謂生重於義者，義之所當生也。義當生則生，豈謂義與生相對而爲輕重哉？且義而可舍，則雖生無益矣。如此，則所爲臨時權輕重者，將反變而爲計較利害之私矣，尚安能取中乎？

此論甚當，故明道先生曰「義無對」。

楊氏謂「高明者，中庸之體；中庸者，高明之用」，恐不可以體用言。

此説亦是。

楊氏解「知者過之」爲極高明而不知中庸之爲至，解「賢者過之」爲尊德性而不及道問學，恐未安。極高明而道中庸，尊德性而道問學，是徹上下、貫本末工夫，皆是一貫，無適而非正也。如楊氏之説，則上下、本末可離而爲二矣。

大概得之，更宜體味。

游氏引鄒衍談天、公孫龍詭辨爲智者之過，亦未當。若佛、老者，知之過也。談天、詭辨，不足以爲知者之過。

知者之過非一端，如權謀、術數之類亦是。龍、衍乃是誑妄，又不足以及此。

吕云「剛而寡欲，故能中立而不倚」，夫中立不倚者，湛然在中，無所偏倚而義理全具者也。剛而寡欲，恐不足以言之。引柳下惠之行爲和而不流，夫下惠固聖之和矣，然孟子推其有不恭之弊，則與中庸所謂和而不流者亦異矣。又引「非其君不事，非其民不使」，與夫「獨立不懼，遯世無悶」者爲中立而不倚，夫非其君不事，非其民不使，是乃清者之德，豈可便謂之中立不倚哉？獨立不懼，遯世無悶，固是有中庸之德，而窮困在下者如此。然專以此事解釋中立不倚之義，則名義非所當矣。蓋獨立不懼、遯世無悶者，以操行言；中立而不倚，以理義言也。

中立不倚，亦只是以行言。所引「獨立不懼」者近之，「不倚」是無所阿附之意。

呂氏解「素隱」爲方鄉乎隱，「素隱行怪」爲未當行而行之，且舉易之「隱而未見」與孟子之論狂者爲證，恐非本意。素隱行怪，乃是無德而隱，而爲怪僻之行者爾，意甚分明，何必曲爲之説乎？

呂説未安。

侯氏以夷、齊、下惠爲素隱行怪，恐失之太過。若晨門、荷蕢、沮、溺、莊、列之徒，乃可以當此名。夷、齊、下惠雖未爲中庸之至，然皆大賢事業，恐未易以此名加之也。

亦是。

呂氏説「費隱」一章固多差舛，然論知與能一段雖非正意，却説得易知簡能確實明白，有所發明。

此不記得，無本可檢。

游氏說多不可曉，但謂「其大無外而中無不周，故天下莫能載；其小無間而中無不足，故天下莫能破」，此說爲無病耳。然上文本謂君子之道無往而不中〔二六〕，則其下「中」字有未當耳。

既曰未當，便不可謂之無病。

程子曰：「『我不欲人之加諸我也，吾亦欲無加諸人』，中庸曰『施諸己而不願，亦勿施於人』，正解此兩句。」恐是一時問答之語。當以論語解仁恕之别爲正。

是。

或問稱呂氏一本語尤詳實，深可玩味，未見有可玩味處。謂道雖本於天而行之者在人，非此章之正意。忠恕不可謂之道，而道非忠恕不行，此所以言違道不遠，其意亦恐未安。觀程子降一等之說與掠下教人之說，斯可見矣。其論四者未能之說，則曰：「盡人倫之至，通乎神明，光于四海，有性焉，君子不謂之命，則雖聖人亦自謂未能。」夫以盡人倫之至而自謂未能猶可也，通神明而光四海，奚暇遽論及此哉？

今觀呂氏論四者未能之說亦有意，恐未容輕議。

呂氏說恐亦不得此句之讀，更試考之。

游氏引「其則不遠」爲盡己之忠，不以道責人而以人治人，取其「改而止」爲盡物之恕，似乎其語未當。楊氏説「以人治人，仁之也，伊尹以斯道覺斯民是也」，恐不當其義。

今觀楊氏説，亦有可取。

宛轉説來亦可通，但恐不必如此説，枉費言語。

張子謂「君子之道，天地不能覆載」，恐失之太高。子思雖云「天下莫能載」，復云「天下莫能破」，大小兼該可也。戾天躍淵，亦以範圍之内言之。今言天地莫能覆載，則過矣。

亦是。

謝氏説：「致生之故其鬼神，致死之故其鬼不神，何也？人以爲神則神，人以爲不神則不神矣。」按夫子致生致死之説，本爲明器發也。以致死之爲不仁，故必有是明器；以致生之爲不智，故爲是明器而不可用，故曰神明之也。謝氏之意，則與此不同矣。又其説主乎致生，故謂人以爲神則神。如此，則所謂鬼神者，其有無專係乎人心而已，無乃似流於作用是性之失乎？又曰「以爲有亦不可，以爲無亦不可，這裏有妙理」；又曰「自家要有便有，要無便無」，皆是此意。

記得論語説中似有「當生者使人致生之，當死者使人致死之」，此却有理。謝氏論語説曰：「陰陽交而有神，形氣離而有鬼。知此者爲智，事此者爲仁。推仁智之合者可以制祀典。祀典之意，可者，使人格之，不使人致死之；不可者，使人遠之，不使人致生之。致生之故其鬼神，致死之故其鬼不神。」則鬼神之情狀，豈不昭昭乎？

侯氏曰：「消息盈虛，往來神明，皆是理也；吉凶悔吝，剛柔變化，皆是物也。」恐難分明。愚謂是數者皆物也，而有理存焉。又曰：「以陰陽言之則曰道，以乾坤言之則曰易，貫通乎上下則曰誠。」夫道非陰陽也，所以一陰一陽者，道也，程子固言之矣。繫辭止曰乾坤其易之門、易之藴，而謂易爲乾坤，則非也。且既以貫通上下爲誠矣，而又曰：「總攝天地，斡旋造化，動役鬼神，闔闢乾坤，萬物由之以生死，日月由之以晦明者，誠也。」則是誠者乃一作用之物，有似乎陰符經之云者，而不可謂之貫通上下矣。既以鬼神爲形而下者而非誠矣，又曰「誠無内外、無幽明，故可格而不可度射」，審如此説，則詩當云「誠之格思」，而不當言「神之格思」也。凡此自相矛盾，有不可曉者，不審如何？

看得是。

「顔雖夭，而不亡者存」，或問以爲侯氏之説，而集解繫之楊氏説後，孰爲誤也？

似是楊氏、侯氏皆有此語。更考之，若無，即是誤也。

吕氏、楊氏引三年之喪，皆有爲妻之文。按：夫爲妻服，齊衰杖期。而左氏傳昭公十五年王太子壽卒，王穆后崩，晉叔向曰：「王一歲而有三年之喪二焉。」杜氏注云：「天子絶期，惟服三年。故后雖期，通謂之三年喪。」審此，則是天子之后母儀天下，后之喪，天子可以絶期而不服。故服其喪而通謂之三年也。據經文，既曰「三年之喪，達乎天子」，又曰「父母之喪，無貴賤，一也」，則是三年之喪有爲長子、爲妻與嫡孫爲祖，故别乎父母之喪也。所謂達乎天子，則是三年之喪亦有通乎上下者矣。今律文與温公書儀皆無爲妻之文，獨吕氏、楊氏引叔向之説，而吕氏之説有可疑者。吕氏之説曰：「三年之喪達乎天子者，三年之喪爲父、爲母、適孫爲祖、爲長子、爲妻而已。天子達乎庶人，一也。」似與今文本旨與今律文、書儀皆不同。蓋經文分三年之喪與父母之喪，而吕氏則合之。律文、書儀載夫爲妻杖期，而吕氏則皆以爲三年也。楊氏之説曰：「三年之喪爲長子、爲妻與嫡孫爲祖，故王太子壽卒，穆后崩，而叔向云云。蓋天子爲子、爲妻，通謂之三年之喪也。故曰三年之喪達乎天子，父母之喪則自天子至於庶人，無貴賤，一也。」信如楊氏之説，則與經之本文無戾，而與叔向、杜預之言皆合矣。愚謂三年之喪〔一七〕，爲長子與嫡孫爲祖三年者〔一八〕，主當爲後者言之。爲妻三年者，主天子絶期而言之也。蓋在大夫士庶之長子、長孫，有當爲後者，有不當爲後者，故有服三年與不服三年之别。妻之喪，則自大夫以下皆服期，故是三年者惟天子皆服之，故曰達乎天子也。

恐三年之喪，只是指父母之喪而言。下文「父母之喪無貴賤，一也」，便是解所以達乎天子之意，與孟子答滕文公語亦相類。

游氏「至貴在我，至富在我，至願在我，生生在我」之説，恐非聖人意思。

此等皆衍説。

集注曰：「仁者，心之德、愛之理也。」其言之不一，何耶？蓋仁有偏言者，有專言者。專言者，心之德也。程子、西銘之意是也。偏言者，愛之理也。愛之所施，則親親、仁民、愛物是也。

固是如此。然心之德即愛之理，非二物也，但所從言之異耳。

所謂道者，君臣、父子、夫婦、昆弟、朋友之交是也。所謂德者，智、仁、勇三者是也。此聖人之所謂達道、達德，天下公共之理也。此外更無他道。後世學者惑於異端，求玄求妙，窮高極遠，而不知道果在此而不在彼也。孔子曰：「君子之道四，丘未能一焉。」「君子道者三，我無能焉。」聖人非果不能也，亦非姑爲自謙之辭也，蓋欲學者知道之極致不在他求，而人倫之至即斯道之所在也。

吕氏曰：「所謂道者，合天、地、人而言之。所謂仁者，合天、地之中而言之。」夫道固所以合天、地、人而言，然方論脩身以道，則不必遽及於此也。孟子論仁，只説「仁，人心也」，「惻隱之心，人皆有之」，則「仁者，人也」之意自是分明。今曰所謂仁者，合天地之中而言，則似謂一人不足以爲仁，必合天下之人而後足以爲仁也。是其爲言大而無當，不若「人皆有之」等語爲明白切要而詳盡也。

以上二段皆當。

吕氏以知所以治人爲聞一以知二，知所以治天下國家爲聞一以知十，恐未安。夫治人、治天下國家，猶曰安人、安百姓云爾，皆脩身之效也。聞一知二與聞一知十，自是分量不同，皆窮理脩身之事，豈可引爲比也？

此等處不必深辨。

楊氏曰：「力行則能推其所爲，故近仁。」楊氏之意，蓋指孟子「彊恕仁莫近」之意，而謂推其所爲乃恕之事，故引之以解近仁也。夫推其所爲，正古人所以大過人之事。以其猶待乎推，所以未遽可謂之仁。今楊氏舉此以解力行近仁之説，似不爲過。而或問謂其不可曉，何也？

如此，則「仁」字只就愛上説了。

楊氏論誠身一節，失之輕易。其論誠，則曰：「非自外得，反求諸身。」而不知不明乎善，則心不可得而誠。論不誠，則曰：「豈知一不誠，他日舟中之人皆是爲敵國。」而不知所謂不誠亦儘有淺深也。又引莊周鷗鳥之説而曰：「忘機則非其類可親。」則其所以説誠身者益差矣。又曰：「反身而至於誠，則利仁者不足道也。」夫反身而至於誠，正利仁之事；若安仁者，則不待於反，亦不待乎至於誠而自誠矣。

鷗鳥以下，所論得之。

或問謂：「隱之見、微之顯，實之存亡而不可揜者也。」「存亡」字有誤否？

心廣體胖，實之存也；如見肺肝，實之亡也。此當時立文之本意，然語誠有病，當改之耳。

謝氏曰：「誠是無虧欠，忠是實有之理，忠近於誠。」正倒説著，忠是無虧欠，誠是實有之理。蓋盡己之謂忠，一有不盡，是有虧欠也。以其自盡者言之，則謂之忠；以其實有者言之，則謂之誠。謂忠近於誠，亦非也。又曰：「有我不能窮理，人誰識真我？何者爲我？理便是我。」其言過高而且怪。理者，天下之公，認之爲我，則驕吝益肆矣。

得之。

章句中解致曲一段，乃是程子之説。然一曲之誠至於則形、則著、則明者，是一曲之誠充擴發見而至於無所不誠，故能變化否？而章句與程子之説但稱一曲之誠著見光輝，而所謂誠能動物，止一曲之誠耶，將無所不誠而能動物耶？若張子以明爲餘善兼照，楊氏以明爲無物不誠，豈疑此而爲說也？故楊氏曰：「曲能有誠，誠在一曲也。明則誠矣，無物不誠也。」竊疑楊氏之說不爲無理。

此章所言，正是一曲之誠，然致曲者固無曲之不致也。經雖不言，意自可見。張、楊之說，恐未爲得，不若程子之言爲當。

呂氏曰：「學不厭，所以致吾知；教不倦，所以廣吾愛，自入德而言也。」亦恐未安。子貢之論學不厭、教不倦爲仁智，正所以形容夫子之聖，自是成德事，豈可以入德言之乎？

得之。

楊氏曰：「大學一篇，聖學之門户，其取道甚徑。」夫聖人之道自有等級，由其所造之地如何耳，非可以徑取也。

甚徑亦言其平直而無回曲耳。

呂氏曰：「誠與神交感，則同心者無不應；德與氣同運，則同類者無不化。」蓋誠者德之至實，神者氣之至妙。誠與神以其精者言之，故曰交感則同心者無不應；德與氣以其統體言之，故曰同運則同類者無不化。

呂說恐亦未可以爲至論。

謝氏謂「帝是天之作用處」，自然之理恐不可以作用言，如程氏謂以主宰謂之帝，則善於形容者也。

得之。

楊氏曰：「無息者，誠之體，不息所以體誠也。」非也。無妄者，誠之體；不息者，誠之所爲也。

得之。

「尊德性而道問學，致廣大而盡精微，極高明而道中庸」，程子只解極高明而道中庸，非謂二事〔二九〕。中庸，天理也。天理固高明，不極乎高明不足以道中庸。豈以極乎高明者是乃中庸之道，非别有高明也？又曰：「理則極高明，行之只是中庸。」以此而例上二句，則意皆明矣。然此乃兼費隱、貫上下之極至者言之，須得張子逐句一義一段之說，其義始備。其曰尊德性，須是將前言往行、所聞所知以參驗，恐行有錯；致廣大須盡精微，不得鹵莽；極高明須道中庸之道，互相發明，斯無餘蘊矣。今觀或問之說，乃謂吕氏因張子之意，須更以謝、楊二説足之，其義始備。愚謂三子之説皆非中庸之正意，謂之各是一說可也。

吕氏曰：「雖有問學，不尊吾自得之性，則問學失其道；雖有精微之理，不致廣大，則精微不足以自信；雖有中庸之德，不極高明以行之，則同汙合俗。」今未暇辨乎其他，所謂雖有中庸之德，不極高明以行之，則同汙合俗，則是高明、中庸自是兩事，不相關涉，不能極乎高明，則道中庸者乃同汙合俗耳，豈有同汙合俗而尚可謂之中庸乎？豈有同汙合俗之中庸必極高明以行之而復異乎？此乃緣文立義，而未究程、張之指與夫此章之正意也。且既以德性、廣大、高明皆至德，問學、中庸、精微皆至道，其言雖不能無失，而其意則不害其爲兼舉全體。今曰失道與同汙合俗之云，則至德果如是乎？又以道之在我、道之全體、道之上達分始、中、終之序，而謂不先立乎此〔三〇〕、充乎此、止乎此之類者，其失同出一轍，今不暇復辨也。游、楊之説，皆以先後循序而言，則亦恐非正意，特其解經之一説爾。大抵此五句之義，乃是聖賢竭其兩端之教，不容偏廢，或偏於一，則必陷於異端曲學，而不足以知道學之全。然而學者之病，往往多欲進於德性、廣大、高明之域，而於所謂問學、精微、中庸者不留意，或爲之而不知盡其義、極其至焉，則其所謂德性、廣大、高明者，是烏足以爲德性、廣大、高明哉？程、張之説深得乎此，而吕氏之説之意，則所重者在德性、廣大、高明，所輕者在問學、精微、中庸，則正與張子之説相反，豈得爲因其意乎？

楊氏又以温故知新爲道問學之事、敦厚崇禮爲道中庸之事，亦恐失之遷就。本文之意，蓋謂温故者多不知新、敦厚者少能崇禮，與上三句相類耳。若必遷就其說，則温故知新亦可以爲盡精微，而敦厚崇禮亦可以爲尊德性矣。又曰：「道中庸而不極乎高明，則愚不肖者之不及。」則是凡愚不肖皆可以道中庸乎？比呂氏則甚焉者也。侯氏之說，尤無倫次，既以禮爲道之物，其名禮者既失之矣，又以和而至合，内外以和行，使萬物各當其分謂之禮，禮各有其物謂之儀，則言禮又不經矣。繼之曰：「統而言之則曰道，分而言之，則仁者見之謂之仁，智者見之謂之智，學禮者見之則謂之禮可也。」先後不倫，輕重失當，果何爲哉？特其辨楊氏「道非禮不止」之言之失，則似可取耳。其它至德至道之說、求仁上達之說〔三二〕，文義皆失之矣。

此段未安。

二十九章「三重」之說，程子言之，侯氏述焉。程子所謂「此與春秋正相合」者，意尤親切。而侯氏所以發明者，亦詳備而可觀。通乎此，則一章之義首尾通貫，意脈接續，深有餘味。且又承上章夫子所言三代之禮，則「三重」爲三王之禮所重之事，亦可信矣。若如章句所從呂氏之說，固亦可通，但意味不如程子之長，且一章文意斷續。如所謂上焉者指夏、商，下焉者指孔子，則是非惟夏、商之禮全不可用，而孔子之善亦無所施。然則夏時、商輅與夫春秋之作謂之何哉？若謂其不必如此說，則下文繼之以「故君子之道」，是上焉下焉皆不可用明矣。章句、或問考究推明，其必不苟，幸明辨而明告之。

更思。

侯氏舉明道「堯舜事業如太虛中浮雲」之説，以解「故曰配天」一段，其引據已不親切。繼之曰：「尚可得而言也。若夫至誠，又非特如天如淵，配天而已。」却是説至聖不如至誠〔三二〕，豈有此理？

至聖至誠，非有優劣。然「聖」字是從外説，「誠」字是從裏説。

呂氏説「以中立大本，以庸正大經」以下，恐皆未安。姑辨此二句。大本即中也，大經即庸也。經綸大經，立大本，即是盡此中庸之道。若謂以中而立大本，以庸而正大經，則中與大本、庸與大經皆二物也。至謂大經之正，親親、長長、貴貴、尊賢，又發明紛揉會同，更相爲用處儘有功。然而不若只論君臣、父子、夫婦、兄弟、朋友五者爲尤盡大經之義也。

得之。

楊氏曰：「大經，天理也。惇典敷教，所以經綸之也。大本，中也。建其有極，所以立之也。化育，和也，窮神而後知之也。」惇典敷教，即是經綸大經，即是天理，非惇典敷教之外別有天理爲大經也。建其有極，固與立大本之義不同，然所謂建其有極，所以立大本,莫却無病否? 以化育爲和,則其失明矣。自「聖人,人倫之至」以下,與侯氏之失同而又甚焉。

惇敷是經綸,典教是大經,建是立,極是本。

侯氏「誠則經綸之」以下,其失與吕氏言「以中立大本」者同。蓋本文之意謂惟天下至誠者固能如此,非是以誠去立之知之也。

「知遠之近,知風之自,知微之顯」,乃承上文「尚絅」之意,起下文「不愧屋漏」與「慎獨」之端。蓋道雖無所不備,而其所以不可離者實在於戒謹恐懼之際。惟君子不愧屋漏,是所謂知遠之近、知風之自也。隱微之間,雖人所忽,而理之善惡則顯然著見。惟君子必慎其獨,是所謂知微之顯也。然而言戒謹恐懼之意,則以知遠知風言之,謹獨,則止以知微言之,何也? 蓋遠之近者,以事物而言,則其理未嘗不具於吾心;風之自者,以人倫而言,則其用未嘗不本於吾心,故言之也詳。言微則隱在其中,故言之也略。今觀章句之釋,所謂「著乎外者本乎内,有諸内者形諸外」,發明三知之義固已明白。若更以愚意參之,則上下語脈愈益通貫精密矣。不審如何? 吕氏卒章之説綱目不明,誠如或問之所論者。至於以「天何言哉」以下爲不待言動而人敬信,則屬之「不愧屋漏」之下者,非惟失其文意,愈錯亂而不備矣。如忘法度、忘言動、德之、聲色之者,尤過高而無實,與其他慤實自得之言若相背馳，不可曉矣。

以上皆得之。

答萬正淳

人傑去歲嘗讀中庸，妄意辨析先儒之説，今春録以求教矣。間在鄱陽，有一朋友舉或問二十七章之説來言曰：「先生以德性、廣大、高明、故與厚者爲道之大，以問學、精微、中庸、新與禮者爲道之小，何也？」人傑始而疑之，因檢章句、或問研究是説，忽悟其旨。蓋此章首言：「大哉，聖人之道！洋洋乎發育萬物，峻極于天。」則道之極於至大而無外者也。「優優大哉，禮儀三百，威儀三千。」則道之入於至小而無間者也。大小兼該，本末不遺，行之者其在人乎。繼之以「故曰苟不至德，至道不凝焉」，誠謂道之所以極於至大至小而莫不具舉而無遺者，必待至德之人以行之也。夫既論其必至德然後可以行至道之意矣，而其指示學者所以進於是道先生改作「脩是德」。之工夫，則又不可不詳言之。於是又繼之曰：「故君子尊德性而道問學，致廣大而盡精微，極高明而道中庸，温故而知新，敦厚以崇禮。」所以示學者之於此道，不可徒志其大而遺其小、得其本而遺其末、馳意於高遠而不求夫致知力行之實也。知乎此，則横渠之説與夫吕氏、游、楊之説皆所以發明此理，而人傑前日之疑是乃見理不明，妄議之也。吕氏、游、楊有未安處，或問既言之矣。若楊氏又以温故知新爲道問學之事，敦厚崇禮爲道中庸之事，則恐不必如此説以害正意耳。侯氏以禮爲道之物，不知道之理果何謂也。至其辨楊氏道非禮不止之言之失，却似可取。謹復，具此以求教，不知先生以爲如何？

此説得之，但「進於是道」者未安。

答萬正淳

通書謹動章：「動而正曰道，用而和曰德。匪仁、匪義、匪禮、匪智、匪信，悉邪也。」以太極圖配之，五常配五行，則道德配陰陽，德陰而道陽也。

亦有此理。

今士大夫家喪服有稍從禮制者，止留意於男子之服，若婦人之服，止是因仍時服。按禮記檀弓「婦人不葛帶」章，注云：「婦人重要，而質不變所重。」然則婦人喪服衣裳相連，如深衣形製，而用麻爲帶約之。至期除去，只散其要也。又云：「卒哭，直變絰而已。絰，首絰也。」按喪服小記正義云：「婦人有三髽，一是斬衰髽，二是齊衰布髽。」今云變首絰，是變麻爲葛也。不知婦人之首絰是髽之外别有首絰，如男子之首絰，或髽之用麻用布者即是否？若髽之用麻用布者即是絰，則麻可變而爲葛，若布變爲葛，則反重矣。乞詳以見教。

麻髽布髽，恐是以此二物括髮而爲髻，其絰則自加於髽上，非一物也。當暑目昏，不暇檢閲，可更詳之。

古者一世自爲一廟，後世同堂異室，是一室之中夫婦相配也。若祫祭之位，則太祖與妣皆東向；昭之位次，則高祖西而妣東，祖西而妣東，皆南向；穆之位次，則曾祖西而妣東，禰西而妣東，皆北向，亦是夫婦相配。今按：喪有祔祭，必以昭穆，蓋卒哭而祔，既行禮畢，復迎所祔神主於几筵，以終喪制。至祔廟時，却有當遷之祖，而所祔神主自爲一世。但父在母亡，未可祧遷，恐須别爲一處以祭其母也。又按喪小記云：「婦祔於祖姑。祖姑有三人，則祔於親者。」恐亦是卒哭之祔。若親者是妾祖姑，婦却是適婦，妾祖姑祭於孫止，婦乃傳重入廟者，豈可以混於彼乎？

凡喪，父在父爲主。母或先亡，父自祔之祖母之室，歲時祭之東廂。父死，乃隨之以入廟耳。嫡婦祔於妾祖姑，誠似未安。然未有考，則不得已且從「祔於親者」之文，蓋捨此杜撰不得也。

喪小記「妾祔於妾祖姑」，正義云：「妾母不世祭於孫，否則妾無廟。」春秋考仲子之宫,胡氏云:「孟子入惠公之廟,仲子無祭享之所。」審如是,則天子之元后、諸侯之元妃,雖曰無子,必當配食於廟,而其他或繼室或媵妾,雖曰有子而即天子、諸侯之位者,皆當爲壇於廟而别祭之。至大祫,則祔于正嫡而祭。所謂「諸侯不再娶,於禮無二嫡」之説,可通於天子也。不審如何?

妾母不世祭,則永無妾祖姑矣。向竇文卿亦嘗問此,無以答之。今恐疏義之説,或未可從也。爲壇之説,恐亦未安。祔嫡而祫,妾並坐,尤爲未便。恐於禮或容有别廟,但未有考耳。

命士以上父子異宫,是同處而各有室廬否?

古人宫室之制,前有門,中有堂,後有寢,凡爲屋三重,而通以牆圍之,謂之宫。以理言之,父子固當同處。然所居之左右前後或是他人之居,不可展拓,不知又如何得同處?此等事古今異宜,不可得而考也。

「宋公、陳侯、蔡人、衛人伐鄭」,「衛人殺州吁于濮」,「衛人立晉」,三稱衛人,是非不相掩也,直書而義自見矣。滕侯於隱公時書「卒」,書「來朝」。至桓公二年以後,終春秋之世,止稱「滕子」。胡氏以爲因其朝威降而稱「子」。果如是説,則威公之世貶之足矣,自是稱子而不侯,無乃非「惡惡止其身」之義乎?

沙隨程文此說甚精，曾見之否？

「胥命于蒲」，三傳、荀卿及胡氏皆有取齊、衛二侯之說，而或者以謂二侯不由王命，相推戴命爲方伯，故春秋變文以譏之也。愚謂若如或者之說，則於文義爲順，恐合經意。彼春秋諸侯私相要誓，誠爲可罪，然其私相會聚，交政中國，雖曰不盟，亦未見其有可取也。彼所謂「相命而信諭，謹言而退」，凡交際之間有投合者，大率皆然，又何足以爲異，而必變文深許之乎？況齊僖、衛宣行事載于春秋，試舉一端〔三三〕，如紀會桃丘等事，莫非傾險之習，則其相命之際，不知果何所命乎？不要其相命之公私，而概以相命爲可取，愚未敢深信。史記書「齊、衛會于徐州以相王」，似或者胥命之說。

「夫人姜氏薨于夷，齊人以歸」，恐當從左氏閔公二年之傳。胡氏謂齊人歸者，以其喪歸于魯也。書曰「以歸」，何以決知其以喪歸于魯乎？且七月齊人以喪歸魯，而十有二月其喪方至，豈若是其遲遲乎？凡書「以歸」，皆爲以之而歸其國，如戎伐凡伯之類。

滕侯自威公以後稱「子」，杞侯自莊公以後稱「伯」，又僖二十三年卒而書「子」，二十七年朝而書「子」，後又稱「伯」。竊意當時小國朝會於大國，從其爵之大小以納其貢之多少，故子産爭承於平丘之會，以謂鄭伯，男也，而使從公侯之貢。吳、晉黄池之會，吳人將以公見晉侯，子服何以謂「敝邑之職貢於吳，有豐於晉，今將以寡君見晉君〔三四〕，敝邑將改職貢。若爲子男，則將半邾以屬於吳，而如邾以事晉」？由此觀之，則當時公侯之國，以其職貢之不共，而自貶其爵者多矣。

沙隨說正如此。

侵曹伐衛，再稱晉侯，先生側邊批云：「此正是晉文譎處。」恐非貶辭。蓋圍宋之役，二國雖不與，而其從楚則一也。晉文不先加兵於陳、蔡、鄭、許，而先侵曹伐衛，或是當時事勢有未可者。豈有楚人暴横，諸侯皆南向從楚，而得一諸侯用兵以張中國之威，春秋遂遽貶之乎？先生側批云：「康節論五霸功罪之意得之。」今以楚人救衛爲善楚貶晉，而成凡書「救」者，未有不善之例，則文公九年「楚人伐鄭，公子遂會晉人、宋人、衛人、許人救鄭」爲罪趙盾，何也？既罪趙盾，何以又書「救」乎？學春秋者固不可執定例以害大義也。至於下書「執曹伯，畀宋人」，「衛侯出奔，復歸與元咺」等事，則晉侯無所逃責矣。

有難言者。

楚子虔誘蔡侯般，殺之于申，利其國而誘殺之也，故名。胡氏謂蔡般弒君，與諸侯通會盟十有三年矣。楚子若以大義唱天下，奉詞致討其弒父弒君之罪，謀於蔡衆，置君而去，雖古之征暴亂者不越此矣。愚謂諸侯與通會盟者，楚子爲之會主也。以弑君之賊會弑君之賊，同惡相求，非惟不能討其罪，亦不敢討其罪矣。今欲圖其國而殺之，惡人之常態也，是烏可於十有三年之後責楚子以唱大義以討般？楚子未暇治也，而又責其討般，典刑紊矣。

甚善。

「舜、孔子，先天者也，先天而天弗違，志壹之動氣也；伏羲氏，後天者也，後天而奉天時，氣壹之動志也。」此數語恐未安。伏羲是闡三才之理，舜、孔子是感和氣之應，其引先天、後天之説，固爲失之。引孟子志氣之論，尤失其旨。其後又言「聖人之心，感物而動」，辭意亦差，皆以作用觀聖人之失也。

胡氏此章似無病，更宜詳味，但不知文成致麟果然否耳。

「極高明而道中庸」，中庸雖是常行之道，然其德之至則極乎高明。高明猶言上達也，中庸猶言下學也。

「極高明而道中庸」，若如來喻，即是上達而下學，成何道理？此處且當虚心熟玩本文之意，參以章句之説，便見日用工夫的確處，不須容易立説也。

有氣禀之惡，有陷溺之惡，然皆當復之以爲善。明道所謂「有流而未遠已漸濁，有出而甚遠方始濁」，却是説陷溺之惡。陷溺之惡，比比皆是；氣禀之惡，則如子越椒之類，不常有也。氣禀之性，猶物之有萬殊，天命之性則一也。

氣禀物欲之陷溺，此不必論其常有不常有，但當致其澄治之功耳。

吕氏説「率性之謂道」一段，如禮謂差等節文，與夫喪服異等、儀章異制，大意與「脩道之謂教」相似。

吕氏意却在無所憾、莫敢爭處，見得率性是道也。

侯氏引告子「生之謂性」以解率性，却只是説得氣質之性。而所謂率性者，不專主乎氣質也，如曰物之自有也。草木之不齊，飛走之異禀，然而動者動、植者植，天機自完，豈非性乎？馬之性健而健，牛之性順而順，犬吠盗，鷄司晨，不待教而知之，豈非率性乎？言草木、飛走、馬牛、犬鷄之性而不及人之性，仁、義、禮、智之爲性，則疏略之甚，無待於此〔三五〕。

侯氏説固疏略，然却是宗程先生説，但得其言而不得其意，故信口言之而爲此疏脱耳。

「一陰一陽之謂道」，言天道之流行者也。「率性之謂道」，言人物之所以得乎天道者也。

一陰一陽之説是。

楊氏言仁義不足以盡道，恐未安。易只説「立人之道曰仁與義」。仁義不足以盡道，游、楊之意大率多如此。蓋爲老莊之説陷溺得深，故雖親聞二先生之言，而不能虚心反覆、著意稱停，以要其歸宿之當否，所以陽離陰合，到急衮處則便只是以此爲主也。此爲學者深切之戒。然欲論此，更須精加考究，不可只恃「曰仁與義」之言而斷以爲必然也。近得龜山列子説一編，讀了令人皇恐，不知何故直到如此背馳也？

侯氏曰：「君子終日乾乾，至無咎者，戒謹所不聞也。君子終日對越上帝，尚何戒謹恐懼之有？以聖人之誠，則無待乎此也。」恐未安。乾乾夕惕爲戒謹恐懼，其説雖可旁通，然「乾乾夕惕」，乾九三之事也。九三居下之上，君德已著，聖人之心自是如此。中庸言戒謹不睹、恐懼不聞，乃學者之事，比而同之，則少差矣。且其説既已如此，又曰「君子對越上帝，尚何戒謹恐懼？以聖人之誠，則無待乎此」，其説自相背馳，殆不可曉。

侯氏説固多疏闊，然以乾乾夕惕爲聖人之事、戒謹恐懼爲學者之事，亦恐未然。大抵戒懼惕厲之心則一，而成德初學所至自不同耳。

張子曰：「禮亦有不須變者，如天叙天秩之類。時中者不謂此。」五典五禮，生民日用之常，君子之所力行者舉不外此。常者，固此理也。凡事不出此五者，非五者之外别有箇時中也。

張子之言，如三代所因及所損益之類，理雖一而事不同也，未可遽以爲不然。

答萬正淳

兩箇「其爲氣也」，是言浩氣之體用，未是以養氣爲主〔三六〕。「集義」以下是推明氣所由生，非是論以集義爲主。蓋氣雖至剛大、配道義，然非集義則無以生之，非可以行義而掩取之也。如此爲文，乃得抑揚之意。

横渠論易乾卦諸爻，恐皆過論。大抵易卦爻辭本只是各著本卦本爻之象，明吉凶之占當如此耳，非是就聖賢地位説道理也。故乾六爻，自天子以至於庶人，自聖人以至於愚不肖，筮或得之，義皆有取。但純陽之德，剛健之至，若以義類推之，則爲聖人之象，而其六位之高下，又有似聖人之進退。故文言因潛、見、躍、飛自然之文，而以聖人之迹各明其義位有高下，而德無淺深也。然其本意亦甚分明，未嘗過爲深巧，如横渠之説也。且如初九，則是德已成而行未著，故衆人未見其德，而君子之心確然已有以自信也。九二則人見其庸言庸行、閑邪存誠之迹，又從而化之也。九三則雖涉此危地，而但進德脩業之不已也。九四則其位愈進，其危益甚，而亦但知循理，不恤其他也。九五則以天德居天位，而天下莫不仰觀之也。上則過極而亢，不能無悔矣。若以德言，則愈進愈高，此當爲聖而不可知之地，又豈有可悔耶？　今橫渠專以聖人爲説，已失本經之指，又逐爻爲漸進之意，又非文言之義。且其龍德正中不在九二而在九三，九二之德博而化，非進於九三，則未免於非理非義之失，而其取義前後相妨，因繆益訛，而轉不得其所矣。

大抵近世説經者，多不虚心以求經之本意，而務極意以求之本文之外，幸而渺茫疑似之間略有縫罅，如可鉤索，略有形影，如可執搏，則遂極筆模寫，以附于經，而謂經之爲説本如是也。其亦誤矣。　此數段文義，正淳所疑多得之。　但謂九三天下將歸，益當進德脩業爲未然。　乾乾夕惕，自是君子之常事，今雖處危地而不失其常耳。　知至知終，亦不是言脩爲先後之漸，只是見德業内外之別。　蓋心則致誠以進德，身則脩辭以居業，進德者日新，居業者無倦，與周公「繼日待旦」意雖略相近而不相似也。　九四只是循理而行，自無固必耳，亦不爲信乎於人而後可躍也。

乾有兩乾，是兩天也，昨日行矣，今日又行，其實一天耳，而行健不已，此所爲「天行健」。　地平則不見其順，必其高下層層地去，此所以見地勢之坤。　順看易傳，若自無所得，縱看數家，反被疑惑。　如伊川先生教人看易只須看王弼注、胡安定、王介父解。　今有伊川傳，且只看此尤妙。　解書難得分曉，趙岐孟子拙而不明，王弼周易巧而不明。　格物致知，正心誠意，不可著些纖毫私意在其中。

校勘記

〔一〕有此性則有此理　「此理」下，浙本有「此理」二字。

〔二〕然箕子曰　「箕」，原作「微」，據東坡書傳卷八改。

〔三〕人各自以其意貢于先王　「王」，原作「生」，據閩本、浙本、天順本改。

〔四〕質諸鬼神而無疑爾　「神」字原缺，據浙本及答文補。

〔五〕乃立太丁之子太甲　「丁」，原作「子」，據閩本、浙本、天順本改。

〔六〕但略去華盛之服可也　此下，浙本有「孟子曰『反身而誠，樂莫大焉』，恐有『己欲立而立人，己欲達而達人』之意；『强恕而行，求仁莫近』，恐有『能近取譬，可謂仁之方也已』之意。蓋反求諸身而實有此理，如仁義忠孝、應事接物之理，皆實有之，非出於勉强僞爲，到此地位，則是以己及物，不待推矣。未至於此，則須强恕以去己私，求得天理之公，所謂推己及物也。未知是否？」「此説非是」凡一百二十九字。

〔七〕陽化爲陰剛化爲柔　「陰剛」原倒，據正訛及下文乙正。

〔八〕故白直無艱阻而人易知之也　「白」，原作「曰」，據浙本、周易折中改。

〔九〕而非統别之子孫也　「别」下，記疑云當有「子」字。

〔一〇〕義不禰别子　「不」下，閩本、浙本均有「敢」字。

〔一一〕國家之衆子不繼世者　「家」，正訛改作「君」。

〔一二〕三三爲六　正訛改作「三三三二」，同治本作「二三爲六」。

〔一三〕故其一陰而爲二　「故」下，記疑疑當有「兩」字。

〔一四〕則又合氣與形而理具焉　「焉」下，浙本有「然亦□而已矣。蓋陰陽者，陽中之陰陽也。柔剛者，陰中之陰陽也。仁義者，陰陽合氣，剛柔成質，而是理始爲人道之極也」四十六字。

〔一五〕所謂動而止其所也　「也」下，浙本有「蓋艮之義，止而已。當止而止，止也；當行而行，亦止也。此所謂止其所也」二十七字。

〔一六〕乃能不見其人　「人」下，浙本有「未有顧己身之利害禍福而能不畏侮於人之彊弱貴賤也」二十三字。

〔一七〕是又就做工夫上言　「言」下，浙本有「猶所謂奸聲亂色不留聰明，淫樂慝禮不接心術之意。此蓋發明所以能止之義，故其彖傳有曰：『相（今據程頤易傳艮卦補）背，故不獲其身，不見其人，是以能止也。』此恐言外之意，未必易之本義。不知如此看得否」七十二字。

〔一八〕未必文王之本意也　「也」下，浙本有「或問孟子言仁必對義，孔子言仁必配智，其不同也。銖妄意謂孟子之言，指偏言一事之仁也。孔子之言指專言包四者之仁也。然雖偏言各專一事，而不仁亦無以爲義；雖專言以包四者，而不智亦無以爲仁，其歸亦一而已矣。然孟子亦有專言之者，如『仁，人心』是也。孔子亦有偏言之者，如『愛人』是也。故羞惡、辭遜、是非者，惻隱之心隨感而應者也；是非之分素明，則惻隱、羞惡、辭遜之發始各得其當而不悖也。故元、亨、利、貞，而不貞亦無以爲元也。未知是否？」「此條大概近似，而語意不密。且看他見得道理分明、觸處通貫處是個甚底可也。」凡二百零六字。

〔一九〕尤以愧仄　「仄」，原作「反」，據閩本、浙本、天順本改。

〔二〇〕但今餘證狂來　「狂」，閩本、浙本、天順本均作「往」。

〔二一〕即是李仲永所行　「永」，原作「水」，據浙本改。

〔二二〕恐不能無少失真也　「少」，浙本、天順本均作「小」。

〔二三〕所論大概只是如此　「論」，閩本、浙本均作「諭」。

〔二四〕但恨未有道理喚得他醒耳　「他」，原作「它」，據浙本、天順本改。

〔二五〕徜徉其志也哉　「志」，原爲墨丁，據四庫全書本補；閩本作「一」。

〔二六〕然上文本謂君子之道無往而不中　「謂」，原作「爲」，據閩本、浙本、天順本改。

〔二七〕愚謂三年之喪　「年」，原作「者」，據正訛改。

〔二八〕爲長子與嫡孫爲祖三年者　「三」，原作「二」，據浙本改。

〔二九〕非謂二事　「非」，原作「所」，據正訛改。

〔三〇〕而謂不先立乎此　「立」，原爲墨丁，據閩本補。

〔三一〕求仁上達之説　「説」字原缺，據浙本補。

〔三二〕却是説至聖不如至誠　「説」，原作「發」，據浙本改。
〔三三〕試舉一端　「試」，原作「誠」，據浙本改。
〔三四〕今將以寡君見晉君　下「君」字原缺，據浙本補。
〔三五〕無待於此　「待」，正訛改作「過」。
〔三六〕未是以養氣爲主　「氣爲」原倒，據孟子公孫丑上乙正。

晦庵先生朱文公文集卷第五十二

書知舊門人問答

答吳伯豐必大〔一〕

熹衰晚無堪，學不加進，足下過聽，辱先以書，其所以稱頌道說者，足以見賢者之志矣，然非區區所及也。示喻程子格物之説，誠若有未易致力者。然其曰天地之所以高厚、一物之所以然，蓋極其大小而言之，以明是理之無不在，而學問之功不可一物而有遺爾。若其所以用力之地，則亦不過讀書史、應事物，如前之云爾。豈茫然放其心於汗漫紛綸不可知之域哉？或人所引易象之數，又似太拘。所謂明理，亦曰明其所以然與其所當爲者而已。鄙見如此，不識賢者以爲如何？恐有未安，幸復見告也。子澄去秋相見甚款，近復招之，尚未有來信。大冶近有萬君人傑者見訪〔二〕，見留之學中，氣質甚美，議論亦可反復，殊不易得，云亦嘗得從遊也。熹比已丐祠，似聞諸公有意聽許，適聞張荆州之訃，若便得請，當一走長沙而歸爾。

答吴伯豐

讀書甚善，所諭亦有條理，但不必如此先立凡例，但熟讀平看，從容諷詠，積久當自見得好處也。所論看大學曲折則未然，若看大學，則當且專看大學，如都不知有它書相似。逐字逐句，一一推窮，逐章反覆，通看本章血脈；全篇反覆，通看一篇次第；終而復始，莫論遍數，令其通貫浹洽，顛倒爛熟，無可得看，方可別看一書。今方看得一句大學，便已説向中庸上去，如此支離蔓衍，彼此迷暗，互相連累，非惟不曉大學，亦無功力別可到中庸矣〔三〕。況所比校，初無補於用力之意〔四〕，徒然枉費心力；閑立議論，番得語言轉多，却於自家分上轉無交涉，不可不察也。

「因其本明」，非是察識端倪，把來玩弄，以資談説，只是因其已知而益廣其知、因其已能而益精其能耳，與湖南説自不同也。「知止有定」之説，似亦未然。更以章句、或問求之爲佳。「知至意誠」之説，則大概得之矣。盤銘是注疏説，可自檢看。當時以下文多已説，故不曾標其名氏耳。論、孟、中庸，儘待大學通貫浹洽，無可得看後方看乃佳。若奔程趁限，一向攢看了〔五〕，則雖看如不看也。近方覺此病痛不是小事，元來道學不明，不是上面欠却工夫，乃是下面元無根脚。若信得及，脚踏實地如此做去，良心自然不放，踐履自然純熟，非但讀書一事也。

横渠先生象，記得舊傳蜀中本時云亦有御史象，今却不記曾見與不見。歲久，不復可得其真，但當兼收，以見區區尊仰之意而已。但去歲此時同遭論列，今又適以此時相見，亦可笑也。李衛公書如此，正不足傳，顧其全書遂不復可見，殊可惜耳。廬陵近數得書，一病不輕，且幸已平復也。金溪一向不得書，亦省應答之煩。皇極辨併往，此亦一破千古之惑，可録一本送正淳，皆勿廣爲佳耳。

答吴伯豐

詩傳中有音未備者，有訓未備者，有以經統傳、舛其次者。此類皆失之不詳，今當添入。然印本已定，不容增減矣。不免別作補脱一卷，附之辨説之後。此間亦無精力辨得，只煩伯豐爲編集，其例如後：

詩集傳補脱

周南

樛木　樂只「音止」二字，合附「本」字下。

鄘

載馳　無我有尤「尤，過也」三字，合附「衆人」字下。「無以我爲有過，雖爾」八字，合附「大夫君子」字下。

王

中谷有蓷　遇人之不淑矣「淑，善也」三字，合移在「歎矣」字下。

以上略見條例，餘皆依此。且用草紙寫來，恐有已添者，却删去也。又黎，黑也，古語「黎元」，猶秦言「黔首」。桑柔篇中第二章注中已略言之，孟子首篇亦嘗有解。今若天保篇中未解，可采用其説，著於補脱卷中，却删去桑柔篇注。或但略言之，亦可也。更詳之。

大序「先王以是經夫婦」〔六〕，傳曰：「先王，謂文、武、周公、成王。」必大竊謂二南、雅、頌固多周公時所作，然遂謂周公爲先王，則恐讀者不能無疑。此無甚害，蓋周公實行王事，制禮樂，若止言成王，則失其實矣。

芣苢「薄言有之」，傳曰：「有，藏也。」然其下章曰掇，曰捋，曰袺，曰襭，而首章乃先言藏，恐非其序。必大恐「有」是得之之義。

首章兼舉始終而言，後章乃細述其次第，詩中亦有此例。或於補脱中附入，亦可也。

麟之趾，傳以麟興文王、后妃，以趾興其子，故曰：「麟性仁厚，故其趾亦仁厚。文王、后妃仁厚，故其子亦仁厚。」然則下文「吁嗟麟兮」爲指誰耶？

正指公子而言耳。

「昔育恐育鞠」，張子之説固善。然推之下文「及爾顛覆」之云，意不甚貫，不若前説爲順。

姑存異義耳，然舊説亦不甚明白也。

君子偕老「象之揥也」，字書云：「揥，整髻釵也。」是否？

不識此物，姑依舊説。字書之説，亦與古注不殊也，或補脱中附之。

齊地東至于海，西至于河，南至于穆陵，北至于無棣。史記索隱曰：「按今淮南有故穆陵門，是楚之境。無棣在遼西孤竹，服虔以爲太公受封所至，不然也，蓋言其征伐所至之域。」其説如何？

穆陵在密州之西，無棣是今棣州，更考地志可見。索隱恐非。

采薇「小人所腓」，傳曰：「腓，猶芘也。」又引程子曰：「腓，隨動也，如足之腓，足動則隨而動也。」必大按易咸傳曰：「腓，足肚，行則先動，足乃舉之，非如腓之自動也。」易本義亦曰：「欲行則先自動。」由程子前說觀之，則腓爲隨足以動之物；由後二說觀之，則腓爲先足而動明矣，不當引之以解此詩之義，不若「猶庇」之云得之。生民詩「牛羊腓字」之傳，亦以腓爲庇，若施於此詩，與上文君子所依意義亦相類也。

此非大義所繫，今詳兩說誠不合，當删去。然板本已定，只於補脱中說破可也。又「百卉具腓」又有他訓，不知此字竟是何義也。

楚茨以下四篇，先生謂即豳雅。反復讀之，其辭氣與七月、載芟、良耜等篇大抵相類，無可疑。然又以爲述公卿有田禄者力於農事，以奉其宗廟之祭，則恐未然。蓋周自后稷以農事肇祀，其詩未嘗不惓惓於此。今以爲豳風、豳頌者皆是也。而孟子亦曰：「禮曰，諸侯耕助以供粢盛，粢盛不潔，不敢以祭。」古之人未有不先於民而後致力於神者，恐不必專指公卿言之。

此諸篇在小雅而非天子之詩，故止得以公卿言之，蓋皆畿内諸侯矣。

瞻彼洛矣，傳以爲諸侯美天子之詩，今考其間有「以作六師」之言，則其爲天子之事審矣。然二章、三章祈頌之語，則不過保其家室家邦而已，氣象頗狹，反若天子所以告諸侯者，何也？

家室家邦，亦趁韻耳。天子以天下爲家，雖言家室何害？又凡言萬年者，多是臣祝君之辭。

棫樸「追琢其章，金玉其相」，傳曰：「追琢其章，所以美其文；金玉其相，所以美其質。」然不知所美之人爲誰？

追琢金玉，以興我王之勉勉爾。

那「綏我思成」集傳，鄭氏所引禮記之説，程子則曰：「此特孝子平日思親之心耳，若齊則不容有思，有思非齊也。」必大竊謂人心不容無思齊之日，特齊其不齊者爾。若思其居處之類，乃其致誠意以交乎神者，蓋未害其爲齊也。未知是否？

鄭氏所引者，常法也。程子之義則益精矣。

「子路、曾晳、冉有、公西華侍坐」，集注謂三子之對，夫子無貶辭，則皆許之矣。而又載程子之説曰：「三子皆欲得國而治之，故夫子不與。」二説似相牴牾。以愚意索之，豈非許之者以其材足以有爲，而其不與者則未能合己之志歟？

不與者，不若於曾晳有「與點」之言耳。以「孰能爲大」之語觀之，不害於許其才之可用也。

程子又曰：「子路只爲不達爲國以禮道理，若達，却便是這氣象也。」蓋謂子路之意未免有所作爲，而曾點所言則皆行其所無事耳。使子路有見於此，一皆循其理之所當然，而不以己意參焉，則即曾點之氣象矣。然必大觀夫子所以哂子路者，特以其言之不讓而已。如冉有、公西赤之言，非不知讓者，遂謂之能達此道理，可乎？必大於此蓋屢致思而有未能灼然者。

子路地位已高，故見得此理則其進不可量。求、赤之讓，乃見子路被哂而然，非實有見也，又其地位與曾點之地位甚遠，雖知讓之爲美，此外更有多少事耶？

衛君待子而爲政，子曰：「必也正名乎！」胡氏之説，固正矣。然恐夫子以羈旅之臣，一旦出公用之而遂謀逐出公，此豈近於人情？意者夫子若事出公，不過具言父子之倫以開曉之，使出公自爲去就，然後立郢之事可得而議也。

此説甚善。然聖人之權，亦有未易以常情窺測者。

管仲於公子糾其可以無死者，以其輔之非義故也。若子路之死〔七〕，失在不合仕於孔悝耳。既食其禄，必死其難可也。不審於其始，而臨難始曰「吾於此可以無死也」〔八〕，則愚恐世之反側不忠者得以藉口矣。

此説甚善。然聖人不以不死責管仲，何也？

子路問事君，范氏謂犯非子路所難，而以不欺爲難。夫子路最勇於義者，而何難於不欺哉？特其燭理不盡，而好强其所不知以爲知，是以陷於欺耳。

以使門人爲臣一事觀之，子路之好勇必勝恐未免於欺也。

侯氏：「所以求生害仁、殺身成仁皆義也，非仁也。仁義本無二，學者當於一道上别出。」先生曰：「仁義，體一而用殊。君子之於事，有以仁決者，有以義決者。蓋仁者不以所惡傷所好之體，義士不以所賤易所貴之宜。」必大復推之曰：「以仁決者，因心以爲取舍，必無所違乎其德；以義決者，即事以權輕重，必無所失乎其宜。」未知是否？此説得之。然細看侯氏説，亦有些意思，試更推之。

答吴伯豐

所示諸説，别紙報去，但且如此推究玩味，久當自有得也。但前書偶尋未見，似其間亦有合報去者，今不暇也。蘇氏詩傳比之諸家若爲簡直，但亦看小序不破，終覺有惹絆處耳。所欲抄集傳，緣後來更欲修改一二處，且令住寫，今須到官方得寫去也〔九〕。廬陵之訃，令人痛惜，亦苦多事，至今未得遣人去也。趙守舊相識，但不曾通書，然亦政不必如此。爲人寮屬，世俗常禮有不可廢者，亦且得隨例，不須大段立異，不濟得事，徒爲人所指目憎嫌，却費調護、求寬假，所屈愈多也。沙隨程丈書來，甚相知，云居頗相鄰，想時相見也。姜叔權曾相見否？資禀篤實，不易得，近得書，亦甚進，能與之遊，當有益也。子耕當已歸豫章，時得書否？正淳必已赴省矣，後來所講如何？向來議論似亦傷太快，不子細也。伯豐所論甚詳密，朋友少及之者。更冀勉力，副衰朽之望。官事更宜加意，此後恐音問浸遠難通，切祝爲親自愛。

答吴伯豐

大學諸説皆善，可以補或問之缺矣。但「毋自欺」，乃解「誠其意」之義，知未至者固當如此用力，然知之至者亦未可便謂不假此也。但知未至者禁之雖力而或未能止，唯知至然後禁之不難，而無不能止耳。

「純粹，至善者也」，其立辭猶曰「純粹是至善」云耳。「至善」二字，與大學中「至善」同否？

通書「純粹至善」猶曰「純粹而至善」云耳，「至善」與大學理無不同。

注云：「中即禮，正即智，圖解備矣。」必大向者侍教時，雖已略聞大意，今按圖解有曰：「其行之也中。」又曰：「中者，嘉之會也。」所謂中即禮者，固明白矣。至於正，則不過曰其處之也正。又曰：「正者，貞之體也，智之義固在其中。」然起初學者讀之猶未能分明〔一〇〕，欲乞更詳下一語，如何？

元、亨、利、貞分配仁、義、禮、智，先儒已有定論矣。故只如此説，意亦自見。「五殊二實，一實萬分」，二謂陰陽，一謂太極。然不曰「二氣一理」，而皆以實目之者，蓋曰此皆實有之理，非但彊爲之名耳。五、二、一、萬皆實字，殊、實、實、分皆虚字，以此推之，則所謂二實、一實者，不相礙也。

「天地之塞吾其體，天地之帥吾其性。」近見南康一士人云，頃歲曾聞之於先生，「其」字有「我去承當」之意，今考經中初無是説。

西銘「承當」之説，不記有無此語，然實下「承當」字不得。恐當時只是説禀受之意，渠記得不子細也。

存，吾順事；没，吾寧也。

二句所論甚當，舊説誤矣。然以上句「富貴貧賤」之云例之，則亦不可太相連説。今改云：「孝子之身存，則其事親也不違其志而已，没則安而無所愧於親也。仁人之身存，則其事天也不逆其理而已，没則安而無所愧於天也。」蓋所謂夭壽不貳而脩身以俟之者，故張子之銘以是終焉，似得張子之本意。

「繼而有師命」，沙隨云：「師非師旅之師，是師友之師。蓋齊王欲授孟子室，養弟子以萬鍾也。」

兩説未知孰是，且缺之亦無害。孟子初見齊王，便有去志，但以有師命，不可請，故雖少留而終不受禄。以至將去，而王乃有授孟子室之説，孟子遂不受而竟去，恐不得以授室爲師命也。且若果然，亦何不可以請之有乎？

決汝、漢，排淮、泗。

其説只是一時行文之過，别無奥義，不足深論。況淮、泗能壅汝水，不能壅漢水。今排淮、泗而汝水終不入江，則排淮、泗而後汝、漢得以入江之説有不通矣。沈存中引李翺南來録言，唐時淮南漕渠猶是流水，而汝、淮、泗水皆從此以入江。但今江、淮漸深，故不通耳。此或猶可彊説。然運河自是夫差所通之邗溝，初非禹迹。且若如此，則淮又不能專達於海，亦不得在四瀆之數矣。沈説終亦不能通也。

宴安之説無之，味其言似是無垢句法。

中庸或問不誤，只是文字拙澀，不足以達其意耳。「必有是心之實」，當連下文讀之乃通。如更覺難曉，即上句在「天者」下更添一「決」字，在「人者」下更添一「容」字，如何？

答吴伯豐

學問臨事不得力，固是靜中欠却工夫。然欲舍動求靜，又無此理。蓋人之身心，「動靜」二字循環反復，無時不然。但常存此心，勿令忘失，則隨動隨靜，無處不是用力處矣。且更著實用功，不可只於文字上作活計也。

答吴伯豐

示及諸説，亦未暇細觀。但覺子融之説全無倫理，而諸友反爲其所牽，亦復擾亂。又不且整理其大病根原，而計較苛細，展轉向枝葉上辨論，所以言雖多而道理轉不分明。今只合且放下許多閑爭競，而自家理會「誠」之一字是甚道理，看得精切分明後，却合衆説而剖判之，當自見得，不如此費分疏也。正淳書煩爲附便。渠看得文字却儘子細，所寄中庸説多得之。恐欲見，發之却封寄之不妨也。沙隨八論及史評有印本，望寄及。此不須辨，後人自有眼目，不至如此晦盲也。到此只脩得大學稍勝舊本，他書皆未暇整頓。今又遭此禍患，恐不能久於世。以此益思亟歸，更略下少功夫，庶不誤後人枉費心力也。

答吴伯豐

衰晚遭此禍故，殊不可堪。既未即死，又且得隨分支吾，謀葬撫孤。觸事傷害〔一二〕，不如無生也。昨承惠書，并致奠禮，哀感深矣。一向無便，無從附報，但有馳情。比想秋清，侍奉之餘，宦學增勝。沙隨諸書及茶已領，便遽，未有物可奉報也。此間寓居近市，人事應接，倍於山間。今不復成歸五夫，見就此謀卜居。已買得人舊屋，明年可移。目今且架一小書樓，更旬月可畢工也。其處山水清邃可喜，陳師道、伯脩兩殿院之故里也。又有吳仲感名賁，常與古靈薦目中，亦其里人也。若得粗了，便可歌哭於斯。但用度百出，非元料所及，亦覺費力耳。

答吳伯豐

歸來半年，卜葬尚未定，築室亦不能得了。湖南之命，出於意外。初但以私故懇祠，然恐或不得請，即求便郡藏拙。近聞臨漳經界報罷，此是廟堂全不相信，政使在官，亦當自劾求退，其義豈容復出？已託人以此告之，計其聞此，亦難以相彊矣。閑中頗有學者相尋，早晚不廢講學，得以自警。然覺得今世爲學不過兩種：一則徑趨簡約，脱略過高；一則專務外馳，支離繁碎。其過高者固爲有害，然猶爲近本；其外馳者詭譎狼狽，更不可言。吾儕幸稍平正，然亦覺欠却涵養本原工夫，此不可不自反也。所寄疑義，蓋多得之，已略注其間矣。小差處不難見，但却欲賢者更於本原處加功也。

答吳伯豐

「巧言令色，鮮矣仁」，游曰：「使其人志在於善而失其所習，則猶可以自反。」愚謂人之習於不善固無不可反之理，然巧令之人又焉有志在於善者？是必悔過遷善，不復有巧令之習，則其志始可得而信耳。游氏蓋牽於「鮮」之爲少而委曲以失之。孔子之意，正指人爲巧言令色之時其心已不存耳。若能自反，則豈不足以爲仁？又豈止於鮮仁耶？游氏此説無病，只是不凑著本文正意。

子曰：「弟子入則孝。」游氏學文之説，固足以深警後世棄本逐末之弊，然古之所謂學文者，非弄翰墨、事詞藻，如後世之所謂文也，蓋無非格物致知、脩己治人之實事。故既學則必有以究義理之端，而趨於聖賢之域矣。然則文以滅質，博以溺心，以爲禽犢，以資發冢，託真以酬僞飾，奸言以濟利心，古之學者豈有是哉？游氏之説，有激而云耳，然抑揚太過，併與古之所謂學文者與後世等而視之，不得不辨也。古之學文固與今異，然無本領而徒誦説，恐亦不免真如游氏之譏也。

謝氏曰：「小人過於行事，君子過於性情。」此蓋言君子於過能辨之於早耳，然行事之過，在君子亦恐有未能盡免者，惟改之而已。如子路之過，使止在於性情之微，則已自知之可也，它人何由而告之乎？

性情之發即爲行事，行事之本即爲性情，但有深淺耳。以此分君子、小人，自是衍説，經之本指不在是也。

程子曰「良，易直也」，又曰「良乃善心」。

或問多此等處，後來不能脩改，蓋已廢之久矣。「良乃善心」，立語太泛，不如「易直」之爲切當也。

詩三百，程子曰：「思無邪，誠是也。」其言簡矣，未審其意謂作詩者以誠而作耶，抑謂讀詩者當誠其意以讀之耶？曰：程子之説，特以訓「思無邪」之義云耳。以詩考之，雅、頌、二南之外，辭蕩而情肆者多矣，則「誠」之爲言，固不可概以爲作詩者之事也。若謂使學者先誠其意而後讀之，則是詩之善惡方賴我以決擇，而我之於詩反若無所資焉者，又何取於詩之教耶？以是觀之，程子之言雖簡，然「誠」之一字施之必得其當可也，是則集注之云，固所以發明程子之意而言之矣。

行之無邪，必其心之實也。思而無邪，則無不實矣。此程子之意也。

范説至矣，特「王心無爲，以守至正」一語似贅，何也？削之則盡美矣。

此是經筵進説，似亦無害。

子曰：「吾與回言終日。」謝氏謂：「苟不至於不違之地，則與羣弟子無以異者。」竊恐抑揚太過。且以孔門諸子言之，所謂至於不違之地者，顏子一人而已。如謝之説，則是羣弟子雖朝夕親炙乎聖人之側，與未嘗親見聖人者無以異也。

謝氏抑揚誠若太過，然亦有此理。

子曰：「學而不思則罔。」周曰：「學欲默識心通也，苟徒出入乎口耳之間而不致思焉，則何以致知？」其言不思之蔽則善矣，而所以語學者則有所未盡。夫「學」，專言之則兼夫致知、力行之兩端；若對「思」而言，則致知爲思，而「學」云者蓋力行之謂也。今周氏以出入乎口耳者爲學，則學豈誦説而已乎？使止於是，又何所安耶？謝氏曰：「思，知之事也；學，習之事也。」此説得之。而集注「身不親歷」之云，尤明白矣。然程子經解亦曰「力索而不問，學則勞殆」，似亦以學爲講論問辨之事，何耶？然程子固曰博學之云云，五者廢其一，非學也，其不專以講誦爲學審矣。經解所言，反似不若語録之密。如以

「殆」爲「勞」，義亦無考，或者傳寫不能無誤云。

學是放效見成底事，故讀誦、咨問、躬行皆可名之，非若思之專主乎探索也。以「殆」爲「勞」無所見，歐陽公用此「殆」字，又似「怠」字，皆不可曉，不若從古説也。

子曰：「非其鬼而祭之。」或問云：「謝氏所論鬼神之意，學者所宜深考也。」今取其

説而讀之，其義精矣。蓋鬼神者，二氣之良能也。所謂神者，陽之爲也；所謂鬼者，陰之爲也。故其聚而生、來而伸者皆曰神。而在人，則魂氣爲神，陽之屬也。散而死，反而歸，皆曰鬼。而在人，則體魄爲鬼，陰之屬也。天地、山川、風雷、祖考，凡曰鬼神云者，亦不越是二端而已。故事鬼神者，必致其敬、發其情，有以極其在我之誠，而後在彼者有來格之理。蓋神人之交，皆以是氣而爲感通。使誠之在我者無以致之，則彼之發揚于上者亦何自而聚哉？然則鬼神之有無，揆之吾誠可矣。知此，則知謝氏格之、遠之之説矣。蓋其可不可者，理也。格之、遠之，皆吾心之所不容欺者也。「致生之，故其鬼神；致死之，故其鬼不神。」皆謂人實致之也。孔子曰：「之死而致死之，不仁而不可爲也。之死而致生之，不知而不可爲也。」故惟仁、知之合者可以制祀典。苟不察其理之可不可而祭非其鬼，則惑之甚矣。世之惑者，蓋皆求鬼神於茫昧恍惚之間，而不知其所以致之者實在於我故也。測度而言，未知近否？

大概得之，更宜涵泳，似更有未細密處。大抵陰陽有以循環言者，有以對待言者，須錯綜分合都無窒礙，乃爲得之。

子曰：「君子無所爭。」周氏於前篇「君子不器」及此章皆曰：「君子，以仁成名者也。」然則凡言君子之事者，皆可以仁之説推之矣，恐解經不當如是之拘也。

此是王氏說經之弊，大抵熙豐以來多此病。

子曰：「射不主皮。」楊氏曰：「容節可以習而能，力不可以彊而至。」集注改「容節」作「中」字，既不以中爲貫革矣，則所謂中者，抑如張子所謂「不貫革而墜於地者，其中鵠爲可知」之意否？

張子說是。儀禮大射、鄉射，皆以中爲勝，非止以容節之得失爲勝負也。

答吴伯豐

所示三條皆善。但人心無不思慮之理，若當思而思，自不當苦苦排抑，却反成不静也。異端之學，以性自私，固爲大病，然又不察氣質情欲之偏而率意妄行，便謂無非至理，此尤害事。近世儒者之論，亦有近似之者，不可不察也。故所見愈高，則所發愈暴。鬼神之説，思之甚精。但所疑今日之來格者非前日之發揚者則非是。只思上蔡「祖考精神便是自家精神」一句，則可見其苗脈矣。

答吴伯豐

鬼神之義，來教云：「只思上蔡『祖考精神便是自家精神』一句，則可見其苗脈矣。」

必大嘗因書以問正淳，正淳答云：「祖考是有底人便是有此理。爲子孫者，能以祖考之遺體致其誠敬以饗之，則所謂來格者，蓋真有此理也。」然必大嘗讀太極圖義有云：「人物之始，以氣化而生者也。氣聚成形，則形交氣感，遂以形化，而人物生生，變化無窮。」是知人物在天地間，其生生不窮者固理也，其聚而生、散而死者，則氣也。有是理則有是氣，氣聚於此則其理亦命於此。今所謂氣者，既已化而無有矣，則所謂理者抑於何而寓耶？然吾之此身即祖考之遺體，祖考之所具以爲祖考者，蓋具於我而未嘗亡也。是其魂升魄降，雖已化而無有，然理之根於彼者既無止息，氣之具於我者復無間斷，吾能致精竭誠以求之，此氣既純一而無所雜，則此理自昭著而不可掩，此其苗脈之較然可睹者也。上蔡云：「三日齋，七日戒，求諸陰陽上下，只是要集自家精神。」蓋我之精神即祖考之精神，在我者既集，即是祖考之來格也。然古人於祭祀必立之尸，其義精甚。蓋又是因祖考遺體以凝聚祖考之氣，氣與質合，則其散者庶乎復聚，此教之至也。故曰：「神不歆非類，民不祀非族。」必大前書所疑今日之來格者，非前日之發揚于上者，固非是矣。而正淳之説，言理而不及氣。若於存亡聚散之故察之不密，則所謂以類而爲感應者益滉漾而不可識矣。敢再此仰瀆尊聽，欲望更賜一言，以釋所蔽，不勝萬幸。

所喻鬼神之説，甚精密，叔權書中亦説得正當詳悉。大抵人之氣傳於子孫，猶木之氣傳於實也。此實之傳不泯，則其生木雖枯毁無餘，而氣之在此者猶自若也。此等處，但就實事上推之，反復玩味，自見意味真實深長。推説太多，恐反成汨没也。正淳所論，誠爲疏略，然恐辭或未盡其意耳。

答吴伯豐

長沙除命，再辭不獲，尚有少疑，未敢決爲去計，亦會足疾微動，未容拜受，且看旬日如何也。所示疑義，皆精密可喜，已一一報去。此亦有十數朋友，然極少得會看文字者，不免令熟看注解，以通念爲先，而徐思其義，只尋正意，毋得支蔓，似方略有頭緒。然却恐變秀才爲學究，又不濟事耳。知約正父莊子相聚，甚善。前日亦已寄書約正父來官所修纂禮書，是時雖未敢決赴長沙，然已乞换小郡，計必在江、湖間也。今若成爲湖外之行，當踐此約，不知渠如何也。南康諸書，後來頗復有所更改，義理無窮，儘看儘有，恨此衰年來日無幾，不能卒究其業，正有望於諸賢。而於其間如伯豐者，尤未易得也。正淳書來，亦有意於衡嶽之遊，甚幸甚幸。子耕久聞其病，未得端的，且喜向安也。商伯所論，恨聞之晚，然亦但恨語侵黄文叔，彼罵邪氣者亦不足恤矣。

答吴伯豐

熹始計不審，誤爲此來，交事之後，憂恐萬端。旋復奉諱，哀殞之餘，惴慄尤甚，寢驚夢愕，便覺斬頭穴胸已在面前矣，以此百事不敢措意。前月半後宣布霈恩，始有復生之望。方欲脩召魂魄〔一二〕，爲所欲爲，則召命忽來，不復可措手矣。禮書又失此機會，良可歎息。奈何奈何！今此之行，亦且歸家俟祠請之報，未知如何。萬一須出，自度亦豈能有補於時，空得屑屑往來之譏耳。

答吴伯豐

久不聞問，數因廬陵親舊問訊，得吴漕書，乃云已到而暫歸，深以爲念。今承專使惠書，得聞詳實，殊以爲慰也。來書去住似未定，而來人却云已卜近日迎侍之官，如此則亦甚便，不知定以幾時到官也？楊子直爲守，吕子約、劉季章、許景陽皆可與遊。糾掾程允夫官亦未滿，尚得從容，亦可樂也。熹今夏一病幾死，今幸少安。然目苦内障，左已不復見物，右亦漸昏，度更數月，即不復可觀書矣。辭職告老未得請，而向來嘗議殰陵，今聞議相先後者皆已行遣，勢不容已。前月末間，已上章自劾，寬恩容可逭責，言路決不相容。旬日間當有所處，但因此得遂鐫削，便是得請，他不敢有所與矣。南卿、子耕見愛殊厚，然告老乃向來病中危殆，只從本州保明陳乞，意謂朝廷意其已死，必便依例降敕，不謂乃爾再乞不遂。今且休矣，論事之傳，却未敢發，然亦臣子職分所當爲，自愧見義不明、臨事無勇耳。近報復爾，計旬月間又須有一番行遣，嶺海之間，不落寞矣。老拙或不免隨衆經由，當得款會也。孟子誤字，俟更點勘改定。近得正父書，問告子上篇「此天之所與我者」，舊官本皆作「比」字，注中「此乃」亦作「比方」，檢看信然，不知此又何也？諸疑義略爲條析，心目俱昏，不能精審，有未安處，更反覆之爲佳。大學、中庸近看得一過，舊説亦多草草，恨未得面論也。

答吴伯豐

熹懇避經年，今乃得請，私義少安，皆朋友之助也。但目愈昏，不復可觀書爲撓耳。中間報去數條，看得如何？此間亦有十數朋友往來講學，前此多是看得文字不子細，往往都不曾入心記得，所以不見曲折意味，久之遂至一時忘却。今不免且令熟看，若到一一記得牢固分明，則反覆誦數之間，已粗得其意味矣，更能就此玩繹不置，不患不精熟也。入城曾見吕子約、程允夫、許、劉諸人否？有所講論否？此盧陵劉丞去，必便有的便回來，幸附數字，詳及近況與爲學次第、講論異同，慰此馳想也。

答吳伯豐

所示三條悉已疏去，它未盡者，後便幸續寄示。旋得尤佳，多則擁併，恐看得草草也。正淳因書爲致意，不知渠後來所進如何？此間朋友亦未見有穎脱不羣者，而又外有他虞，恐不能久相聚也。所望於伯豐者不淺，更望於本原上益加涵養收斂之功耳。

答吳伯豐

熹老大亡狀，自致人言，爲朋友之羞，尚賴寬恩，得安田里。然聞議者經營未已，未知終安所税駕也。示及疑義，未及奉報，但念上蔡先生有言：「富貴利達，今人少見出脱得者，非是小事。邇來學者何足道？能言真如鸚鵡。」此言深可畏耳。伯豐講學精詳，議論明決，朋游少見其比。區區期望之意不淺，願更於此加意。須是此處立得脚定，然後博文約禮之工有所施耳。

答吳伯豐

孟子集解序説引史記列傳，以爲孟子之書孟子自作。韓子曰：「軻之書，非自著。」

先生謂二説不同，史記近是。而於滕文公首章〔一三〕，道性善處。注則曰「門人不能盡記其詞」；又於第四章決汝、漢處。注曰「記者之誤」，不知如何？

前説是，後兩處失之。熟讀七篇，觀其筆勢如鎔鑄而成，非綴緝所就也。論語便是記録綴緝所爲，非一筆文字矣。

梁惠王上第三章，楊氏謂自「不違農時」至「喪死無憾」，仁心仁聞而已，未及爲政，故爲王道之始。必大謂使民無憾，決非但有其心無其政者之所能致也，恐當如集注云「爲治之初，法制未備」耳。

此説是。

「仁者無敵」，楊氏曰：「仁者與物無對，自不見其有犯我者，更誰與校？如孟子言仁者無敵，亦是此理。」必大謂楊説蓋自論仁及之，非正解此章之指。楊氏蓋言仁之理如此，孟子乃即事以言夫行仁之效，與楊氏説小不同。

亦是。

梁惠王下第三章，尹氏曰：「仁者之心至公也，智者之心用謀也。以小事大，則狹隘而私一國〔一四〕。」必大謂二者所遇不同，而應之皆出於理之所當然。其規模固有廣狹，然其智者私於一國，則非畏天之旨矣。仁、智之辨，當别有説。

仁者自然合理，智者知理之當然而敬以循之，其大概是如此。若細分之，則太王、勾踐意思自不同也。

第四章，范氏曰：「若行王政，雖明堂可以勿毁，何況於雪宫？」必大謂若如范氏之説，是明堂反不若雪宫之當存也，恐未安。

明堂非諸侯所宜有，故范説如此。

公孫丑第二章〔一五〕，程子評横渠之言曰：「由明以至誠，此句却是由誠以至明，則不然，誠即明也。孟子曰：『我知言，我善養吾浩然之氣。』只『我知言』一句已盡。横渠之言不能無失類如此。」必大謂程子意蓋謂即誠之體而明之用已著，不待由此以至之也。只「我知言」一句已盡者，謂於天下之言既能盡識之，則其心之無蔽者可不言而喻矣，此誠即明之謂也。

程子意是如此，但所引孟子之意不可曉，姑闕之可也。

明道曰：「孟子去其中，又發揮出浩然之氣。」必大謂自「上天之載」至「脩道之教」皆一理也。言氣者，蓋又於此理之中，即人之運用勇決者言之。此氣一出，正大之理即上天之載，因人而著見者也。

此説得之。

伊川曰：「氣則只是氣，更説甚充塞？如化育則只是化育，更説甚贊？贊與充塞，又早却别是一件事也。」此言天人一體，凡人之所爲皆天也。如子之干蠱，乃以父母之體爲之，豈得謂之吾有助於父母耶？故曰凡言充塞云，只是指而示之云耳。

亦得之。

明道曰：「道有冲漠氣象。」此「道」字與「義」字相對，蓋指其體而未及於用也。冲漠云者，蓋無朕可見之意。

同上。

伊川曰：「集衆義而生浩然之氣，非義外襲我而取之也。」必大謂非偶合一義，遂可掩取其氣而有之也。伊川之説，疑當云「非以義襲於外而取之」。集義，有事與勿忘也；義襲，正之與助長也。集義所生，非特知氣之不可卒取，而義内非外亦瞭然矣。若夫義襲，真告子之見也。

同上。

横渠曰：「詖辭徇難，近於並耕爲我；淫辭放侈，近於兼愛齊物；邪辭離正，近於隘與不恭；遁辭無守，近於揣摩説難。」呂氏以申韓爲詖，馬遷之類爲淫，楊墨、夷惠爲邪，莊周、浮屠爲遁。南軒以告子爲詖，楊墨爲邪，莊列爲淫、遁。今集注則以四者爲相因而無所分屬，是異端必兼此四者而有之。必大謂浮屠之言則詖、淫、邪、遁之尤者，然呂氏以夷惠爲邪，恐未爲當。

横渠論釋氏，其言流遁失守，窮大則淫，推行則詖，致曲則邪，此語勝其他分析之說。然未詳其相因之序而錯言之，亦未盡善也。

第五章，市廛而不征，法而不廛。

此等制度，皆不可詳，大抵邑居者必有廛稅，市區亦應有之耳。

第六章，伊川曰「心生道也」，此謂天地之心而人得以爲心者，蓋天地只是以生爲道也。「有是心，斯具是形以生」，謂有理而後有氣也。「惻隱之心，人之生道」，此即所謂滿腔子是惻隱之心者也。

得之。

明道見顯道記問甚博，曰：「賢可謂玩物喪志。」謝不覺身汗面赤。先生曰：「只此便是惻隱之心。」據謝之愧赧，謂之羞惡可也，而以爲惻隱，何哉？蓋此雖爲羞惡之事，而所以能爲羞惡者，乃自夫心之德、愛之理發之，此惻隱所以包四端。

同上。

明道曰：「四端不言信，信本無。在易則是至理，在孟子則是氣。」必大謂信者，實有此仁、義、禮、智而已。至理，元、亨、利、貞也。至於孟子所謂氣，既曰配義與道，則是氣也似有體段形器之可言，恐不與信之理同。未知是否？

信是義理之全體本質，不可得而分析者，故明道之言如此。

公孫丑下第二章，楊曰：「先王之時，天下定于一，則士於其時無適而非君也，則君命召，不俟駕而行〔一六〕。周衰，諸侯各擅其土地，士非一國所能專制也，故有不爲臣之義。」必大謂「不俟駕」，孟子蓋謂當仕有官職者。其有不爲臣之義者，士之未嘗仕者也。然亦有往役之義，則亦無非臣也。若如楊說，則天下爲一之時，士不復可遂其高，而周衰，列國之臣無委質之節矣。

此論得之。近者程沙隨深詆王蠋「忠臣不事兩君」之言，竊疑其言之失，將啓萬世不忠之弊。夫出疆載質，乃士之不得已，曾謂以是爲常耶？楚、漢之間，陳平猶得多心之誚，況平世乎？

滕文公上第三章「周人百畝而徹」，集注云：「一夫授田百畝，鄉遂用貢法。十夫有溝，都鄙用助法。八家同井，耕則通力而作，收則計畝而分。」必大謂井田與溝洫之制不同，而近時永嘉諸公及余正父皆謂鄉遂、都鄙初無二制，不知何以考之也？

此亦不可詳知，但因洛陽議論中透徹而耕之説推之耳。或但耕則通力而耕，收則各得其畝，亦未可知也。鄉遂、都鄙田制不同，周禮分明。如近年新説，只教畫在紙上亦畫不成，如何行得？且若如此，則有田之家一處受田，一處應役，彼此交互，難相統一。官司既難稽考，民間易生弊病，公私煩擾，不可勝言。聖人立法，必不如此也。

滕文公下第九章，問退之讀墨篇如何，伊川曰：「此篇意甚好，但言不謹嚴，便有不是處。」又曰：「退之樂取人善之心可謂忠恕。然持教不知謹嚴〔一七〕，故失之。至若言孔子尚同、兼愛，與墨子同，則甚不可也。」

未論孔、墨之同異，只此大小便不相敵，不可以對待言也。以此而論，則退之全未知孔子所以爲孔子者。

伊川曰：「不能克己，則爲楊氏爲我；不能復禮，則爲墨氏兼愛。」必大嘗聞克己者乃所以復禮也，伊川此言乃分爲二事，何耶？

此等或有爲而言，如以事上接下而言忠恕也。要之有病，不可便以爲通論也。

横渠言：「孟子不得已而用潛龍也，顏子潛龍勿用者也。」必大觀横渠嘗曰〔一八〕：「學者貴識時〔一九〕，顏子陋巷自樂，以孔子在焉。若孟子時，既無人，豈可不以道自任？」以此論之，則在孟子非當潛者矣，而此乃以爲不得已而用者，豈横渠猶以孟子爲行未成者歟？

孟子以時言之，固不當潛，然以學言之，則恐猶有且合向裏進步處。横渠此言極有味也。伊川上仁宗皇帝書有此意。

離婁上第二章，程子曰：「仁則一，不仁則二。」必大疑此語猶所謂「公則一，私則萬殊」之意。

此説是。

第十三章，横渠曰：「太公、伯夷避紂，皆不徒然。及歸文王，亦不徒然。一佐武王伐紂，一諫武王伐紂，皆不徒然。」必大謂二人之歸文王，特以聞其善養老而已，竊恐不爲此而出也。

亦是。

第二十三章「惟大人爲能格君心之非」，若伊尹之於太甲、周公之於成王，可謂能格心者。然其效乃遲之於三年之後，是其初亦未遽格也。孔孟於齊、梁、魯、衛之君終不能改於其德，後世若子房、魏證亦近能格君者，蓋亦幸遇二君之好謀能聽耳。必大謂孟子之言理則然矣，而未見其人也。

雖有萬金良藥，必病者肯服，然後可責其效。若拒而不信，或吐而不納，固難責其已病之功矣。張良之於漢祖，乃智術相投〔二〇〕；魏證之於唐宗，亦利害相制耳。大人格心之道，恐非二子所及也。

二十七章，仁之實、義之實。有子以孝弟爲仁之本，孟子以事親爲仁、事兄爲義，何也？蓋孔門論仁，舉體以該用，即所謂專言之仁也。孟子言仁，必以其配，即所謂偏言之者也。事親主乎愛而已，義則愛之宜者也。推其事親者以事其長，而得其宜，則仁之道行焉〔二一〕。

此説是。

第十二章〔二二〕，横渠曰：「不失其赤子之心，求歸於嬰兒也。」此只是還淳反樸之意。横渠此説，恐非孟子本意。

第十四章，明道曰：「既得後須放開，不然却只是守。」必大觀顔子之學具體而微矣，然得一善則拳拳服膺而勿失〔二三〕，守之固也如此，不知明道放開之説抑何謂耶？上蔡亦曰：「學者須是胸懷擺脱得開始得。」必大竊謂固滯狹隘固不足以適道，然不勉學者以存養踐行之實，而遽以此爲務，此曾點之學，非顔子之學也。

明道之語，亦上蔡所記，或恐「須」字是必然之意。言既得則自有此驗，不但如此拘拘耳，非謂須要放開也。曾點之胸懷灑落，亦是自然如此，未必有意擺脱使開也。有意擺脱，則亦不能得開，而非所以爲曾點矣。上蔡説恐不縝密，生病痛也。

第十五章，橫渠曰：「約者，天下至精至微之理也。」然曰「學者必先守其至約」，又曰「不必待博學而後至于約，其先固守于約也」。必大謂精微之理必問辨攻索而後得之，決不容以徑造，橫渠之說，恐別有謂。

未博學而先守約，即程子「未有致知而不在敬」之意，亦切要之言也。

范氏於楊雄之說取舍不同，恐楊氏之說爲當。

楊說是。

第十九章，集注云：「由仁義行，非行仁義，則仁義已根於心，而所行皆從此出。」「已」字恐未瑩。

「已」字只作「本」字爲佳。

第二十章，程子曰：「文王望至治之道而未之見，若曰民雖使至治，止由之而已，安知聖人？」上云「文王望治而未之見」，下却云「民由夫治而不知」，何也？

望治之說，恐不然。

又曰：「泄邇忘遠，謂遠邇之人之事也〔二四〕。」而橫渠以祭祀當之，又以不泄邇爲取紂之事，乃有罪不敢赦之義，恐牽合，不如程子說。

此通人與事而言，「泄」字兼有親信、狎侮、忽略之意。

横渠云：「湯放桀，惟有慚德而不敢赦，執中之難如是。」又曰：「帝臣不蔽，執中也。」又曰：「執中者，不爲退讓過越之事也〔二五〕。」其意蓋曰湯之事既未嘗越，亦無所退讓，以大公之心而行其所當然，此其所以爲執中爾。

横渠之意應是如此，孟子之意則未必然也。

又曰：「不泄邇，不忘遠，敬事也。」是不敢忽易之意否？

是無所不用其敬之意。

程、張皆以望道爲望治，集注謂文王求道之切如此。必大謂博施濟衆，脩己以安百姓，堯舜猶以爲病，文王之心即此心也。不知是否？

「不顯亦臨，無射亦保」，是文王望道如未見之事。

二十三章「可以取」，必大謂取之傷廉，不難於擇矣。若可與不可與、可死不可死之間，不幸擇之不精者，與其吝嗇，寧過與，與其苟生，寧就死。在學者則當平日極其窮理之功，庶於取舍死生之際不難於精擇也。

此意極好。但孟子之意却是恐人過予而輕死也。

王彦輔曰：「死生之際，惟義所在，則義可以對死者也。」明道曰：「不然，義無對。」

義不當偏與死對，而可別與不義爲對。

二十六章，楊氏之説自相抵牾。

楊氏類多如此，疑其見之未明，而精力亦有不逮處耳。

答吳伯豐

必大鄉因楊氏謂舜自怨其不能盡孝以感動父母，而以孟子所以論小弁者辨之，伏蒙批誨云：「程子亦以舜之怨與小弁不同，更思之。」必大已悉尊意，及以孟子二章讀之，其叙舜之事與辨小弁之説其爲不同甚明。二「怨」字之義非特不可並觀，蓋小弁猶是人子之常情，而舜之怨則盛德之事，非常情所可及也。

得之。

必大於説中嘗疑舜、象憂喜一段與孔子微服過宋事似不相類，未詳伊川並舉而例言之意。伏蒙批誨：「以孟子『莫非命也』一章之意推之，則可見矣。」必大竊謂象雖不能殺舜，然彼既有是心，在舜豈得不爲之憂？蓋必如是然後謂之盡道，與孔子微服過宋事正相類。苟付之於命，而在我者不自盡焉，則與死於桎梏無以異矣。

「莫非命也」，只説得微服過宋等；舜之事，乃是雖知其將殺己，而不能自已其親愛之心，亦是並行不悖處，而其類自不同也。

「聖人之於天道」，必大説嘗疑此句比上文義例似於倒置。伏蒙批誨云：「上字在我，其下乃所得所施之不同。如此立語，亦不爲倒。」必大今試釋之曰：仁之所施，厚於父子；義之所施，盡於君臣；禮之所施，恭於賓主之際；智之所施，哲於賢否之辨。聖人之所得，全夫天理之粹。若如此解，固未爲倒，但似終費注脚斡旋之力。又仁、義、禮、智四字，謂之在我可也，若以此例説「聖人」二字，意亦未安。

聖人以身言，豈非在我？天道以理言，豈非所得？

答吴伯豐

明道曰：「蓋生之謂性，人生而靜以上不容説，纔説性時便已不是性也。凡人説性，只是説繼之者善也。孟子説人性善，是也。」伊川曰：「若乃孟子之言善者，乃極本窮源之性。」

「以上不容説」者，是指天命本體對其稟賦在人者而言。「極本窮源」者，是就人所稟之正理對氣質之性爲説。此云「繼之者善」，亦與通書所指不同，乃孟子所謂「乃若其情可以爲善」之意，四端之正是也。

「仁之於父子」一段，兩嘗請教，然終有未能安者。近見錢判官文子「以仁而施於父子，宜相親愛；以義而施於君臣，宜相契合；吾既有禮矣，則賓主之際必然見答；吾既有智矣，則賢者之交必然見知。以至德爲聖人，則保祐眷顧之休，亦天道之所宜昭格者也。而事乃有甚不然者，姑舉聖人於天道言之，堯、湯之水旱，孔、孟之困窮是也。夫是以謂之命，然其在吾性所當盡者，初不可以自已。如父雖不慈，子不可以不孝之類。故曰：『有性焉，君子不謂命也。』」如此解得「聖人於天道」一句，與上四句頗順，不知尊意以爲如何？

前輩有如此說者，與集注之說亦不甚異，但所謂命有内外之不同耳。又「智之於賢者」，若如此解，即語勢倒而不順，須如横渠之說乃佳，可更詳之。

答吴伯豐

又聞攝事郡幕〔二六〕，想亦隨事有以及人。但趨舍之決，是乃舜、跖之分，不幸至此，只有一刀兩段。然須是自家著力，非他人所能預也。録示子約往還書，如所謂血氣之盛衰〔二七〕，猶足爲理義之消長，亦是前輩自有此說。今所援引，乃是舉輕以明重，無不可者。不知子約何所疑也？恐是不曾子細看上下文，便只就此兩句上論得失。講論最怕如此，不盡彼此之情，而虚爲是譊譊也。又如說浩氣之體段即道義之流行，此等語殊不可曉。自此以下，一向勞攘。此無他病，只是心地不虛，戀著舊時窠窟，故爲此所障而正理不得見前耳。近日看得讀書別無他法，只是除却自家私意，而逐字逐句只依聖賢所説白直曉會，不敢妄亂添一句閑雜言語，則久久自然有得。凡所悟解，一一皆是聖賢真實意思；如其不然，縱使説得寶花亂墜，亦只是自家杜撰見識也。且道孟子裏，還曾有一字説浩氣之體段即是道義之流行否？

編禮直卿必已詳道曲折，祭禮嚮來亦已略定篇目，今具別紙。幸與寶之商量，依此下手編定，尋的便旋寄來，容略看過。須得旋寄旋看乃佳，蓋看多恐不子細，又免已成復改，費工夫也。却送去，附入音疏，便成全書也。直卿所寄來喪禮，用工甚勤，但不合以王侯之禮雜於士禮之中，全然不成片段。又久不送來，至十分都了方寄到，故不免從頭再整頓過一番，方略成文字。此可以爲戒也。

祭禮

廟制一以王制、祭法等篇爲首，説廟制處，凡若此類者皆附之，自爲一篇，以補經文之闕。

特牲二依冠、昏禮附記及它書親切可證者。

少牢三同上。

有司四同上。

祭義五以本篇言士大夫之祭者爲主，諸篇似此者皆附之。本篇中間有言天子、諸侯禮處，却移入祭統。

九獻六以大宗伯篇首掌先王之目爲主，而以禮運「禮之大成」一章附之。周禮及禮記中如此類者，皆附其後，如周禮籩人、醢人、司尊彝之屬，正與禮運相表裏。禮運篇已寫去，在直卿處，可更考之，依此編定〔二八〕。如禘祫之義，則春秋纂例中趙伯循説亦當收載。

郊社七以大宗伯祀天神、祭地祇之目爲主，凡諸篇中言此類者〔二九〕，皆附之。如皇王大紀中論郊社處，亦當收入注疏後。

祭統八以本篇言諸侯、天子之禘者爲主，凡諸篇言郊廟祀饗之義者，皆附其後。篇内言士大夫之禮處，却移在祭義篇内。

或别立祭祀一篇，凡統言祭禮，如王制篇内一段，周禮大宗伯祀天神、祭地祇、享人鬼之目，及今禮記祭法篇，但除去篇目數句入祭統。凡似此類者，冠於廟制之前，不注，而逐篇本文再出者乃附注疏，如何？

王制乃通有夏、商之法，當爲首。周禮次之，禮記燔柴以下又次之。此爲總括祭祀之禮，而廟制以下各隨事爲篇，由賤以及貴，前數類皆然也。

答吴伯豐

熹前日奉書説祭禮篇目，内郊社篇中當附見逸禮中霤一條。此文散在月令注疏中，今已拆開，不見本文次序。然以中霤名篇，必是以此章爲首。今亦當以此爲首，而户竈門行以次繼之，皆以注中所引爲經而疏爲注，其首章即以逸禮中霤冠之，庶幾後人見得古有此書，書有此篇，亦存羊之意也。疏中有其篇名，必是唐初其書尚在〔三○〕，今遂不復見，甚可歎也。

答吴伯豐

編禮有緒，深以爲喜。或有的便，望早寄來。心力日短，目力日昏，及今得之，尚可用力。但朋友星散，不知竟能得見成書與否，深可歎也。

再論浩氣語甚的當，切中子約之病。然猶未悟，書來忉怛不已，不可爬梳，雖已竭力告之，恐未必能相信也。伯豐明敏有餘，講學之際，不患所見之不精。區區屬望之意，蓋非他人之比。但願更於所聞深體而力行之，使俯仰之間無所愧怍，而胸中之浩然者真足以配義與道，不但爲誦説之空言而已，則區區之願也。寶之不及别書，編禮想用功不輟，煩爲致意也。

答姜叔權大中

程子言「性即理也」，而邵子曰「性者道之形體」，兩説正相發明。而叔權所論，乃欲有所優劣於其間，則不惟未達邵子之意，而於程子之語亦恐未極其蘊也。方君所謂「道者，天之自然；性者，天之賦予萬物，萬物稟而受之」，亦皆祖述先儒之舊。蓋其實雖非二物，而其名之異，則有不可不分者。且其下文有曰：「雖稟而受之於天，然與天之所以爲天者初無餘欠。」則固未嘗判然以爲兩截也。但其曰「道體無爲，人心有動」，則「性」與「心」字所主不同，不可以此爲説耳。如邵子又謂「心者，性之郛郭」，乃爲近之。但其語意未免太粗，須知心是身之主宰，而性是心之道理，乃無病耳。

所謂識察此心，乃致知之切近者，此説是也。然亦須知所謂識心，非徒欲識此心之精靈知覺也，乃欲識此心之義理精微耳。欲識其義理之精微，則固當以窮盡天下之理爲期。但至於久熟而貫通焉，則不待一一窮之，而天下之理固已無一毫之不盡矣。舉一而三反，聞一而知十，乃學者用功之深、窮理之熟，然後能融會貫通，以至於此。今先立定限，以爲不必盡窮於事事物物之間，而直欲僥倖於三反知十之效，吾恐其莽鹵滅裂而終不能有所發明也。

知仁爲愛之理，則當知義爲宜之理矣。蓋二者皆爲未發之本體，而愛與宜者乃其用也。今乃曰義者理之宜，則以義爲本體之發也，不幾於仁内義外之失乎？又以仁爲性之全德，則與方君所謂天理之統體者無一字不相似；又以爲仁爲心體之流行發見，則與方君之流動發生之端緒，皆以仁爲已發之用矣，又何足以相譏乎？方君「循其本」、「循其用」數語自無病，而亦非之，恐未安也。

答姜叔權

所喻益見灑落，甚慰所望。但西銘之疑，則恐未然。横渠之意，直借此以明彼，以見天地之間隨大隨小，此理未嘗不同耳。其言則固爲學者而設，若大賢以上，又豈須説耶？伊川嘗言：「若是聖人，則乾、坤二卦亦不消得。」正謂此也〔三一〕。

答姜叔權

示喻日用工夫，甚善。然若論實下工夫處，却使許多名字不著，須更趨要約而自然不害衆理之默契，乃爲佳耳。所謂西銘名虚而理實，此語甚善。蓋名雖假借，然其理則未嘗有少異也。若本無此理，則又如之何而可彊假耶〔三二〕？

答姜叔權

所云「既真實而又無妄」，鄙意初不如此，只是兩下互説，夾持令分明耳。如云「至公無我」，至公即是無我，無我即是至公，豈可言既至公而又無我耶？

答姜叔權

示喻曲折，何故全似江西學問氣象？頃見其徒自説見處，言語意氣、次第節拍正是如此，更無少異，恐是用心過當，致得如此張皇。如此不已，恐更有怪異事，甚不便也。長孺所見亦然，但賢者天資慈祥，故於惻隱上發；彼資稟粗厲，故別生一種病痛。大抵其不穩帖而輕肆動盪，則不相遠也。正恐須且盡底放下，令胸中平實，無此等奇特意想，方是正當也。

答汪長孺德輔

「道無方體，性有神靈」，此語略有意思，但「神靈」二字非所以言性耳。告子所謂「生之謂性」，近世佛者所謂作用是性，其失正墮於此，不可不深究也。性立天下之有，方君之言正得胡子之意，但引之以明邵子之言，則爲未當耳。今反譏其不得胡子之意，則誤矣。方君所云天地萬物以性而有，「性」字蓋指天地萬物之理而言，是乃所謂太極者，何不可之有？天地雖大，要是有形之物，其與人物之生雖有先後，然以形而上下分之，則方君之言亦未大失也。而長孺亦非之，過矣。大抵長孺之性失於太快，故多不盡彼此之情。而語氣粗率，無和平温厚之意，此又非但言語枝葉之小病也。

方君第二説只解易傳，意略有未當處。其他所論，首尾相救，表裏相資，所得爲多。長孺率然攻之，而所以攻之之説，乃不能出乎方君之所言者。若因其説還以自攻，則亦不知所以自解矣。且方君之語意温厚詳審，而長孺之詞氣輕易躁率，以此而論，則其得失又有在也。

仁、義、禮、智，性也；惻隱、羞惡、辭遜、是非，性之四端，所謂情也。孟子言之詳矣。今曰仁、義、禮、智，性之四端，則性又何物耶？知方君流動發生之端爲非，而不自知仁、義、禮、智爲四端之失，何其工於知人而拙於察己耶！方君謂仁者天理之統體，其「統體」字固有病，而指仁爲性則無失。今并非之，而又自爲之説曰：「若謂發生處即是仁，庶其近於程子之意。」則其失亦不異於流動發生之云，而與程子「發處乃情」之言大相反矣。凡此更當深玩而徐究析之，未可容易輕肆排抵也。其論方君不當以當然之理爲義則是，而自謂欲處其當者爲義則非。其謂方君不當以見於外者爲義則是，而自謂理之始發於心者爲仁則又非也。

答汪長孺

示喻功夫長進，深所欲聞。但恐只此便是病痛，須他人見得自家長進，自家却只見得欠闕，始是真長進耳。又覺得尋常點檢他人頗甚峻刻，略無假借，而未必實中其人之病。此意亦太輕率，不知曾如此覺察否？此兩事只是一病，恐須遏捺，見得顔子以能問於不能、以多問於寡，不是故意姑且如此，始有進步處耳。

答汪長孺

詳此二説，長孺所論爲近之。然語言之間，有未簡潔處。大抵明道先生所謂全體此心者，蓋謂涵養本原，以爲致知格物之地而已。如云「聖賢千言萬語，只要人求其放心，自能尋向上去，下學而上達」，亦此意也，未可説得太深，亦不是教人止於此而已也。叔權引援太廣，反汩正意，更宜相與評之。大學「定靜」，乃學者所得之次第，本文意自分明，與太極說中言聖人事者字雖偶同，然指意迥别，不當引以爲證也。

答汪長孺别紙

大學「知至而后意誠，意誠而后心正」二句，章句注解新舊説不同。若如舊説，則物格之後更無下功夫處，向後許多經傳皆爲剩語矣，意恐不然，故改之耳。來説得之〔三三〕。

「天地之所以高深，鬼神之所以幽顯」，天，陽也，氣也，所以高也；地，陰也，質也，所以深也。鬼神變化不測，可謂幽矣。然造化流行，昭著上下，豈非顯耶？鬼幽神顯。

程子曰：「物必有理，皆所當窮。如天地之所以高深、鬼神之所以幽顯。」又曰：「如欲爲孝，當知所以爲孝之道，如何而爲奉養之宜，如何而爲温凊之節。」先生補經文，乃只説「窮其理之所當然而不容已者」，是但用後一説耳，不知如何？

見得不容已處，便是所以然。

物我一理，纔明彼即曉此，此合内外之道也。一物之理格即一事之知至，固無在彼在此。

論語「謹終追遠」注曰〔三四〕：「以此自爲，則己之德厚。」德輔恐此章止爲化民，不見有自爲之意。

謹終追遠，自是人所當然，不爲化民而後爲之也，故己德厚而民德亦歸趣之。雖不明言，然味其間隱然有此意也。

「恭近於禮」，先生或問曰：「致敬於人，固欲其遠耻辱。」德輔以爲若如此，則恭敬非其本心之自然矣。又曰：「不合於節文，則或過或不及，皆所自取耻辱。」德輔謂恭而過，則有巽在牀下之失而不近於禮；若夫不及，則謂之不恭矣，又烏可責之近於禮哉？若説爲恭者本不求遠耻辱，則有子不必如此説，而巽在牀下，失禮於人，皆不足計矣。此説偏蔽粗率，非聖賢之意也。又如後説，則有子之意只防其過，不憂其不及，亦是此病。

「詩三百，一言以蔽之，曰思無邪。」詩之言有善惡，而讀者足以爲勸戒，非謂詩人爲勸戒而作也。但其言或顯或晦、或偏或全，不若此句之直截而該括無遺耳。

「射不主皮」，楊氏曰：「容節可習而能〔三五〕。」先生易「容節」二字爲「中」字，不知如何？

楊氏大概得之，但云「容節」，則是全不求中，又非射之意也。故因其詞而改此二字，以補其闕耳。

「祖考之精神，便是自家精神」，故祭之可以來格。至於妻及外親，則不知如何？

但所當祭者，其精神魂魄無不感通，蓋本皆從一原中流出，初無間隔，雖天地、山川、鬼神亦然也。

鬼者陰之靈，神者陽之靈。司命、中霤、門行，人之所用有動靜作止〔三六〕，故古人祀之。不知然否？

有此物便有此鬼神，蓋莫非陰陽之所爲也。五祀之神若細分之，則户竈屬陽，門行屬陰，中霤兼統陰陽。就一祀之中，又自有陰陽也。

「兩在故不測」，其義如何？

神無所不在，或陰或陽，故曰兩在。

「其家不可教而能教人者無之，故君子不出家而成教於國。孝者所以事君也，弟者所以事長也，慈者所以使衆也。」注云：「孝、弟、慈者，家之所以齊也，推之於國，則所以事君、事長、使民之道不外乎是。故三行者脩於家，則三教者成於國矣。」詳經之文與注之意，蓋言事父與君之理一也，事兄與長之理一也，慈幼與使衆之理一也。能孝於父，則人化其孝而知所以事君；能弟於兄，則人化其弟而知所以事長；能慈其幼，則人化其慈而知所以使衆。故曰不出家而成教於國。又曰三行者脩於家，則三教者成於國，蓋上行下效，感應之機自然而然也。然經文又引康誥「如保赤子」而云云，何也？注曰：「此言慈幼之心非由外得，推以使衆亦猶是也。」蓋作經者又發明孝、弟、慈，人之本心，有是三者，舉斯加彼，初無二致。但舉慈幼一端以見其理之實同，而非指名齊家之人又推慈幼之心以使衆也。今考之或問乃有曰：「言此以明在上之人，能推保赤子之心以使衆，至於教成於國。而凡從政者，皆以是爲心焉，民之不得其所非所患矣。」則似以爲齊家之人又能推保赤子之心以使衆，然後教成於國，與前注三行脩於家、而三教自成於國之說不同。豈非或問自是發明推心之意，不與前注相關，但「教成」二字偶用之耳，不審然否？

此說甚善。舊亦疑所解有未安者，得此甚快。而此間諸朋友說多未合，更俟商確也。

答汪長孺

色斯之舉，細詢曲折，果未中節。然事已往，不足深念。但當謹之於後，凡事審諦乃佳耳。別紙所論，殊不可曉。既云識得八病，遂見天理流行昭著，無絲毫之隔，不知如何未及旋踵，便有氣盈矜暴之失，復生大疑，鬱結數日，首尾全不相應？似是意氣全未安帖，用心過當，致得如此，全似江西氣象。其徒有今日悟道而明日醉酒罵人者，嘗舉賈生論胡亥語戲之。今乃復見此，蓋不約而同也。此須放下，只且虚心平意玩味聖賢言語，不要希求奇特，庶幾可救。今又曰「先作云云工夫，然後觀書」，此又轉見詭怪多端，一向走作矣。更宜詳審，不可容易也。

答李叔文〔三七〕

熹到官之初，首辱惠顧，陳義甚高。顧恨未及少款而從者遽去，悵想迨今。向者妄以學職延致，正欲借重賢德以化邑人，不謂滯留豫章，未得歸視講席，兹辱惠問，良以歎恨。熹衰病抗拙，不堪俯仰，前月已上祠請，命下即行矣。代者石侯，學行才力皆有以過人者，其爲政尤以教化爲先務。異時來歸，共圖所以發明墜緒，興起頽俗，固爲未晚。幸勿以今日之未暇而遽有所辭避也。周子書、近思録各一本納上，暇日試深玩之。餘惟珍重，千萬之懇。

答李叔文

熹奉别忽許久，每深嚮往之懷。奉告，獲聞比日清秋，尊履萬福爲慰。秋試不得賢者爲重，深以爲恨。初見考官，説恐在小牓中，既又不然，殊不可曉。葉學録能誦首章，遠過今所取者，相與歎惜。此正未足爲左右輕重也。示諭知府丈台意，極知不當再三煩瀆，然恐向後米貴，則此所出金亦自折閱耳。已囑法曹面懇，更望老兄左右之也。郡中所糴不佳，已聞之。今亦一面作處置，度至仲冬不致遽壞，即無慮矣。它諭諄悉，深荷留念，當悉施行。放旱通計須及七分，若逐户全損，自不妨全放也。何時入城，冀得款晤。民間利害有聞，願悉見告，尤所深望也。

答李叔文

熹杜門竊食〔三八〕，貧病不足言。但操存玩索之功雖不敢廢，而未見有以進於前日，以是憂愧，殆無以見朋友也。白鹿知亦嘗一到，甚善甚善。每念疇昔相與登臨遊從之樂，未嘗不發於夢寐，然亦恨當時所以相切磋者猶有所未盡也。相望千里，何時復得從容反覆如往時耶？更願益加持守之功，以求義理之歸，是所願望〔三九〕。

答李叔文

喻及爲學次第，甚慰所懷。但向來所説性善，只是且要人識得本來固有，元無少欠，做到聖人方是恰好，纔不到此，即是自棄。故孟子下文再引成覸、顔淵、公明儀之言，要得人人立得此志，勇猛向前，如服瞑眩之藥，以除深錮之病，直是不可悠悠耳。「求放心」，不須注解，只日用十二時中常切照管，不令放出，即久久自見功效，義理自明，持守自固，不費氣力也。若添著一「求仁」字，即轉見支離，無摸索處矣。歎美之辭，乃胡氏說，大非孟子本意。今亦未須論，但看孟子本說足矣。此不是要解說「性」字，蓋是要理會此物善惡，教自家信得及，做得功夫不遲疑耳。

答葉永卿

先天之說，昨已報商伯矣。來喻亦推得行，然皆未能究其緼。須先將六十四卦作一横圖，則震、巽、復、遇正在中間〔四〇〕。先自震、復而却行以至於乾，乃自巽、遇而順行以至於坤，便成圓圖。而春、夏、秋、冬、晦、朔、弦、望、晝、夜、昏、旦皆有次第，此作圖之大指也。又左方百九十二爻，本皆陽；右方百九十二爻，本皆陰，乃以對望交相博易而成此圖。若不從中起以向兩端，而但從頭至尾，則此等類皆不可通矣。試用此意推之，當自見得也。

答都昌縣學諸生

「温故而知新，可以爲師矣」，伊川謂只此一事可師矣。如此等處，學者極要理會。若只認温故而知新便可爲人師，則窄狹却氣象也。伊川先生之意，以温故知新止是一事。若謝先生之言，則以温故知新猶言極高明而道中庸、致廣大而盡精微，非徇物踐迹者之所爲。如是則氣象似不窄狹，與伊川之説不同。未審孰是？

伊川先生之意，蓋以爲此事可師，非人能此即可師也。所謂只此一事者，亦非謂温故知新只是一事，故其解又曰：「温故則不廢，知新則日益，斯言可師。」則是以温故、知新爲二事，而欲人之師此言耳。然於文義有所未安，謝説又失之過高。要之，此章正與學記所謂記問之學不足以爲人師者相對，試更思之。

「起予者商也」〔四一〕，詳觀諸先生説，皆以謂禮果可後。愚竊謂「乎」者，疑辭也。「禮後乎」，猶言禮不可後也。故夫子曰「起予」。若使子夏順從夫子之意，則不可謂之「起予」，未知是否？

此章之説，楊氏得之，禮不可後者非是。夫子方言繪事後素，而子夏於其言外發明禮後之意，非但順從而已也。

「行有餘力，則以學文」，「文」者，何文也？或曰「以學文飾之」，未審是否？

伊川先生云：「學文便是讀書。」然則詩、書、禮、樂皆文也，不但以爲飾而已也。

子曰「巧言令色」，詩取「令儀令色」，何也？

論語與詩人之意，所指各異，當玩繹其上下文意以求之，不可只如此摘出一兩字看也。

子曰〔四二〕：「父母唯其疾之憂。」范氏謂武伯弱公室、彊私家，得免其身而保其族者，幸也。故孔子告之如此。尹氏謂疾病人所不免，其遺父母憂者，不得已也。如以非義而遺其父母之憂，則不孝之大者。故范氏專爲武伯言，尹氏則爲衆人言，未知孰是？孟武伯固必有以遺其親之憂者，如范氏之云，則未可知也。聖人之言固必切於其人之身，然亦未有衆人不可通行之理也。

義之與比，伊川先生曰：「親於其身爲不善者，直是不入。」或曰見善如不及、見不善如探湯，是否？

義之與比，但言惟義是從耳。伊川先生似謂有義之人則親比之，恐非文意。然言義之與比，則決不從不義可知。「如不及」、「如探湯」固是當然，然此語意本寬，未須看得如此迫切。

子曰：「父在觀其志，父没觀其行。三年無改於父之道，可謂孝矣。」有君子之道，有小人之道。三年無改於父所行君子之道可也，若其所行小人之道，其亦三年無改乎？游、尹之説得之，可熟玩也。適所以重父於不義，孝子果如是乎？

子貢問君子，子曰：「先行其言而後從之。」先儒謂子貢多言之人，故以此告之，未審是否？

或當有此。

子曰：「攻乎異端，斯害也已。」異端者，雜楊、墨諸子百家而言之。或曰攻治乎異端，謂學而行之，適所以害先王之正道也。「如斯而已乎」，言先王之正道不得行於世也。或曰攻乎異端之學而不學焉，其爲害先王之正道者已止而不作〔四三〕，不能爲害先王之正道也。未審孰是？

伊川先生、范氏説得之，「已」字只是助辭，不訓「止」也。

「觀過，斯知仁矣」，過而知仁，何也？

伊川先生及尹氏説盡之。

或問禘之説，子曰：「不知也。知其説者之於天下也，其如示諸斯乎！」指其掌。或人問禘而夫子曰不知，而又曰「知其説者之於天下也，其如示諸斯乎」，是夫子深知之也。或曰，夫子言不知，以躋僖公，爲魯諱也。又曰「知其説者之於天下也，其如示諸斯乎」，指其掌，明其知而不言。雖然其説如此，聖人之意深矣。幸乞指教。

此章吕氏説爲得之，但云不可盡知則非。此所云爲魯諱者，恐不然。又云明其知而不言，則尤非所以言聖人之心矣。

子曰：「射不主皮，爲力不同科。」何也？

前輩説「射不主皮」，儀禮大射篇文。「爲力不同科」者，夫子解禮所以如此者，爲人之力不同科故也，此説得之。

子曰：「古者言之不出，耻躬之不逮也。」侯先生曰：「古之學者非獨言之，皆是實能踐履。未能踐履而言之，所以耻也。」或曰，「子路有聞未之能行，惟恐有聞」，意同。侯氏是矣，所引子路事亦近之，但不甚切耳。

子曰：「參乎，吾道一以貫之！」曾子曰：「唯。」子出，門人問曰：「何謂也？」曾子曰：「夫子之道，忠恕而已矣。」伊川先生曰：「盡己之謂忠，推己之謂恕。忠，體也；恕，用也。」而明道先生云：「『忠恕』兩字，要除一個除不得。」而吾夫子嘗曰「行之以忠」，是除「恕」字也；又曰「其恕乎」，是除「忠」字也。此一疑也。又忠恕果可以盡一，一果止於忠恕乎？

此一段是論語中第一義，不可只如此看，宜詳味之。「行之以忠」，行處便是恕；「其恕乎」，所以恕者便是忠。所以除不得也。忠恕相爲用之外無餘事，所以爲一。故夫子曰「吾道一以貫之」，而曾子曰「忠恕而已矣」。而已矣者，竭盡而無餘之詞也。

子謂子賤「君子哉若人」，子貢問曰：「賜也何如？」子曰：「女器也。」曰：「何器也？」曰：「瑚璉也。」語録云：「子貢問『賜也何如』，是自矜其長，而孔子則以瑚璉之器答之者，瑚璉，施之於宗廟，如子貢之才可使四方，可使與賓客言也。」或者謂子貢因孔子許子賤以「君子哉若人」之語，子貢意孔子不以君子許之，而遂有「賜也何如」之問，而孔子以瑚璉之器許之者，是未許其爲君子也。抑嘗聞「君子不器」之説，是以疑之。

二説初不相妨。但自矜其長，意夫子不以君子許之之意，則子貢不應若是耳。

子曰「吾未見剛者」云云，語録謂目欲色、耳欲聲，以至鼻之欲臭，四肢之欲安佚，皆有以使之也。然則何以窒其慾？曰思而已矣。學莫貴於思，惟思爲能窒欲。或曰思而不正不足以窒慾，適所以害事。思無邪，如何？

思而不正，是亦慾而已矣。思其理之是非可否，則無不正矣。

子曰「賢哉回也！一簞食，一瓢飲」云云，伊川言：「天下有至樂，惟反身者得之，而極天下之欲者不與存焉。」此言顔子能反身，所以有天下之至樂。伊川又言顔子簞瓢非樂也，忘也。二説孰是？

前説至矣，後説非不善，但恐看者不子細，便入老、佛去耳。

「季文子三思而後行」云云，語録曰：「爲惡之人未嘗知有思，有思則爲善矣。至於再，則已審，三則私意起而反惑矣。」楊先生、尹先生皆言三則惑，或者謂周公仰而思之，夜以繼日，幸而得之，坐以待旦，所思又不止三也。

横渠先生曰：「未知立心，惡思多之致疑；已知立心，惡講治之不精。」講治之思，莫非術内，雖勤而何厭？推此求之可見。

「孰謂微生高直」云云〔四四〕，范氏曰：「是曰是，非曰非，有謂有，無謂無，曰直。微生高以直聞，而夫子因乞醯知其不直。夫審其所以養心者，豈在大哉？」或者謂直，無妄之謂也。「誠」之一字，由無妄入。若微生高未至夫無妄，所以如此。若至誠，則無他事矣。未知如何？

無妄即誠，由無妄入者，非也。此章之説，范氏得之。所以害其養心者，不在於大，此語尤爲痛切。日用之間，不可不常警省也。

答都昌縣學諸生

季氏使閔子騫爲費宰。閔子，顔淵之倫也，不仕於大夫，亦不仕於諸侯。以仲弓之賢，猶爲季氏宰。若顔、閔者，夫子之得邦家，斯仕矣。吾夫子言冉雍仁而不佞，蓋冉雍亦顔子之倫也。閔子辭費宰，冉雍爲季氏宰，何也？

君子之行，不必盡同，孟子之論夷、惠、伊尹可見。然冉雍仁而不佞，非夫子之言，亦不可以此一句定其爲顔子之倫也。

「十室之邑」〔四五〕，范氏曰：「『十室之邑，必有忠信』者，不誣人也。『不如丘之好學』者，不自誣也。」尹氏又云：「忠信，質也，人誰無質乎？」注疏之讀，恐不成文理。蓋其意以爲夫子不應自謂人不如己，蓋不察夫聖人而自處以好學，爲貶已甚矣。范氏誣人自誣之説，亦是贅語。尹氏「人誰無質」，亦非是。此蓋言美質人或有之耳。

仲弓問子桑伯子敬事而信矣，而仲弓之言有以契吾夫子之心，是以其言爲然。「居敬」之「敬」與「敬事」之「敬」不同，試更思之。大凡讀書，只可以義理求聖賢之意，切忌如此牽合説了，便無餘味，使人不長進。

子游爲武城宰，謝先生言「未嘗至於偃室」，蓋其意不爲温懦以媚悦人。或者謂澹臺，簡易正大之人也，謝説得之矣。

滅明二事，當熟玩味其氣象，不可只如此説過，無益於學也。

「知之者不如好之者，好之者不如樂之者」，明道先生曰：「好之者如遊他人之園圃，樂之者則己物耳。」或者謂此理唯顔子好學，不改其樂得之矣。

此章當求所知、所好、所樂者爲何物，又當玩知之、好之、樂之三節意味是如何，又須求所以知之、好之、樂之之道，方於己分有得力處，只如此引證，殊無益也。

「樊遲問知」，樊遲之問一也，而夫子對之不同，何也？

孔門問同答異者多，樊遲三問仁，再問智，答之皆不同，必有説矣。然且當逐處理會，令有歸著，即自然見得所答不同之意。今不曉其逐段指意，而遽欲論其異同，既於己分無益，亦終不得聖人之意也。

「天厭之」，伊川既言「猶天喪予」矣，語録又言「天厭吾道」。或人謂從語録之説，是夫子有怨天之意，學者疑之。

「天喪予」，即與「天厭吾道」無異，不容是此而非彼。然此章之義，恐只合從古注説及范説。

「述而不作」，夫子自比於老彭。不言他事，而止言述而不作。「信而好古」者，言古人猶不作、猶好古，推而上之，是古人行事未嘗無所本也。夫子非是要自比老彭而稱此二事，蓋自言其有此二事似老彭耳。「推而上之」以下云云，恐本無此意。

「孟武伯問子路仁乎」，范先生曰：「仁唯克己復禮無欲者能之。苟有願乎其外，不足以爲仁，故非三子所及也。」或者謂子路、冉有、公西華非不仁也，蓋吾夫子不輕以仁予人，亦不輕以不仁絶人，故於三子爲不知其仁。唯宰予爲不仁者，孝弟爲仁之本，既短喪矣，孝安在哉？是本不立，不仁孰甚焉？

當從范氏之説。不輕與絶之説，亦未端的。宰予不仁，若無「孝弟爲仁之本」一句，却如何説？大凡説書求義，須就實事上看出道理來，方有得力處。若如此引證，要作何用？

答白鹿長貳

書院經雨，不能無隳損，想已加葺治矣。聞又得宣城書籍及建昌莊田，今侯亦一月中一至，此足以爲久遠故事矣。三大字本就卓上寫成，既摹即拭去，今無復可得。既已刻成，煩且打一本寄來，可就脩即就本脩去，不可即復磨去，亦無緊要用處也〔四六〕。諸生今幾人？想時討論益有緒。山中間曠，正學者讀書進德之地，若領袖諸賢同心唱導，不以彼己之私介於胸中，則後生有所觀法，而其敗羣不率者亦且革心矣。

校勘記

〔一〕答吳伯豐必大　淳熙本、播芳大全卷六九均作「答司户」。

〔二〕大治近有萬君人傑者見訪　「治」，原作「治」，據浙本、考亭淵源録初稿卷七改。

〔三〕亦無功力別可到中庸矣　「到」，浙本作「看」。

〔四〕初無補於用力之意　底本原注云：「用力」下，一本無「之意」二字。

〔五〕一向攢看了　「看」字原缺，據浙本補。

〔六〕大序先王以是經夫婦　「王」，原作「生」，據閩本、浙本、天順本改。

〔七〕若子路之死　浙本作「故聖人不以責□。若子路之事孔悝，蓋亦不得謂之正者。結纓之死，不傷勇否？必大竊謂子路之」三十七字。

〔八〕不審於其始而臨難始曰　「不」上，浙本有「事」字；「難始」下，浙本有「爲去就乃」四字。

〔九〕今須到官方得寫去也　「今」，原作「合」，據閩本、浙本、天順本改。

〔一〇〕然起初學者讀之猶未能分明　「起」，浙本、天順本均作「恐」。

〔一一〕觸事傷害　「害」，四庫全書本作「懷」。

〔一二〕方欲脩召魂魄　「脩」，浙本、天順本均作「收」。

〔一三〕而於滕文公首章　「於」字原缺，據閩本、浙本、天順本補。

〔一四〕則狹隘而私一國　「私」下，浙本有「於」字。

〔一五〕公孫丑第二章　「丑」下，記疑云當有「下」字。

〔一六〕不俟駕而行　「行」下，浙本有「禮也」二字。

〔一七〕然持教不知謹嚴　「持教」，原作墨丁，據正訛引二程遺書補。

〔一八〕必大觀横渠嘗曰　「横渠」，正訛改作「伊川」。

〔一九〕學者貴識時　「貴」下，閩本、浙本均有「乎」字。
〔二〇〕乃智術相投　「投」，原作「役」，據閩本、浙本改。
〔二一〕則仁之道行焉　「焉」下，浙本有「此弟之所以爲義之實也」十字。
〔二二〕第十二章　「第」上，記疑疑有「離婁下」三字。
〔二三〕然得一善則拳拳服膺而勿失　「而勿失」原缺，據浙本補。
〔二四〕謂遠邇之人之事也　「之事」原作「人事」，據正訛及四庫全書本改。
〔二五〕不爲退讓過越之事也　「退讓過越」，浙本作「過越退讓」。
〔二六〕又聞攝事郡幕　「郡」，原作「都」，據閩本、浙本、天順本改。
〔二七〕如所謂血氣之盛衰　「血」，原作「五」，據閩本、浙本、天順本改。
〔二八〕依此編定　「編」，原作「篇」，據浙本、天順本改。
〔二九〕凡諸篇中言此類者　「凡」，閩本、浙本均作「而」。
〔三〇〕必是唐初其書尚在　「書尚」原倒，據閩本、浙本、天順本乙正。
〔三一〕正謂此也　此句下，浙本有「聞與長孺俱爲廬阜之行，甚喜。渠亦以爲叔權於此不免過疑，然其爲説又似草草，未足以釋賢者之所疑也。向來所論方君之説，有未盡者，具於長孺書中，計必見之。更有可論，無惜痛相反覆，彼此有得也」七十九字。
〔三二〕則又如之何而可彊假耶　此句下，浙本有「方賓王之説，昨日方得答之，今録去。有未安處，却幸喻及。沙隨孟子已領，文義考證間尚有少疑處，臨行冗甚，未暇條析。前途稍暇，當具出，託爲宛轉求教也」六十字。

〔三三〕來説得之　此句下，浙本有「舊説靜，以爲心不妄動。而今改之者，蓋心雖不可妄動，然動之以正者則不能無，而『不妄動』三字包『靜』字不過。今曰不外馳，則心常在腔子裏，而靜意可見矣」「得之」六十二字。

〔三四〕論語謹終追遠注曰　「論語」二字原脱，據浙本補。

〔三五〕容節可習而能　「能」下，浙本有「力不可强而至」六字。

〔三六〕人之所用有動靜作止　「止」，原作「也」，據閩本、浙本、天順本改。

〔三七〕答李叔文　此題淳熙本作「答南康李叔文埜」。

〔三八〕熹杜門竊食　此句上，淳熙本有「熹别久，殊不聞問。忽辱惠書，獲聞比日德履佳福，深以爲喜」二十三字。

〔三九〕是所願望　「望」下，淳熙本有「便遽，草草奉報，不究所欲言也」十二字。

〔四〇〕遇正在中間　「遇」，當作「姤」，避宋高宗嫌名也。

〔四一〕起予者商也　「起」上，浙本有「子貢問『貧而無諂，富而無驕』，孔子謂『未若貧而樂，富而好禮』。而子貢引詩云『如切如磋，如琢如磨』，而孔子即以『始可與言詩』與之。子夏問『巧笑倩兮，美目盼兮』，而夫子答之以『繪事後素』，子夏因有『禮後乎』之對。夫子不惟以『可與言詩』與之，且曰」九十二字。

〔四二〕子曰　此句上，浙本有「孟武伯問孝」五字。

〔四三〕已止而不作　「止」，原作「正」，底本原注：「『已正』之『正』疑『止』字之誤」。今據四庫全書本改。

〔四四〕孰謂微生高直云云　此句上，浙本有「子曰」二字。

〔四五〕十室之邑　此句上，浙本有「子曰」二字。

〔四六〕亦無緊要用處也　「要」，浙本、天順本均作「急」。

晦庵先生朱文公文集卷第五十三

書知舊門人問答

答劉公度孟容

示喻爲學之意，終覺有好高欲速之弊。其説亦已見令叔書中矣，願更詳之。講學不厭其詳，凡天下事物之理、方册聖賢之言，皆須子細反覆究竟。至於持守，却無許多事。若覺得未穩，只有默默加功，著力向前耳。今聞廢書不講，而反以持守之事爲講説之資，是乃兩失其宜，下梢弄得無收殺，只成得杜撰捏合而已。至謂彼中朋友，只有季章一人可望，此未論其許與之當否，然其言之發亦太輕矣。舊見公度不如此，只此便是新學效驗。向見伯恭説孔子順答魏王問天下之高士，而曰「世無其人」，此一句似全不是孔子家法。此言有味，願試思之。如何？

答劉公度

所喻「世豈能人人同己，人人知己？在我者明瑩無瑕，所益多矣」，此等言語，殊不似聖賢意思。無乃近日亦爲異論漸染，自私自利，作此見解耶？不知聖賢辨異論、闢邪説如此之嚴者，是爲欲人人同己、人人知己而發耶？抑亦在我未能無瑕，而猶有待於言語辨説耶？今者紛紛，正爲論易、西銘而發。雖未免爲失言之過，然未嘗以此爲悔也。臨川近説愈肆，荆舒祠記曾見之否？此等議論，皆學問偏枯、見識昏昧之故，而私意又從而激之。若公度之説行，則此等事都無人管，恣意横流矣。試思之如何？衡州之去，爲有邂逅，政不須深自懲創，便相學不説話也。

答劉公度

建昌士子過此者多，方究得彼中道理，端的是異端誤人不少。向見賢者亦頗好之，近亦覺其非否？書中所喻衡州數句，爲己之意雖切，然恐未免有迫切之病也。

答劉公度

奮發猛舍之喻，甚善。然亦須以義理浸灌涵養，庶幾可以深固久遠。不然，一時意氣恐未可恃也，如何便敢自保不復變耶？

答劉公度

見喻舊見不甚分明，更欲别作家計，未知底裏果是如何？但此事别無奇妙，只是見成説底便是道理。只要虚心熟玩，久之自然見得實處，自是不容離叛，便是到頭。若更欲别求見解，即是邪説，鮮不流於異端矣。君舉春間得書，殊不可曉。似都不曾見得實理，只是要得雜博。又不肯分明如此説破，却欲包羅和會衆説，不令相傷，其實都曉不得衆説之是非得失，自有合不得處也。葉正則亦是如此，可歎可歎！

答劉公度

所論爲學之意，甚善。初蓋不能不以爲疑，今得如此，甚慰意也。究觀聖門教學，循循有序，無有合下先求頓悟之理。但要持守省察，漸久漸熟，自然貫通，即自有安穩受用處耳。千歧萬徑，雜物並出，皆足以惑世誣民。其信之者既陷於一偏而不可救，其不信者又無正定趣向而泛濫於其間，是亦何能爲有亡耶？平父相處，覺得如何？似亦未有箇立脚處也，因書更勸勉之。

答劉仲升

别紙所示季章議論，殊不可曉。恐不至如此之謬，却是仲升聽得不分明、記得不子細，語脈間轉却他本意。不然，則真非吾之所敢知矣。大抵學問專守文字、不務存養者，即不免有支離昏惰之病，欲去此病，則又不免有妄意躐等、懸空杜撰之失。而平日不曾子細玩索義理，不識文字血脈，别無證佐考驗，但據一時自己偏見，便自主張，以爲只有此理，更無别法，只有自己，更無他人，只有剛猛剖決，更無温厚和平，一向自以爲是，更不聽人説話。此固未論其所説之是非，而其粗厲激發，已全不似聖賢氣象矣。季章意思正是如此。若只解義有差，下字不穩，猶未爲深害，却是人心、道心、思理、思事等説大段害事。若如其言，即是四端之發皆屬人心，而頑然不動者方是道心；所謂格物者只是分别動與不動，而不復計其動之是否矣。此於體道之要、入德之門皆有所妨，決然不是道理無疑。

但如仲升，則又墮在支離昏惰之域，而所以攻彼者未必皆當於理。彼等所以不服，亦不可不自警省，更就自己身心上做功夫。凡一念慮、一動作，便須著實體認此是天理耶，是人欲耶？子細辨別，勇猛斷置，勿令差誤。觀書論理，亦當如此剖判，自然不至似前悠悠度日矣。所論語、孟兩條，亦似未安，此等處且玩索見在意趣，不須如此立説，枉費心力也。

答劉仲升

所諭玩味見成義理，甚善，然亦須就自己分上體當，方見真實意味也。顔子之樂、原憲之問，此等處説時各是一義，其實却只是平日許多功夫到此成就，見處通透無隔礙，行處純熟無齟齬，便自然快活，自無克伐怨欲之根，不是别有一項功夫理會此事也。但未知仲升平日所用功夫如何耳，此不可不勉也。

答劉季章

劉袁州不謂遂止於此，令人心折。細讀來書，知所以經紀其家者，不以生死從違二其心，不勝歎服，益見袁州之知人、交道之不污也。更望始終此志，使其後人有以承繼前人之志，千萬之幸也。文會規模只如舊耶，或有小改易也？此間朋友，只令專一自看一書，有疑問處却與商量，似却不枉費功夫。然亦未見卓然可望者，殊可慮也。

答劉季章

賢者比來爲學如何？雖未相見，然覺得多是不曾寬著心胸細玩義理，便要扭捏造作，務爲切己，所以心意急迫而理未大明，空自苦而無所得也。熹桂林之行辭免未報，未知竟如何。此間有數士友講學方就緒，從官未必有益，若得免行，成就得一二學者，非小事也。

答劉季章

講會想仍舊，專看何書？此書附廬陵葉尉，渠此中人，時有往來之便，有疑可講，不待面諭。但覺得季章意思急迫，不寬平，務高不務切，而不肯平心實看道理。只此意思，亦殊礙人知見也。

答劉季章

熹去歲入都，不能兩月，略無報效，罷遣而歸，深以自愧。今幸復得祠禄，杜門養痾，足以待盡，無足言者。但衰病愈甚，左目已盲，其右亦昏。此數日來，幾全不見物矣。深欲整頓舊書，而病愈如此，則所謂有補於將來者，亦不復可期矣。

答劉季章

所喻爲學之意甚善，但覺如此私下創立條貫太多，指擬安排之心太重，亦是大病。子約自有此病，賢者從來亦未免此。今又相合，打成一片，恐非所以矯偏補敝而趨於顯明正大之塗也。聖賢教人自有成法，其間又自有至簡約、極明白處。但於本原親切提撕，直便向前，著實進步，自可平行直達、迤邐向上，何必如此迂曲繚繞、百種安排，反令此心不虛，轉見昏滯耶？

答劉季章

辱書，知所苦向安，已可行坐，深以爲慰。比來想彊健勝前矣，然計亦不能無廢書册之功。但齋居謹疾，當亦自有用心處也。熹衰朽杜門，無足言者，但精神昏憊，益甚於前。雖不敢廢書，然度不復能有長進矣。外事絶不敢掛口，但見朋友當此風頭多是立脚不住，況欲望其負荷此道，傳之方來？應是難準擬也，可慮可慮。

答劉季章

曾再到晉輔處否？後生知所趣向，亦不易得。且勉與成就之，令靠裏著實做工夫爲佳。季章近讀何書？作何事業功夫？意思比舊如何？無疑亦久不得信，不知後來於鄙説能信得及否？近來福州得黄直卿、南康得李敬子説誘得後生多有知趣鄉者。雖未見得久遠如何，然便覺得此個氣脈未至斷絶，將來萬一有可望者。却是近上一種老成朋友，若得回頭，便可倚賴；乃復安於舊習，不肯放下，深可歎惜耳。益公聞甚康健，終日應接不倦，深爲可喜。熹則衰病日益沈痼，死生常理，無足深計，但恨爲學未副夙心，目前文字可以隨分發明聖賢遺意、垂示後來者，筆削未定、纂集未成，不能不耿耿耳。

答劉季章

王晉輔來，求其尊人銘文，久已齰舌，何敢爲此？以其再來，不免題其行狀之後，少答其意。又慮其便欲刊刻流布，則大不便，已作書力戒之矣。渠又説欲得鄙文編次鋟木，此雖未必果，然亦不可有此聲。恐渠後生未更事，不識時勢，不知此是大禍之機，或致脱疏。書中又不敢深説，恐欲蓋而愈章，敢煩爲痛説此利害，當此時節，只得杜門讀書、濳形匿迹，豈可爲此喧譁以自取禍耶？況如老拙蹤迹，又比仁里諸賢事體不同，彼或可言，而此但當默，其理勢不難曉也。只如今所題跋，亦切不可便將出與人看。又刻石、鏤板二事，并望痛爲止之，千萬，至懇至懇！此杜元凱所謂既作之後，又復隱諱以避患者，固爲可笑，然亦以子約之故，無以答其意而浸淫至此。全藉賢者相與致力，遏其横流，千萬幸也！

答劉季章

郊霈已行，不知黨錮諸人果得及雞竿下坐否？所論配義與道，其説甚當，所以孟子下文便言「是集義所生」者，此正如來喻之意也。但子約終看不透，殊不可曉。前日已爲極力言之，不知其信得及否也？

答劉季章

省闈不合，浩然西歸，無愧於心，所得多矣，甚賀甚賀。公度近亦得書，自是不肯求去，致得如此。如近日王與之、龜齡之子。雷季仲、陳和父，皆以力請得去，又何嘗有人苦留之也？潘友□者近亦遭逐，正與公度事體一般。此輩進不能爲君子，退不能爲小人，不與人出氣，令人憒悶也。子約想時相聚，渠近書來，頗能向裏用力。然亦有小未善，已爲詳説，久之必自見得也。景陽前此已嘗附書，今不暇再作，煩爲致意。近日目昏，今日又加手痛，作字頗費力也。承欲就文義事物上做功夫，甚善。然讀書且要虚心平氣，隨他文義體當，不可先立己意，作勢硬説，只成杜撰，不見聖賢本意也。

答劉季章

晉輔亦開敏有志趣，不易得。但涉學尚淺，志氣輕率，須痛與切磨爲佳耳。大學、中庸看得如何？大學近脩改一兩處，旦夕須就板改定，斷手即奉寄也。比閱邸狀，時論似寖平。榛中蜿蜒稍稍引去，但恐主人意不堅牢，或有反覆，即其禍愈甚耳。

答劉季章

熹今年之病發作雖輕，而日月甚久，又氣體衰乏、精神昏耗，大與常年不同。亦是年紀催促，理應如此，不足爲怪。但恨平生功夫只到此地頭，前面地步有餘而日月有限，又不得與朋友之賢者相聚，日夕切磋，恐此意思一旦斷絶，更爲後賢之憂耳。劉五十哥且得如此攛掇結裹，向後事不可知，但願前人遺德有以誘其衷者，庶幾可望於後耳，言之令人於邑短氣也。時論靜作不常，子壽事後又有舊爭之激，其黨稍違忤者已不能容，旦夕必更有一番聳動觀聽底事，以扶國是，覺得懍懍，未知所稅駕處。但朋友來者無可拒之理，得早行遣了，亦是一事收殺也。子約幸逢寬恩，且得有北歸之漸。其實高安窮僻，無朋友過從之益、書疏往來之便，却未必得如廬陵也。益公寄惠六一集，纂次讎正之功勤亦至矣，古人所謂後世子雲者信非虛語，然亦正自難遇耳。

答劉季章

讀書只隨書文訓釋玩味，意自深長。今人却是背却經文，橫生它說，所以枉費工夫，不見長進。來喻似已覺此病者，更望勉旃，千萬之望。然又當以草略苟且爲戒，所謂隨看便起是非之心，此句最説著讀書之病。蓋理無不具，一事必有兩途。今纔見彼說晝，自家便尋夜底道理反之，各說一邊，互相逃閃，更無了期。今人問難往往類此，甚可笑也。

答劉季章

熹不免，果如所料，餘年無幾，區區舊學足以自娛，不能深以爲念也。若後段，則安能保其必無耶？所示五條，各已附以己意。大抵來喻於事理情實多是不曾究竟，而專以輕重深淺爲言，故不親切，更以此意推類求之，則可見矣。

「未盡善也」，注云：「舜之德，性之也，武王之德，反之也，故其實有不同者。」某竊謂反之雖異於性之，然其至焉則一而已。使武王於反之之後猶有未盡查滓，至於感格發露，著于樂聲，則其所反之工夫必有未盡之處矣〔一〕。

樂觀其深矣，若不見得性之、反之之不同處，又豈所謂聞其樂而知其德乎？舜與武王固不待論，今且論湯、武，則其反之至與未至恐須有别。此等處雖非後學所敢輕議，然今但細讀其書，恐亦不待聞其樂而後知之也。

令尹子文之忠、陳文子之清，固非不仁者之所能爲，聖人特許其忠、清而不許其仁。今因夫子之不許其仁而遂疑二子之忠、清未必皆出於理之所當然，而猶未免乎怨悔之私，則聖人之所以許之者，亦有不盡之意矣〔二〕。

二子忠、清而未盡當理，故但可謂之忠、清而未得爲仁，此是就其事上著實研究出來。若不如此看，即不知忠、清與仁有何分别。此須做箇題目，入思議始得，未易如此草草説過也。

「默而識之，學而不厭，誨人不倦」，注云：「三者已非聖人之極至，而猶不敢當。」然則彼所謂夫子既聖之論，豈非極至歟？詳本文之意，説得雖輕，然如此解得，又似太過。如何？

正爲合「若聖與仁」一段看，見得不厭、不倦非極至處。然夫子之不厭不倦，又須與衆人不同，故子貢、公西華皆有云云之說。可更詳之。

「未可與權」，集注之末有云：「然以孟子嫂溺援之以手之義推之，則權與經亦當有辨。」某竊謂天下之事只有一箇理，所重在此，則其理不外乎此。當嫂溺之時，只合援之以手，雖出於急遽不得已之爲，乃天理人事之不容已者也。今云有辨，開此一線路，恐學者因以藉口而小小走作，不暇自顧矣。如何？

既云急遽不得已之爲，即是權不可常而經可常，自有不容無辨處。若只說權便是經，都無分別，却恐其弊不止開一線路而已。

「膚受之愬不行焉」，注云：「愬寃者急迫而切身，則聽者不及致詳而發之暴矣。」某竊恐解得言詞太峻，人非昏暴之甚，亦未遽至此，而乃云因子張之失而告之，不惟形容得子張太過，且言外求意，亦非解經之體。如何？

且論事理還是如此與否，不須疑怕觸忤子張也。

答劉季章

昨已具前幅，而細看來書，方論董子功利之語，而下句所說曾無疑事，即依舊是功利之見。蓋天下只有一理，此是即彼非，此非即彼是，不容並立。故古之聖賢心存目見，只有義理，都不見有利害可計較。日用之間應事接物，直是判斷得直截分明，而推以及人，吐心吐膽，亦只如此，更無回互。若信得及，即相與俱入聖賢之域；若信不及，即在我亦無爲人謀而不盡底心，而此理是非昭著明白。今日此人雖信不及，向後他人須有信得及底，非但一時之計也。若如此所論，則在我者，未免視人顔色之可否以爲語默。只此意思，何由能使彼信得及乎？然此亦無他，只是自家看得道義自不曾端的，故不能真知是非之辨而爲此回枉，不是説時病痛，乃是見處病痛也。試思之如何？

答劉季章

孟子説「未有仁而遺其親，未有義而後其君」，便是仁義未嘗不利。然董生却説「正其義不謀其利，明其道不計其功」，又是仁義未必皆利，則自不免去彼而取此。蓋孟子之言雖是理之自然，然到直截剖判處，却不若董生之有力也。向聞餘論，似多以利隨義而言，今細思之，恐意脈中帶得偏僻病患。試更思之如何？

答劉季章

近得益公書，聞且寓晉輔家，甚善。所欲改字，已别報去，前書竟未得下落也。文集之議，當已罷止。此實於彼無益而於此不便。衰老扶病如此，又豈能更去廣南行脚耶？千萬力爲止之，更勉其著實爲學，勿爲此等慕名徇外之事，方是吾人氣象也。

來喻所云「書能益人與否，只在此心」等説，此又是病根不曾除得。以鄙見觀之，都無許多閑説，只著實依文句玩味，意趣自深長。不須如此，又只是立説取勝也。前與無疑書，亦有少講論，曾見之否？敬子諸人却甚進，此亦無他，只是渠肯聽人説話，依本分、循次序平心看文字，不敢如此走作閑説耳。大率江西人尚氣，不肯隨人後，凡事要自我出，自由自在，故不耐煩如此逐些理會，須要立個高論籠罩將去。譬如讀書，不肯從上至下逐字讀去，只要從東至西一抹横説。乍看雖似新巧，壓得人過，然横拗粗疏，不成義理，全然不是聖賢當來本説之意，則於己分究竟成得何事？只如臨川前後一二公，巨細雖有不同，然原其所出，則同是此一種見識，可以爲戒而不可學也。因見無疑，可出此紙，大家評量。趁此光陰未至晚暮之時，做些著實基址，積累將去，只將排比章句、玩索文理底工夫换了許多杜撰計較、别尋路脈底心力，須是實有用力處，久之自然心地平夷、見理明徹，庶幾此學有傳，不至虚負平生也。如於雅意尚未有契，可更因書極論，勿遽罷休，乃所望也。

答劉季章

熹再啓：熹病愈甚，遇寒尤劇，如今日則全然轉動不得，藥餌雖不敢廢，然未必能取效，姑復任之，無計可爲也。所喻已悉，但所謂語句偶爾而實却不然者，只此分疏，便是舊病未除。所謂誠於中、形於外，此又何可諱耶？無疑之病，亦是如此，適答其書，説得頗痛快，可試取觀，可見鄙意，此不復縷縷也。又謂病只在懶惰者，亦只消得此一病，便是無藥可醫。人之所以懶惰，只緣見此道理不透，所以一向提掇不起。若見得道理分明，自住不得，豈容更有懶惰時節耶？所謂此外無難除之病者，亦信未及，況自以爲無，則其有者將至矣。便敢如此斷置，竊恐所以自省者亦太疏耳。又謂海内善類消磨摧落之後，所存無幾，此誠可歎。若鄙意則謂纔見消磨得去，此等人便不濟事。若使真有所見，實有下工夫處，則便有鐵輪頂上轉旋，亦如何動得他？

大學定本脩换未畢，俟得之即寄去。王晉輔好且勸它莫管他人是非長短得失，且理會教自家道理分明，是爲急務。此事之外，不可使有毫髮雜用心處也。然人要閑管，亦只是見理不透，無頓自己身心處，所以如此。願更察此，有以深矯揉之，乃爲佳耳。年來頓覺衰憊殊甚，死期將至，而朋友間未有大可望者，令人憂懼，不知所以爲懷。季章千萬勉旃，乃所深望。

答劉季章

熹歲前得益公書，報吳伯豐病瘡甚危。適得子約書，乃聞其訃，深爲傷痛。近年朋友讀書講學如此君者，絶不易得，此爲可惜，不但交遊之私情也。聞後事深荷老兄與無疑周全之，足見朋友之義。

答劉季章

熹今春大病，幾不能起。今幸小康，然尚未能平步也〔三〕。初意若得未死，且當屏棄書册，虚心待盡。今又覺不能頓爾捐去，亦苦頭緒太多，不是老年活計，徐當以漸節減也。益公清健可喜，近答其書論范文正公墓碑事，以病草草，今始能究其説，然自覺語言有過當處，不知能不相怪否也？伯豐初亦不知其能自植立如此，但見其於講論辨得下功，剖析通貫，非一時諸人所及，心固期以遠到。不謂乃止於此，殊可痛惜。今承來喻，又得聞其後來所守之堅，此尤不易。吾道不幸遽失此人，餘子紛紛，纔有毛髮利害，便章皇失措，進退無門，亦何足爲軒輊耶？疾少間，亦可漸理舊聞，向前進步否？博文約禮，不可偏廢。雖孔子之教、顔氏之學，不過是此二事。更惟勉旃，乃所深望也。

答劉季章

熹今年一病狼狽，入夏方粗可支吾，但衰憊殊甚，講貫之樂，只一二朋友在此，訓導諸孫，時時整頓得舊書訓詁間有差誤而已。禮書四散，未得會聚參校，其它亦更有合料理文字，覺得精力不逮，皆不復敢萌意矣。賢者作何功夫？因書幸及一二。

答劉季章

禮書此數日來方得下手，已整頓得十餘篇，但無人抄寫爲撓。蓋可借人處皆畏「僞學」之污染而不肯借，其力可以相助者，又皆在遠而不副近急，不免雇人寫，但資用不饒，無以奉此費耳。

答劉季章

益公處所懇是先人墓碑，幸垂念。但行狀它人未見之，更告爲言及，得不示外人爲幸也。又前書求精舍大字及呈一二文字，語次幸并扣之。大字願早拜賜，鄙文幸痛掊擊也。

答許景陽

一别十年，彼此皆非復往時矣。近見槐陰問答，覺得所論皆太寬緩。此非言語之病，乃是用功處不緊切耳。來書所論未發之中，恐不如此，似看得太過了。只是此理，對惡而言則謂之善，對濁而言則謂之清，對四旁而言則謂之中，初非有二物，但唯聖人爲能全之，以致其用，衆人則雖有而不能自知，是以汩於物欲而亂之耳。

曾子之説似亦未然，嘗謂夫子此機，如決積水於千仞之壑，故當時曾子一聞便透，更無疑滯。若如所喻，則夫子方是教它曾子漸次消磨，曾子元未及下功夫，如何便應得箇「唯」字也？此等處且宜虚心玩味，不可輕易立説也。

與陳伯堅

沙縣寄到新刻責沈文，字畫精神，非桂本之比。此書流傳，足使世之聾盲者有所警覺，稍知觸淨，非小補也，但恐木本或不耐久耳。瓊學記文鄙拙，不足有所發明，亦緣韓兄將滿，方遣人來，恐其代去，匆匆草成，不能滿意耳。垂喻舊書云云，深愧率爾。當時之言，蓋亦有爲而發。以今觀之，學者但當深窮聖經，使其反之於心而安，考之於經而合，驗之於外而可行，即彼之妄言一覽便破矣。若未到此，遽欲窮之，恐如河南夫子所謂「未必能窮，而已化爲釋氏矣」。愚見如此，不審尊意以爲如何？胡季隨近到此數日，明敏有志，甚可喜也。

答胡季履大壯

向來雖幸一見，然忽忽於今已二十餘年矣。時於朋友間得窺佳句，足以見所存之一二，顧未得會面爲歉耳。今承惠問，荷意良勤。區區每患世衰道微，士不知學，其溺於卑陋者固無足言，其有志於高遠者，又或騖於虛名，而不求古人爲己之實，是以所求於人者甚重，而所以自任者甚輕。每念聖人樂取諸人以爲善之意，意其必有非苟然者，恨不得與賢者共詳之也。季隨明敏，朋友中少見其比。自惟衰墮，豈足以副其遠來之意？然亦不敢虛也。歸日當相與講之，有所未安却望見告，得以反復爲幸。昆仲家學門庭，非他人比，而區區所望，又特在於其實而不在於名，願有以深察此意也。

答胡季隨大時

易傳平淡縝密，極好看，然亦極難看。大抵講學須先有一入頭處，方好下工夫。昨見文叔處所録近文，恐看得文字未子細，無意味也。不必遠求，但看知言是下多少工夫，不如此散漫泛説，無歸宿也。龜山易舊亦有寫本，此便不甚的，未暇檢尋奉寄。不知詹丈所舉不同者何事？因風詳諭，此等處正好商榷也。道理無形影，唯因事物言語乃可見得是非，理會極子細，即道理極精微。古人所謂物格知至者，不過是就此下功夫。近日學者説得太高了，意思都不確實，不曾見理會得一書一事徹頭徹尾，東邊綽得幾句，西邊綽得幾句，都不曾貫穿浹洽。此是大病，有志之士尤不可以不深戒也。

答胡季隨

熹杜門衰病如昔，但覺日前用力泛濫，不甚切己，方與一二學者力加鞭約，爲克己求仁之功，亦粗有得力處也。易傳且熟讀，未論前聖作易本指，且看得程先生意思，亦大有益，不必更雜看。大抵先儒於易之文義多不得其綱領，雖多看亦無益。然此一事卒難盡説，不若且看程傳，道理却不錯也。

所論文定專治春秋，而於諸書循環誦讀，以爲學者讀書不必徹頭徹尾，此殊不可曉。既曰文定讀春秋徹頭徹尾，則吾人亦豈可不然？且又安知其於他書少日已嘗反復研究，得其指歸，至於老年，然後循環泛讀耶？若其不能，亦是讀得春秋徹頭徹尾，有得力處，方始泛讀諸書，有歸宿處。不然，前輩用心篤實，決不如今時後生貪多務得、涉獵無根也。前書鄙論，更望熟究。其説雖陋，然却是三四十年身所親歷、今日粗於文義不至大段差錯之效，恐非一旦卒然立論所可破也。若如來諭，不能俟其徹頭徹尾，乃是欲速好徑之尤，此不可不深省而痛革之也。

熹於論、孟、大學、中庸一生用功，粗有成説，然近日讀之，一二大節目處猶有謬誤。不住修削，有時隨手又覺病生。以此觀之，此豈易事？若只恃一時聰明才氣，略看一過便謂事了，豈不輕脱自誤之甚耶？吕伯恭嘗言，道理無窮，學者先要不得有自足心，此至論也，幸試思之。

南軒文集方編得略就，便可刊行。最好是奏議文字及往還書中論時事處，確實痛切，今却未敢編入。異時當以奏議自作一書，而附論事書尺於其後，勿令廣傳。或世俗好惡稍衰，乃可出之耳。

答胡季隨

易傳明白，無難看處。但此是先生以天下許多道理散入六十四卦、三百八十四爻之中，將作易看，即無意味。須將來作事看，即句句字字有用處耳。詩六義，本文極明白，而自注疏以來汩之，如將已理之絲重加棼亂，近世諸老先生亦殊不覺，不知何故如此。中間有答潘恭叔問說此甚詳，可更扣之，當見曲折。蓋不如此，即六義之名無所用之。當時自不必分別，祇益紛拏，無補於事也。近修詩說，別有一段，今録去。大概亦與前說相似，恐或可參照耳。學問大頭緒固要商量，而似此枝節合理會者亦不爲少。未得面論〔四〕，徒增耿耿。

答胡季隨

所示諸說，似於中庸本文不曾虛心反覆詳玩，章句之所絶、文義之所指，尚多未了，而便欲任意立說，展轉相高，故其說支蔓纏繞，了無歸宿。莫若且就本文細看，覺得章斷句絶、文理分明，即聖人指意所在與今日用力之方，不待如此紛拏辨說而思已過半矣。

恭叔所論〔五〕，似是見熹舊說而有此疑〔六〕。疑得大概有理，但曲折處有未盡耳。當時舊說誠爲有病，後來多已改定矣。大抵其言「道不可離，可離非道，是故君子戒愼乎其所不睹，恐懼乎其所不聞」，乃是徹頭徹尾、無時無處不下工夫，欲其無須臾而離乎道也。不睹不聞與「獨」字不同，乃是言其戒懼之至，無適不然。雖是此等耳目不及無要緊處，亦加照管，如云聽於無聲、視於無形，非謂所有聞見處却可闊略〔七〕，而特然於此加功也。又言「莫見乎隱，莫顯乎微，故君子謹其獨」，乃是上文全體工夫之中，見得此處是一念起處、萬事根原，又更緊切，故當於此加意省察，欲其自隱而見、自微而顯，皆無人欲之私也。觀兩「莫」字，即見此處是念慮欲萌而天理人欲之幾，最是緊切，尤不可不下工處，故於全體工夫之中，就此更加省察。然亦非必待其思慮已萌而後別以一心察之，蓋全體工夫既無間斷，即就此處略加提撕，便自無透漏也。此是兩節，文義不同，詳略亦異。前段中間著「是故」字，後段中間又著「故」字，各接上文以起下意。前段即卒章所謂「不動而敬，不言而信」，後段即卒章所謂「內省不疚，無惡於志」，文義條理大小甚明。從來說者多是不察，將此兩段只作一段相纏說了〔八〕，便以戒慎恐懼、不睹不聞爲謹獨，所以雜亂重複，更說不行。前後只是粗瞞過了，子細理會，便分疏不下也。

又季隨云「純熟未易言也」，此語恐有病。蓋季隨意間常說工夫極至之地窮高極遠，決然是不可到。如中間熹說讀書須是精熟，季隨便云須如文定之於春秋方是精熟，今豈易及，亦是此意。夫謂功夫極至之地如此之高、如此之妙，則是矜己之獨能知此而以它人爲不知也。以爲人不可到，則是己亦甘自處於不能也。如此，則凡講論皆是且做好話說過，其與自謂「吾身不能居仁由義」者雖若有間，然其實亦無以大相遠矣。不除此病，竊恐百事放倒，都不到頭，非是小失，幸深省而痛矯之也。

又云：「方其未至純熟，天理何嘗不可見乎？」此又不看本文本意，而逞快鬭高、隨語生説之過。夫中庸本意欲人戒謹恐懼，以存天理之實而已，非是教人揣摩想像，以求見此理之影也。伯壽下一「見」字，已是有病；季隨又更節上生枝，更不復以純熟自期，只要就此未純熟處便見天理，不知見得要作何用？爲説至此，去本日遠。以言乎經，則非聖賢之本意；以言乎學，則無可用之實功。如此講論，恐徒紛擾，無所補於聞道入德之效也。其他小節，各具於所示本條之下，幸更與諸君詳評之也。

答胡季隨

戒懼者，所以涵養於喜怒哀樂未發之前〔九〕；當此之時，寂然不動，只下得涵養功夫。涵養者，所以存天理也。慎獨者，所以省察於喜怒哀樂已發之後。當此之時，一毫放過，則流於欲矣。判别義利，全在此時。省察者，所以遏人欲也。已發之後，蓋指已發之時，對未發而言，故云已發之後。不知經意與日用之工是如此否？友恭，字恭叔。

此説甚善。

惟能加涵養之功，則自然有省察之實。周椿伯壽。

此説好，然説未透。

戒懼，乃所以慎獨也。涵養、省察之際，皆所當然。未發之前，不容著力，只當下涵養工夫，來教得之。省察於已發之時，此句之病恭叔已言之矣，正所以存天理、遏人欲也〔一〇〕，恐不可分。一之。

作兩事說，則不害於相通；作一事說，則重複矣。不可分中，却要見得不可不分處，若是全不可分，中庸何故重複說作兩節？

「已發之後」，立語自覺未穩，今欲改作「欲發之時」。然欲發即不屬靜、不屬動，又欲改作「已發之初」。友恭。

作「欲發」是，但亦不是欲發時節別換一心來省察他，只是此個全體戒懼底略更開眼耳。

戒謹、恐懼、慎獨，統而言之，雖只是道〔一一〕，都是涵養工夫；分而言之，則各有所指。「獨」云者，它人不知，己所獨知之時，正友恭所謂已發之初者。不睹不聞，即是未發之前。未發之前，無一毫私意之雜。此處無走作，只是存天理而已，未說到遏人欲處。已發之初，天理人欲由是而分。此處不放過，即是遏人欲，天理之存有不待言者。如此分說，自見端的。

此說分得好，然又須見不可分處，如兵家攻守相似，各是一事，而實相爲用也。涵養工夫實貫初終，而未發之前只須涵養〔一二〕，纔發處便須用省察工夫。至於涵養愈熟，則省察愈精矣。

此數句是。

「致中和，天地位，萬物育」，若就聖人言之，聖人能致中和，則天高地下，萬物莫不得其所。如風雨不時，山夷谷堙，皆天地不位；萌者折，胎者殈，皆萬物不育。就吾身言之，若能於「致」字用工，則俯仰無愧，一身之間自然和暢矣。

此說甚實。

極其中，則大經正、大本立而上下位矣；極其和，則事事物物各得其宜而萬物育矣。一之。

此只說得前一截。若聖人不得位，便只得如此。其理亦無虧欠，但事上有不足爾。如堯、湯，不可謂不能致中和，而亦有水旱之災。恭叔〔一三〕。

致中和而天地位、萬物育者，常也。堯、湯之事，非常之變也。大抵致中和，自吾一念之間培植推廣，以至於裁成輔相、匡直輔翼，無一事之不盡，方是至處。自一事物之得所區處之合宜，以至三光全，寒暑平，山不童，澤不涸，飛潛動植各得其性，方是天地位、萬物育之實效。蓋致者，推致極處之名，須從頭到尾看，方見得極處。若不說到天地萬物真實效驗，便是只說得前一截，却要準折了後一截，元不是實推得到極處也。

省察於欲發之時，平日工夫不至而欲臨時下手，不亦晚乎？大時。

若如此說，則是臨時都不照管，不知平日又如何做工夫也？

竊謂操存涵養乃脩身之根本，學者操存涵養，便是未發之前工夫在其中矣。凡省察於已發，正所以求不失其操存涵養者也。學者於是二者不可缺一，然操存涵養乃其本也。諸友互相點檢，多得之。然却不曾推出所謂根本，故論未發之前者，竟歸於茫然無著力處；或欲推於欲發之初省察〔一四〕，則又似略平日之素；或兼涵養省察言之者，又似鶻突包籠。

此一段差勝，然亦未有的當見處。

喜怒哀樂之未發謂之中，即天命之謂性也。發而皆中節謂之和，即率性之謂道也。定。

詳程先生說「率性」文義，恐不如此。

未發之時能體所謂中，已發之後能得所謂和，則發而中節始可言矣，而中和未易識也。

未發之前，纔要體所謂中，則已是發矣，此說已差。又發而中節方謂之和，今曰得所謂和然後發而中節，亦似顛倒說了。記得龜山似有此意，恐亦誤矣。中和未易識，亦是嚇人。

此論著實做處，不論難識易識也。

答胡季隨

所示問答皆極詳矣，然似皆未嘗精思實踐，而多出於一時率然之言，故紛紜繳繞而卒無定説也。夫謂未發之前不可著力者，本謂不可於此探討尋求也，則固無害於涵養之説。謂當涵養者，本謂無事之時常有存主也，則固無害於平日涵養之説。謂省察於將發之際者，謂謹之於念慮之始萌也；謂省察於已發之後者，謂審之於言動已見之後也。念慮之萌固不可以不謹，言行之著亦安得而不察？以熹觀之，凡此數條本無甚異，善學者觀之，自有以見其不可偏廢，不至如此紛紜競辨也。細看其間却有一段名一之者。説得平正的確，頗中諸説之病，不知曾細考之否？

答胡季隨

彼中議論大略有三種病，一是高，二是遠，三是煩碎。以此之故，都離却本文，説來説去，都不記得元是説甚底。但能放低，著實依本分、依次序做工夫，久久自當去此病也。

答胡季隨

南軒集誤字已爲檢勘，今却附還。其間空字向來固已直書，尤延之見之，以爲無益而賈怨，不若刊去。今亦不必補，後人讀之自當默喻也。但序文後段若欲删去，即不成文字。兼此書誤本之傳不但書坊而已，黄州印本亦多有舊來文字，不唯無益，而反爲累。若不如此説破，將來必起學者之疑。故區區特詳言之，其意極爲懇到，不知何所惡而欲去之耶？且世之所貴乎南軒之文者，以其發明義理之精，而非以其文詞之富也。今乃不問其得失是非而唯務多取，又欲删去序文緊切意思，竊恐未免乎世俗之見，而非南軒所以望乎後學之意。試更思之。若必欲盡收其文，則此序意不相當，自不必用，須别作一序，以破此序之説乃可耳。若改而用之，非惟熹以爲不然，南軒有靈，亦必憤歎於泉下也。久不聞講論之益，深以懷想。前日諸賢相繼逝去，後來未有接續。所望於季隨，實不勝其惓惓。今觀此事，竊疑其用力之不篤也。更願勉旃，以副所望。千萬千萬，至扣至扣。

答胡季隨

元善書説與子静相見甚款，不知其説如何？大抵欲速好徑是今日學者大病，向來所講，近覺亦未免此。以身驗之，乃知伊洛拈出「敬」字，真是學問始終日用親切之妙。近與朋友商量，不若只於此處用力，而讀書窮理以發揮之。真到聖賢究竟地位，亦不出此，坦然平白，不須妄意思想頓悟懸絶處，徒使人顛狂粗率，而於日用常行之處反不得其所安也。不審别後所見如何？幸試以此思之，似差平易悠久也。

答胡季隨

熹衰病之餘，幸安祠禄，誤恩起廢，非所克堪，已力懇辭，未知可得與否？自度尪殘，決是不堪繁劇。又況蹤跡孤危，恐亦無以行其職業，後日别致紛紛，又如衡陽轉動不得，出門一步，更須審處也。但今年病軀衰瘁殊甚，秋中又有哭女之悲，轉覺不可支吾矣。目昏不能多看文字，閑中却覺看得道理分明。向來諸書隨時修改，似亦有長進處。恨相去遠，不得朝夕討論也。易書刊行者，只是編出象數大略。向亦以一本浼叔綱，計必見之，今乃聞其有亡奴之厄，計此必亦已失去矣。别往一本，并南軒集，幸收之也。

所喻克己之學，此意甚佳。但云藉此排之，似是未得用工要領處。近讀知言，有問以放心求心者，嘗欲别下一語云：「放而知求，則此心不爲放矣。」此處間不容息，如夫子所言克己復禮功夫，要切處亦在「爲仁由己」一句也，豈藉外以求之哉？「性其情」，乃王輔嗣語，而伊洛用之，亦曰以性之理節其情，而不一之於流動之域耳。以意逆志，而不以詞害焉，似亦無甚害也。「不遷怒」，當如二先生説，無可疑者。「不貳過」，亦唯程、張得之。而横渠所謂「歉於己者，不使萌於再」，語尤精約也。

宋漕所委記文，屢欲爲之。而夏秋以來，一向爲女子病勢驚人，不得措詞。兼觀其所喻爲教者，不過舉子事業，亦有難措詞者，故因循至此。今病方小愈，未堪思慮，勢當小須後也。因邵武便，草草布此，復託象之致之。目昏，未能他及，惟以時進德自愛爲禱。大抵爲學，不厭卑近，愈卑愈近，則功夫愈實而所得愈高遠。其直爲高遠者則反是，此不可不察也。

答胡季隨

閑中時有朋友遠來講學，其間亦有一二可告語者。此道之傳，庶幾未至斷絶，獨恨相望之遠，不得聚首盡情極論，以求真是之歸，尚此悢悢耳。君舉先未相識，近復得書，其徒亦有來此者。折其議論〔一五〕，多所未安。最是不務切己，惡行直道，尤爲大害。不知講論之間頗亦及此否？王氏中説，最是渠輩所尊信依倣以爲眼目者，不知所論者云何？復、艮之説，則程子已盡之，不知别有何疑？因書須詳及之，乃可下語也。

答胡季隨

前書諸喻，讀之惘然。季隨學有家傳，又從南軒之久，何故於此等處尚更有疑？向見意思大段寬緩，而讀書不務精熟，常疑久遠無入頭處，必爲浮説所動。今乃果然。艮、復之義，正當思惟，方見親切。别紙諸疑，正當解釋，方得分明。今乃曰「才涉思惟，便不親切」，又云「非不能以意解釋，但不欲杜撰耳」，不知却要如何下工夫耶？夫子言「學而不思則罔」，中庸説博學、審問、謹思、明辨，聖賢遺訓明白如此，豈可舍之而徇彼自欺之浮説耶？來書譏項平父出入師友之間不爲不久，而無所得，愚亦恐賢者之不見其睫也。日月逝矣，歲不我與，願深省察，且將大學、論語、孟子、中庸、近思等書子細玩味，逐句逐字不可放過，久之須見頭緒。不可爲人所誑，虚度光陰也。荆門皇極説曾見之否？試更熟讀洪範此一條詳解，釋其文義，看是如此否？君舉奏對，上問以讀書之法，不知其對云何也？

答胡季隨

學者問曰：「延平先生語録有曰：『大抵學者多爲私欲所分，故用力不精，不見其效。若欲進步，須打斷諸路頭，靜坐默識，使其泥滓漸漸消去。』又云：『靜坐時收拾將來，看是如何，便如此就偏處著理會。』又云：『學者未祛處，只求諸心。思索有窒礙處，及於日用動靜之間有咈戾處，便於此致思，求其所以然者。』又云：『大凡只於微處充擴之，方見礙者大爾。』又引上蔡語云：『凡事必有根，必須有用處尋討要用處，將來斬斷便没事。此語可時時經心。』又云：『靜中看喜怒哀樂未發時作何氣象，不惟於進學有功，兼亦是養心之要。』觀此數説，真得聖賢用工緊要處。但其間有一段云：『學者之病，在於未有灑然冰釋凍解處。縱有力持守，不過只是苟免顯然尤悔而已，恐不足道也。』竊恐所謂灑然冰釋凍解處，必於理皆透徹而所知極其精妙，方能爾也。學者既未能爾，又不可以急迫求之，只得且持守，優柔厭飫，以俟其自得。如能顯然免於尤悔，其工力亦可進矣。若直以爲不足道，恐太甚也。」大時答曰：「所謂灑然冰釋凍解，只是通透灑落之意。學者須常令胸中通透灑落，則讀書爲學皆通透灑落而道理易進，持守亦有味矣。若但能苟免顯然悔尤，則途之人亦能之，誠不足爲學者道也。且其能苟免顯然悔尤，則胸中之所濳藏隱伏者固不爲少，而亦不足以言學矣。」

此一條嘗以示諸朋友，有輔漢卿者下語云：「灑然冰解凍釋，是功夫到後疑情剥落，知無不至處。知至則意誠而自無私欲之萌，不但無形顯之過而已。若只是用意持守、著力遏捺，苟免顯然尤悔，則隱微之中，何事不有？然亦豈能持久哉？意懈力弛，則横放四出矣。今曰學者須常令胸中通透灑落，恐非延平先生本意。」此説甚善。大抵此箇地位乃是見識分明、涵養純熟之效，須從真實積累功用中來，不是一旦牽彊著力做得。今湖南學者所云「不可以急迫求之，只得且持守，優柔厭飫，而俟其自得」，未爲不是，但欠窮理一節工夫耳。答者乃云「學者須常令胸中通透灑落」，却是不原其本而彊欲做此模樣。殊不知通透灑落如何令得？纔有一毫令之之心，則終身只是作意助長、欺己欺人，永不能到得灑然地位矣。

學者問曰：「遺書曰：『須是大其心使開闊，譬如爲九層之臺，須大做根脚方得。』恐大其心胸時，却無收斂縝密底意思，則如何？」大時答曰：「心目不可不開闊，工夫不可不縝密。」

答語無病，然不知如何地得開闊？

學者問曰：「遺書曰：『執事須是敬，又不可矜持太過。』竊謂學者之於敬，常懼其放倒。既未能從容到自然處，恐寧過於矜持，亦不妨也。」大時答曰：「頃年劉仲本亦曾舉此條以爲問，蓋嘗答之，曰：『敬是治病之大藥，矜持是病之旁證。藥力既到，病勢既退，則旁證亦除矣。』」

「敬是病之藥，矜持是病之旁證」，此兩句文意齟齬，不相照應。若以敬喻藥，則矜持乃是服藥過劑反生他病之證。原其所因，蓋爲將此敬字别作一物，而又以一心守之，故有此病。若知敬字只是自心自省，當體便是，則自無此病矣。

學者問曰：「遺書曰：『有諸中，必形諸外。惟恐不直内，直内則外必方。』至論釋氏之學，則謂『於敬以直内則有之，義以方外則未之有也。』又似以敬義内外爲兩事矣。竊謂釋氏之學亦未有能敬以直内，若有此，則吾儒之所謂『必有事焉』者，自不容去之也。」大時答曰：「前一段其意之所重在『有諸中，必形諸外』上，後一段其意之所重在『義以方外』上。且謂其『敬以直内，上則有之』，味『有之』二字，則非遽許之，以爲與吾儒之學所謂敬者便可同日而語矣。」

遺書説釋氏有直内無方外者，是游定夫所記，恐有差誤。東見録中别有一段説「既無方外，則其直内者豈有是也」，語意始圓。可細考之，未可如此逞快，率然批判也。

學者問曰：「遺書曰：『釋氏只曰止，安知止乎？釋氏無實，譬之以管窺天，只務直上去，惟見一偏。』又却有曰：『釋氏只到止處，無用處，無禮義。』竊謂既無實，惟見一偏，則其學皆憑虚鑿空，無依據矣，安可謂其到止處，而責之以有用、有禮義乎？」大時答曰：「『釋氏曰止，安知止乎』，此以吾學之所謂止而論之也。『禪學只到止處，無用處，無禮義』，此『止』字就其學之所謂止而論之也。」

答語甚善。論程子説釋氏不知止是以吾學所謂止者而言，又云「釋氏到止處」是以彼所謂止者而言。

學者問曰：「遺書曰：『孟子曰盡其心者，知其性也。彼所謂識心見性是已。若存心養性一段事，則無矣。』竊謂此一段事釋氏固無之，然所謂識心見性，恐亦與孟子盡心知性不同。盡心者，物格知至，積習貫通，盡得此生生無窮之體，故知性之稟於天者蓋無不具也。釋氏不立文字，一超直入，恐未能盡其心而知其性之全也。」大時答曰：「釋氏云識心見性，與孟子之盡心知性固是不同，彼所謂『識心見性』之云，蓋亦就其學而言之爾。若『存心養性一段則無矣』之云，所以甚言吾學與釋氏不同也。」

遺書所云釋氏有盡心知性，無存心養性，亦恐記録者有誤。要之，釋氏只是恍惚之間見得些心性影子，却不曾子細見得真實心性，所以都不見裏面許多道理。政使有存養之功，亦只是存養得他所見底影子，固不可謂之無所見，亦不可謂之不能養，但所見所養非心性之真耳。

學者問曰：「遺書曰：『學者所貴聞道，若執經而問，但廣聞見而已。』竊謂執經而問，雖止於廣聞見而已，須精深究此，而後道由是而可得也。不然，恐未免於説空説悟之弊矣。」大時答曰：「所謂『學者所貴聞道，若執經而問，但廣聞見而已』，蓋爲尋行數墨而無所發明者設。而來喻之云，謂必須深究乎此然後可以聞道，則亦俱墮於一偏矣。」執經而問者知爲己，則所以聞道者不外乎此。不然，則雖六經皆通，亦但爲廣聞見而已。問者似有此意，然見得未分明，故説不出，答者之云却似無干涉也。

學者問曰：「遺書曰：『根本須先培壅，然後可立趨嚮。』竊謂學者必須先審其趨嚮，而後根本可培壅。不然，恐無入頭處。」大時答曰：「必先培其根本，然後審其趨嚮，猶作室焉，亦必先有基址，然後可定所向也。」

先立根本，後立趨嚮，即所謂未有致知而不在敬者。又云「收得放心後，然後自能尋向上去」，亦此意也。

學者問曰：「遺書曰：『誠然後能敬，未及誠時須敬，而後能誠。』學者如何便能誠？恐不若專主於敬而後能誠也。」大時答曰：「誠者天之道也，而實然之理亦可以言誠。敬道之成，則聖人矣，而整齊嚴肅，亦可以言敬。此兩事者，皆學者所當用力也。」

敬是竦然如有所畏之意，誠是真實無妄之名，意思不同。誠而後能敬者，意誠而後心正也。敬而後能誠者，意雖未誠，而能常若有畏，則當不敢自欺而進於誠矣。此程子之意也。問者略見此意，而不能達之於言，答者却答不著。

學者問曰：「遺書曰：『只外面有些罅隙，便走了。』學者能日用間常切操存，則可漸無此患矣。」大時答曰：「其中充實，則其外無罅隙矣。」「外面只有些罅隙，便走了」，此語分明，不須注解。只要時時將來提撕，便喚得主人公常在常覺也。

學者曰：「樂記曰：『人生而靜，天之性也。感於物而動，性之欲也。』五峯有曰：『昧天性，感物而動者，凡愚也。』向來朋友中有疑此説，謂靜必有動，然其動未有不感於物。所謂性之欲者，恐指已發而不可無者爲言。若以爲人欲，則性中無此。五峯乃專以感物而動爲言昧天性而歸於凡愚，何也？」大時答曰：「按本語云：『知天性，感物而通者，聖人也；察天性，感物而節者，君子也；昧天性，感物而動者，凡愚也。』曰知、曰察、曰昧，其辨了然矣。今既不察乎此，而反其語而言『乃以感物而動爲昧天性』者，失其旨矣。」學者又曰：「曰知，曰察，曰昧，其辨固了然。但鄙意猶有未安者，感物而動爾。樂記曰止云感物而動，性之欲也，初未嘗有聖人、君子、凡愚之分，通與節之説。今五峯乃云『知天性，感物而通者，聖人也；察天性，感物而節者，君子也；昧天性，感物而動者，凡愚也。』是不以感物而動爲得也。更望垂誨。」大時答曰：「人生而靜，天之性也。感於物而動，性之欲也。物格知至，然後好惡形焉。好惡無節於内，知誘於外，不能反躬，天理滅矣。夫物之感人無窮，而人之好惡無節，則是物至而人化於物也。人化於物者，滅天理而窮人欲者也。觀其下文明白如此，則知先賢之言爲不可易矣。且味『感於物而動，性之欲也』兩句，亦有何好，而必欲舍其正意而曲爲之説以主張之乎？程子云『寂然不動，感而遂通天下之故者，天理具備，元無少欠，不爲堯存，不爲桀亡。父子君臣，常理不易，何曾動來？因不動，故言寂然不動。感而遂通天下，便感非自外來也。』又曰：『寂然不動，萬象森然已具；感而遂通，感則只是自内感，不是外面將一個物來感於此也。』又曰：『寂然不動，感而遂通，此言人分上事。若論道，則萬理皆具，更不説感與未感。』又曰：『蓋人萬物皆備，遇事時各因其心之所重者更互而出，纔見得這事重，便有這事出。若能物各付物，則便自不出來也。』以此四條之所論者而推之，益知先賢之言不可易，而所謂『感物而動，性之欲』者，不必曲爲之説以主張之矣。湘山詩云：『聖人感物靜，所發無不正。衆人感物動，動與物欲競。』殆亦與先賢之意相爲表裏云爾。」

此兩條，問者知其可疑，不易見得如此。但見得未明，不能發之於言耳。答者乃是不得其説而彊言之，故其言粗横而無理。想見於心，亦必有自瞞不過處，只得如此撑拄將去也。五峯云「昧天性，感物而動」，故問者云「五峯乃專以感物而動爲昧天性」，於五峯本説未見其異。答者乃責以反其語而失其旨。問者又疑樂記本文「感物而動」初無聖愚之别，與五峯語意不同，而答者但云觀其下文明白如此，則知先賢之言不可易，而不言其所以明白而不可易者爲如何。又謂樂記兩句亦有何好，而不言其所以不好之故。及引程子四條，則又與問者所疑了無干涉，但欲以虚眩恐喝而下之，安得不謂之粗横無理而撑拄彊説乎？今且無論其他，而但以胡氏之書言之，則春秋傳「獲麟」章明有「聖人之心，感物而動」之語，頃時與廣仲書常論之矣。不知今當以文定爲是乎，五峯爲是乎？要之，此等處，在季隨誠有難言者，與其曲爲辨説而益顯其誤，不若付其是非於公論，而我無與焉爲愈也。須知感物而動者，聖愚之所同，但衆人昧天性，故其動也流；賢人知天性，故其動也節；聖人盡天性，故其動也無事於節而自無不當耳。文義之失，猶是小病，却是自欺彊説，乃心腹膏肓之疾，他人鍼藥所不能及，須是早自覺悟醫治，不可因循撩諱而忌扁鵲之言也。

答胡季隨

所喻兩條，前書奉報已極詳悉。若能平心定氣，熟復再三，必自曉然。今乃復有來書之喻，其言欲以灑落爲始學之事而可以力致，皆不過如前書之説。至引延平先生之言，則又析爲兩段，而謂前段可以著力，令其如此，則似全不曾看其所言之文理。所謂「反覆推究，待其融釋」者，「待」字之意是如何，而自以己意横爲之説也？大率講論文字，須且屏去私心，然後可以詳考文義，以求其理之所在。若不如此，而只欲以言語取勝，則雖累千萬言，終身競辨，亦無由有歸著矣。是乃徒爲多事而重得罪於聖人，何名爲講學哉？故熹不敢復爲論説，以增前言之贅，但願且取前書子細反復。其間所云「才有令之之心，即便終身不能得灑落」者，此尤切至之論。蓋纔有此意，便不自然，其自謂灑落者，乃是疏略放肆之異名耳。疊此兩三重病痛，如何能到真實灑落地位耶？古語云：「反者道之動，謙者德之柄，濁者清之路，昏久則昭明。」願察此語，不要思想準擬融釋灑落底功效，判著且做三五年辛苦不快活底功夫，久遠須自有得力處。所謂先難而後獲也。

「灑落」兩字，本是黄太史語，後來延平先生拈出，亦是且要學者識個深造自得底氣象，以自考其所得之淺深。不謂不一再傳，而其弊乃至於此，此古之聖賢所以只教人於下學處用力，至於此等則未之嘗言也。顔、曾以上，都無此等語；子思、孟子以下，乃頗有之，亦有所不得已也。

樂記、知言之辨，前書亦已盡之。細看來書，似已無可得説，便未肯放下此一團私意耳。如此，則更説甚講學？不如同流合污、著衣喫飯、無所用心之省事也。其餘諸説，未暇悉報，願且於此兩段反復，自見得從前錯處，然後徐而議之，則彼亦無難語者，幸早報及也。

答胡季隨

熹憂患侵凌，來日無幾，思與海内知友痛相切磨，以求理義全體之至極，垂之來世，以繼聖賢傳付之望〔一六〕，而離羣索居，無由會合。如季隨者，尤所期重〔一七〕，而相去甚遠，再見恐不可期，此可爲深歎恨也。先訓之嚴，後人自不當置議論於其間。但性之有無善惡，則當舍此而別論之，乃無隱避之嫌，而得盡其是非之實耳。「善惡」二字，便是天理人欲之實體。今謂性非人欲可矣，由是而并謂性非天理，可乎？必曰極言乎性之善而不可名，又曷若直謂之善而可名之爲甚易而實是也？比來得書，似覺賢者於此未有實地之可據，日月易得，深可憂懼，幸加精進之力，入細著實，子細推研，庶幾有以自信，益光前烈，千萬至望。

答沈有開

垂諭所以爲學之意，與其所聞於師友間者甚悉，既荷不鄙，又幸其警益之深也。嘗竊妄謂聖賢教人下學上達，循循有序，故從事其間者博而有要、約而不孤，無妄意凌躐之弊。今之言學者類多反此，故其高者淪於空幻，卑者溺於見聞，倀倀然未知其將安所歸宿也。竊窺賢者之所志與其所聞，計其同異之間，其必有所處矣。恨未得相與往還、上下其說以卒究其所窮也。因來更望時有以警告之，實孤陋之深望。至於慨念吾黨之凋零，而欲以進爲撫世爲不肖者之責，此則賢者之失言，而非區區之所敢承也。

答高應朝

所示講義發明深切，遠方學者得所未聞，計必有感動而興起者。然此恐但可爲初學一時之計，若一向只如此説，而不教以日用平常意思、涵養玩索功夫，即恐學者將此家常茶飯做個怪異奇特底事看了，日逐荒忙，陷於欲速助長、躁率自欺之病，久之茫然，無實可據，則又只學得一場大話，互相恐嚇而終無補於爲己之實也。只如三段所舉諸書大指雖同，然恐亦須更令子細看得逐段各有下落，方能浹洽通貫，有得力處。若只如此儱侗看了便休，却恐只是粗謾，政使便做得成，亦是捺生做熟，久遠畢竟無意味也。

答石天民

平生爲學，見得孟子論枉尺直尋意思稍分明。自到浙中，覺得朋友間却别是一種議論，與此不相似，心竊怪之。昨在丹丘，見誠之直説義理與利害只是一事，不可分别，此大可駭。當時亦曾辨論，覺得殊未相領，至與孟子、董子之言例遭排擯，不審尊兄平日於此見得如何？幸更與諸公講論見教。熹竊以爲今日之病唯此爲大，其餘世俗一等近下見識，未足爲吾患也。

答沈叔晦

衰病如昨，無足言者。二圖之妄，深荷留念。言多枝葉而不既其實，尤佩警切之戒。但區區平日躬所不逮之言，與此殊不相似，識者當自無疑。惟是尋常實有似是而非之論，不幸爲人傳出，異日或能亂道誤人爲可懼耳。麻沙所刻吕兄文字真僞相半，書坊嗜利，非閑人所能禁。在位者恬然不可告語，但能爲之太息而已。若大事記，則雖非全書，而實有益於學者，有補於世教。區區流傳之意，本不爲伯恭計，況門外之紛紛者乎？

答沈叔晦

帥幕非所以處賢者，然自我言之，亦何適而不可安耶？前日務爲學而不觀書，此固一偏之論。然近日又有一般學問，廢經而治史，略王道而尊霸術，極論古今興亡之變，而不察此心存亡之端。若只如此讀書，則又不若不讀之爲愈也。況又中年，精力有限，與其泛觀而博取，不若熟讀而精思，得尺吾尺，得寸吾寸，始爲不枉用功力耳。鄙見如此，不審明者以爲如何？

答沈叔晦

示喻兩塗之疑，足見省身求善、不自滿足之意，警發多矣。自惟偷惰，何以及此？況又未得面承，事理之間，亦有難喻度者〔一八〕，何敢容易下語？顧以不鄙見屬之厚，竊以所喻思之，恐所謂聞道讀書者，皆救病之良藥也。但未知其所謂道者何道、所謂書者何書，而所以聞之讀之又如何用其力爾。區區更願審扣其人，以究其説而決其是非。政使其説未必盡是，而因此講求同異之間，便自可以見真是之所在。向後用力，則以前日躬行之實充之，且不患其不勇也。大抵近年學者求道太迫、立論太高，往往嗜簡易而憚精詳，樂渾全而畏剖析，以此不見天理之本然，各墮一偏之私見，别立門庭，互分彼我，使道體分裂，不合不公。此今日之大患也。不識明者以爲如何？子約爲人固無可疑，但其門庭近日少有變異，而流傳已遠，大爲學者心術之害，故不得不苦口耳。近日一派流入江西，蹴踏董仲舒而推尊管仲、王猛，又聞有非陸贄而是德宗者，尤可駭異。所欲言者，甚衆甚衆。

與沈叔晦

熹衰病之餘，扶曳至此。少時爲吏，於此接壤，頗聞其民俗利病，謂或可以少效區區，既至，乃殊無下手處。頃來豐丈過此，亦以一二事爲寄，亦其俗之所甚病，今亦未有以報。朝廷向來蠲減，僅有其名，而今乃欲責其實，且許郡守自列。因得條上一二，未知得見從否。亦知今日上下艱窘，不敢究言，然度已是難施行矣。欲行經界，半年議尚未定，若得遂行，却須救得分數。然病久證壞，要非一藥所能支也。奈何奈何？因便附此問訊，有以見教，願悉聞之。正遠，唯冀以時加衛，以慰吾黨之望。不宣。

答沈叔晦〔一九〕

「克己復禮」，前説已得之，却是看得不子細，誤答了。今承再喻，愈詳密無疑矣。

「浩然之氣」一章，恐須先且虚心熟讀孟子本文，未可遽雜它説。俟看得孟子本意分明，却取諸先生説之通者錯綜於其間，方爲盡善。若合下便雜諸説輥看，則下梢只得周旋人情，不成理會道理矣。近日説經多有此弊，蓋已是看得本指不曾分明，又著一尊畏前輩不敢違異之心，便覺左右顧瞻，動皆窒礙，只得曲意周旋，更不復敢著實理會義理是非、文意當否矣。夫尊畏前輩、謙遜長厚，豈非美事？然此處才有偏重，便成病痛，學者不可不知也。又「非義襲而取之」句内，亦未見外面尋義理之意，請更詳之。横渠先生言觀書有疑，當且濯去舊見，以來新意，此法最妙。

凡言「易」者，多只是指蓍卦而言。蓍卦何嘗有思有爲？但只是扣著便應〔二〇〕，無所不通，所以爲神耳，非是别有至神在蓍卦之外也。

曾子告孟敬子三句，不是説今日用功之法，乃言平日用功之效，如此有得〔二一〕，文義方通。來喻糾紛，殊不可曉也。

「不知其仁」之説恐未安，且未論義理，只看文勢，已自不通。若更以義理推之，尤見乖戾矣。蓋智自是智，仁自是仁，孔門教人，先要學者知此道理，便就身上著實踐履。到得全無私心、渾是天理處，方喚作仁。如子路諸人，正爲未到此地，故夫子不以許之，非但欲其知理而已也。若謂未知者做得皆是，而未能察其理之所以然，則諸人者又恐未能所爲皆是，固未暇責其察夫理之所以然也。

校勘記

〔一〕則其所反之工夫必有未盡之處矣　此句下，浙本有「若曰聖人垂象終是微有不同，則當别論，儻樂以觀之，則似太重矣，如何」二十八字。

〔二〕亦有不盡之意矣　此句下，浙本有「竊詳本文之意似不如此，恐是看得仁字與忠清事俱重，不